政策実現過程の
グローバル化

編者	著		
浅野有紀	大西楠・テア	須田　守	村西良太
原田大樹	興津征雄	内記香子	山田哲史
藤谷武史	加藤紫帆	中川晶比兒	吉政知広
横溝　大			

弘　文　堂

はしがき

　自由貿易体制の深化の中で加速する経済のグローバル化は、地球環境問題・国際労働問題・難民問題など様々なグローバル規模の問題をも生み出してきた。そして、グローバル化が国家を単位とする再分配にブレーキをかけ、貧富の差が拡大していることをも背景にして、反グローバル化を謳う政策が先進国でも支持を集めつつある。このような時代において法学の果たすべき役割の一つは、社会問題のグローバル化に対処する様々な法的スキームを正確に分析するとともに、これらを手がかりとして、問題解決能力と法学が重視すべき価値（例えば権利・自由の保護、自律的な意思形成の保障）とを均衡させる一般理論を構築することであろう。

　本書は、国家を単位とする従来の政策実現過程とグローバル化をめぐる問題が正面から衝突する法執行（エンフォースメント）や権利救済（紛争解決）の局面に焦点を当て、具体的な法制度の展開を分析するとともに、これらの成果を法学一般あるいは公法学・私法学の総論的な議論と結びつけ、それぞれの理論的な革新を図ることを目指している。本書の全体像を示す「序論」に続き、第1部「法執行（エンフォースメント）」では、競争法・租税法・金融市場規制法におけるグローバルな法執行の現状と課題が示されるとともに、契約法の世界的な統一と証明責任の関係に関する問題や、行政事件における和解可能性の議論を扱う。第2部「権利救済（紛争解決）」では、公法学からは投資協定仲裁と憲法上の司法権概念との関係や行政救済法理論との相互関係が、また私法学からは当事者自治と公序の対立構造をめぐる三つの問題（国際商事仲裁、一方当事者に選択権を付与する国際的管轄合意、外国裁判所を指定する専属的管轄合意）を取り上げる。第3部「グローバル化の諸相」では、こうした個別的な課題を踏まえ、各法分野の総論的課題との接続を試みる。具体的には、法哲学との関連では法多元主義的法的推論が、実定法制度との関連では国際人権法の国内法的な取扱い・山本草二博士の「国際行政法」論・グローバル地方自治論、さらに指標・ランキングの問題やグローバル法多元主義と抵触法の関係をめぐる

議論を紹介する。そして「結論」では、以上の分析を踏まえ、日本法においてグローバル化との関連で検討が必要となっている法解釈論上の具体的な問題を提示し、本書が示す法理論の問題解決能力を検証する。

　本書は、編者の一人である原田大樹（京都大学教授）を研究代表者とする科学研究費・基盤研究（B）「政策実現過程のグローバル化に対応した法執行過程・紛争解決過程の理論構築」（課題番号 16H03543）の研究成果の一つであり、2015 年に弘文堂から出版された『グローバル化と公法・私法関係の再編』の続編でもある。前著では、グローバル化時代の公法・私法関係を整序することを目指し、先進国におけるグローバル化に関する理論状況の分析と、グローバル化が法制度にもたらす影響の実証分析を中心としていた。これに対して本書は、グローバル化の中でも法執行と権利救済に特化させることで問題状況を鋭敏に切り取ると同時に、法による社会問題の制御可能性と、多層的な諸関係を規律し調整する法の役割とに着目する法理論の構築を企図している。この研究プロジェクトでは、グローバル化をめぐる法学的課題に果敢に取り組む研究者を研究会に招聘するとともに、研究の中間的成果を『社会科学研究』（東京大学）69 巻 1 号（2018）において特集の形で掲載したり、ドイツ・フランスからのゲストを招いての国際ワークショップを 2019 年 3 月に開催して、法執行と権利救済を中心とするグローバル化をめぐる議論の鍵となるコンセプトを発展させ、その成果を国内外に積極的に発信してきた。研究代表者と分担研究者（藤谷武史〔東京大学教授〕、興津征雄〔神戸大学教授〕、村西良太〔大阪大学准教授〕、大西楠・テア〔専修大学准教授〕、横溝大〔名古屋大学教授〕、浅野有紀〔同志社大学教授〕、吉政知広〔京都大学教授〕）以外の研究者による論攷は、こうしたプロセスの中で生まれた研究成果であり、本書は、共通の関心を前提に問題意識をすり合わせながら学問コミュニティを少しずつ広げていった成果の一つとも言える。極めて刺激的な報告をしていただいたにもかかわらず、紙幅の都合上、掲載をお願いできなかった先生方にも、この場を借りて御礼申し上げたい。

　本書の刊行にあたっても、前著に引き続き、弘文堂の北川陽子さんに大変お世話になった。北川さんは、前著刊行時からこの研究プロジェクトに関心を寄せて下さり、研究成果の公刊にあたっても多大なご助力を賜った。

収益性の乏しい本書のような研究書の出版を積極的に推し進め、編集作業を緻密に行って下さった北川さんに、心より御礼申し上げる。

2019 年 9 月

浅野有紀
原田大樹
藤谷武史
横溝　大

目　　次

はしがき　*i*

凡　　例　*xi*

序　論　政策実現過程のグローバル化／原田大樹 ………………… *1*

 Ⅰ　はじめに……*1*

 Ⅱ　グローバル化と法執行……*3*

 Ⅲ　グローバル化と紛争解決……*5*

 Ⅳ　グローバル化と法・規範・秩序……*6*

第1部　法執行（エンフォースメント）　*9*

第1章　グローバル化時代の独占禁止法
──国際的な法形成起点と域外適用／中川晶比兒 ………………… *11*

 Ⅰ　序　　論……*11*

 Ⅱ　独占禁止法における国際的な法形成起点……*14*

  1　国際組織による立法提案　*14*

  2　競争当局間のベストプラクティス（regulatory best practice）　*15*

  3　競争当局間の個別事件における協力・調整（regulatory coordination）　*21*

  4　私人によるベストプラクティス　*23*

 Ⅲ　独占禁止法の域外適用……*24*

 Ⅳ　結　　語……*28*

第2章　国際的租税情報交換と国内裁判所の役割／藤谷武史 … *31*

 Ⅰ　租税法分野におけるグローバル化の傾向……*31*

 Ⅱ　租税法分野における政策実現過程のグローバル化の現状……*32*

  1　「透明性」＝情報を軸とした国際的枠組みの進展　*32*

  2　租税法分野における「グローバル化」？　*34*

 Ⅲ　国際的な租税情報交換における当事者の地位……*39*

  1　問題の所在　*39*

  2　欧州における議論状況　*41*

3　日本における近時の展開　*45*

　Ⅳ　国際的租税情報交換の「グローバル化」における国内裁判所
　　の役割：試論……*47*

第3章　銀行監督のグローバル化と国内行政法の変容

　　　／原田大樹…………………………………………………*50*

　Ⅰ　はじめに……*50*

　Ⅱ　銀行に対する国内法規制……*51*

　　　1　銀行規制の沿革　*51*

　　　2　銀行法の特色　*53*

　Ⅲ　自己資本比率規制—グローバルな銀行規制基準……*55*

　　　1　バーゼル銀行監督委員会の活動　*55*

　　　2　国内法から見た自己資本比率規制　*56*

　Ⅳ　兼業規制—FinTech とアンバンドリング……*59*

　　　1　兼業規制とその展開　*59*

　　　2　FinTech とアンバンドリング　*61*

　Ⅴ　おわりに……*64*

第4章　ウィーン売買条約（CISG）における証明責任の規律をめぐって

　　　——グローバル市場における契約の規制と制御／吉政知広 …………*67*

　Ⅰ　はじめに……*67*

　Ⅱ　ウィーン売買条約と証明責任の規律……*69*

　　　1　問題の所在　*69*

　　　2　ウィーン売買条約の起草過程と証明責任　*70*

　　　3　ウィーン売買条約による証明責任の規律　*71*

　　　4　問題の指摘　*75*

　Ⅲ　物品の契約適合性の証明責任……*77*

　　　1　物品の契約適合性に関する規律　*77*

　　　2　35 条の起草過程における議論　*78*

　　　3　学説における議論　*78*

　　　4　問題の指摘　*81*

　Ⅳ　証明責任の規律とその意義……*82*

　　　1　Scott & Triantis の議論　*82*

　　　2　証明責任の規律と契約の設計・デザイン　*84*

　　　3　証明責任の規律と契約の規制・制御　*85*

　Ⅴ　最後に……*86*

vi 目　次

第5章　和解による行政案件／事件処理／須田　守 ················ *89*

   Ⅰ　行政上の和解······*89*

       1　はじめに　*89*

       2　連邦行政手続法　*90*

       3　行政裁判所法　*91*

       4　問題の抽出　*92*

   Ⅱ　処分権限と不確定性······*93*

       1　「処分権限」　*93*

       2　判例の位置付け　*95*

       3　単純法上の実現　*96*

       4　法律の定めなき和解　*98*

   Ⅲ　試論の提示······*100*

       1　和解による案件処理の余地　*100*

       2　不確定性を理由とする和解　*103*

       3　行政訴訟における事実処分　*105*

       4　行政手続と裁判手続　*106*

第2部　権利救済（紛争解決）　　　　　　　　　　　*109*

第6章　投資条約仲裁と〈司法権の国外委譲〉
──憲法学の観点から／村西良太 ························ *111*

   Ⅰ　はじめに······*111*

   Ⅱ　〈司法権の国外委譲〉とは何か······*115*

       1　「統治権（Hoheitsrechte）」　*115*

       2　「委譲（Übertragung）」　*116*

       3　司法権の国外委譲　*118*

   Ⅲ　EU司法裁判所と〈司法権の国外委譲〉······*119*

       1　EU法の国内適用と先決裁定　*119*

       2　先決裁定の目的と対象事項　*120*

       3　先決裁定の拘束力　*121*

   Ⅳ　欧州人権裁判所と〈司法権の国外委譲〉······*122*

       1　条約違反確認判決の拘束力─「国家」に課せられる「結果」の義務　*123*

       2　「国家機関」に課せられる「顧慮義務」　*124*

       3　「顧慮義務」の淵源としての条約承認法律　*125*

   Ⅴ　投資条約仲裁と〈司法権の国外委譲〉······*127*

       1　ISDS条項　*128*

       2　ICSID仲裁の拘束力　*129*

   Ⅵ　おわりに······*131*

目　次　*vii*

　　　　1　総　括　*131*
　　　　2　展　望　*132*

第7章　投資協定仲裁と行政救済法理論／原田大樹 ……………*134*

　Ⅰ　はじめに……*134*
　Ⅱ　二つのVattenfall事件……*135*
　　　　1　モアブルク石炭火力発電所事件（VattenfallⅠ）　*135*
　　　　2　脱原発事件（VattenfallⅡ）　*140*
　Ⅲ　投資協定仲裁と行政救済法理論……*147*
　　　　1　投資協定仲裁と国内行政救済手段　*147*
　　　　2　行政争訟法との関係　*151*
　　　　3　国家補償法との関係　*156*
　Ⅳ　おわりに……*160*

第8章　国際商事仲裁と公益
　　　　──強行的適用法規の取扱いを中心に／横溝　大 …………………*162*

　Ⅰ　問題の所在……*162*
　Ⅱ　準拠法選択に関する国際民事訴訟と国際仲裁との相違……*164*
　Ⅲ　国際仲裁における強行的適用法規の取扱い……*166*
　　　　1　国際民事訴訟における強行的適用法規の取扱い　*166*
　　　　2　国際仲裁の場合　*169*
　Ⅳ　国際仲裁に対し国家が採り得る対応とその限界……*172*
　　　　1　仲裁付託可能性の制限　*172*
　　　　2　仲裁判断の取消しまたはその承認執行の拒絶　*174*
　　　　3　国家による対応の限界　*174*
　Ⅴ　結語─国際仲裁自体を変革する可能性……*175*

第9章　一方当事者に選択権を付与する国際的管轄合意の
　　　　有効性／加藤紫帆 ……………………………………………*177*

　Ⅰ　問題の所在……*177*
　Ⅱ　諸外国における取扱い……*179*
　　　　1　フランスにおける議論　*179*
　　　　2　イギリスにおける議論　*183*
　Ⅲ　我が国における取扱い……*185*
　　　　1　従来の議論　*185*
　　　　2　検　討　*187*
　　　　3　小　括　*192*
　Ⅳ　結　語……*193*

viii　目　　次

第10章　外国裁判所を指定する専属的管轄合意と強行的適用法規／横溝　大 ································ _195_

　　Ⅰ　問題の所在······_195_
　　Ⅱ　我が国における従来の議論······_197_
　　　　1　チサダネ号事件以前　_197_
　　　　2　チサダネ号事件をめぐって　_199_
　　　　3　チサダネ号事件以後　_204_
　　　　4　改正民訴法3条の7について　_205_
　　　　5　小　括　_206_
　　Ⅲ　諸外国における議論······_207_
　　　　1　裁判例　_207_
　　　　2　学　説　_211_
　　　　3　小　括　_214_
　　Ⅳ　検　　討······_214_
　　　　1　解釈論　_215_
　　　　2　立法論　_216_
　　Ⅴ　結　　語······_218_

第3部　グローバル化の諸相　　　　　　　　　　　　　　_221_

第11章　法多元主義的法的推論／浅野有紀 ···························· _223_

　　Ⅰ　はじめに······_223_
　　Ⅱ　法多元主義的法的推論······_226_
　　Ⅲ　日本における法多元主義的法的推論の例······_231_
　　　　1　法継受の場合　_232_
　　　　2　社会における価値観の対立が激しい場合　_234_
　　　　3　技術の発展などにより新しい紛争が生じている場合　_238_
　　Ⅳ　他法の自法への「組み入れ」？······_240_
　　Ⅴ　おわりに······_246_

第12章　憲法規範として国際人権法を取り込むということ
　　　　──オーストリアの場合／山田哲史 ································ _248_

　　Ⅰ　はじめに······_248_
　　Ⅱ　前提─オーストリア憲法の基本構造······_250_
　　Ⅲ　国際人権法が憲法規範となることの意味······_253_
　　　　1　憲法規範となる国際人権法の範囲と憲法規範とされることの
　　　　　　端的な意味　_253_

目次　ix

2　実際的な効果　*262*

Ⅳ　おわりに……*272*

第13章　行政法から見た国際行政法
——山本草二の論文を読む／興津征雄 …………………………… *274*

Ⅰ　はじめに……*274*

Ⅱ　国際行政法とは何か……*277*

1　分　類　*277*
2　国際的公権力説の排除　*278*
3　牴触法説と国際的公共事務説　*280*

Ⅲ　「牴触法規範としての国際行政法」と「国際法規範としての
国際行政法」……*281*

1　制限的貿易慣行規制法令（米国反トラスト法）の域外適用を
めぐる対立　*281*
2　牴触法説と国際法説　*282*

Ⅳ　国際法上の行政覊束と二重機能……*283*

1　国際法上の行政覊束　*283*
2　二重機能　*285*

Ⅴ　国際行政法の体系……*287*

1　国際的公共事務　*288*
2　国際行政行為　*291*
3　国際行政機構　*292*

Ⅵ　国際行政法はいかなる意味で「行政法」か？……*293*

1　国際法の行政法モデル　*294*
2　国際行政法と行政法との協働？　*297*

Ⅶ　おわりに……*301*

第14章　国際ネットワークの中の都市
——自治体の国際活動とその限界／大西楠・テア ……………… *303*

Ⅰ　はじめに……*303*

Ⅱ　越境的規範の形成・執行主体としての都市……*305*

1　都市間の国際的ネットワーク　*306*
2　越境的規範の名宛人・執行主体としての都市　*310*

Ⅲ　地方自治体の国際活動の限界……*314*

1　自治体の権限範囲と「地域性」　*314*
2　自治体外交　*316*
3　連邦行政裁判所判決　*317*
4　「地域の事項」と自治体の国際活動の限界　*319*

Ⅳ　結　語……*321*

x　目　次

第 15 章　グローバル化における「指標とランキング」の役割
　　　　　／内記香子……………………………………………………… *323*

Ⅰ　はじめに―「指標とランキング」による政策実現……*323*
Ⅱ　ガバナンス手法としての「指標とランキング」……*325*
Ⅲ　「情報」によるガバナンスのメカニズム……*329*
Ⅳ　指標・ランキングの「正統性」をめぐる問題……*334*
Ⅴ　おわりに……*337*

第 16 章　グローバル法多元主義の下での抵触法／横溝　大…*339*

Ⅰ　はじめに……*339*
Ⅱ　グローバル法多元主義の下での抵触法の位置付け……*340*
Ⅲ　抵触法が対象とすべき法秩序……*342*
　　1　法秩序について　*343*
　　2　秩序から独立して存在する法について　*345*
　　3　考　察　*346*
Ⅳ　抵触法の有用性と課題……*348*
Ⅴ　結　　語……*350*

結　論　政策実現過程のグローバル化と日本法の将来
　　　　　／原田大樹………………………………………………………… *351*

Ⅰ　はじめに……*351*
Ⅱ　議論の背景とグローバル化の類型論……*352*
　　1　グローバル化をめぐる議論の展開　*352*
　　2　グローバルな政策実現過程の類型論　*357*
Ⅲ　法規範間の効力調整……*359*
　　1　国際レジーム―条約の国内法上の効力　*359*
　　2　国際ネットワーク―行政法令の域外適用可能性　*362*
　　3　国際民事ルール―国際民事ルールの規律可能領域　*365*
Ⅳ　フォーラム間の判断調整……*366*
　　1　国際レジーム―二次法の司法審査可能性　*366*
　　2　国際ネットワーク―情報提供要請の司法審査可能性　*369*
　　3　国際民事ルール―投資協定仲裁の合憲性　*373*
Ⅴ　おわりに……*375*

事項索引……*377*
編著者紹介・著者紹介……*383*

〔凡　　例〕

民録　　　　大審院民事判決録
民集　　　　最高裁判所民事判例集
集民　　　　最高裁判所裁判集民事
高民集　　　高等裁判所民事判例集
刑録　　　　大審院刑事判決録
刑集　　　　最高裁判所刑事判例集
労民集　　　労働関係民事裁判例集

最判解民　　最高裁判所判例解説　民事篇
重判解　　　ジュリスト重要判例解説
新聞　　　　法律新聞
判時　　　　判例時報
判タ　　　　判例タイムズ

『グローバル化Ⅰ』　　浅野有紀＝原田大樹＝藤谷武史＝横溝大編著『グローバ
　　　　　　　　　　　ル化と公法・私法関係の再編』（弘文堂・2015）
『小早川古稀』　　　　宇賀克也＝交告尚史編『小早川光郎先生古稀記念　現代
　　　　　　　　　　　行政法の構造と展開』（有斐閣・2016）

序論 　政策実現過程のグローバル化

・・・・・・・・・・・・・・・・・・・・・・・・・・・・・・・・・・・・・原田大樹

　Ⅰ　はじめに
　Ⅱ　グローバル化と法執行
　Ⅲ　グローバル化と紛争解決
　Ⅳ　グローバル化と法・規範・秩序

Ⅰ　はじめに

　ある事象が、国境を越えて全地球規模で展開することをグローバル化と呼ぶとすると、法学において理論的な検討課題とすべき対象は「政策実現過程のグローバル化」[1]である。高度に社会的分業を発達させた人類が日常生活を営むには、他者との共生が不可欠であり、その結果として様々な紛争あるいは解決すべき社会的問題が絶えず生じている。これらは従前、国境によって区切られた国家の中で対応が図られていた。しかし、社会的分業が容易に国境を越え、それに伴って解決すべき問題もグローバル化すると、法学が考察の対象としてきた法の生成と適用の過程、すなわち法定立・法執行・権利救済（紛争解決）というプロセスが、国境を越えて展開することになる。ここで「政策」という語を用いているのは、解決すべき社会的課題を目標として設定し、そのために法的な手法を利用する過程全般を視野に含めることを目指すからであり、このように政策を幅広く捉えると、社会生活や秩序の維持・形成のために恒常的に用いられる一般的な民事法もまた、議論の射程に含まれることになる。
　このような政策実現過程のグローバル化は、従来の法学が明示的に、あ

---

1)　原田大樹「多元的システムにおける行政法学」同『公共制度設計の基礎理論』（弘文堂・2014）8〜48（9）頁［初出 2010・2012］、浅野有紀＝原田大樹＝藤谷武史＝横溝大「グローバル化と法学の課題」『グローバル化Ⅰ』1〜13（2）頁。

るいは黙示的に考察の基底に置いてきた国家法中心主義を見直し、国家法以外にも様々な法規範・法秩序が存在することを改めて認識させることにつながる。また、政策の概念を幅広く捉えることは、公法の国家政策との密接性や私法の各国共通性という伝統的な見方に再考の契機を与えることになり、それが、国内法のみならず国際的な平面でも公法・私法の相互関係を捉え直す必要性を高めている。もっとも、こうした政策実現過程のグローバル化に対する公法学と私法学の関心には、これまで、小さくない相違が存在していた。私法学では、紛争が裁判所（あるいは国際仲裁）に持ち込まれる場合に、どの紛争解決フォーラムが管轄権を持ち、どの国の規範が適用されるか、あるいは、ある国の裁判所ないし仲裁廷の判断が自国でも承認・執行されるべきか等の、紛争解決局面におけるグローバル化の問題が主要な課題として意識され、その解決を目指すルールの形成には十分な関心が向けられていなかった。それがとりわけ意識されるのは、国家法規範ではない規範（非国家法規範）が適用できるか、あるいは強行的適用法規が当事者自治を破って適用されるかという局面である。これに対し公法学では、グローバルなレベルでの政策形成が国内に持ち込まれ、それが議会あるいは行政機関を通じて国内法として通用する局面に関心が寄せられており、国内議会の実質的な決定権の喪失が、とりわけ民主的正統性（民主政的正統化）との関係で論じられる傾向が強かった[2]。そのため、法執行や権利救済におけるグローバル化の影響への注目は、規範定立の局面と比べて弱いものにとどまっていた。

　公法学の法執行・権利救済に対する関心の低さの背景には、国家主権の影響力が強いこれらの分野において、政策実現過程のグローバル化として論じるべき素材があまり見られなかったという事情もある。もっとも近時は、租税法・競争法等を中心に国際的な執行共助[3]の枠組みが進展すると

---

2)　原田大樹「グローバル化時代の公法・私法関係論」『グローバル化Ⅰ』17〜46（43）頁［初出 2014］、村西良太「財政・金融のグローバル化と議会留保」同書 149〜187（164）頁［初出 2014］。こうした見方は、国際法と国内法（とりわけ憲法）との関係にも見直しの機運をもたらしている。参照、山田哲史『グローバル化と憲法』（弘文堂・2017）、松田浩道「憲法秩序における国際規範(1)〜（5・完）」国家学会雑誌（東京大学）129 巻 5 = 6 号（2016）525〜468 頁、7 = 8 号 728〜681 頁、11 = 12 号 1162〜1104 頁、130 巻 1 = 2 号（2017）122〜75 頁、7 = 8 号 674〜632 頁。

ともに、投資協定仲裁[4]のような紛争解決のグローバル化として論じるべきシンボリックな事例が登場してきている。また私法学では、グローバルな規範定立が所与のものではなく、その中での正統性の調達にも注目すべきとする見方が現れている。そこで本書では、法執行と権利救済の場面を中心としたグローバル化の現状を整理するとともに、そこで生じている課題に対する法理論を模索することとしたい。さらに、法執行・権利救済のグローバル化の諸事例を中心に得られた知見を、グローバル化の一般論へとフィードバックさせ、政策実現過程のグローバル化がもたらす法理論改革の全体像を提示することとしたい。

II グローバル化と法執行

　一般的な法規範を個別事例において解釈・適用したり、その結果として相手方に義務を課し、時には物理的な強制手段を用いたりする活動を幅広く法執行（エンフォースメント）と呼ぶとすると、そのような作用は国家の「主権」が最も顕在化する分野であると認識されてきたように思われる。国際法学における国家管轄権の議論では、立法管轄権が国境を越えて比較的鷹揚に認められ得るのに対して、執行管轄権は原則として国家の領域内にその行使が限定され、相手国が同意するか、あるいは非権力的な手段でなければ越境行使は想定されていない。また、多国間条約に基づいて国際機構が設置されたとしても、そうした国際機構が私人（市民・企業）と直接の法関係を形成することはきわめて稀である。そこで、法執行をめぐる議論を発展させるためには、適切な具体例の把握と、これらの分析を踏ま

---

3) 藤谷武史「グローバル化と『社会保障』」『グローバル化 I』206〜240 (231) 頁、石井由梨佳『越境犯罪の国際的規制』（有斐閣・2017）、原田大樹「行政執行国際ネットワークと国内公法」同『行政法学と主要参照領域』（東京大学出版会・2015）73〜104 (89〜94) 頁、同「政策実現過程のグローバル化と EU 法の意義」EU 法研究 2 号（2016）29〜62 (47〜49) 頁、同「行政上の義務履行確保」法学教室 450 号（2018）58〜68 (68) 頁。

4) 小寺彰編『国際投資協定』（三省堂・2010）、濵本正太郎「投資家対国家仲裁は『仲裁』ではない」浅田正彦ほか編『国際裁判と現代国際法の展開』（三省堂・2014）143〜166 頁、原田大樹「投資協定仲裁と国内公法」同『行政法学と主要参照領域』（東京大学出版会・2015）269〜287 頁。

えた基礎理論の構築が不可欠である。

　その具体例が発展しつつあるのが、競争法や租税法等の経済活動と密接な関係を持つ法領域である。第1章「グローバル化時代の独占禁止法」（中川晶比兒）は、競争法で展開する国際的な規範形成や、国内競争法の域外適用をめぐる法理論を詳細に検討する。そして、国家による自律的な意思決定権限が制限されるコスト（sovereignty costs）と分野別協力関係の進展の間には、相関関係があることを指摘している。競争法で発展しているインフォーマルな協力関係（特に情報交換）やベストプラクティスの蓄積は、こうしたコストが低い領域で発展しており、今後コストが高い領域でも進展が見られるのかが注目される。第2章「国際的租税情報交換と国内裁判所の役割」（藤谷武史）は、国際的な課税逃れに対処する情報交換が飛躍的に発達しつつある国際租税法において、国内裁判所が果たし得る役割を論じている。そして、具体的な租税情報交換事件を分析したうえで、抽象的な規範が執行の際に具体化・内容充塡されたり、紛争解決における裁判所の判断が規範定立を促したりする動態的発展過程が見られることを指摘している。第3章「銀行監督のグローバル化と国内行政法の変容」（原田大樹）は、バーゼル銀行監督委員会による自己資本規制比率規制の例で知られる国際金融市場規制法の規範定立と国内における法規範・法執行の変容との関係を扱っている。自己資本規制比率規制のエンフォースメントに見られる執行の分散形態は国家主権と衝突しにくい一方で、近時の情報通信技術の発展（FinTech）がもたらす規制対象たる媒介者を把握しがたい状況に対しては、グローバル空間も含めて規制そのものを設定することが困難になりつつあることを示している。

　法執行と規範定立の共時性という見方は、民事法の中にもその具体例を見出すことができる。第4章「ウィーン売買条約（CISG）における証明責任の規律をめぐって」（吉政知広）は、裁判制度・民事手続法と深く関連する証明責任のような対象については、統一法と締約国法の役割分担の視点が必要であることを指摘する。また、同論文が言及する契約ドラフト時（front-end）の取引費用と内容実現・執行時（back-end）の費用のトレードオフという見方は、公法学の側における規範定立と法執行の相互連関と類似する要素とも言えよう。

公法分野における法執行と紛争解決のグローバル化の場面で共に問題になるのが、行政上の和解の許容性である。我が国では、取消訴訟で争われるような処分関連の紛争について、法律による行政の原理の観点から和解の許容性を否定する見解が有力である。しかし、和解が不可能であるとすると、グローバルレベルでの紛争解決がその国内法上の前提を失うことになる。第5章「和解による行政案件／事件処理」（須田守）は、和解合意の内容の適法性が維持されることを条件に和解の可能性を開く議論を展開するとともに、その前提条件として利害関係者の争訟可能性の確保や、事実に関する不確実性が問題となる場合には当事者・関係者の協力に基づく事案解明義務が果たされたことを求めている。

III　グローバル化と紛争解決

法執行の局面と比較して、権利救済を中核とする紛争解決では、グローバル化と国家主権との緊張関係は相対的に強くないと思われる。しかし、投資協定仲裁のように、ホスト国政府と投資家との直接の紛争解決が可能な場面では、紛争解決と国内の規制措置の実効性との緊張関係が表面化することになる。もう少し広い文脈では、仲裁による解決を支える当事者自治、あるいは国家の同意というモメントと、各国で維持されるべきものとして存在する公序との緊張関係をどのように解決するかが、この局面を通底する法的課題である。

グローバルな紛争解決手続の発展は、国内の裁判所による権利救済との緊張関係を高めることになる。第6章「投資条約仲裁と〈司法権の国外委譲〉」（村西良太）は、ドイツの司法権の委譲・制限の議論を参照しつつ、投資協定仲裁の憲法上の限界を論じる。同論文では、投資協定仲裁は国家賠償訴訟の脱国家化に該当するものであり、ICSID条約に基づく仲裁のように仲裁判断の承認・執行義務がある場合には、憲法98条2項だけで国内における仲裁判断の執行を説明できるのかという点に疑問を提起している。第7章「投資協定仲裁と行政救済法理論」（原田大樹）は、憲法上許容される投資協定仲裁があるとした場合、これを国内の行政救済手段との関

係でどのように法的に位置付けるべきかを扱う。そして、仲裁と国内行政救済法は、同一の紛争についてそれぞれの判断基準に従って裁断を行う「平行手続」であり、両者の役割分担や相互学習関係を模索すべきとの方向性を示している。

　グローバルな紛争解決手続は必ずしも投資協定仲裁だけではなく、商事仲裁をはじめとするその他の国際的な仲裁においても、解決すべき法的課題は山積している。第8章「国際商事仲裁と公益」（横溝大）は、主として商事仲裁において、各国の公序がどのような手段によって守られ得るかを検討している。しかし、仲裁の準拠法選択は当事者の意思に依存しており、国家による仲裁付託可能性の制限や仲裁判断取消し・承認執行拒絶も実効性を欠き、公序を貫徹させることは困難であることが示されている。第9章「一方当事者に選択権を付与する国際的管轄合意の有効性」（加藤紫帆）は、一方当事者に選択権を与える国際的管轄合意の有効性を、フランス法の知見も踏まえつつ議論している。我が国の民事訴訟法の規定を前提とすると、当事者自治の尊重という基本的立場が採用されていることから、手続法上の公序違反の場合を除いては、こうした規定の有効性を否定することは難しいとされる。第10章「外国裁判所を指定する専属的管轄合意と強行的適用法規」（横溝大）は、外国裁判所を指定する専属的管轄合意がなされることにより、日本法が前提とする公序を紛争解決に反映させることができなくなる問題を扱っている。現行の民事訴訟法では、消費者・個別労働関係に関して特則を設けつつ、それ以外は当事者自治を優先する立法がなされており、こうした問題に解釈論で対応することには困難が伴う。そこで、立法論としては、国家政策を体現する強行的適用法規の適用を確保するために専属管轄規定を導入すべきと論じている。

IV　グローバル化と法・規範・秩序

　政策実現過程のグローバル化は、法規範の多元性・多層性を意識させ、国家法中心主義への反省を促した。この結果、考察の対象を国家法のみにとどめるのではなく、非国家法の分析や、その国家法秩序への取り込みを

図ることで、国家法の制御能力を回復させるアプローチが有力化している。これに対しては、多層的な法秩序の中で国家法の役割や位置付けをさらに相対化させ、様々な法規範・法秩序に通底する共通の考え方を法理論の中心に据えるべきとの考え方も同様に強まっている。第11章「法多元主義的法的推論」（浅野有紀）は、こうした法多元主義の考え方を裁判理論（法的推論）の分野で展開している。この中では、イマジネーション的法的推論の活用可能性が指摘されるとともに、法秩序間相互の長期の時間軸の下での関係性の深化と、合理的推論の手がかりとしての他法秩序の有用性が重視されている。

　実定法学の側では、多層的法秩序をどのように調整すべきかの模索が始まっている。第12章「憲法規範として国際人権法を取り込むということ」（山田哲史）は、国際人権法が憲法規範に取り込まれたとされるオーストリア法の判例実務の状況についての詳細な分析を試みている。オーストリア法では、国内の政治的対立から人権規定を設けることができず、国際人権法にいわばアウトソーシングしていること、また、判例実務では国内法秩序の自律性の強さが目立つことが指摘されている。第13章「行政法から見た国際行政法」（興津征雄）では、国際法学者の山本草二博士が示した「国際行政法」の考え方の特色や射程が分析されている。国内行政法学との関係では、議会立法を中心としない公共的決定の回路を確保し得るかという課題が示され、行政法学と国際法学の協働の場としても国際行政法の概念を利用する可能性が示されている。第14章「国際ネットワークの中の都市」（大西楠・テア）は、姉妹都市や国際的な事項を含む政治宣言等の地方公共団体の対外的活動の多様性とその限界に関する議論が扱われている。具体的には、この点に関するドイツの連邦行政裁判所の判例を踏まえ、国際的活動が地域の事務としての性格を有するためには、特定された形での地域性が要求されるとの見方を示している。第15章「グローバル化における『指標とランキング』の役割」（内記香子）は、ガバナンス手法としての指標・ランキングの機能や位置付けを扱っている。こうした手法は、情報を利用した政策手法として、国内法の文脈でも注目を集めてきた。他方で、データの質、あるいは複数の国際レジームが同じ指標に絡むレジーム・コンプレックスがスタンダードのレベルを引き下げる圧力を生じさせ

る可能性が示され、指標・ランキングの正統性問題が論じられている。

こうした法秩序間の調整問題について、実定法の定めを踏まえた一般理論の構築が今後の大きな課題となる。第16章「グローバル法多元主義の下での抵触法」（横溝大）では、抵触法が対象とすべき非国家法秩序の要件が論じられている。そこでは、法秩序の判断要素としての制度化・実効性・正統性の程度が挙げられており、こうした要素は公法学における適用調整の場面にも応用可能である。結論「政策実現過程のグローバル化と日本法の将来」（原田大樹）では、本書の分析結果を踏まえ、現在日本法で解釈論上問題となっているグローバル化に関連する諸問題に対して、一定の解釈論上の帰結を示すとともに、今後検討を深めるべき理論的課題を提示している。

第1部
法執行
（エンフォースメント）

▶▶▶▶▶▶▶

第1章　グローバル化時代の独占禁止法
　　　　──国際的な法形成起点と域外適用
第2章　国際的租税情報交換と国内裁判所の
　　　　役割
第3章　銀行監督のグローバル化と国内行政
　　　　法の変容
第4章　ウィーン売買条約（CISG）における
　　　　証明責任の規律をめぐって
　　　　──グローバル市場における契約の規制と制御
第5章　和解による行政案件／事件処理

第1章 グローバル化時代の 独占禁止法
—— 国際的な法形成起点と域外適用

························· 中川晶比兒

Ⅰ　序　論
Ⅱ　独占禁止法における国際的な法形成起点
Ⅲ　独占禁止法の域外適用
Ⅳ　結　語

Ⅰ　序　論

　独占禁止法（以下、「独禁法」という）は、経済取引を規制対象とする法律であり、経済取引およびその背景事情の変容（技術進歩など）を反映して、法のあり方もその対応を迫られてきた。グローバル化という言葉が日常的に使われるようになる前にも、市場の国際化ないし国際取引との関係で独禁法は盛んに議論されてきた[1]。グローバル化を考えるためには、何がグローバル化されているのかを明らかにする必要がある。ここでは、「企業戦略のグローバル化」に焦点を当てることにより、射程は狭いかもしれないが一つの視点を得ることとする。Yip は、multidomestic strategy（多国籍戦略）との比較で global strategy（グローバル戦略）を明らかにする[2]。多国籍戦略では、商品役務を提供する先の国（消費地国）ごとのニーズに合わせるために、バリュー・チェーン（サプライ・チェーン）の全てもし

---

1)　具体的には、独禁法の実体法上の判断基準に関わる問題のほか、域外適用および国家管轄権をめぐる問題、独禁法のハーモナイゼーション（国際比較の観点からの国内独禁法の見直し）などが議論されてきた。

2)　George Yip, Global Strategy…… In a World of Nations?, 31 Sloan Manage. Rev. 29 (1989).

くはほとんどを国ごとに構築する[3]。他方で、グローバル戦略では、バリュー・チェーンを分解してパーツごとに異なる国で集中して行わせることができるため、費用を削減できる。グローバル戦略では、消費地国に合わせた調整が最低限で済ませられるような、標準化された商品（a standardized core product）を作ることが理想とされる[4]。

　Yip によると、グローバル戦略を有利とする条件（globalization drivers）が備わっている産業であるかどうかを認識することが重要であるとされる。このような条件としては、①market drivers（商品の特性のうち、顧客ニーズが国境を越えて同質的な側面があることなど）、②cost drivers（規模の経済性が働くこと、販売価格に比べて輸送コストが小さいこと、高い技能を持った労働力を低費用で調達できることなど）、③governmental drivers（保護主義的な対応をとる国家によってバリュー・チェーンを一国に集中することが妨げられないことなど）、④competitive drivers（グローバルに市場を競り合う競争者の存在）の四つが挙げられる[5]。

　企業戦略がグローバル化すると、独禁法が国際化や国際取引の関係で直面した問題は、より深刻化または複雑化する。また、グローバル戦略に対して複数の競争当局[6]が自国の独禁法を適用することとなり、同じ行為に対する競争当局間の判断の整合性が注目されやすくなる。このような現象は、グローバル化を法秩序との関係で捉える次の定義から、より鮮明に理解することができる。すなわち、グローバル化を、「国家の単位で仕切られた（＝国境と国籍によって外部とは区別された）〈社会〉と、当該社会に妥当しこれらを規律する〈法〉秩序、の一対一対応が崩れたと認識される状

---

3)　Id. at 29 & 31.

4)　Id. at 31. Kate Gillespie & David Hennessey, Global Marketing 8 (4th ed. 2015) は、同じことを、グローバルな単一戦略（"a single strategy...... for the entire global market"）と表現する。他方で、多国籍戦略は、各国向け戦略の集合（a series of domestic strategies）に過ぎない。Michael Porter, Competition in Global Industries: A Conceptual Framework, in COMPETITION IN GLOBAL INDUSTRIES 18 (Michael Porter ed., 1986).

5)　Yip, *supra* note 2 at 35-39. グローバル戦略をとる企業は、生産拠点をグローバルに移転できるから、原料供給者、労働者、そして受入国政府との関係で交渉力を高めるとの指摘は、興味深い。Id. at 33.

6)　日本における公正取引委員会（以下、公取委という）にあたり、独禁法（海外では競争法と呼ばれることが多い）の適用および執行に責任を持つ行政機関のことを言う。

況」と定義し、国家法秩序の内部と外部の峻別自体の相対化に焦点を当てる立場[7]である。本章では、この定義にも依拠して、独禁法が関連する「現状」を紹介することとする[8]。具体的には以下の内容を論じる。

Ⅱでは、国内独禁法から見て、独禁法の立法および個別事件での独禁法の解釈適用に影響してきたと思われる国際的な取り組みについて論じる。第一に、国際組織による立法提案である。これは、独禁法ルールの国際的収斂ないしハーモナイゼーションを志向するものであるが、国際的な組織が主導して国内立法プロセスに影響を及ぼす。第二に、競争当局間の調整が論じられる。競争当局が国際的なネットワークを形成することにより、ベストプラクティスを公表する動きが盛んである。これはガイドラインの制定といった法的拘束力を持たない形で、各国競争当局による法の解釈適用に影響を及ぼし得る。各国の競争当局から見れば、経験の多い競争当局からその知見を調達するものである。また、国際的合併を典型とする個別具体的な事件において、競争当局間での国際的な執行調整も行われる。そこでは、問題解消措置の設計を、経験の多い競争当局にアウトソースしたのと同じ現象が観察される。第三に、私人間で独禁法適合的な取引方針を自ら策定するものである。グローバル戦略では標準化された商品サービスが重要であった。標準化が有益な分野では、標準化に必須な特許をめぐる権利関係の安定化が、グローバルな取引に影響を及ぼすことから、早くから私人間で取引ルールを定めることが行われてきた。この分野では、各国独禁法がそのような私的な秩序に事後的にお墨付きを与えるという形で、独禁法ルールに取り込んでいる。これらの三つの現象は、いずれも、国内独禁法ルールの形成（解釈適用を含む）において、国境を越えた知見やアイデアの調達が行われているという点で共通するため、本章では「法形成起点の国際化」と呼ぶ。以上に述べた三つの起点は、「国際レジーム」「国際ネットワーク」「国際民事ルール」[9]を参考にした分類であるが、本章で

---

7) 藤谷武史「グローバル化と公法・私法の再編」『グローバル化Ⅰ』336頁。

8) 本章よりも広く国際的な取り組みを論じる先行研究として、瀬領真悟「競争法の国際的エンフォースメント・国際的執行協力」日本国際経済法学会編『国際経済法講座Ⅰ』（法律文化社・2012）430頁がある。

9) 原田大樹「政策実現過程のグローバル化と公法理論」新世代法政策学研究18号（2012）251～256頁。

は「誰が法形成の initiative を持つか」という観点を重視するため、分類としては一致していない。国際的影響の下で形成されたルールは、法形成起点に応じて、立法・行政・司法のいずれかのプロセスを経て、国内法として法的拘束力を持つことになる。

　Ⅲ では、国内独禁法が国境を越えて適用される局面（域外適用）について、域外適用がどのような範囲で適切であるかについて論じた原論文の要旨をまとめる。域外適用は、独禁法の適用が国際法により正当化されるか否かという問題であるものの、実際には各国国内法の解釈によって法域完結的に解決されている現状があり、Ⅱ とは対照的に、国際的な影響に基づく協働は必ずしも大きくない[10]。

Ⅱ　独占禁止法における国際的な法形成起点

1　国際組織による立法提案

　OECD の公表する Recommendation は、各国の独禁法整備に一定の影響力を持ってきた。日本が米国および欧州共同体（EU）と締結した独禁法協力協定[11]の背景として、OECD の勧告が挙げられている。また、実体規定に関する勧告として、ハードコアカルテル抑止のために、カルテル禁止規定が主要な規制対象として想定している行為類型（価格協定、入札談合、シェア協定、地域分割など）を明文化した Recommendation of the Council concerning Effective Action against Hard Core Cartels, C (86) 65 (Final) (1998) もある。カルテルを規制する条文はしばしば一般的・抽象的であるため、その意義は大きい。

　各国の競争政策をレビューして、勧告が付されるものとして、OECD の country reviews および UNCTAD の Voluntary Peer Review of Com-

---

　10)　域外適用は、法を適用される側から見れば、国内独禁法だけではなく外国独禁法も遵守しなければならないことを意味する。したがって、域外適用の可否は、抵触法と同じ問題のように見えるが、そう単純ではない事情がある。準拠法選択との関係については、原論文（本章末【附記】参照）に譲り、本章では省略する。

　11)　執行活動の通報、執行活動の相互調整、提供された秘密情報の取扱い等を定める。

petition Law and Policy がある[12]。例えばロシアに対する OECD のレビュー（2013 年）では、刑事罰がカルテルだけでなく支配的地位の濫用（日本では私的独占行為に相当する）の繰り返し違反にも科されていることについて、支配的地位の濫用の定義が明確でないため、これに対する刑事罰を削除するよう勧告している。また、フィリピンに対する UNCAD のレビュー（2014 年）では、リニエンシー（課徴金減免）制度の導入を勧告している。これらの勧告は、法改正を国際的に後押しする要因となり得る[13]。

　OECD や UNCTAD の勧告に従って法が形成され、法的拘束力を持つためには、各国政府による条約の締結や国内の立法過程を経る必要がある。OECD、UNCTAD の共通点は国際的収斂を目指している点である（ICNとの違いについては後述する）。UNCTAD は唯一 Model Law on Competition（条文のひな形とコメンタリー）を有している。

　OECD は内容面で先取性を示す。国際協力に関する 2014 年の勧告[14]では、information gateways（競争当局が、調査から得られた秘密情報を、提供元企業の同意がなくても、他国の競争当局と共有すること）についても言及がある。これは、後述する ICN の best practice にも書かれていない[15]。

2　競争当局間のベストプラクティス（regulatory best practice）

(1)　ICN（International Competition Network）の Recommended Practices

　ICN は各国の競争当局をメンバーとするネットワーク[16]であり、2001

---

12)　OECD のレビューは、各国が自ら望む場合にのみ行われるとされており、独立の専門家が評価を行い、それに対して当該国が反論する手続も設けられている。Frederic Jenny, International Cooperation on Competition: Myth, Reality and Perspective, 48 Antitrust Bull. 973, 988 (2003). UNCTAD は OECD と違って、途上国とのつながりが深いため、経済発展の側面も視野に入れた評価が可能であるとの指摘がある。Maher Dabbah, International and Comparative Competition Law 147 (2010).

13)　Hugh Hollman & William Kovacic, The International Competition Network: Its Past, Current and Future Role, 20 Minn. J. Int'l L. 274, 292-293 (2011).

14)　Recommendation of the OECD Council concerning International Cooperation on Competition Investigations and Proceedings (2014).

15)　国内独禁法規定（英国、オーストラリア、カナダ、ドイツ）もしくは二国間条約（米国・オーストラリア間）において定められており、定め方も多様である。National and International Provisions for the Exchange of Confidential Information between Competition Agencies Without Waivers, [DAF/COMP/WP3 (2013) 4] (2013).

16)　2019 年 7 月現在での参加当局数は 136 である（タイの競争当局はダブルカウントされてい

年に結成された。ICN専属の事務局や職員はなく、国際組織ではない。各国の競争当局は、ワーキンググループ（合併、カルテル、単独行為、advocacy、agency effectiveness の五つ）のいずれかに属して議論する。ワーキンググループでの議論のほとんどは電話会議か電子メールで行われ、年次総会で Recommended Practices（推奨慣行）等を採択するのが主たる活動である。推奨慣行をはじめとする成果物には、競争当局に対する拘束力はない[17]。以下では、国際的な収斂が特に求められてきた合併規制[18]（企業結合規制）に関する推奨慣行のうち、実体法に関わるものを紹介し、ICN の作業内容と問題点を検討する。

（2）合併規制に関するベストプラクティスを例に　　　Recommended Practices for Merger Analysis（2008-2017）は、競争者間の水平合併（horizontal merger）の実体法上の判断手法について、12 か国の合併ガイドラインの調査に基づいて、ベストプラクティスをまとめたものである。米国・EU といった独禁法執行をリードする法域の合併ガイドラインの到達点を踏襲した内容になっている。日本の合併ガイドライン（企業結合審査に関する独占禁止法の運用指針）はほぼこれを満たしている。技術的に高度な内容も一部含まれており、人的資源の乏しい法域においては推奨慣行としにくい部分もある。

　この推奨慣行については、その公表後、divergence が見られるという問題点を指摘できる。

　Recommended Practices II. F. では、供給の代替性（supply-side substitution; 合併当事会社にとっては、当事会社のシェアを減らす要因となり得る）を考慮すべきであるとしているが、その具体的な判断方法については明示されてい

　　ると思われるので一つと数えた）〈http://www.internationalcompetitionnetwork.org/members/member-directory.aspx〉。東アジアでは台湾および香港の競争当局が加盟しているものの、中国の競争当局は参加していない。

17)　"The ICN does not exercise any rule-making function. Where the ICN reaches consensus on recommendations, or "best practices", arising from the projects, individual competition authorities decide whether and how to implement the recommendations, through unilateral, bilateral or multilateral arrangements, as appropriate."〈http://www.internationalcompetitionnetwork.org/about.aspx〉

18)　本章では、会社法上の合併に限らず、株式取得等の全ての企業結合類型を含んで、合併という言葉を使う。

ない[19]。現在では米国（2010 年）・英国（2010 年）・EU（1997 年）のガイドラインで、供給の代替性をどれほど広く（緩やかに、大雑把に）認めるかは相当に異なっている（収斂していない）[20]。

ここには問題点が二つある。第一に、Recommended Practices II. F. が Merger Guidelines Workbook（2006）を参照しなければ何をすればよいのかわからない書き方になっているため、現時点から見れば国際的収斂がなされていないのに、Workbook に書かれた欧州委員会の立場のみが best practice として流布する可能性がある[21]。これは、Recommended Practices と Workbook との整合性がとれていないという問題でもある。今後さらに成果物が蓄積すれば、組織としての統一性の弱いネットワークが、それらの成果物の間の整合性を維持できるかも問題となる。一国の競争当局が出す成果物同士の整合性と比べて、コミットした批判者が少ない可能性は否定できない。第二に、推奨慣行を抽出する過程が不明であり、practice の理論的根拠と経験的妥当性を批判的に吟味したうえで best practice と認定されているわけではないように見える。推奨慣行を抽出する時点で、経験の蓄積の多さまたは立場の明確性のみが影響してしまう懸念がある。

(3)　**ICN の推奨慣行の評価**　　ICN が各国独禁法のハーモナイゼーションに貢献したとの評価は少なくない。もっともその評価は、ICN の Recommended Practices がどの法域に向けられたものか、に依存する。米国・EU・英国・韓国といった独禁法先進国（＝優れた人的資源のネットワークが強い国）は、ICN の勧告から学ぶものは多くないし、それ以外の国も、ICN よりは独禁法先進国の実務に目を向けるのではないか。

にもかかわらず、ICN が選好される理由は、競争当局にとって同質的なネットワークであるために、自律性が確保されるからである。Damro

---

19)　Merger Guidelines Workbook A. 21（2006）では、欧州委員会告示をほぼそのまま踏襲する記述をしていたが、2010 年にまとめられた Recommended Practices II. F. ではこの趣旨の記述はない。

20)　立場の違いの理論的な説明は、中川晶比兒「販売アライアンス・少数株式取得と独占禁止法」NBL1090 号（2017）84〜85 頁を参照。なお、85 頁脚注 15 の「44％、44％、30％」とあるのは、正しくは「37％、37％、25％」であるので訂正する。

21)　Oliver Budzinski, International Antitrust Institutions, in INTERNATIONAL ANTITRUST ECONOMICS 138（Roger Blair & Daniel Sokol eds., 2015）は、勧告が行われた時点での暫定的（provisional）な知識が永続的な標準になることへの懸念を示す。

は、EU の競争当局（欧州委員会競争総局）が、自らの意思決定権限と自律性を拡大すべく競争政策を追求しようとする（competence-maximizer）[22] と仮定し、この現象を説明する。競争当局が国際協力や国際的収斂を好むのは、独禁法の適用をめぐる国際的な衝突によって国内の政治家が介入する可能性を低めることができるからである。また、競争と通商の関連性は、欧州委員会内部の衝突すなわち Directorates-General 同士の衝突を招きかねないところ、ICN は UNCTAD、OECD、WTO とは異なり、通商交渉担当者の介入なしに、競争当局者のみが裁量的な権限を使って勧告に合意し、意思決定できるから、競争総局（DG Competition）の選好に最も合致するという[23]。

　もっとも、このことは逆に、ICN を含む transnational regulatory networks に寄せられてきた批判（統治全体としての実効性はむしろ低下すること）[24]が、独禁法分野でも妥当することを示す。また、regulatory best practice に基づく法形成は、行政機関による適用 application/implementation（ガイドラインの改正や個別事件での法適用）によって行われ、かつ個別事件で法的拘束力を持つ（行政処分の規律力）。透明性の欠如ゆえに、民主的正統性の観点[25]から何らかの手当が必要か否かという問題も惹起するだろうか。次に、この点について検討する。

　規制当局の国際ネットワークによる政策形成過程に対して示される民主的正統性への懸念は、主として立法を念頭に置いているようである。それに対して、独禁法における競争当局間の国際的ネットワークは、法の解釈適用段階での影響要因となっており、局面を異にする。しかしながら、法の適用も、制定法に基づく利害調整の一場面であるから、立法と連続的であって、やはり正統性を論じることは可能である[26]。立法過程において全

---

22) Chad Damro & Terrence Guay, European Competition Policy and Globalization 7 (2016).
23) Id. at 90–91, 104.
24) 藤谷武史「市場のグローバル化と国家の制御能力―公法学の課題」新世代法政策学研究18号（2012）275〜276頁。伊藤一頼「市場経済の世界化と法秩序の多元化」社會科学研究57巻1号（2005）11〜18頁も参照。
25) 斎藤誠「グローバル化と行政法」磯部力ほか編『行政法の新構想 I 行政法の基礎理論』（有斐閣・2011）365〜367頁、原田・前掲注9）255頁、261〜263頁。
26) 正統性を欠くことの実際上の問題点は、法を適用する側の責任感の低下と、法を適用される側の規範意識の欠如である。郭舜「グローバル化の中の立法システム」西原博史編『立

ての問題を洗い出すことはそもそも無理があり、執行過程での再検討は不可避である。ただし、個別事件の執行になると手続参加資格は限られるから、立法と同じレベルでの正統性を要求するのは制度上無理があるかもしれない。

　実際のところ、国内法に要求される民主的正統性原理をそのまま、渉外的な法律関係に妥当させるのは困難である[27]。民主的正統性を、「法の適用を受ける者が、代表選挙を通じて、立法またはその改正に間接的に関与する機会」と理解したとしても、域外適用を受ける外国の名宛人にはこのような民主的正統性は妥当しない。同じことは、準拠法選択においても言えて、外国法の適用を受ける一方当事者には、このような意味での民主的正統性を満たしようがない。外国法の適用を受けることの正当化は、結局のところ、国家主権の平等であり、（国際私法上の公序や国際公法による制約条件の下で）外国の法秩序を等しく尊重すべきことに求められるのではなかろうか。

　それでもなお民主的正統性を論じるならば、利害対立を適切に考慮した判断を、立法・行政・司法のそれぞれの段階で、どの程度の個別具体性または抽象度をもって行うべきかという問題に帰着するように思われる[28]。もし、ここまで民主的正統性の内容を稀釈化することが許されるのであれば、「法の適用を受ける者が、利害対立の状況を適切に考慮される機会」を確保することは、行政過程や裁判手続でも実現可能であろう。そして、域外適用や準拠法選択であっても、このような意味での正統性は満たすことができよう。

　以上、「法の適用を受ける側の観点」から見て自己統治を論じてきた。国内法が規制ネットワークにおける国際的な影響にさらされながら法形成

　　法学のフロンティア 2 』（ナカニシヤ出版・2014）272 頁。

　27）　興津征雄「グローバル行政法とアカウンタビリティ」『グローバル化Ⅰ』77 頁。

　28）　正統性を争点化するための回路として、紛争解決手続および司法的救済を位置付ける見解として、藤谷武史「ガバナンス（論）における正統性問題」大沢真理＝佐藤岩夫編『ガバナンスを問い直すⅠ』（東京大学出版会・2016）240～241 頁があり、またアカウンタビリティに含まれる責任を問う論理との関係で、司法審査を位置付ける見解として、興津征雄「行政過程の正統性と民主主義」『小早川古稀』330～332 頁、343～344 頁がある。他方、国際公法の観点からは、国内三権力の能動的な役割に着目する見解がある。郭・前掲注 26）276～278 頁、伊藤一頼「国際条約体制に正統性はあるのか」法学教室 444 号（2017）133 頁。

する状況を論じる場合には、これに加えて、外部の影響を受けて「国内法を適用する側の観点」から見た正統性（言わば国際的な服従の根拠）を論じることも必要だろう。法を適用する側の観点からすれば、これまでの国内独禁法の判例実務（これまで蓄積された解釈適用）との関係を十分に説明することが、正統性として要求されると考えられる。例えば、従来のガイドラインに新たな内容を加えるのであればその理由を、国内独禁法のこれまでの蓄積との関係で位置付けて説明することが求められよう[29]。公取委が、「今回のガイドラインの改正は、ICN の成果物にそう書いてあったので、これに合わせました」と言っても、誰も納得しないであろう。逆に、ガイドラインの改正の背景について、このような説明がなされることはないであろうから、影響の仕方が見えにくく、透明性を欠く。個別事件への影響はさらに見えにくくなる。いずれにせよ、そこで求められる透明性は、なぜその方向に法の解釈適用を進めるのかということの説明であり、このように理解すれば、透明性は正統性の一内容になろう。

　ICN を評価することによってかえって見えてくるのは、他の国際フォーラムの役割である。OECD の加盟国は多くない[30]が、国際的収斂を必ずしも至上命題としているわけではない。例えば、一部の法域しか競争当局が扱う問題とは考えていない国家補助（state aid）について、OECD のCompetition Policy Roundtables がこれを扱っている[31]。Rountables は外部の専門家または事務局の職員が Background Note で当該分野の法をサーベイしており、それに続く Contributions from Delegations で各国の現状を解説する。ICN の Recommended Practices が法域の見えない（匿名

---

29)　ドイツでは、透明性や一貫性を指導理念としつつ、国家に最終的な規範内容の決定権限を留保する立場があるとされる。原田大樹「グローバル化時代の公法・私法関係論」『グローバル化 I』28〜30 頁。筆者はこの発想に親近感を覚えるが、独禁法は個々の事例または事件類型ごとの違いが大きいため、全ての事件に同じ手法を用いるといった意味で「一貫性」を理解すると、かえって個別事件ごとの利害関係の適切な調整から乖離してしまうことになる。どちらかと言うと、法秩序の「一体性」または「連続性」（細かな枝分かれによって発展していくが、幹は同じであるというイメージ）のほうが、独禁法には適合的な表現かもしれない。

30)　34 加盟国から成り、欧州委員会は 1960 年から参加している。中国は Key partners の一つとしてとして 2007 年から参加している。

31)　OECD, Competition, State Aids and Subsidies（2010）.

性の高い）書き方になっているのに対して、各国法を理解するには OECD のペーパーは有益である。Roundtables では、独禁法だけではなく、開発と関連するテーマを一定程度扱っているのも ICN と比べての特色と言えよう。他方、UNCTAD の会合には EU、OECD、WTO、WIPO を含む国際組織も参加することがあるとされている[32]。ICN とそれ以外の国際組織が、異なるバックグラウンドと方向性を持って併存していることは、ICN の不透明性による問題を幾分か緩和するかもしれない。

3　競争当局間の個別事件における協力・調整（regulatory coordination）

（1）**国際合併における調整**[33]　　複数の競争当局に届出される国際合併（multijurisdictional merger）においては、競争当局間の情報交換を通じて、問題解消措置の設計（remedy design）に関する議論がなされることがある[34]。問題解消措置（merger remedies）とは、合併当事会社が事業譲渡など合併計画の部分修正を行うことによって、独禁法上の問題がないことを確保し、合併計画を進められるようにするものをいう。例えば、A 社と B 社の合併が複数国に届け出られたとしよう。A 社は 3 つの工場を持ち、それぞれの生産能力で見た市場シェアは、a_1 工場が 20%、a_2 が 20%、a_3 が 10% であるとする。他方、B 社は 1 つの工場 b_1 を持ち、そのシェアは 10% であるとする。A と B が合併することにより、シェアが増加することなど[35]の理由から合併後に値上がりしそうであると公取委が懸念を示し

---

32)　Imelda Maher & Anestis Papadopoulos, Competition Agency Networks around the World, in Research Handbook on International Competition Law 60, 70 (Ariel Ezrachi ed., 2013).

33)　具体的な事例においては、川島富士雄「企業結合規制に関する国際的協力及び調整」日本経済法学会年報 56 号（2013）37 頁も参照。

34)　ICN, Practical Guide to International Enforcement Cooperation in Mergers, examples 1, 3&5（2015）．競争当局間では、市場画定や theories of harm についての考え方（agency views）に関して情報交換が自由にできる（Id. at para. 27）が、問題解消措置については合併当事会社が秘密情報について waivers of confidentiality を提出しないと情報共有（合併当事会社の提出した情報を一方競争当局 sending agency から他方競争当局 recipient agency に渡し、秘密情報について競争当局間で議論すること）ができない。

35)　現在の合併規制では、シェアの高さだけでなく、様々な要因を考慮して競争制限効果の判定を行っているので本文の説明は単純化されている。シェアの位置付けの理論的説明については、中川晶比兒「実証は理論と共に──合併規制における経済理論の役割」川濵昇ほか編『根岸哲先生古稀　競争法の理論と課題』（有斐閣・2013）343 頁を参照。

た場合でも、a_3 を同じ市場で操業している E 社に譲渡すれば、この懸念は解消され得る。E への事業譲渡により、合併後も A と B の（単純合計）シェアは合併前と変わらないし、企業数は減るとしても、従前は周辺的な企業であった E 社が事業譲受けによって合併前の B と同じ地位に就けば、合併前と競争状況は変わらなくなる。

ところが、a_3 の譲渡を条件として合併が承認された後に、他の国の競争当局が同じ合併案件について、a_1 の譲渡を問題解消措置として必要だと考えた場合には、合併当事会社にとってこの合併計画を進める意義は大きく損なわれかねない。a_3 の譲渡によって後に判断する競争当局の懸念も解消されるならば、問題解消措置は最小限にとどめるのが望ましい。そこで、合併当事会社と問題解消措置を議論する時期が、競争当局間で大きく異ならないように調整（align the timing）することにより、相互に矛盾する問題解消措置が出されるリスクを減らすのである。可能な限り最小限の措置（合併計画の変更）で済むように調整し、common remedies[36]を模索するのである。

このような調整の結果として、各競争当局が、①別々の（ただし類似する）問題解消措置を命じる場合、②同じ内容の措置を命じる場合、③他の競争当局が命じた問題解消措置を信頼して自らは措置を命じない場合がある[37]。

③のケースは、ある競争当局が、問題解消措置の設計を、他の競争当局（事実上は最も厳しい問題解消措置を要求する競争当局、もしくは人的資源が豊富な競争当局）にアウトソースする結果になっている。

(2) カルテルに対する課徴金（行政制裁金）ないし罰金の算定基礎　多くの法域では、独禁法違反行為に対する制裁金の base fine（加重要因や減免要因を加える前の基準金額）につき、違反行為の影響を受けた取引の売上額（sales／turnover）を算定基礎としている[38]。そのうえで、売上額の計算に

---

36)　Dorte Hoeg, EUROPEAN MERGER REMEDIES 69 (2014).

37)　ICN, Merger Remedies Guide, para. 3.5 (2016). 各国で異なる問題解消措置がとられた実例としては、工藤俊和「企業結合案件における企業の対応」日本経済法学会年報 55 号（2012）96 頁を参照。

38)　Sanctions in Antitrust Cases, [DAF/COMP/GF (2016) 6], para. 19.

あたっては、原則として域内ないし国内の売上額に限定する立場が通常採用されている。このことは、仮に全世界に影響するグローバルなカルテルが行われても、各国は自らが規律管轄権を有する範囲で制裁金を課し、同じ売上額について複数国が重ねて制裁金を課すことはないように自制していることを意味する[39]。

4 私人によるベストプラクティス

技術の互換性に関して技術標準を策定する標準化団体は、標準に依拠する場合の必須特許となり得る特許を保有する参加者に対して、その行動を規律する義務付けを patent policy に含めてきた[40]。具体的には、①必須特許となり得る特許を保有することを知っている参加者は、標準が採択される前にそれを開示すること、②必須特許の保有者は、fair, reasonable and nondiscriminatory な条件（FRAND 条件）で必須特許のライセンスを行うこと、③必須特許のライセンスにおいて要求するロイヤリティーの最高額ないし最も制限的なライセンス条件について表明すること、である。

patent policy に含まれる必須特許権者の行動の規律は、いずれも私的な合意であるが、独禁法はこの私的な取り決めの法的評価に関わってきた。まず米国では、司法省による執行意思がないことを示す business review letter で、これらの取り決めが独禁法に違反しないことが示された[41]。最高額の決定（上記③）が価格カルテルのような外見を持つことから、事前に当局による独禁法適合性の判断が求められたと考えられる。patent policy は、必須特許保有者による機会主義的行動が技術取引（およびその技術を使った商品の取引）を阻害することのないように、私人が解決策を講じたものであり、private best practice と言える。必須特許権者がポリシーを

---

39) 英国は、域外での売上額を考慮する場合には当該国の明示の合意を条件としている。OFT's Guidance as to the Appropriate Amount of a Penalty (2012), para. 2. 10. 域内の売上額だけでは違反行為の影響の過小評価になる場合に、域外の売上額が考慮される。例えば世界的な市場分割カルテルについて、伊永大輔「国際市場分割カルテルにおける課徴金の算定について」修道法学 66 号（2011）115 頁、泉水文雄「国際カルテルと域外適用」日本国際経済法学会編・前掲注 8) 379〜384 頁を参照。

40) 詳しくは、和久井理子『技術標準をめぐる法システム』（商事法務・2010）256〜291 頁を参照。

41) 2006 年の VITA へのレターにつき、和久井・前掲注 40) 311〜316 頁。

遵守すれば独禁法が出る幕はほとんどない。しかしながら現実には、必須特許の譲受人が policy に示されたよりも高いロイヤリティーを請求したり、必須特許権者が FRAND 宣言を守らずに差止請求をする紛争が世界中で発生してきた。そこで独禁法が、FRAND 宣言の拘束力を持たせるために使われてきた。米国の FTC は、FRAND 宣言をした企業による侵害差止訴訟が、FTC 法 5 条（不公正な競争方法の禁止）に違反するとして、同意命令によって FRAND 宣言に拘束力を持たせている[42]。また欧州司法裁判所は、必須特許の特許権者 Huawei による差止訴訟につき、FRAND 宣言がライセンス条件に関する正当な期待を第三者に与えること等を考慮すれば、必須特許権者が FRAND 条件でライセンスしないことは、原則として TFEU102 条に違反する（支配的地位の濫用に該当する）とした[43]。

　パテントポリシーは、私人によって形成され、私人がそれを適用・実施することによって事実上の拘束力を持つ。しかし、それが法的拘束力を持つためには裁判プロセス（法の解釈・適用）を経る必要がある。独禁法の観点から望ましい私的秩序であるという評価に基づいて、この実効性を高めるために、独禁法が適用されている。

III　独占禁止法の域外適用

　原論文の主張の要旨を以下の(1)から(4)にまとめたうえで、原論文からの修正点について(5)で説明する。

　(1)　独禁法の実体規定（禁止規定）は、絶対的強行法規（強行的適用法規）とされているが、独禁法違反の成否において考慮されるのは、あくまで特定人の利益侵害である。独禁法違反行為が是正された結果として、公益が実現される。公益と私益は同一時点に共存するものではなく、一定の重なりを持ちながらも、時間的にずれのある概念である[44]。

---

42)　Jorge Contreras, A Market Reliance Theory for FRAND Commitments and Other Patent Pledges, 2015 Utah L. Rev. 479, 529–532 (2015).

43)　Huawei Technologies Co. Ltd v ZTE Corp., Case C-170/13 [2015], paras. 49–53.

(2)　独禁法の基本的な思考枠組みと国家管轄権を併せ考えると、域外適用の可否は、ある行為に対して、他国の競争当局が、「その問題はまさに我が国の独禁法を適用して解決すべき典型的なケースだ」と考えるような事例を、自国の競争当局の立法管轄権から排除することで結論を出すことができる[45]。

(3)　独禁法違反行為による被害（利益侵害）は、違反行為者の直接の取引相手には常に発生する。国家がその領域内における違反行為に対して救済を与える責務を負っていることを前提とすれば、違反行為者と直接取引する「取引相手」の所在地を管轄する国が立法管轄権を行使するのが自然である。違反行為者は国境を越えた取引を行うことによって利潤機会を増やしている以上は、利潤機会を増やしてくれる取引相手所在地国のルールに従うべきであるから、取引相手所在地を基準とすることが正当化される[46]。

(4)　サプライ・チェーンがグローバルに分解され配置されると、誰が取引相手であるかが不明確となる。課徴金が売上額に関連付けられている以上は、違反行為者に対価支払をする主体（直接の支払主体、違反行為者に売上額を生じさせる主体）を取引相手と見るべきである[47]。

(5)　【原論文からの修正点】　上記(3)で述べたように、違反行為者の直接の取引相手の所在地国が立法管轄権を行使するのが原則である。しかし、次のような場合は例外である。

　　違反行為対象商品が、違反行為者から見て第三者（流通業者や完成品製造業者であって違反行為者のグループ会社ではないもの）を通じて消費地国に供給される場合であり、かつ第三者所在地国と消費地国が異なる場合には、

　　(a)　違反行為者の直接の取引相手である第三者が所在する国は、自国の独禁法を適用できる。ただし、違反行為者は、第三者が消費地国の消費者に値上げを転嫁しているという抗弁を主張することで、第三

---

44)　原論文（本章末【附記】参照）108〜114 頁。
45)　原論文 114〜117 頁。
46)　原論文 117〜119 頁。
47)　原論文 120 頁。

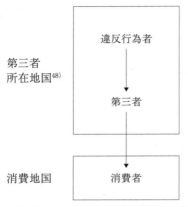

者所在地国の独禁法の適用を排除できる。

（b）川下の買い手所在地国（消費地国）は、当該買い手に対する値上げ（第三者による転嫁）があったことを証明しなければ、域外適用できない。直接の取引相手所在地国よりも消費地国が強い関連性を持つことを示すために、転嫁の立証が必要となる。

例外事例において、直接の取引相手（第三者）所在地国については転嫁の主張を抗弁と位置付けているのに対して、間接の取引相手の所在地国（消費地国）については転嫁の事実を立法管轄権の根拠として立証しなければならない。独禁法違反行為の被害者（直接の取引相手）が自分よりも川下の買い手に値上げを転嫁したか否かは、損害が最終的に誰に発生したかという問題であり、独禁法違反の成否や課徴金賦課の要件とは無関係である[49]。直接の取引相手所在地国については、この実体法上の解釈を原則とすべきであって、直接の取引相手の所在地国が立法管轄権を持つことが議論の出発点となり、そのうえで抗弁として転嫁の立証を違反行為者がすればよい。他方で、消費地国にまで転嫁が及んでいるか否かは、消費地国の独禁法との関係では、独禁法違反の成否や課徴金賦課の可否に関わるため、立法管轄権を主張する側がこれを立証すべきである。転嫁の立証が折り込み済みとなれば、消費地国における私訴への連携は有効に機能するだろう。

以上のような私見は、消費地国の独禁法適用において、第三国の主権を配慮する回路を設けるものである[50]。ブラウン管カルテル事件を例に挙げるならば、同事件では以下の二点を立証すべきであった：①日本に所在す

---

48) この図では、第三国において国内独禁法の域内適用となる場合に単純化しているが、第三国にとって域外適用となる場合でも結論は変わらないため、最もシンプルな状況を示した。
49) 原論文112頁脚注89参照。
50) 原論文では、消費地国による独禁法適用は様々な不都合があるから、第三国が独禁法を適用すべきであるという立場をとったが、本文に示したような例外的な場合については見解を改めることとする。

る「我が国テレビ製造販売業者」に、ブラウン管を組み込んだ完成品（ブラウン管テレビ）が販売されていること、②「我が国テレビ製造販売業者」が「現地製造子会社等」から購入する完成品の価格に、ブラウン管の値上げが転嫁されていること。これらの立証によって初めて、直接の取引相手（現地製造子会社等）の所在地国が独禁法を適用するよりも、日本の独禁法を適用したほうが適切であると言える[51]。最高裁は、「競争機能が損なわれることとなる市場に我が国が含まれる場合」には域外適用が認められるとした[52]が、筆者はそのような場合と言えるためには上記①および②の両方を立証する必要があると考える。最高裁は①について言及した[53]ものの、②への言及はない[54]。「競争機能」という抽象的な表現を手がかりとしたために、「取引の相手方」か否かの判定に焦点が合わされ、他方で、「我が国テレビ製造販売業者」の（現地製造子会社等との）取引条件に対する影響が視野から外れてしまったのかもしれない[55]。

---

51)　なお、課徴金については審決において小田切宏之委員の補足意見が述べているように、他の消費地国における制裁金との重複を避けるように配慮すべきであろう。MT 映像ディスプレイ(株)ほか 3 名に対する件・審判審決平成 27 年 5 月 22 日審決集 62-1 巻 27 頁、サムスン・エスディーアイ（マレーシア）・ビーイーアールエイチエーディーに対する件・審判審決平成 27 年 5 月 22 日審決集 62-1 巻 87 頁。また重複への配慮がいらないのならば、その理由を課徴金納付命令の中で明示すべきである。

52)　最判平成 29 年 12 月 12 日民集 71 巻 10 号 1958 頁。

53)　「我が国テレビ製造販売業者又はその子会社等は、現地製造子会社等が本件ブラウン管を用いて製造したテレビの全部又は相当部分を購入した上で販売していたものである」との判示がそれである。私見では、物流として日本に入ってくる必要はない（上記(4)を参照）。ただし、最高裁判決が「又はその子会社等」としているのは疑問である。シャープおよび三洋の海外販売子会社を含んでしまうからである。取引相手の所在地を基準に立法管轄を基礎付ける私見からすれば、これらを含めるべきではない。

54)　ただし、「我が国テレビ製造販売業者」は「現地製造子会社等」にブラウン管の購入価格を指示していたのだから、「現地製造子会社等」から完成品を購入する価格に、カルテルによる値上げが転嫁されていることは、特段の事情が認められない限り推定されると考えられる。東條吉純「高裁判批」ジュリスト 1499 号（2016）106 頁も参照。

55)　根岸哲「判批」民商法雑誌 154 巻 5 号（2018）186 頁も、「本判決は、『……市場が有する競争機能を損なうことをいう』という中味の実質を欠く抽象的一般論……のみを切り取り」立論していると批判する。競争機能を損なうこととは、取引条件を左右することができることにほかならず、最高裁がそれを理解していないのではないかという（信じたくはない）疑惑を抱かせる判決の書き方になっている点は否めない。あるいは、最高裁判決は、取引の相手方が複数ある場合にそのどちらに center of gravity があるのかを論じているという外在的な読み方さえできる。

IV 結 語

本章は、経済におけるグローバル化（グローバル戦略）と、法秩序のグローバル化という観点から、独禁法のグローバル化に対する取り組みを概観してきた。独禁法における三つの国際的な法形成起点は、いずれもそれ自体としては法的拘束力を持たない soft influence であるが、法の解釈適用レベルに及んでいる。グローバル化に対する法形成のあり方は、法分野によって異なるかもしれない。システミックリスクが懸念される金融分野と、取引当事者を中心とする利害関係者にのみ影響が及ぶ独禁法分野とでは、一国だけ歩調を揃えないことにより、他の国々の法規がその目的実現を阻害される度合いおよび国家経済に及ぼす影響の程度は大きく異なるだろう。独禁法分野では、合併規制を除けば、歩調を揃えない国があっても、他の国々は自国の独禁法を適用すれば、国家経済については自国の利益を守ることができるというのが現状のようだ。域外適用について国際慣習法が生成しているとは言えないことに、それはよく現われている。

独禁法を適用する競争当局間で行われてきたネットワーク化や調整は、国際協力（cooperation）として語られることがしばしばである。もっとも、気候変動や安全保障といったグローバルな共通問題に関する国際協力から見れば、独禁法分野におけるこれらの取り組みは、そもそも「協力」と呼ぶには値しないのではないか、という評価もあり得よう。ひるがえってみると、国際合併における規制当局間の個別事件での調整は、自国法を適用することを前提としたうえで、法的結論に至る段階での調整であった[56]。域外適用（立法管轄権）は、自国法をそもそも適用するか否かの段階の判断であるから、主権との対立が前面に出てくるのであり、国際的な連携は進んでいなかった。いずれも、国内法の立法・解釈で可能な範囲で調整が図られているのが一般的現状と言えよう。

---

56) しかも、情報共有して調整を行うか否かの裁量は、条約に基づく場合であっても各国競争当局に与えられている。

Ⅳ 結 語

　すなわち、独禁法でなされている「協力」は、国家が自律的な意思決定権限を制限されることの心理的、象徴的または具体的なコスト、すなわちsovereignty costs[57]が低い状況で行われている（cooperation with low sovereignty costs）と言えよう[58]。独禁法の経験が浅い国に対する法整備支援は、支援する側にとっても、支援される側にとっても、sovereignty costs が低い状況である[59]。国内法の立法・解釈で可能な範囲での国際的調整も同様である。

　他方で、個別事件における ad hoc な情報交換が、条約や覚書すらない国の競争当局間でも行われてきたことには注目してよいであろう。このような情報交換が実務先行的になされた背景としては、先進国を中心とする限られた国の間で情報交換を定める条約があったこと、OECD 等の国際組織や ICN において情報交換がベストプラクティスであるとの評価が確立していたことがあるのではないか。筆者は、実体法的な判断基準の収斂において、成果物としてのベストプラクティスに対して懐疑的な立場をとったが、課題に対する解決法を一つに収斂できる問題については、ベストプラクティスの存在意義を認められるだろうと考えている。

　今後はこのような国際協調が、sovereignty costs の高い連携にまで踏み込むことができるかが、グローバル戦略がとられる産業への独禁法の適用局面では避けられない課題となる。グローバル戦略によってサプライ・チェーンがグローバルに分解され配置されると、国際カルテルに対する複数国による競合的な独禁法の適用は不可避となる。違反行為者が同じ取引相手から得た売上額に対して、複数国が重複して制裁金を課す事態を避けら

---

57)　Kenneth Abbott, The Many Faces of International Legalization, 92 Am. Soc'y Int'l L. Proc. 57, 62 (1998); Kenneth Abbott & Duncan Snidal, Hard and Soft Law in International Governance, 54 Int. Organ. 421, 436-437 (2000).

58)　Armin Steinbach, The Trend towards Non-Consensualism in Public International Law, 27 EJIL 643, 652 (2016); Valerie Demedts, The Future of International Competition Law Enforcement 244-245 (2018). なお、原論文 126 頁では、競争当局間の信頼関係と、法執行能力の格差の程度によって国際的調整の程度を分類したが、一方的な信頼関係だけでも協働が成立することもあると考えられるため、原論文での整理は不正確と言わざるを得ず、本文のように修正する。

59)　小国であるほど平均的には sovereignty costs が低いとされ、また、小国が国際的枠組みに入ることによって便益が大きくコストを上回る場合もあり得る。Abbott, *supra* note 57, at 62.

れるかが、具体的な課題である。本章では III の(5)で、複数国の間で立法
管轄権を調整する考え方を示しておいたが、競争当局からすれば受け入れ
がたい立場かもしれない。また、合併規制の場合には、合併計画の修正と
いう形で common remedies を模索することが可能であった[60]が、カルテ
ルに対しては刑事罰を積極活用する米国と行政制裁金を用いる他の法域と
で、remedy を調整ないし共通化することは難しいかもしれない[61]。裁判
官の国際的ネットワークが一般には存在しない現状では、国内法のみの視
点から域外適用を広く認める判決は、今後も蓄積される可能性がある。米
国と EU を中心とする、独禁法適用の蓄積を有し、独禁法適用に関して
sovereignty costs の高い法域の競争当局が、ベストプラクティスを蓄積す
ることが必要である。OECD は、そのフォーラムとして重要な役割を果
たすであろう。また、ベストプラクティスの模索プロセスにおいては、各
国の state practice の対外的透明性がますます重要な意味を持つことにな
る[62]。

【附記】　本章は、「グローバル化時代の独占禁止法―国際的な法形成起点と域
　　外適用」社会科学研究 69 巻 1 号（2018）91 頁（本文で「原論文」という）を
　　もとにして、脚注と III を中心に大幅に短縮化し、III の一部と IV を修正・
　　加筆したものである。脚注に挙げた論文の引用趣旨が不明な場合には、原
　　論文を参照されたい。
　　　本章は、JSPS 科研費基盤研究（C）（課題番号 17K0340107）の助成による
　　研究成果の一部である。

---

60)　国際合併に関して、特定国の競争当局が代表して審査する lead jurisdiction model も提唱
　　されてきたが、これについては、①担当競争当局が自国市場の弊害しか十分に審査せずに過
　　小執行となる、②管轄の割り当てそのものにおいて国家間の衝突が避けられない、等の批判
　　がある。Julie Clarke, INTERNATIONAL MERGER POLICY 264-267 (2014).
61)　これまでも ad hoc に remedy の調整がなされてきたことについては、John Terzaken &
　　Pieter Huizing, How Much Is Too Much? A Call For Global Principles To Guide The
　　Punishment of International Cartels, 27 Antitrust 53, 55-56 (2013 Spring) を参照。これは企
　　業側弁護士の手腕に左右されるかもしれず、予測可能性は低いと言えよう。
62)　例えば、ある国際的な独禁法違反行為（合併規制を除く分野）について、独禁法を適用
　　し得る（立法管轄権を認められ得る）国が自国以外にも存在する場合には、自国の立法管轄
　　権が認められる理由を明示すべきであろう。

第2章 国際的租税情報交換と国内裁判所の役割

藤谷武史

　I　租税法分野におけるグローバル化の傾向
　II　租税法分野における政策実現過程のグローバル化の現状
　III　国際的な租税情報交換における当事者の地位
　IV　国際的租税情報交換の「グローバル化」における国内裁判所の役割：試論

I　租税法分野におけるグローバル化の傾向

　「国際化」と「グローバル化」を区別する視点[1]に従うならば、租税法はまさに「国際」的な枠組み、すなわち主権国家を基本単位としつつ国家間の連携によって国境を越える問題に対応するアプローチが、ごく最近まで支配的な法分野であった[2]。しかし、21世紀に入ってから租税手続法の国際的側面において生じた急激な展開は、いまだ「国際レジーム」と呼ぶには至らないまでも[3]、主権国家から自律した規範形成過程、ピア・レビューによる事実上の拘束力、ある種の「国際公共価値」の主張[4]を伴うという意味で、「政策実現過程のグローバル化」の様相を呈しつつあるよう

---

1)　参照、藤谷武史「グローバル化と公法・私法の再編」『グローバル化 I』333頁、361～362頁。
2)　国際租税法は、伝統的には、国境を越えて行われる経済活動に対して、複数の国家が税収を獲得するために競合的に課税管轄権を主張する結果として生じる国際的二重課税の場面を想定し、これら課税権の調整・配分を行う規範の体系として発展してきた。参照、藤谷武史「課税目的の情報交換制度のグローバル化と国内裁判所の役割」社会科学研究69巻1号（2017）39頁、41～43頁。
3)　増井良啓「国際課税における手続の整備と改革」日税研論集71号（2017）1頁、33頁は、紛争処理機関の不在を挙げて、「国際課税の現状は、いまだレジームの形成を確認できるところに至っていない」と指摘する。
4)　租税法分野では、近年まで「国際公共利益」の存在は懐疑的に捉えられてきた。議論状況の俯瞰として参照、増井良啓「日本における国際租税法」ジュリスト1387号（2009）95頁。

に思われる[5]。本章では、国際的租税情報交換手続における国内裁判所の役割に焦点を絞り、納税者の権利保障は無論のこと、グローバルな租税規範の適正執行に向けた情報交換制度自体の改善に向けて、いかなる積極的役割を果たし得るか、という観点からの検討を加えるものである。

II　租税法分野における政策実現過程のグローバル化の現状

1　「透明性」＝情報を軸とした国際的枠組みの進展[6]

　国際租税法分野における国際的フォーラムとして中心的な地位を占めてきたのは OECD である[7]が、2000 年代以降、G7（後に G20）傘下の金融安定化フォーラム（FSF）と金融活動作業部会（FATF）が主導するマネーロンダリング規制の進展と共同歩調をとるようになり、「非協力的な国と地域」における「税制・税務執行の透明性の欠如」や「実効性ある租税情報交換の欠如」へと狙いを絞るようになった[8]。新たな指導原理は「透明性」であり、「非協力的な国・地域」が提供する厳格な銀行秘密法制、寛大な金融・法人規制、租税情報交換への消極姿勢が、先進国（高税率国）の企業や富裕な個人による先進国における課税逃れを助長してきたこと[9]を指弾するものであった。

---

5)　BEPS プロジェクトの進展を踏まえて「グローバル超国家税法（global supranational tax law)」を展望する研究も現れている。参照、谷口勢津夫「国際課税の最近の動向について─『グローバル超国家税法』の展望」ジュリスト 1516 号（2018）14 頁。

6)　参照、増井良啓「租税手続法の国際的側面」『小早川古稀』199 頁。

7)　渕圭吾「国際租税法における OECD の役割とその位置づけ」日本国際経済法学会年報 24 号（2015）15 頁。

8)　参照、増井良啓「租税条約に基づく情報交換─オフショア銀行口座の課税情報を中心として」金融研究 30 巻 4 号（2011）253 頁。

9)　「タックス・ヘイブンに隠された富」という人口に膾炙した語は、若干ミスリーディングである。現実には、先進国富裕層が所有する金融資産は、タックス・ヘイブンに隠匿されているのではなく、タックス・ヘイブン国に設立された法人やファンドを経由して再び実体経済活動が行われる国へと投資され、収益をあげている。問題は、タックス・ヘイブンを経由することで、納税義務者（富裕層個人）と投資の成果（課税物件）の結びつきすなわち人的帰属が、課税当局によって捕捉困難となること、である。増井・前掲注 3) 25 頁は、情報交換ネットワークの整備が一段落した現在、改めて幽霊会社（shell company）の背後にいる実質的支配者の捕捉が最前線の課題となっていると指摘する。

Ⅱ　租税法分野における政策実現過程のグローバル化の現状　　*33*

　実体的租税政策と同様、自国領域内で銀行や法人にいかなる規制を課すかについても、本来は各国の領域主権に属する事項であるが[10]、「高税率国が正当に行使し得るはずの（自国居住者に対する）課税管轄権の行使を阻害する環境を作り出している」との主張は、各国の立法裁量に対する国際的規律を正当化する根拠として一定の説得力を持つ。特に、世界金融危機に続く財政危機と財政緊縮策が、一般市民に大きな負担として受け止められる中で、グローバル企業・富裕な個人がこれら諸国と金融セクターを活用して脱税や租税回避の利益を得ていたことが批判的に報道された。これが、「税の透明性」を謳う高税率国政府・国際機関に大きな追い風となり、2009 年以降の急速な展開をもたらした。

　2009 年 4 月の G20 ロンドン・サミットは「銀行秘密の時代の終焉」を宣言し、先進国のみならず新興国も巻き込んだ世界的潮流を印象付けた。2009 年 9 月には、OECD 加盟国・非加盟国の双方を含む「税の透明性と情報交換に関するグローバル・フォーラム（The Global Forum on Transparency and Exchange of Information for Tax Purposes〔以下、「GF」という〕）[11]が本格的に活動を開始し、モニタリングと相互審査（peer review）によって、透明性と課税目的の情報交換に関する「国際的に合意された租税基準」の実施を主導するようになった。執行共助の法的基礎も、従来からの二国間租税条約・情報交換協定に加えて、「租税に関する相互行政支援に関する条約」（マルチ税務行政執行共助条約）の 2010 年改正議定書の発効[12]や、欧州域内での従来の税務行政協力を深化させる 2011 年の EU 指令[13]によって、世界の主要部分を覆うまでの広がりを見せている[14]。また、2010 年の米国

---

　10)　後述するように、OECD 主導で 2005 年に成立した透明性と課税目的の情報交換に関する「国際的に合意された租税基準」の柱の一つは、「自国の銀行秘密法制を情報交換要請拒否の理由としないこと」であったが（参照、OECD モデル租税条約 26 条 5 項）、同条項に対してスイス等は留保を付していた。

　11)　2019 年 5 月現在、154 の国や地域が平等な立場で参加し、15 の国際機関がオブザーバーとして加わっている。事務局は、OECD の Centre for Tax Policy and Administration に置かれている。

　12)　増井良啓「マルチ税務行政執行共助条約の注釈を読む」租税研究 775 号（2014）253 頁。

　13)　Council Directive 2011/16/EU of 15 February 2011 on administrative cooperation in the field of taxation and repealing Directive 77/799/EEC.

　14)　ただし、米国は 2010 年に改正議定書に署名したものの、議会上院は批准せず、今後もこの多国間枠組みに加わる見込みはない。米国は、後述する FATCA と政府間協定（IGA）

の一国主義的な FATCA（外国口座税務コンプライアンス法）導入が起爆剤となり、EU および G20/OECD も自動的情報交換体制の枠組み作りを加速させ、2017 年 9 月以降、G20/OECD の共通報告基準（CRS）に基づく自動的情報交換も実施されている[15]。

2 租税法分野における「グローバル化」？

税務執行の国家間協力の拡大・深化は緒に就いたばかりとは言え、国際租税法における絶対的前提であった執行管轄権の領域的な限界を克服することで、経済のグローバル化の下で制約された国家の課税能力を回復することが目指されている。ただし、この目論見が奏功するためには、グローバル化した経済の広がりを漏らさず捕捉するネットワークを構築しなければならない。この構想に強い利害を有する先進国は、①ルール形成の場を新興国や発展途上国にも開かれたものとすることでこれらの国々を取り込み（そのために G20 の枠組みが重視される）、②「非協力的」な国や地域にはブラックリスト化などの圧力をかけることで協力を取り付けるとともに、③この構想にコミットする国々には、各自の国益を超えたネットワークの維持に貢献するように足並みを揃えることを求める、という戦略を採ってきた。最後の点には、租税法分野における国際公共価値の萌芽を見て取ることも可能と思われ、理論的には特に興味深い。以下、二点に分けて論じる。

(1) 「国際的に合意された租税基準」における「自国の租税利益」要件の撤廃

2000 年以降の重要な展開の一つとして、OECD モデル租税条約における、透明性と課税目的の情報交換に関する「国際的に合意された租税基準」の定立（2005 年）がある。その主たる内容は、①条約に基づく適法な情報交換として認められる要件を、従来の「必要な」という基準から「関連すると予見される（foreseeably relevant）」基準に緩和、②「自国の課税利益（domestic tax interest）」の要件を撤廃、③銀行秘密であることを理由に情報提供を拒否することの禁止、である。実際上の重要性からよく取り

による米国人の海外金融口座情報の収集確保という独自の路線を歩んでいる。この点は、後述する「グローバル化」を論じる上でも無視できない要素である。

15) CRS につき参照、増井良啓「非居住者に係る金融口座情報の自動的交換―CRS が意味するもの」論究ジュリスト 14 号（2015）218 頁。

Ⅱ　租税法分野における政策実現過程のグローバル化の現状　　*35*

上げられるのは①と③であるが、ここでは理論的観点から②に着目したい。

　この条項（現在の OECD モデル租税条約 26 条 4 項）は、条約の要件を満たす租税情報提供の要請を受けた国（以下、「被要請国」という）に、たとえその情報が自国の課税上必要がないものであったとしてもなお、被要請国の法制において利用可能な手段を用いて情報を収集し、要請国に提供する義務を課すものである。従来、国家の課税権力の行使が私人の権利や私的領域への干渉を伴うものである以上、税収獲得を通じた公益の実現という目的によって正当化されると同時にそれによって限界を画されねばならない、と考えられてきたことに照らせば、今や国際的な税務執行協力ネットワークを維持することが国家の課税権力（の一部としての調査権限）の行使を正当化する「公益」として受容されたことを、この条項の存在[16]は意味するとも言えよう。

　上記の議論の意義は、単なる理論的整理にとどまらない。この条項の実質的効果として、被要請国においては期間制限（更正権の除斥期間等）により、もはや税務調査の対象とならない事案ないし情報であったとしても、要請国において当該事案が期間制限にかからないのであれば、被要請国としては調査権限を行使して情報を収集・提供する義務を負う[17]。これは、情報提供要請に応じる税務調査（質問検査権の行使）の局面において、要請国の課税の実現過程が被要請国の租税手続法を取り込んで作動することを意味する。また、日本租税法上、質問・検査は、各個別の租税に関する調査について必要があるときに行うことができると規定されているところ、この必要性の有無については客観的に明らかにし得るとされている[18]。これに対して、租税条約に基づく情報提供要請の場面では、租税条約実施特例法 9 条は、同法 8 条の 2 「の規定により当該情報の提供を行うために」質問検査権を行使し得ると定めるのみであり、税務調査における当該情報

---

16)　我が国では、租税条約実施特例法 9 条が、外国から租税条約等の規定に基づく情報提供要請があった場合の質問検査権の根拠規定を置いている。

17)　*OECD Model Tax Convention*, Art. 26, Commentary, para. 19. 7. 被要請国の法制上定められた文書保存義務の期間が経過した後であればもはや関連する情報が失われている場合も考えられ、その場合にまで被要請国は情報収集義務を負うものではないが、保存期間経過後であってもなお文書が存在する場合には、これを収集・提供する義務を免れない（Id.）。

18)　国税通則法 74 条の 2 ～ 74 条の 6。金子宏『租税法〔第 23 版〕』（弘文堂・2019）974 頁。

収集の必要性については要請国当局の判断に委ねる形となっている。確か
に同法 8 条の 2 各号は、日本の当局が外国への情報提供を拒否すべき場合
を列挙するが、調査の必要性については特段要件としていない。結局これ
は、「租税条約等の規定に基づき」行われた情報提供要請という同法 9 条
1 項の要件の解釈問題となるが、これに対して、被要請国当局によるスク
リーニング、および被要請国裁判所による当局の判断の審査はどの程度実
効的なものたり得るか、という問題がある。

(2) GF による相互審査と事実上の規範形成　　前述した GF によるモニタ
リングと相互審査も、租税分野における「政策実現過程のグローバル化」
のエンフォースメントの局面における現れとして注目される。GF は、す
でに述べた「国際的に合意された租税基準」を基軸として構築された基準
(GF Standard) をもとに、参加国の法制および運用実態がこの基準を満た
しているかを評価する相互審査を行い、報告書を公表することを、任務の
一つとしている。例えば「国際的に合意された租税基準」の下では、情報
提供要請の対象となっている情報が要請国の課税の適正執行に「関連する
と予見される (foreseeably relevant)」ものである限り、被要請国は要請に
応じる義務を負うとされているが、当該国の条約や国内法にこれを反映す
る規定が置かれているか（従前の「必要な (necessary)」情報という制限的な基準
を維持していないか）をチェックするのが法制に関する審査であり、条文上
は合致していても、現実には以前と同様の厳しい基準に近い運用がなされ
ていないか、当該国に情報提供要請を行った別の参加国からの聴き取り等
も踏まえて行われるのが、運用実態の審査である。

　例えば、2013 年の GF の対ルクセンブルク相互審査報告書[19]は、同国の
運用実態が基準に「不適合 (noncompliant)」であると評価した。不適合と
された要素はいくつかあるが、特に、国内裁判所による「関連すると予見
される」要件の解釈が過度に厳格であり、実効的な情報交換の妨げとなっ
ており、「ルクセンブルクがかかる実践を見直して国際基準に適合するよ
うに改めることを勧告する」旨の記述 (para. 373-374)、が目を惹く。

---

19)　Global Forum on Transparency and Exchange of Information for Tax Purposes Peer
Reviews: Luxembourg 2013 Phase 2: Implementation of the Standard in Practice (22 Nov.
2013).

Ⅱ　租税法分野における政策実現過程のグローバル化の現状　　*37*

　この報告書には法的拘束力はない[20]が、参加国間で事実上の圧力として
作用する。実際に、ルクセンブルクは GF の指摘を受けて法改正を行い[21]、
2014 年に、納税者および関係する第三者が情報提供要請の適法性を司法
過程で争う権利を定めた規定を廃止した。これが Ⅲ で扱う Berlioz 事件
の背景となっている。

　「政策実現過程のグローバル化」の観点からは、①上述した GF の活動
が、国家間で合意された（国際法的な規範性を持つ）基準の適用という形を
とりながら、実際には規範形成機能を帯びていること、②当該規範形成の
正統性調達回路が不透明なこと、を指摘することができる。

　①は、「政策基準（規範）の定立」→「同基準の執行」→「紛争解決・
権利救済」が、国内の政策実現過程のように段階を追って進むとは限らず、
むしろ執行や紛争解決のフェーズにおいて、当初の決定時には曖昧な幅を
伴っていた規範が初めて具体化されるという、グローバルな政策実現過程
の特徴が現れた例と言えよう。実際、GF に関与していた専門家は、ルク
センブルクの「不適合」評価に関して問題となった「関連すると予見され
る」基準および関連するコメンタリーが、OECD の場での国際基準の取
りまとめ時に各国間の意見が収斂しなかったために、妥協としてあえて矛
盾を含む文言が用いられていること、を端的に認めている[22]。

---

20)　See, Decision of the Council Establishing the Global Forum on Transparency and
Exchange of Information for Tax Purposes (adopted by the Council at its 1204th Session on 17
September 2009), C (2009) 122/FINAL, para. 2. GF の元メンバーも、GF の作成する基準は
ソフト・ローである、と指摘する。See, Torsten Fensby, "Berlioz: Does the Global Forum
information Exchange Standard Violate Human Rights?" Tax Notes Int'l, Oct. 23, 2017, p. 379
(p. 380).

21)　この「圧力」に言及するものとして、Leo Neve, "The CJEU's Berlioz Judgment: Protect-
ing Taxpayers in the Age of Information Exchange," Tax Notes Int'l, Sept. 18, 2017, p. 1185;
Fensby, supra note 20, p. 379; Chaouche, infra note 29 がある。

22)　Fensby, supra note 20, p. 382. 同基準に関して、関連文書（OECD コメンタリーや「課
税分野における行政協力に関する 2011 年の EU 指令」前文 9 など）は、一方では、「情報漁
り（fishing expedition）」を防止する趣旨であると説明し、他方で、「最大限可能な程度
（the widest possible extent）」の情報交換を保障する趣旨であると説明する。前者を重視す
るならば、被要請国当局ないし裁判所において情報提供要請の正当性を実質的に審査する必
要があるはずであるが、これを認めると、ルクセンブルクのような「非協力的」とされてき
た国に情報提供を拒否する口実を与えることが懸念される。両者のバランスをとる方法は明
示されておらず、具体的適用に当たる GF が曖昧な規範の幅の中で後者の利益を優先する立
場を強力に打ち出している、という構図が見て取れる。Fensby によると、OECD が規範設

38 第2章 国際的租税情報交換と国内裁判所の役割

　では、②の規範的側面はどうか。上記のような政策実現過程の各段階の
輻輳化は、諸国家の複雑な利害を調整し国際公共価値の実現を目指す立場
からは、現実的な知恵として肯定的に評価され得るようにも思われるが、
いかなる要件の下で被要請国が情報提供要請に応じる義務を負うかという
基本的な政策選択に関わる部分が、GF というインフォーマルな組織が担
う相互審査に向けた実施要綱（Terms of Reference）の作成[23]およびその適
用を通じた報告書の作成という執行段階において決定されることには、正
統性調達の観点からの懸念が指摘されよう。もちろん、GF の報告書に法
的拘束力はなく、あくまでも GF の見解の表明に過ぎない。ルクセンブル
クの上述の国内法改正は、仮に GF の勧告が事実上は回避困難な「国際平
準化圧力」[24]として受け止められたとしても、法的には完全に同国の自発
的決定に基づくものであって、グローバルに形成された規範が国内議会の
関与なしに国内法規範を直接変更する、という場合とは区別される[25]。そ
こで、ここに正統性問題は存在しない、と割り切ることも一つの筋道であ
ろう。しかし、強制の契機の有無と、合意または自発的授権の連鎖という
二点のみに正統性の問題を還元することは、グローバルな政策実現過程を
論じる上では必ずしも有用ではないかもしれない[26]。相互審査の下で行わ
れる GF の実質的政策決定が、正当な異議申立てに回路を開き応答するこ
とを引き受ける、という意味でのアカウンタビリティーを備えるものであ
ることは、もしそれが可能であれば、GF によって具体化されつつ適用さ
れる「国際的に合意された租税基準」の受容可能性を高めるとともに、公
法理論から見た正統性の懸念を緩和することにも資すると思われる。しか

　　定時に矛盾を解消しないことは珍しくなく、OECD のジャーゴンによれば「建設的曖昧さ」
　　と呼ばれる、とのことである。

23)　See, e. g., Torsten Fensby, Per Olav Gjesti, and Leif Rosenfeld, "The Global Forum
　　Standard on Transparency And Information Exchange", Tax Notes Int'l, June 26, 2017, p.
　　1211.

24)　原田大樹『公共制度設計の基礎理論』（弘文堂・2014）22 頁。

25)　Fensby, supra note 20 は、ルクセンブルクの法改正は GF が要求したものではない、と
　　主張する。しかし、GF の相互審査報告書が、同国行政裁判所が採用した解釈を過度に厳格
　　に過ぎると評価していたことに留意する必要があろう。

26)　参照、藤谷武史「ガバナンス（論）における正統性問題」大沢真理＝佐藤岩夫編『ガバナ
　　ンスを問い直す I』（東京大学出版会・2016）217 頁。

し、そのような回路を開くことは可能であろうか。

III　国際的な租税情報交換における当事者の地位

1　問題の所在[27]

　国際的な租税情報交換の枠組みは、「税の透明性」の阻害要因となる国家の法制・運用を除去し、実効的な情報交換の実現により税の適正執行を確保することを目的に、近年急速に整備されてきた。かかる経緯を反映してか、情報交換に関する国際規範においては各国税務当局を名宛人とする規定が主であり、納税者や関連先第三者の実体的・手続的権利に関する規定はほとんど含まれない[28]。条約が税務当局に課す秘密保護義務等の規定が間接的にこれら私人の権利利益を保障しているとの解釈論もあり得るが、2で紹介するように、国際租税法の裁判例は情報交換に関する国際条約から私人の法的権利を導くことには消極的である。国際的租税情報交換における納税者の権利保障は、通常の租税行政手続と同様、国内法に委ねられた問題とされている。しかし、ここには難点が二つ存在する。

　第一に、各国の国内法における権利保障の水準にはばらつきがある。特に問題なのが、手続的保障に関わる規定における態度の相違である。国内法が、納税者の個人情報や営業上の秘密の保護等、実体的な権利保障を定めていたとしても、その履行を確保する手続的保障がなければ、画に描いた餅となりかねない。情報交換手続は基本的に当局間で行われ、具体的な調査や処分が行われない限り、納税者や関係する第三者は情報交換の存在自体を知り得ず、結果的に不正確な情報の伝達や、手続的適法性を欠く情報提供が放置される可能性もある。確かに、情報交換を経て行われる（か

---

27)　情報交換の法的根拠や「要請に基づく情報交換」の構造については、紙幅の制約上、割愛せざるを得なかった。藤谷・前掲注2）50〜53頁の参照を乞う。

28)　Xavier Oberson, *International Exchange of Information in Tax Matters: Towards Global Transparency* (Edward Elgar, 2015), pp. 75, 223, 239. なお、我が国が締結する二国間租税条約のうちでは例外的に、日独租税協定（2015年改訂）議定書11 (e)が、情報交換の事実について納税者が通知を受ける権利を定めているが、これはドイツの条約締結ポリシーを反映したものと指摘されている（増井・前掲注6）208頁）。

もしれない）課税処分・刑事訴追の段階に至れば、情報の不正確性については対審的な訴訟手続の中で争い、これを排除し得るかもしれない。しかし、秘密の保護、私生活の尊重、法治主義（特に、要請国〔納税者にとっては自国の〕当局が、法が授権した範囲を超えて情報を得ることを認めてよいのか、という問題）は、情報交換手続自体の適正さの保障する法的統制、およびその端緒としての納税者・関係する第三者の手続的権利保障を認めなければ十分に保障されないのではないか、という反論があり得よう[29]。

第二に、「国内法に委ねられる」の意味が問題である。例えば、マルチ税務行政執行共助条約 21 条のコメンタリーは、国内法による手続的保障全般および事前通知手続の意義を強調する一方で、これら手続が「本条約の目的および意図を損ない、要請国の努力を無益なものにするような態様において適用しないことが期待されている」(para. 180) と釘を刺す。これは GF が強調する視点でもあり[30]、これが国際的同調圧力として作用している可能性もある。ドイツのように事前通知手続を盛り込むことを租税条約ポリシーとして内外に宣言し、相手国の了解も得つつ手続保障を強化するのであればよいが、国内法のみで手続保障の水準を高めることが、この考え方を共有しない要請国当局に、「非協力的」であるとして GF に通報される、というシナリオも否定できない。GF における事実上の規範形成の場に、納税者の権利保障の価値がインプットされる回路がどの程度存在

---

29)　情報交換の場面で問題となる手続的権利には、①情報提供要請の存在および内容について通知を受ける権利、②情報収集過程に立ち会う権利、③情報提供要請の妥当性について不服を申し立てる権利、があるとされる（Oberson, supra note 28, p. 238）。この中でも特に理論と国家実行の両面で対立があるのが、①の納税者に対する通知である。日本の国内法はこの規定を置いていないが、これは、例えばフランス法も同様であり（Fatima Chaouche, «Le juge fiscal dans le cadre de l'échange de renseignements sur demande», Revue française de finances publiques-01/02/2016-n° 133-page 229)，必ずしも国際的に孤立した立場というわけではない（各国の状況について参照、Danon/Gutman/Oberson/Pistone (éds.), Modèle de convention fiscale OCDE concernant le revenu et la fortune: Commentaire, 2014, pp. 827-830)。しかし、学界では、ドイツ・スイス・ルクセンブルク等のように国内法上の通知義務規定を置くほうが、納税者の権利保障および情報交換の品質向上の両面から優れている、とする立場が有力であると指摘される（増井・前掲注 6) 208 頁、および Oberson, supra note 28, p. 240; Sergio André Rocha, "Exchange of Tax-Related Information and the Protection of Taxpayer Rights: General Comments and the Brazilian Perspective", Bulletin for International Taxation, September 2016, pp. 502, 509)。

30)　See, e. g., Fensby, et al., supra note 23, p. 1219 fn. 23.

しているか、が問われることになろう[31]。

2　欧州における議論状況

（1）**Berlioz 事件判決まで**　欧州において、国際的情報交換における手続保障の問題を論じる上での先例として参照されてきたのが、欧州司法裁判所の Sabou 事件判決[32]である。同判決は、租税行政手続を課税当局が処分の前提となり得る情報を収集する調査段階と、当局が納税者に課税処分を行うことで開始される争訟段階に区別したうえで、加盟国当局から他国当局への情報提供要請はなお調査段階にとどまるから、納税者に参加や聴聞の機会を与えることは義務付けられない、とするものであった。また、情報提供要請の対象となった納税者が外国当局から提供された情報の真正性を争えるかについても、裁判所は、EU 指令[33]は納税者に特段の権利を与えておらず、もっぱら国内法に委ねられた問題であるとして斥けた。Sabou 判決の調査段階／争訟段階峻別論には、納税者の実質的な防御権や情報に関する自己決定を損なうおそれがあるとして、学説からの強い批判があった[34]。その後の欧州における裁判例では、かかる峻別論から距離をとる傾向が見られたことも紹介されている[35]。

（2）**Berlioz 事件判決**　欧州司法裁判所が 2017 年に下した Berlioz 事件判決[36]は、この法領域における画期的な進展として注目されている[37]。

---

31)　情報交換手続をめぐっては、このほかにも、納税者秘密・データ保護、職業上の秘密の扱い、刑事手続との関係等、論ずべき問題は多いが、増井・前掲注 6) 209 頁以下に譲る。

32)　Jiří Sabou v the Czech Republic, Case C-276/12, 22 Oct. 2013. 紙幅の制約上、事案および判旨の詳細は藤谷・前掲注 2) に譲る。

33)　事件当時は Directive 77/799 が通用していた。同指令は 2011 年 2 月 15 日の EU 指令（Council Directive 2011/16/EU）によって置き換えられた。

34)　参照、増井良啓「課税情報の交換と欧州人権条約」法学新報 123 巻 11・12 号 (2017) 333 頁、338 頁。

35)　増井・前掲注 34)。Berlioz 事件判決の直前までの裁判例を分析するものとして、Ine Lejeune and Liesbeth Vermeire, "The Influence of the EU Charter of Fundamental Rights on ECJ Case Law on the International Exchange of Information" Bulletin for International Taxation, April 2017, p. 157 がある。

36)　Berlioz Investment Fund SA, C-682/15 (CJEU, 16 May 2017). なお、同判決についても、事案および判旨の詳細な分析については、藤谷・前掲注 2) に譲らざるを得ない。

37)　以下のものを参照した。Johannes Frey, Alex Jupp, and Frank-Michael Schwarz, The CJEU's Berlioz Judgment: A New Milestone on Procedural Rights in EU Audits, Tax Notes

事案は以下の通りである。

フランス課税当局が、フランス居住者たる法人に対する税務調査の一環として、その親会社（ルクセンブルク法人）であるB社に係る租税情報提供要請をルクセンブルク課税当局（L当局）に対して発出した。L当局がこれに応じてB社に対して必要な情報の提出を命じ、これを拒否したB社に対して国内法に基づき罰金を科したため、B社がこの罰金賦課の無効とL当局が発した情報提出命令の違法を主張して、ルクセンブルク行政裁判所に提訴した。なお、同国国内法によると、私人は、外国当局からの情報提供要請およびこれを踏まえたルクセンブルク当局による情報提出命令につき争うことはできず、ただ情報提出命令への不服従に対して罰金を科す決定のみが、司法過程による救済の対象とされていた。この一見不可解な法の定めは、まさにⅡ2(2)で紹介した、GFからの審査報告書を受けて行われた2014年の国内法改正に基づくものである。B社は、行政裁判所がこの改正法を理由として情報提出命令の適法性審査を拒否したことが欧州人権条約6条1項に保障された適正な裁判を受ける権利を侵害するものであると主張して控訴したため、行政控訴院が欧州司法裁判所に対して、欧州人権条約およびEU基本権憲章の解釈適用に関する先決決定を求めた。

争点および判旨は多岐にわたるが、EU法に固有の論点を割愛し、本章の主題に沿った部分のみを抽出し再構成すると、以下の三点に要約できる。

①Sabou事件との関係——Sabou事件では当局間の情報交換手続の標的とされた納税者がその手続に参加する権利を求めていたのに対し、Berlioz事件では情報交換手続に基づく情報提出命令への不服従を理由に金銭罰を科された行政措置の名宛人が救済を求めているので、両者は事案を異にする。

②国内裁判所の審査密度——要請国の課税の適正執行に「関連すると予見される（foreseeably relevant）」情報の提供要請のみが、適法なものとして被要請国当局の義務（およびこれに基づく国内法上の措置の正当性）を生じさせるところ、この要件の充足については、当該事案について最もよく

Int'l, Aug. 14, 2017, p. 679; Jérôme Turot, «L'assistance administrative internationale a trouvé ses juges-À propos de l'arrêt Berlioz de la CJUE» Droit fiscal n° 42, 19 Octobre 2017, 506; Neve, supra note 21.

理解している要請国当局の判断裁量が尊重される。そのため、事案に管轄権を有する国家裁判所は、情報提供要請に示された理由が「関連性を明白に欠く（manifestly devoid of any foreseeable relevance）」ものでないかを審査するにとどまる。その根拠として、EU 指令 2011/16 が当局間の相互信頼を高めて情報交換の実効性を確保することを目的としているとの解釈が挙げられている。

　③要請国当局からの情報提供要請文書へのアクセス——裁判所は「関連性の明白な欠如」がないかを審査するために、要請文書を参照し、さらに必要な限りで被要請国当局が要請国当局から入手した追加情報を裁判所に提出するよう命じることもできる。しかし、行政措置の名宛人については、EU 指令 2011/16 の第 16 条が、税務調査の実効性を確保するという見地から加盟国間で伝達された情報についての秘密保持義務を当局に課しているため、争訟に至る前の段階では、当該文書へのアクセスは（国内法により）禁止され得る。他方、争訟段階では、武器対等の原則に鑑み、「関連すると予見される」要件不充足を立証するに足りる必要最小限の情報（調査対象となっている納税者が誰で、いかなる課税目的でその情報が必要とされているか）に限って行政措置の名宛人のアクセスが認められる。

　(3) **検　　討**　　一般的に理解されている Berlioz 判決の最大の意義は、EU 指令を実施するための国内法に基づく情報交換手続にも EU 基本権憲章が適用され、同憲章が保障する実効的救済手段の保障によって納税者の手続的権利が基礎付けられ得る、との法原則を明らかにしたことにある[38]。同判決の射程は EU 法域の外には及ばないが、同判決のインパクトは、「国際的に合意された租税基準」の実施を主導する GF において大きな影響力を有する欧州諸国の国家実行における受容を通じて EU 域外の国々が関わる国際的租税情報交換にも波及する可能性が高い。そして、公権力による私人の権利侵害に対する実効的救済手段の保障は、近代的憲法秩序に普遍的な原理（参照、日本国憲法 32 条）であるから、EU 域外であっても、

---

38)　同旨、Frey et al., supra note 37, p. 679. なお Turot, supra note 37 は、Sabou 判決がわざわざ EU 基本権憲章に言及したうえで同憲章発効前の事案ゆえに適用がないとしていたことに注意喚起し、Sabou 判決と Berlioz 判決を連続的に捉える見方を提示するが、以下の検討も示唆するように、筆者もこの見方は基本的に妥当であると考える。

44　第2章　国際的租税情報交換と国内裁判所の役割

自国（日本）の憲法を根拠に同様の主張をなし得る余地は皆無ではない。もっとも、それゆえにこそ、同判決の実質的考え方の及ぶ範囲を冷静に見極める必要もある。この観点から特に以下の三点を指摘しておきたい[39]。

　第一に、納税者等に対する事前通知義務の論点との関係である。Sabou事件判決が明示的に否定したこの論点について、Berlioz事件判決が肯定した、とする見解[40]もあるが、判決文の丁寧な読解に支えられた理解とは言いがたい。上記の判旨①にもあるように、判決は、B社が情報提出命令という具体的な行政措置の名宛人となっているにもかかわらず、実効的救済の機会が奪われていることを問題視しているのであり、ここから直ちに、情報交換手続における利害関係人一般の地位を認めたと推論することは難しい。

　第二に、学説の批判にさらされてきたSabou事件判決の「調査段階／争訟段階の峻別論」を、Berlioz事件判決が完全に放棄したとも言えない。上に述べたように、Berlioz事件判決は、具体的行政措置に対する実効的救済の保障との関係で、B社とSabou氏の地位とを区別している。この区別は、B社はこの具体的命令を争う機会がなければ実効的救済の保障を奪われるのに対して、Sabou氏は、現に課税処分が行われた段階で情報交換手続の違法性を含めて主張し得ると考えたから、と理解するのが自然であろう。これはむしろ、調査段階／争訟段階の峻別論の論理そのものと言い得る。ただし、後続手続を待つのでは実効的保障が果たされない権利や利益の保障が等閑視される問題が残る。例えば、適正手続に基づく情報収集[41]や秘密の保護[42]である。これらは、同判決の後も未解決の問題である

---

39)　藤谷・前掲注2) 63～66頁では詳細に論じているが、ここでは紙幅の制約上、結論のみを示す。

40)　Frey et al., supra note 37, p. 680.

41)　Neve, supra note 21, p. 1190は、Berlioz事件判決が峻別論を維持したという（筆者と同様の）理解に立ちつつも、要請国裁判所が、被要請国当局が真正な情報を入手するために真摯に努力したのかを審理し得ない可能性を指摘し、「後続の争訟過程」の実効性に懸念を示す。

42)　秘密の漏洩によって損害を被った私人は事後的救済としてはもはや損害賠償を求めるよりほかはないが、外国当局に対する国家賠償請求訴訟は一般的には保障されておらず（参照、国家賠償法6条）、困難な問題をはらむ。本章ではこの論点に立ち入ることができず、今後の課題としたい。

と解すべきであろう。

　第三に、Berlioz 事件判決は、原則として被要請国内の司法過程において情報提供要請の適法性審査が可能であると宣言しながら、その審査密度をかなり限定している。その際、情報交換手続が「当局間の相互信頼」を前提とすることを理由としている点は、特に目を惹く[43]。確かに、当該情報が相手国における税務事案に「関連すると予見される」要件に関して要請国当局の判断に敬譲を示すのは、やむを得ない面もあろう。同様に、同判決の対象とはなっていないが、「要請国当局において通常用いるべき手段を尽くしたこと」という要件（マルチ税務行政執行共助条約 21 条 2 項 g、租税条約実施特例法 8 条の 2 第 5 号）についても、実質的な法的統制は困難、ということになろうか[44]。他方、要請国における秘密保持に懸念がある場合（実施特例法 8 条の 2 第 2 号）や目的外使用のおそれがあると認められる場合（同条 3 号）は、相手国当局の事情に関わる要件ではあるが、その該否の判断については自国（被要請国）当局が能動的責任を負うことを法が要求していると解される[45]から、これら要件に係る司法的統制についても、Berlioz 事件判決の言う「当局間の相互信頼」による制約は及ばない、と考えるべきであろう。

　Berlioz 事件判決は、情報交換手続における手続的権利保障について明快な原則を示したが、それと同時に、未解決の論点の存在にも我々の注意を喚起しつつ、今後のさらなる法発展の出発点を示した判決として評価するのが妥当であろう。

3　日本における近時の展開

（1）　東京地裁判決　　我が国においても、近時、情報交換要請に対する

---

43)　本判決の前にも、Chaouche, supra note 29 が、相互信頼の原則（le principe de confiance mutuelle）ゆえに被要請国裁判所が要請の基礎となるべき事実について実質審査を及ぼせないことを指摘していた。

44)　See, Chaouche, supra note 29.

45)　関連して、増井・前掲注 6) 211 頁は、我が国の税務調査で収集された情報が情報交換の相手国において刑事手続に流用される危険性がある場合には我が国当局は実特法 8 条の 2 第 3 号を根拠に情報提供を拒否する義務を負うとする、原田大樹教授の見解を肯定的に引用しつつ、さらに、執行共助条約 21 条 2 項が「被要請国又は要請国の法令又は行政上の慣行に抵触する措置」をとる義務がないとしていることも挙げている。

46　第 2 章　国際的租税情報交換と国内裁判所の役割

司法的統制が争点となった事案（東京地判平成 29 年 2 月 17 日判決[46]）が現れた。同事案[47]では、日本の課税当局が、日本居住者およびその親族・関連企業たるシンガポール居住者への税務調査の一環として、シンガポール課税当局に対して、租税条約に基づく情報提供要請を行ったところ、このシンガポール居住者たる関係者が、日本の課税当局が行った情報交換要請の取消しおよび原告らに係る情報を交換されない地位を有することの確認等を求めて訴訟を提起した。これに対して裁判所は、①情報提供行為には処分性がないとして取消訴訟を却下、②情報要請に係る情報が日本の当局によって取得されたとしても当然にそれが利用されて課税処分が行われるという直接的な関係にはなく、原告らの課税関係に係る法的地位に現実の危険を及ぼすものではない等の事情に照らして確認の利益もないとして確認の訴えも却下、③情報提供要請の違法性を理由とする国家賠償請求について、違法性を否定し、請求を棄却した。

　(2)　若干の検討[48]　　判決の結論は妥当であるが、上記の判旨①に関連して裁判所が、「［我が国当局による］情報の要請に被要請国が応じるか否かは、本件各租税条約上の要件に適合するか否かについての被要請国の権限ある当局の判断に委ねられており」として、原告の法的地位に対する情報提供要請の「間接性」の論拠としている点については、Berlioz 事件判決が強調する「当局間の相互信頼の原則」との対比で、いささか疑問が残る。すでに述べた通り、同判決は EU 法の事案であるが、GF の活動を通じて EU 域外にも波及する可能性が高いと考えるべきである。そして、同判決の論理を敷衍すれば、要請国当局の判断が原則として被要請国私人に係る情報提供という帰結をもたらすと考えるのが、国際的な法状況の認識としては正確ではないか（もちろん、「情報が提供されたとしてもなお原告の権利義務や法的地位に直接影響しない」と言うことは可能である）。

　また、具体的事実関係の下では明らかに被要請国当局に追加調査の必要

---

46)　裁判所ウェブサイト（LEX/DB25448798）。控訴審（東京高判平成 29 年 10 月 26 日裁判所ウェブサイト）も控訴棄却。

47)　紙幅の制約上、事案と判旨の詳細な紹介は藤谷・前掲注 2）に譲らざるを得ない。

48)　本判決については、先行評釈（浅妻章如「判批」平成 29 年度重判解 203 頁、漆さき「判批」ジュリスト 1524 号（2018）139 頁）があるほか、原田大樹「政策実現過程のグローバル化と日本法の未来」本書結論でも検討が加えられている。

が生じている、という場合にも処分性無しと言えるのか、やはり疑問の余地がある（調査を受ける第三者が被要請国内において行政処分に対して同国法に基づく不服申立てを行えることは当然としても、そのことが直ちに「我が国における課税処分の段階で争い得るから、この段階で処分性を認める必要はない」という論理にはならない）。情報提供要請の段階で法的統制に服させる必要があるのはどのような場合か（その手段としての「処分性」の認定）、という観点から、処分性に関する議論を参照しつつ、さらに検討を深める必要があろう。

　国賠違法の前提としての職務上の義務として「税務職員は、被要請国の居住者との関係でも、上記の必要性の要件及び本件各租税条約上の要件のいずれにも沿って、本件各租税条約に基づく情報要請を行うべき職務上の法的義務を負っている」と判示している箇所は、国際的租税情報交換の場面でも、少なくとも国内における質問検査権の行使要件と同等の審査が及ぶべきとしている点で、肯定的に評価できる。Berlioz 事件判決について指摘したように、現在の国際的租税情報交換の下では、要請国当局の判断が優先される。被要請国の当局はもちろん、裁判所もその判断に実質審査を及ぼすことが難しいとすれば、なおさら、要請国の裁判所による法的統制が自らその水準を下げるべきではない。

IV　国際的租税情報交換の「グローバル化」における　　国内裁判所の役割：試論

　以上の検討を踏まえて、国際的租税情報交換の「グローバル化」における国内裁判所の役割についての検討を試みる。

　IIで展開を跡付けたように、課税目的の情報交換制度は、近年急速に「グローバル化」している。参加する国や地域の広がりのみならず、「自国の租税利益ではなく国際租税ネットワーク全体の実効性に奉仕するものである」との規範の受容（国際公共価値の萌芽）や、国際合意に残された曖昧な部分を埋める GF の実質的規範形成作用が特徴として挙げられる。しかし、特定の目的・機能に向けて形成・運営される国際ネットワークの通弊として、他の目的・価値への配慮が不十分なものとなりやすい。とりわ

け、課税目的の国際的情報交換制度の展開においては、「租税の透明性」の実現による各国税制の実効性回復ないし税制の適正執行が強力に推進される一方で、納税者の手続的権利保障については等閑視されてきた憾みがある。この欠を補う役割を果たしてきたのが、欧州司法裁判所 Berlioz 事件判決へと至る司法の関与である。しかし Berlioz 事件判決自身が認める通り、規範を解釈・適用する任に当たる裁判所としては、この分野を規律する国際規範の基本的方向性——情報交換の実効性確保に向けた、当局間の相互信頼の尊重——は与件とせざるを得ない。

　もっとも、「相互信頼」の論理が、要請国当局の判断に対して被要請国当局・裁判所が敬譲を示すという形で通用するとしても、①「相互信頼」の前提条件が満たされているか否かの審査はなお被要請国裁判所の役割であるし[49]、②被要請国裁判所が敬譲を示すことで限定される司法的統制の契機は、要請国の裁判所によって補われなければならないはずである。自国行政当局による、行政処分および（処分性を認められない）事実上の行為が、国際的な枠組みを通じて自国外に波及効果を及ぼし得る状況にあっては、当該国の国内裁判所による統制も、グローバルな政策実現過程に対する法的統制の一翼を担うものとして再定位し得るであろう。

　また、このように考えれば、国内で完結した事案と同様の枠組みで訴訟要件（処分性の問題）や本案要件（違法性の有無等）を判断してよいか、むしろ自国と相手国の双方を通じての法的統制の水準を最もよく実現し得るような要件を案出する、という方向性にも、一考の価値があろう。ただし、一国の裁判所がそのような積極的な役割を担う動機および政治的資源を持ち得るか、という疑問は指摘されよう。

　そこで、国際的な租税情報交換における「国際的に合意された租税基準」の実施段階で GF による実質的な規範形成が行われているのだとすれば、そのような場に、納税者の手続的権利を重視する議論がインプットされる回路を仕組むことも必要となろう。これは第一義的にはその場に参画する各国政府代表の役割であるが、まさに「税制の適正執行」に強い利害を有する立場ゆえに、納税者の手続的権利に関する議論に関して必ずしも

---

49)　**III 2**(3)の第三点を参照のこと。

積極的に訴える動機を持たないことが想定される。そこで、そのような議論の回路を維持・活性化する端緒として、あえて国際的には「異端」とされる判決を出して議論を喚起し、意図的に軋轢を生じさせる、という役割[50]もまた、グローバル化する政策実現過程における国内裁判所の建設的機能の一つと言い得るかもしれない。

【附記】 本章は、「課税目的の情報交換制度のグローバル化と国内裁判所の役割」社会科学研究（東京大学）69巻1号（2018）39〜71頁を再構成したものである。本章は、JSPS科研費基盤研究（B）（課題番号16H03543）の助成を受けたものである。

---

50) 一般論として、藤谷・前掲注1) 361頁。もっともそれは、現実には国際社会において厳しい批判を浴びるリスクと背中合わせである。参照、櫻井敬子「国際動向と国内法制の不整合について」『小早川古稀』179頁。

第**3**章 銀行監督のグローバル化と国内行政法の変容

······································· 原田大樹

　I　はじめに
　II　銀行に対する国内法規制
　III　自己資本比率規制——グローバルな銀行規制基準
　IV　兼業規制——FinTech とアンバンドリング
　V　おわりに

I　はじめに

　国民国家を単位とする近代公法学においては、規範定立とその執行を中核とする政策実現過程が国内で完結することを前提とする国内行政法学と、主権国家を中心的なアクターとする国際公法学とが静態的に併存し、憲法学が両者を結びつける構造が維持されてきた。これに対して、自由貿易体制の推進という国民国家の政策的選択や、情報通信技術に代表される技術革新は、経済・社会のグローバル化を進行させ、それが社会問題のグローバル化を引き起こしている。この結果、規範定立とその執行はもはや国民国家の枠内には収まりきれなくなり、国内行政法学にとって政策実現過程のグローバル化への対応が大きな理論的課題となりつつある。

　政策実現過程のグローバル化は、国際公法と国内行政法の間の垣根を低くし、様々な相互作用が展開される契機となる。そのプロセスは動態的で複雑なものであり、単にグローバルスタンダードを国内法の中で「実施」するというような一方向の営みではない。本章では、銀行監督を手がかりとして、こうした動態的な法発展の構造を明らかにしたい。よく知られているように、この分野ではスイスのバーゼルを本拠とするバーゼル銀行監督委員会が、銀行の自己資本比率規制を1980年代後半から策定しており、

政策実現過程のグローバル化を代表する領域の一つとされてきた[1]。他方で近時、金融情報技術（Finance Technology; FinTech）の進展により銀行業の構造が変わりつつあり[2]、このことがグローバルな規制のあり方にも大きな影響を与える可能性がある[3]。

　そこで本章では、まず銀行に対する国内法規制の歴史的展開を確認し、現行銀行法の特色を「銀行の公共性」「免許制」「経営の健全性確保」の三つにまとめて紹介する（II）。次に、健全性確保の一つの柱である自己資本比率規制について、その国内法から見た意義と、国内行政法にもたらしたインパクトを検証する（III）。さらに、健全性確保のもう一つの柱である兼業規制について、これまでの国内法における考え方と、それがFinTechによってどのように変容しようとしているのかを紹介する（IV）。自己資本比率規制と兼業規制は、グローバルな公共空間の形成に関する対照的なモデルを示す具体例でもあり、最後に、この二つを手がかりに公共空間のグローバル化と公法理論のあり方を模索することとしたい（V）。

II　銀行に対する国内法規制

1　銀行規制の沿革

　(1)　**銀行に関する法制度**　　我が国の銀行に関する近代的法制度は、1869年の通商会社・為替会社に始まるとされる。1872年には、当時のアメリカ合衆国の制度を模範とする国立銀行条例が制定され、これに基づき紙幣発券機能を持つ銀行が株式会社形態で多数設置された。しかし、当時

---

1)　国際資本市場規制法における政策実現過程のグローバル化と正統性の関係につき参照、原田大樹「多元的システムにおける本質性理論」同『公共制度設計の基礎理論』（弘文堂・2014）351〜373頁［初出2011］、久保田隆「金融監督規制に関する国際制度の展開」論究ジュリスト19号（2016）43〜50（47）頁。

2)　FinTechの現状と法的課題を簡明に整理したものとして参照、森下哲朗「FinTechと法的課題」法学教室440号（2017）54〜60頁。

3)　情報技術の進展と関連した規制の問題は、証券分野にも見られる。代替取引システムのひとつであるダークプールの問題につき参照、福田徹「情報技術革新がもたらす証券市場への影響について」証券レビュー56巻6号（2016）50〜86頁、大崎貞和「証券取引のIT化をめぐる監督法上の課題」金融法務事情64巻15号（2016）46〜51頁。

の日本は輸入超過で海外に金銀が流出し続けており、たちまち、国立銀行に課した金兌換紙幣への引換え義務を維持することができなくなってしまった[4]。結局、紙幣発券機能は、1882年の日本銀行の設立により日本銀行に集中させられ、国立銀行は今日の銀行と同じ経済的機能を担うようになった。それと並行して従来の両替商や、1876年の秩禄処分によって一時金を得た旧武士階級の一部が商業銀行を営み始めたことから、これらに対する包括的な規制の仕組みが1890年の銀行条例によって設けられた[5]。もっとも、特定顧客に多額の与信を行うことを規制する大口信用供与規制が銀行条例制定後すぐに撤廃されたことを背景に、特定の企業にのみ貸付等を行う「機関銀行」が生まれた。しかし、この機関銀行は、貸付先の企業の業績が悪化すると事業を継続することが困難になり、そのたびに預金者が預金を取り戻そうとする取り付け騒ぎが発生した。それが最も大きな規模で発生したのが、1927年の昭和金融恐慌であった。

　この昭和金融恐慌と同年に旧銀行法が制定され、最低資本金の法定化や他業禁止といった、今日の銀行法にも引き継がれている健全性確保のための規制内容が明文化された。ただし、旧銀行法はきわめて簡素な構成で、多くの規制内容を通達や行政指導に委ねていた。そのためか、旧銀行法は1981年の現行銀行法制定までの長きにわたって、本質的な改正を経験しないまま維持されていた[6]。これに対して現在の銀行法では、それまで行政指導に任されていた内容を法定化したほか、外国銀行支店に対する規定を新設し、国際化への対応を試みた。その後、1992年の金融制度改革法では、銀行業と証券業の間で業態別子会社方式による相互参入が認められ、1998年の改正では金融持株会社が導入された。

　(2)　**銀行監督の組織**　　銀行に対する監督行政機関は、伝統的に旧大蔵省が担ってきた。しかし、1990年代に入ってバブル経済が崩壊し、金融機関の破綻が相次ぎ、公的資金を用いた救済がなされるようになると、金融行政のあり方に対する批判が多く寄せられるようになった。ちょうど同時期に、旧大蔵省の金融行政部門の職員と金融機関との「不適切な関係」

---

4)　小山嘉昭『銀行法精義』（金融財政事情研究会・2018）13頁。
5)　小山・前掲注4) 16頁。
6)　小山・前掲注4) 23頁。

が大きなスキャンダルとなり、1998年に旧大蔵省の金融行政のうち規制執行に関する部門が金融監督庁として分離された。その直後に、銀行の不良債権問題に起因する破綻処理が大きな社会問題となり、金融監督庁は金融再生委員会の下に置かれることとされた[7]。そして、2001年の中央省庁再編時に金融再生委員会は廃止され、旧大蔵省の金融行政の企画立案部門も含め、内閣府の外局として金融庁が設置されて今日に至っている。金融庁は内閣総理大臣を主任の大臣とする組織であって、行政委員会のような独立性を有していない。また、内閣には金融担当大臣が必ず置かれることとされており、金融庁に対する政治的コントロールの可能性を残す構造となっている[8]。

中央銀行である日本銀行も、日銀考査という形で銀行に対する監督を行っている。考査は日本銀行と各銀行との契約に基づいており、契約の授権規定が日本銀行法44条1項にある[9]。

2 銀行法の特色

日本の金融機関は、預金を取り扱う「銀行」と、それ以外の金融商品を扱う金融機関（保険会社・証券会社等）とに大別され、銀行はさらに普通銀行・長期金融機関（信託銀行等）・中小企業金融機関（信用金庫・信用組合等）・農林水産金融機関（農林中央金庫等）に分けられている[10]。このうち普通銀行を対象にしているのが銀行法であり、同法は以下の三点にわたる特色を有する。

(1) **銀行の公共性**　銀行法1条1項には、「銀行の業務の公共性」という言葉が冒頭で用いられている。業務の公共性が業法の目的規定に含まれるのは、普通銀行以外の金融機関に関する長期信用銀行法1条・信用金庫法1条・保険業法1条のほかは、電気通信事業法1条と私立学校法1条を数える程度であり、きわめて珍しい。この文言は、1981年の現行銀行法になって初めて規定された。1973年の第一次石油ショック以降の物価の

---

7) 宇賀克也「金融再生委員会の設置」ジュリスト1151号（1999）58～62（60）頁。
8) 藤田勉『グローバル金融制度のすべて』（金融財政事情研究会・2012）229頁。
9) 塩野宏監修・日本銀行金融研究所「公法的観点からみた中央銀行についての研究会」編『日本銀行の法的性格―新日銀法を踏まえて』（弘文堂・2001）62～63頁。
10) 西村吉正『金融システム改革50年の軌跡』（金融財政事情研究会・2011）23頁。

54　第3章　銀行監督のグローバル化と国内行政法の変容

急騰の際に、企業の買い占め・売り惜しみに対する批判が高まり、そのような企業を金融面で支えている銀行にも同様の批判が寄せられた[11]。その背景には、銀行が市民から幅広く預金を集め、それを元手に企業に対して資金を融通する間接金融中心の構造がある。銀行は、日本社会の産業構造に大きな影響を与える一方で、一般市民の資産形成にも深く関与しており、銀行が破綻すれば大きな社会的影響は避けられない。こうした銀行の特別な地位を、銀行法は「公共性」という言葉で表している[12]。他方で、銀行法1条2項は「銀行の業務の運営についての自主的な努力を尊重」することを求めており、その私企業性を強調していることから、両者の調和をいかにして図るかが問題となる[13]。

(2)　免許制　　株式会社形態をとる銀行が「公共性」を担う銀行法の基本構造を支える中心的な法制度が、免許制である。銀行業は、内閣総理大臣の免許を受けた者でなければ、営むことができない（銀行法4条1項）。銀行の業務独占の対象となる「銀行業」は、預金・資金貸付と為替取引の二つから構成されており、そのいずれかを行う営業であれば銀行業に該当する（同法2条2項）。さらに、1927年の旧銀行法以来、預金を受け入れるだけでも銀行業とみなされ、銀行法が適用される（同法3条）。このように、受信・与信業務と決済業務が銀行の本来的な業務とされ、これらを安定的に実施できるように、免許の基準には「財産的基礎」（同法4条2項1号）が含まれ、最低資本金の額に関する規制（同法5条）も設けられている。この免許を得ずに銀行業を営んだ場合には、刑事罰が予定されている（同法61条1号）。しかし、無免許での取引の民事上の効力を否認する明文の規定はないことから、免許は講学上の許可と考えられている。他方で、銀行を廃業する場合には、銀行業の廃止に係る定款の変更についての株主総会決議には内閣総理大臣の認可が必要とされ、認可を受けなければ効力を生じない（同法37条1項1号）。このように銀行の廃業は自由ではないこと

---

11)　西村・前掲注10) 95頁、143頁。

12)　石川周「金融機関のあり方について」ファイナンス13巻10号（1978）7～14（12）頁、小山・前掲注4) 52～54頁。

13)　米里恕「今後の金融政策・金融行政の問題点」ファイナンス17巻3号（1981）6～9（8）頁。銀行法1条に関する旧大蔵省と銀行業界との折衝の経緯につき参照、松沢卓二『私の銀行昭和史』（東洋経済新報社・1985）186～192頁。

から、免許は講学上の特許とも考え得る[14]。

(3) 経営の健全性確保　銀行法は、信用の維持・預金者保護・金融の円滑確保を目的に、様々な規制内容を定めている。これらの多くは、銀行の経営の健全性確保を目指すものであり、その内容は財産的基礎の確保と兼業規制に大別される。財産的基礎の確保としては、先に述べた免許要件や資本金規制のほか、特定の人への貸付が返済されないことによって銀行が倒産することを防止する大口信用供与規制（銀行法13条）や、自己資本比率規制がある。兼業規制は、銀行が他の業態に進出することで本業との利益相反関係に陥ることを防止することを目的とする規制であり、銀行が営める業務が法定され（同法10条～12条）、それ以外の業務の遂行は禁止されている（同法12条）。また、銀行が株式を保有して子会社の形で事業範囲を拡大することも制限されている（同法16条の2・16条の3）。

III　自己資本比率規制——グローバルな銀行規制基準

1　バーゼル銀行監督委員会の活動

自己資本比率規制とは、負債のような他人資本に対して、株主出資・企業利益・内部留保等の自己資本を一定割合で保有することを求めるものである。自己資本が十分に保有されていれば、貸し倒れが発生しても預金の元利払いを行うことができ、銀行の経営の健全性を保つことができる。この自己資本比率規制をグローバルなレベルで策定しているのが、スイスのバーゼルにあるバーゼル銀行監督委員会である。同委員会は、もともと先進国の銀行監督行政機関・中央銀行の代表者で構成された組織であり[15]、条約等に基づくフォーマルな国際機構ではない。同委員会が当初取り組んだ主要課題は、各国当局間の執行協力の問題であり、監督に関する役割分

---

14)　小山・前掲注4）73頁は、銀行の私企業性を重視して、講学上の許可と解している。講学上の許可と特許の相違につき参照、原田大樹「行政行為の分類」法学教室444号（2017）80～88（82）頁。

15)　佐藤隆文編『バーゼルIIと銀行監督』（東洋経済新報社・2007）261～262頁〔氷見野良三〕。

担や協力関係に関するバーゼル・コンコルダットが策定されている。また、同委員会は自己資本比率規制にも以前から関心を示していた[16]ものの、具体的な基準が定立されたのは1988年のことであった。金融のグローバル化に対する銀行経営の健全性確保策として、1987年にアメリカ・イギリスが自己資本比率規制の導入を共同で提案し、日本に参加を要請した。その背景には、当時の邦銀が低い自己資本比率で世界の金融市場を席巻しており、各国間での共通の競争条件を実現して邦銀の勢いを抑制する狙いもあったとされる[17]。1988年のバーゼル合意（バーゼルⅠ）に続いて、2004年には新しい自己資本比率規制が合意され（バーゼルⅡ）、規制の内容が詳細化された。さらに2008年以降の世界金融危機を踏まえ、2010年には新たな合意（バーゼルⅢ）がなされ、規制内容が強化されている[18]。これらの合意は条約としての性質を持つものではなく、合意の内容を履行する法的な拘束力はない[19]。しかし、バーゼル合意に基づく自己資本比率規制を遵守していない銀行はグローバルな金融市場から排除される蓋然性が高いことから、各国がその内容を国内で実施するインセンティブが働いている。

2 国内法から見た自己資本比率規制

(1) **自己資本比率の重視**　このバーゼル銀行監督委員会による自己資本比率規制は、グローバルレベルから押しつけられた規制として批判的に扱われることもある[20]。しかし、自己資本比率という考え方は必ずしも舶来のものではなく、日本の銀行規制の手段としては古くから存在していた。1872年の国立銀行条例では最低資本金が定められていたし、1890年の銀

---

16)　渡部訓『バーゼルプロセス』（蒼天社出版・2012）120頁。

17)　徳田博美「BIS規制は妖怪、見直せ」週刊東洋経済5081号（1992）20〜25（22）頁。

18)　具体的な内容につき参照、大城健司＝峯岸誠「最終化パッケージの全体像」金融財政事情69巻6号（2018）12〜16頁。世界金融危機への対応の際に、バーゼル銀行監督委員会はG20からの指示を強く受けるようになり（大山剛『バーゼルⅢの衝撃』（東洋経済新報社・2011）202〜203頁）、その構成国も急拡大した。この結果、合意形成が以前よりも困難になり、また国内ルールへの転換の際に生じる不履行の問題への対処が必要となった。そこで、後者の問題への対応として、ピアレビューが実施されている。参照、河野正道「国際金融規制改革の動向」金融法研究27号（2011）25〜49（35）頁。

19)　谷澤満「自己資本比率規制」ジュリスト1412号（2010）32〜42（33）頁。

20)　東谷暁『BIS規制の嘘』（日刊工業新聞社・1999）125〜134頁。

行条例では資本金額の 10 分の 1 以上を同一人のために使用してはならないとする大口信用供与規制の規定が含まれていた。もっともこの規定は、日清戦争後の好景気で銀行貸出しが急増したことからわずか 1 年半で削除され、旧銀行法で規定の復活が検討されたものの、弾力的な運用を可能とする目的で法律本体には規定が置かれず、行政指導で遵守を求める方式がとられた[21]。とは言え、戦前の大手銀行では、自己資本比率は高かった。その理由は、当時の経営者が、銀行の信用の源泉として自己資本比率を重視していたからである[22]。

(2) **護送船団方式による代替**　この自己資本比率は、戦時中から戦後にかけて低下していった。旧銀行法の制定後、経営基盤の弱い銀行は吸収合併され、さらに戦時体制における生産力拡充のため、金融統制を円滑に実施する観点から、1 県あたり 1 ～ 3 行に再編された[23]。銀行の経営の健全性を確保することをも目的に銀行の数が限定され、戦後の銀行行政はこの銀行を潰さないことを目指す、いわゆる護送船団方式が基調となった[24]。自己資本比率規制は、銀行の経営の健全性を担保する間接的な指標の一つとして位置付けられ、行政指導によってその履行が促されてはいた。しかし当時の銀行規制では、自己資本の手厚さよりも銀行資産全体の質の高さのほうが重視され、経常収支比率が経営の健全性を測る主要な尺度であった。高い自己資本を要求することは、銀行の破綻可能性を想定していることになり、それが預金者保護を最重要視する戦後の銀行行政の理念にはなじまなかった[25]。この結果、1980 年代の日本の銀行の自己資本比率は 3 ～ 5 % 程度に低下していた。つまり、護送船団方式の行政スタイルによって、銀行経営の健全性という信用の根拠を「自己資本比率」で金融機関が自ら生み出す考え方が弱まったのである。

(3) **バーゼル銀行監督委員会と国内法規制**　1980 年代における自己資

---

21)　小山・前掲注 4) 285～286 頁。
22)　西村吉正「緩和・延期こそ疑心暗鬼を助長する」週刊東洋経済 5094 号（1992）92～97（93）頁。
23)　北村恭二編著『金融制度』（金融財政事情研究会・1976）69～70 頁。
24)　西村・前掲注 10) 25 頁。
25)　岩原紳作ほか「[座談会] 金融行政における民間部門との接触・意見の反映」ファイナンス 34 巻 5 号（1998）21～37 頁。

58　第3章　銀行監督のグローバル化と国内行政法の変容

本比率の低下は国内でも問題視されており、1985年の金融制度調査会答申を踏まえて1986年からは新たな自己資本比率規制の基準が通達で設定され、その遵守が行政指導によって求められていた[26]。この状況を大きく変えてきたのが、1988年のバーゼル合意であった。とは言え、当初は自己資本比率規制の基準をバーゼルIのものに置き換えるにとどまり、通達と行政指導によってその実施が図られていた。このような国内実施の手法は、それ以前からの日本の行政スタイルになじみやすいことから選択されたと考えられる[27]。

　バーゼル銀行監督委員会の規制基準をよりフォーマルに実現するようになった契機は、1993年の銀行法改正であり、この改正で自己資本比率を含む経営の健全性確保の基準を策定する大蔵大臣の権限が、法律上明確化された（14条の2）。これにより、それまで通達で定められていたバーゼルIの内容は、大臣告示の形式に改められた。さらに、1998年の銀行法改正で、銀行破綻に至る前の段階でも改善命令等の不利益処分を行い得る早期是正措置が導入された。この不利益処分の基準として大臣告示が機能することとなり、自己資本比率規制を銀行の自主規制とのみ位置付ける従来の説明方法は通用力を失うことになった[28]。

　1990年代末には金融機関の破綻が相次ぎ、預金保険制度が一時停止され、公的資金の投入をはじめとするハードな形での破綻処理が続いた。破綻を未然に防ぐ早期是正措置は、金融行政にとって強力なツールとなった。

---

26)　1981年の現行銀行法制定後に出された1982年のいわゆる銀行法基本通達（「普通銀行の業務運営に関する基本事項等について」（昭和57・4・1蔵銀901号））で、健全経営のための経営諸指標の一つに「自己資本比率」（総資産に対する自己資本の比率）が挙げられ、目標は10％とされていた。しかし、その達成が容易でなかったことから、1986年からは目標が4％に引き下げられた。参照、金融財政事情研究会編『専門金融機関制度のあり方について』（金融財政事情研究会・1987）41頁。

27)　氷見野良三『＜検証＞BIS規制と日本〔第2版〕』（金融財政事情研究会・2005）58頁。もっとも、海外展開する銀行にとっては、国際統一基準は拘束力があるルールと捉えられており、銀行は積極的に増資や一般貸付債権の流動化を行った。この結果、バーゼルIの国内適用が開始された1993年3月時点での自己資本比率は9％を超えていた（佐藤隆文『信用秩序政策の再編』（日本図書センター・2003）253頁、289頁）。

28)　このため、小山・前掲注4）286頁は、「銀行の自己規正」としての性格にとどまらず、「政府が銀行に対して預金者保護、金融秩序の維持、金融の円滑化等を目的として、本源的な公的規制を行うための大きな柱」になったと説明している。

金融庁は厳しい姿勢で金融機関を検査し、少しでも問題があれば積極的に不利益処分を行った[29]。護送船団方式から脱した金融庁のこのような姿勢は、業界保護を重視する日本の行政スタイルの中できわめて異彩を放つものであった。バーゼル銀行監督委員会の自己資本比率規制、とりわけバーゼルⅡは、こうした金融庁の行政スタイルにも影響を与えたものと考えられる。自己資本比率規制を単純に規定したバーゼルⅠと異なり、バーゼルⅡは自己資本比率規制に加えて監督上の検証と市場規律という三つの柱を立てていた[30]。そして監督上の検証については、監督方針の明確化や早期段階での警戒を求めていた[31]。金融庁は、2002年から早期警戒制度を導入して銀行の経営体質に対する監視を行う一方、2007年には「金融規制の質的向上」の中で銀行に対する監督方針を明確化し、ルール・ベースとプリンシプル・ベースの組み合わせによる解決を指向している[32]。さらに金融検査についても1999年にマニュアルを策定・公表し[33]、検査に対する金融機関側のコメントを求める制度を導入した。このような国内行政法の変容は、グローバルな公共空間との相互作用の結果と言える。

Ⅳ 兼業規制──FinTech とアンバンドリング

1 兼業規制とその展開

　銀行の経営の健全性を確保するもう一つの重要な手法が、兼業規制である。兼業規制は、銀行が他の業務を行うことで、本来の業務である信用・

---

29)　とりわけ、2002年の金融再生プログラムを実施する際の苛烈な検査は銀行との激しい摩擦を生んだ。金融庁は銀行に対して相次いで不利益処分を行ったことから、この時期の金融庁は「金融処分庁」と揶揄されることもあった（鈴木崇久ほか「金融庁 VS 銀行」週刊ダイヤモンド105巻28号（2017）28〜73（61）頁）。

30)　中空麻奈＝川崎聖敬『グローバル金融規制の潮流』（金融財政事情研究会・2013）32頁。

31)　北野淳史ほか『バーゼルⅢ 自己資本比率規制 国際統一／国内基準告示の完全解説』（金融財政事情研究会・2014）12頁。

32)　佐藤隆文『金融行政の座標軸』（東洋経済新報社・2010）80頁。

33)　木下信行編『解説 改正銀行法』（日本経済新聞社・1999）350頁。もっとも、マニュアルがもたらす融資実務への弊害から、2018年にはそれまでの検査マニュアル方式が廃止された（大内修「金融検査マニュアル廃止後の融資業務のあるべき姿」金融財政事情69巻18号（2018）24〜26頁）。

60　第3章　銀行監督のグローバル化と国内行政法の変容

決済業務に支障を来すことがないように、銀行それ自体が行える業務を限定したり、銀行が他の会社の株式を多く保有することで業務を拡大できないようにしたりするものである[34]。この他業禁止が明確な形で盛り込まれたのは、1927年の旧銀行法からである。また、銀行の役員が他の業種の役員を兼任することに対する制限は銀行条例時代から存在していたものの、旧銀行法はこれを強化した。さらに戦後は、証券取引法の規定で銀証分離体制が確立した[35]。もっとも、証券業との分離は、預金者保護のための銀行の経営の健全性を確保するというよりはむしろ、証券業を育成・発達させることにより、銀行が金融市場で占める支配力を抑制する方向で機能しているとされてきた[36]。

　戦後の経済復興と経済成長の中で、銀行に対する様々な規制は自由化されていった。オイルショック以降は、政府が大量に発行する国債を銀行に引き受けてもらいやすくすることをも目的に、金利の自由化が行われた[37]。また同時期に、大企業は資金調達の際、次第に直接金融を拡大させてきた。しかし銀行の兼業規制は緩和されず、この結果、銀行は不動産融資に経営上の力点を置くようになり、1980年代のバブル経済とその後の経済の低迷を招く原因の一つとなった[38]。1990年代に入ってようやく、銀行と証券の分離が見直され、1992年の法改正で、銀行業と証券業の親会社がそれぞれに子会社を設立して相互に参入する業態別子会社方式が認められた[39]。また、独占禁止法で長らく設置が禁止されてきた持株会社が1998年に解禁され、これを受けて銀行法でも、銀行持株会社の設立が可能となった。もちろん、兼業規制の趣旨や公正な競争条件を確保する観点から、銀行業と証券業との間にファイアウォール規制が設けられたり、銀行と子

34）　神田秀樹ほか編『金融法概説』（有斐閣・2016）53頁、238頁。

35）　これに対してドイツでは、銀行・証券の分離規制がないユニバーサル・バンク制度がとられている。そのメリットにつき参照、神作裕之「ドイツにおける銀行業務と証券業務の利益相反規制」金融法務研究会編『金融グループにおける証券関連業務を巡る諸問題』（金融法務研究会事務局・2016）62～88（69）頁。

36）　鈴木竹雄＝河本一郎『証券取引法〔新版〕』（有斐閣・1984）261頁。

37）　西村・前掲注10）111頁。

38）　岡崎哲二＝星岳雄「1980年代の銀行経営」村松岐夫＝奥野正寛編『平成バブルの研究(上)形成編—バブルの発生とその背景構造』（東洋経済新報社・2002）313～358（337）頁。

39）　西村・前掲注10）266頁。

会社との間での取引が不適切なものとならないようにアームズレングスルールが設けられたりしている。もっとも、これらの規制は時代が進むについて緩和される傾向にある[40]。

2 FinTech とアンバンドリング

(1) **銀行業務と FinTech**　2016 年の銀行法改正で、上記の兼業規制について大きな変更が加えられた。その背景には、FinTech を利用した新たなサービスを実施しやすくしようとする目的が存在する。日本の銀行では、早くも 1950 年代前半から業務の機械化が始まり、1960 年代中盤には、銀行内での事務処理の電算化が始まった。1970 年代中盤には預金通帳に磁気ストライプが貼られ、ATM（現金自動預払機）が全国的に普及を始めた。こうした従来の「機械化」[41]論と近時の FinTech との大きな違いは、FinTech がビッグデータと第三世代の人工知能を使って、従来では考えられなかったサービスを生み出し、それが銀行業務それ自体を揺るがす事態を生じさせている点にある。

　銀行の固有業務の一つの柱である受信・与信業務については、近時、インターネット上で出資者を募るクラウドファンディングが珍しくなくなってきた。さらに、金銭を貸したい人と借りたい人とを P2P 技術によってマッチングさせるソーシャルレンディングも始まっており[42]、媒介者なしに信用供与が行えるサービスが登場してきている[43]。また、もう一つの柱である決済業務についても、いわゆる分散型台帳技術を利用した仮想通貨（暗号資産）が、低コストの決済技術として広がり始めている。ビットコ

---

40)　ファイアウォール規制の緩和につき参照、進藤功「金融行政法におけるファイアウォールの改正と課題」『小早川古稀』811～831 頁。

41)　高橋毅「金融における技術革新にどう取り組むか」ファイナンス 19 巻 3 号（1983）24～32 頁、西村・前掲注 10) 223～231 頁。

42)　その背景には、低金利と自己資本比率規制の強化の結果、銀行にとって融資業務のうまみがなくなってきた事情がある。参照、城田真琴『FinTech の衝撃』（東洋経済新報社・2016）56 頁。

43)　もっとも、日本では貸金業法に基づく貸金業登録が必要となるから、ソーシャルレンディングの運営主体が貸金業登録を行ったうえで匿名組合を営業し、投資家との間で匿名組合契約を結ぶ方式がとられている（有吉尚哉ほか編著『FinTech ビジネスと法 25 講』（商事法務・2016）69 頁。

インに代表される仮想通貨は、P2P のネットワークで取引を記録する分散型台帳のシステムを持っており、システムの管理者なしで決済を完了することができる[44]。このため、システム運用のコストを抑え、容易に国境を越えることができ[45]、システムが一度にダウンしにくい安定的な決済の仕組みを提供することが可能になっている[46]。

(2) **FinTech とアンバンドリング**　　ほかにも、FinTech を利用した新サービスとして、ビッグデータと人工知能を使って資産運用のアドバイスをするロボアドバイザー[47]や、ソーシャルネットワーキングサービスと連携した資産運用相談、さらには銀行預金の情報を使った個人資産管理（PFM）がある[48]。こうした様々なサービスは、従来、銀行が一括して提供していたものである。FinTech の進展は、これらのサービスを別々の事業者が提供する機能分化（アンバンドリング）を引き起こし、エコシステムの中でイノベーションが生じる新たなビジネスモデルが生まれてきている[49]。中でも、IT 関連のベンチャー企業は、新しいサービスを開発して顧客を獲得し、事業が一定規模になれば別の事業者に売却して、さらに新たなサービスを開発する活動を行っている。ところが、銀行の兼業規制があると、こうした IT スタートアップに対する出資や買収を行うことが

---

44)　加藤洋輝＝桜井駿『決定版 FinTech』（東洋経済新報社・2016）121〜123 頁、増島雅和「ブロックチェーンのビジネス応用について」資本市場 368 号（2016）4〜10（6）頁。

45)　木下信行ほか「[座談会] ブロックチェーンの法的検討(上)」NBL1094 号（2017）4〜17（8）頁。

46)　加藤貴仁「ブロックチェーンと金融商品の決済システム」金融法務事情 2095 号（2018）61〜71（67）頁。

47)　ロボアドバイザーと適合性原則との関係につき参照、角田美穂子「ロボアドバイザーと金融業者の法的義務」金融法務事情 2095 号（2018）34〜43（41）頁。

48)　さらに、保険業界でも、自動車の運転情報や被保険者の健康に関する情報を端末で集め、それを保険料に反映させるデータ・ドリブン保険が登場している。保険業界における FinTech の活用例につき参照、藤井秀樹＝松本忠雄『FinTech は保険業界の「何」を変えるのか？』（東洋経済新報社・2017）106 頁。

49)　淵田康之「金融の破壊的イノベーションと FinTech」野村資本市場クォータリー 19 巻 1 号（2015）5〜20（10）頁、辻庸介＝瀧俊雄『FinTech 入門』（日経 BP 社・2016）38〜40 頁。クレジットカードの領域でも、クレジットカード会社と決済代行会社が分離するオフアス（off us）取引が拡大し、決済代行会社を FinTech 関連企業が担う構造になってきている。これを受けて 2016 年に割賦販売法が改正され、決済代行業者の登録制が導入された（山本正行「決済サービスの実務から見た法制度の課題」金融財政事情 69 巻 9 号（2018）26〜31（29）頁）。

難しい。そこで、2016年の銀行法改正では、個別事案ごとに認可を得て基準を超える株式を保有できる仕組みが導入された[50]。また金融庁では、2015年からFinTechサポートデスクを設置しており、新たなビジネスに許認可等が必要かをアドバイスする活動も行っている[51]。さらに、2017年の銀行法改正では、PFM等を推進するため、利用者からの委託を受けて決済指図を伝達する事業者を電子決済等代行事業者として、簡素な登録制を導入するとともに、こうした事業者に対する接続方針を銀行等が公表することを求めた[52]。

(3) **銀行の公共性?**　　FinTechとアンバンドリングは、金融に関する新サービスの提供にとどまらない大きな波及効果を持っている。これまでの銀行は、銀行が預金・貸金分野と決済分野の双方で社会的なインフラとして機能しており、銀行が破綻すればそれが他の業種・業界に波及し社会全体が混乱しかねないという認識を前提に、経営の健全性確保に関して他の業界には見られない強度の規制の下に置かれてきた。しかし、アンバンドリングが進行すれば、従来の銀行の業務を、グローバルな市場の中で、様々な事業者が様々な形態で担うようになり、国内銀行の公共性を「パッケージ」として語ることが難しくなってくると思われる[53]。

そこで、分解された銀行の機能について仮に規制の必要性が認められれば、その機能ごとにグローバルな政策調整を進めていく新たな規制モデルが考えられる。例えば仮想通貨に関しては、マネーロンダリング規制[54]の

---

50)　松井秀征「金融グループの業務範囲」金融法務事情64巻15号（2016）16〜22（21）頁は、この改正によって法律上認められる業務に係る拡大の歯止めがなくなってしまうのではないかと指摘する。

51)　油布志行「FinTech推進のための未来の一手」日経コンピュータ編『FinTech革命〔増補改訂版〕』（日経BP社・2016）94〜99（96）頁。イギリスでは、FinTechのイノベーションを促進するために、一部の規制の適用を除外して事業を実施する規制試行環境（Regulatory Sandbox）と呼ばれる仕組みが導入されている（木下信行「レギュラトリー・サンドボックスについて」NBL1090号（2017）35〜45（37）頁）。

52)　中村啓佑「金融分野のTPPsとAPIのオープン化」金融研究36巻3号（2017）83〜110頁。

53)　他方で、金融サービスの集約に伴って電子決済サービスが様々なサービスを融合していく金融のリバンドル化（丸山弘毅「フィンテックの現在と将来」金融法務事情66巻15号（2018）6〜12（10）頁）もまた、規制対象事業の確定を困難にする事情となる。

54)　久保田隆「金融監督規制の国際調和と相互承認に関する一考察(2)」早稲田法学（早稲田大学）87巻3号（2012）67〜89（74）頁。

文脈で金融活動作業部会（Financial Action Task Force: FATF）が 2015 年に、仮想通貨と法定通貨との交換を行う取引所に対する免許制または登録制の導入や、本人確認義務、マネーロンダリング等が疑われる取引の届出義務などを各国が法制化するよう求める勧告を出しており[55]、日本でも2016 年の銀行法改正と併せて資金決済法が改正され、仮想通貨の取引所の登録制が規定された[56]。こうした業態ごとのグローバルな規制空間が発展すれば、銀行を単位としてその公共性を理由に課されてきた従来の規制が断片化し、その規制水準が他の業態と同程度に平準化することが想定される[57]。また、ここで念頭に置く「規制」は、必ずしも一定の制御主体による「監督」には限定されず、業界団体による自主規制やマーケットメカニズムを通じた秩序形成もその選択肢に含まれる[58]。

V　おわりに

　本章では、銀行規制を手がかりとして、公共空間のグローバル化によって国内行政法がどのように変容しているかを素描した。公共空間のグローバル化は、従来の国際公法と国内行政法との間で複雑な相互作用を伴うも

---

55)　FATF, Guidance for a Risk-based Approach to Virtual Currencies 8-11 (2015). 規制の内容・運用上の問題点につき参照、矢作大祐「仮想通貨に対する国際監督・規制強化の動向」金融財政事情 69 巻 36 号（2018）17〜21 頁。

56)　日本では 2014 年に、ビットコインの取引所であるマウント・ゴックスが倒産し、法規制の必要性が議論された。この時点ではイノベーションを阻害しない観点から法規制が見送られ、代わりに業界団体（日本価値記録事業者協会）を設置して自主的な規制を行うこととされた（本多正樹「仮想通貨に関する規制・監督について」金融法務事情 64 巻 15 号（2016）30〜39（30）頁）。その後、FATF の勧告を実施することを目的とした 2016 年の改正では、顧客保護のため、取引所が顧客の資産を分別管理し、公認会計士がそれを監査する規制も導入された。また、認定資金決済事業者協会（自主規制機関）の役割が、登録他業者よりも重視されている点にも改正法の特色が認められる（畠山久志編著・横田清典ほか著『仮想通貨法の仕組みと実務』（日本加除出版・2018）215 頁〔後藤出〕）。仮想通貨の国家による権利保護の理論的な難点につき参照、小塚荘一郎「仮想通貨に関するいくつかの『大きな』問題」法律時報 89 巻 11 号（2017）1 〜 3 頁。これに対して、ドイツの規制の状況につき参照、Lutz Auffenberg, Bitcoins als Rechnungseinheiten, NVwZ 2015, S. 1184-1187.

57)　西村・前掲注 10）636 頁。

58)　広義の規制概念につき参照、原田大樹『自主規制の公法学的研究』（有斐閣・2007）12 頁。

のであり、グローバルな基準が国内で単に実施されているだけだとか、グローバルな基準に法的拘束力はないので結局は国家が全てを決めていると考えるのは、この現実を直視した見方とは言えない。

　ここで取り上げた二つの具体例は、公共空間のグローバル化に関する対照的な像を示すものでもある。バーゼル銀行監督委員会による自己資本比率規制は、規制執行の主要部分を国家が担うことを前提に、規制対象者である銀行の活動が越境する現状に対処するため、実効的な監督と競争条件の平準化を目指して設定されたものである。このような国際ネットワーク型のモデルでは、グローバルな政策実現過程を最終的に国家に係留することが比較的容易であり、従来の公法理論との整合性は必ずしも悪くない。もちろん、このようなタイプの政策調整においても国際的なルールが単純に国内で実施されるわけではなく、国内における固有の問題状況や実務の法執行の伝統との関係でルールの内容に一定の変容が見られたり、国際的ルールが国内の法執行のあり方に大きなインパクトをもたらしたりすることがあり得る。自己資本比率規制の国内における実現プロセスは、まさにその具体例である。

　これに対して FinTech がもたらす銀行のアンバンドリングは、これまで銀行という媒介者が担ってきた様々な業務がブロックチェーン等の新技術によって代替され[59]、媒介者なしにシステムが作動する点に大きな特色を有する。そうなると、媒介者をターゲットに規制システムを構築してきた国内行政法は、その構造を大きく変えざるを得なくなる。さらには規制者である行政側も、同様にブロックチェーンによって代替される可能性（RegTech）[60]が指摘されている[61]。このようなアンバンドリングの下では、

---

59)　ブロックチェーンの技術は、契約（スマートコントラクト）や物権変動にも応用可能とされる。参照、小出篤「『分散型台帳』の法的問題・序論」黒沼悦郎＝藤田友敬編『江頭憲治郎先生古稀 企業法の進路』（有斐閣・2017）827〜855（839）頁、同「分散台帳技術と法制度」ジュリスト 1529 号（2019）21〜27（26）頁。

60)　森下哲朗「FinTech 時代の金融法のあり方に関する序説的検討」黒沼＝藤田編・前掲注59）771〜825（782）頁、高岡美緒「『モバイル革命×クラウド』で進化する FinTech2.0 の現在」企業会計 69 巻 6 号（2017）744〜750（749）頁。

61)　ブロックチェーンの行政分野への応用可能性につき、Mario Martini, Transformation der Verwaltung durch Digitalisierung, DÖV 70 (2017), S. 443-455, 452-454. 刑事法への応用可能性とその理論的意義につき参照、稲谷龍彦『刑事手続におけるプライバシー保護』（弘文

グローバルな規制を国家に係留できたとしても、それが断片的・部分的なものにとどまる可能性が高く、また規制の必要性や手法そのものをグローバルレベルでもゼロベースで見直す必要が出てくる[62]。

社会問題のグローバル化は、法学に絶えず新たな課題を突きつける。国際公法学と国内行政法学の間の垣根を越えた新たな協力関係が、こうした難問を解決する突破口を切り開く力となるだろう。

【附記】　本章は、「公共空間のグローバル化と国内行政法の変容—銀行監督を手がかりとして」論究ジュリスト 23 号（2017）51〜59 頁を加筆・修正したものである。また本章は、JSPS 科研費基盤研究（B）「政策実現過程のグローバル化に対応した法執行過程・紛争解決過程の理論構築」（課題番号 16H 03543）の研究成果の一部でもある。

堂・2017）296 頁［初出 2013］。ドイツにおける行政手続全自動化の議論につき参照、須田守「処分全自動発布手続と調査義務」法学論叢（京都大学）184 巻 4 号（2019）1〜40 頁。

62)　自動執行的なスマートコントラクトや分散型自律組織による管理のモデルを描く Lex Cryptographia の構想につき、Aaron Wright & Primavera De Filippi, Decentralized Blockchain Technology and the Rise of Lex Cryptographia, Available at SSRN: https://ssrn.com/abstract=2580664 (2015). 他方で、中央銀行が仮想通貨を発行し、個人・法人が中央銀行口座で仮想通貨を保有できるようにすれば、中央銀行がすべての取引情報を把握できることになる（野口悠紀雄『ブロックチェーン革命』（日本経済新聞出版社・2017）186〜191 頁）。また、分散台帳技術による金融取引では、これに対する規制の実効性を確保することが難しい場面も指摘されている（森下哲朗「分散台帳技術と金融取引」ジュリスト 1529 号（2019）28〜34（34）頁）。新たな社会的課題に対してどのような規制モデルを用意すべきか、規制の導入に伴う副作用も考慮したうえでの慎重な検討が必要であろう。

第4章 ウィーン売買条約（CISG）における証明責任の規律をめぐって
——グローバル市場における契約の規制と制御

吉政知広

I　はじめに
II　ウィーン売買条約と証明責任の規律
III　物品の契約適合性の証明責任
IV　証明責任の規律とその意義
V　最後に

I　はじめに

　改めて指摘するまでもなく、グローバル化[1]と呼ばれる現象は多様な側面を有している。そのため、グローバル化の進展に伴って対応が求められている課題には様々なものがあるが、諸々の課題の中でも、人々が財を交換する場である市場[2]のグローバル化にどのように応接するかという課題がとりわけ重要であることについて、強い異論はないであろう。

　市場のグローバル化に応接する動きとして、筆者の専門である私法学の観点から注目されるのは、私法の様々な領域において進められている法統一である[3]。市場を支える最も基本的な法技術である契約法についても、

---

1)　グローバル化の定義としては様々なものが考えられるが、下記の本章の問題関心からは、藤谷武史による「国家の単位で仕切られた……〈社会〉と、当該社会に妥当しこれを規律する〈法〉秩序、の一対一対応が崩れたと認識される状況」という定義が有益である（藤谷武史「グローバル化と公法・私法の再編」『グローバル化I』336頁）。

2)　財を交換する場としての市場の意義とその変容について、平井宜雄『債権各論I上　契約総論』（弘文堂・2008）28頁以下。平井は、「市場機構をどのように把握すればよいのか」という問題を、民法学が取り組むべき「最も根本的な問題」と位置付けている（能見善久ほか「シンポジウム：転換期の民法学—方法と課題」〔平井コメント〕私法60号（1998）51頁）。

3)　私法分野における法統一の包括的な検討として、曽野裕夫ほか『私法統一の現状と課題』

68　第 4 章　ウィーン売買条約（CISG）における証明責任の規律をめぐって

法統一へ向けた様々なイニシアティブが進められてきており、各種の条約のほか、モデル法に代表される非国家法など、様々な成果が現れている。

　これらの成果はグローバル化の進む市場の基盤を提供することを主たる目的としており、その運用・適用を考えるにあたっては、国境を越えて行われる取引をどのように支援・促進するのかという視点が何よりも重要な意味を持つ。しかし、その一方で、契約自由（私的自治）の原則の下、市場において当事者の締結する契約が、国家法、条約などを逸脱していく動きを見せる今日の状況において[4]、誰が（主体）、どのように（方法）、契約を規律するのかという問題——契約の規制・制御[5]のあり方——も、喫緊の検討課題となっている。種々のアクターが存在するグローバル市場においては、契約自由と各種の規制・制御の相克という契約法学の根本問題が、国内法において論じられてきたよりも複雑な形で顕在化することになる。

　日本の私法学に目を向けると、確かにこれまでも、私法統一へ向けた様々なイニシアティブの意義や内容について精力的に研究が進められてきた。しかし、外国法の研究を通じて日本法の解釈論に有益な視点を析出するという日本の法律学——とりわけ民法学——において一般的な研究スタイルが影響しているのか、日本では、法統一へ向けた動きはもっぱら観

　　別冊 NBL 144 号（商事法務・2013）。法統一の展開については、西谷祐子「法統一の展開と非国家法の意義(1)」民商法雑誌 153 巻 5 号（2017）38 頁を参照。
4)　本章の検討対象である国際売買法に限ってもいくつかのレベルを異にする問題が存在する。
　　まず、本章で取り上げるウィーン売買条約の規定はほぼ全てが任意規定であり、当事者は条約の規定とは異なる定めをすることができる。そもそも、当事者は同条約の適用を排除（opt-out）することも自由である（以上について、同条約 6 条）（実務における同条約の opt-out の状況について、さしあたり、森下哲朗「CISG の各国における利用の状況」ジュリスト 1375 号（2009）15 頁以下を参照）。
　　次に、準拠法の選択についても、広く当事者の私的自治が認められており（法の適用に関する通則法 7 条）、近時は、非国家法を準拠法として選択することが認められるかという問題も議論されている（中野俊一郎「国際訴訟・国際仲裁と非国家法の適用」山本顯治編『紛争と対話』（法律文化社・2007）200 頁、横溝大「抵触法の対象となる『法』に関する若干の考察—序論的検討」筑波ロー・ジャーナル 6 号（2009）3 頁、同「グローバル法多元主義の下での抵触法」本書第 16 章参照。
5)　本章では、民法学者が「契約の内容規制」などと言う際に考えているよりも広い意味で、市場というメカニズムを通じたコントロールなども含めて、規制・制御という概念を理解している。このような理解について、松尾陽「規制形態論への前哨—規制の分散化と規制作用の静態的分析」近畿大学法学 60 巻 1 号（2012）119 頁を参照。

察・摂取の対象として位置付けられてきた。法統一の成果である条約やモデル法が実際に適用される場面で生じる問題に目を向けた研究や、国境を越えて行われる取引がどのように規律されるべきかという問題関心に出た研究は決して多くない。

こうした状況を踏まえて、本章では、私法分野において最も成功した法統一の一つであると評されている、ウィーン売買条約（United Nations Convention on Contracts for the International Sale of Goods; CISG）を取り上げ、同条約における証明責任の規律という問題について検討を行う。この問題は、同条約を実際に適用して紛争解決を図る際に重要な意味を持っているだけでなく、以下で明らかにする通り、当事者が締結する契約と、それを規律する統一法および締約国法という三者の相互関係を考えるにあたっても興味深い素材であると考えられる。その検討を通じて、統一法の下での契約の規制・制御がいかにあるべきなのか、序論的な検討を行うことが本章の目的である。

以下では、まずⅡにおいて、証明責任がウィーン売買条約の規律の対象であるのかという問題をめぐる一般的な議論状況を概観する。引き続きⅢでは、証明責任の所在が問題となる具体的な問題局面として、物品の契約不適合性の証明責任をめぐる議論を紹介する。Ⅳでは、ウィーン売買条約における証明責任の規律という問題が、上記の問題関心から見た場合にどのような意味を有しているのか、若干の考察を試みる。

Ⅱ　ウィーン売買条約と証明責任の規律

1　問題の所在

ウィーン売買条約は、同条約1条から3条に基づいて適用対象とされる売買契約の「成立」と「売買契約から生ずる売主及び買主の権利及び義務についてのみ規律する」（4条）。締約国の裁判所が同条約を適用し、売買契約の成否や当事者の権利義務の有無・内容を判断するにあたっては、同条約に定められた規範の要件の充足の有無をいずれの当事者が証明しなければならないかが問題となるが、同条約は証明責任に関する一般的な準則

70　第4章　ウィーン売買条約（CISG）における証明責任の規律をめぐって

などを定めてはいない。証明に関する問題に言及する条文としては、方式の自由を定めた11条が存在するほか、79条1項において、「当事者は、自己の義務の不履行が自己の支配を超える障害によって生じたこと及び契約の締結時に当該障害を考慮することも、当該障害又はその結果を回避し、又は克服することも自己に合理的に期待することができなかったことを証明する（prove）場合に」免責される旨が定められているだけである。その他の条文は証明に関する問題に言及していないため、証明責任という問題がそもそもウィーン売買条約の規律の対象であるのか、そして、規律の対象であるとすると、どのような基準に照らして証明責任を分配すればよいのかが問題とされてきた。

2　ウィーン売買条約の起草過程と証明責任

　この問題に関して、比較的早い時期に出版された有力な注釈書には、ウィーン売買条約の起草過程を根拠として、証明責任という問題は同条約の規律の対象ではないと論じるものがある[6]。その根拠として、重大な契約違反に関する25条の起草過程が挙げられている。同条は、「当事者の一方が行った契約違反は、相手方がその契約に基づいて期待することができたものを実質的に奪うような不利益を当該相手方に生じさせる場合には、重大なものとする。ただし（unless）、契約違反を行った当事者がそのような結果を予見せず、かつ、同様の状況の下において当該当事者と同種の合理的な者がそのような結果を予見しなかったであろう場合には、この限りでない」と規定している。外交会議において、25条但書を「ただし、契約違反を行った当事者が……を予見しなかったことを証明した（prove）場合には、この限りでない」という文言に変更する提案がエジプトから示されたが、それが容れられなかったという経緯があり、その際に、複数の出席者から、証明責任は手続的な問題であって条約の規律の対象とするのは適切でないという意見が示されていたのである[7]。

---

　6)　Warren Khoo, *in* COMMENTARY ON THE INTERNATIONAL SALES LAW. THE 1980 VIENNA SALES CONVENTION 39 (Cesare Massimo Bianca & Michael Joachim Bonell eds., 1987).

　7)　United Nations Conference on Contracts for the International Sale of Goods, Vienna, 10 March-11 April 1980, Official Records, 295-298 (＝JOHN HONNOLD, DOCUMENTARY HISTORY OF

もっとも、その後の研究では、25条の起草過程を根拠として証明責任がウィーン売買条約の規律の対象ではないという結論を導き出すのは適切でないと指摘されている。それによると、外交会議に提出された草案の起草過程にまでさかのぼって検討すると、「ただし（unless）……この限りでない」という文言が採用されたのは、「そのような結果」が予見できなかったものであることの証明責任を、契約違反をした当事者に負わせるためであることが明らかである[8]。実際、草案に付された UNCITRAL 事務局の注釈においても、契約違反をした当事者が「そのような結果」を「予見せず、かつ、予見すべき理由を有しなかった」ことを証明しなければ、契約違反は重大なものと評価されるという記述が見られる[9]。外交会議においても、この点は異論なく受け入れられていたのであり、エジプトの提案が容れられなかった事実をもって、証明責任を条約の規律の対象から外すという決定がされたと判断するのは誤りであると指摘されている[10]。

3　ウィーン売買条約による証明責任の規律

（1）**規律の対象とするべき理由**　　今日では、ドイツ語圏を中心として、証明責任はウィーン売買条約の規律の対象であると考える見解が支配的である。その根拠として、上記の 79 条 1 項のように証明責任に明示的に言及する条文が存在するという事実のほか、次のようなものが一般的に挙げられている。

第一に、証明責任という問題は、当事者間の権利義務を定める規範と密接に結びついたものであるという点が指摘されている[11]。つまり、証明責

THE UNIFORM LAW FOR INTERNATIONAL SALES 516–519 (1989)).

8)　ウィーン売買条約 25 条に至る草案の起草過程を紹介する論稿として、Shinichiro Michida, Cancellation of Contract, 27 Am. J. Comp. L. 279 (1979) を参照。

9)　Commentary on the Draft Convention on Contracts for the International Sale of Goods, Prepared by the Secretariat, U. N. Doc. A/CONF. 97/5 (14 March 1979), Art. 23, para. 4 (= Honnold, *supra* note 7, at 416)（UNCITRAL 事務局（吉川吉樹訳／曽野裕夫補訳）『注釈 ウィーン売買条約最終草案』（商事法務・2015）73 頁）。

10)　以上について、Michael Henninger, Die Frage der Beweislast im Rahmen des UN-Kauferchts, 1995, S. 176ff.; Clemens Antweiler, Beweislastverteilung im UN-Kaufrecht, 1995, S. 58ff.; Reinhard Jung, Die Beweislastverteilung im UN-Kaufrecht, 1996, S. 28ff. を参照。

11)　モノグラフィとして、Henninger, a. a. O. (Fn. 10), S. 153ff.; Antweiler, a. a. O. (Fn. 10), S. 69ff.; Jung, a. a. O. (Fn. 10), S. 37ff.; Tobias Malte Müller, Ausgewählte Fragen der

任規範は、主要事実の存否が不明である場合に裁判所がどのように判決するべきかを定めるものであり、権利義務に関する規範と不可分であると言える。したがって、ウィーン売買条約が売買契約の当事者の権利義務のみを規定しており、証明責任規範は同条約の規律の対象ではないという理解は適切でないと主張されている[12]。

　第二に、ウィーン売買条約の意義からしてより重要なこととして、証明責任が同条約の規律の対象ではないとすると、条約の統一的な適用の要請（7条1項参照）に反すると指摘されている[13]。証明責任に関して締約国法などの適用を認める場合、裁判所によって結論が異なる場合が出てくることは避けられず、条約の最大の目的である売買契約法の統一を達成することができなくなり、フォーラムショッピングが行われる危険性を生じさせることにもなってしまうわけである。

　(2)　**証明度の扱い**　　ウィーン売買条約の統一的な適用という観点を重視する場合、証明責任だけでなく、証明度についても統一を図ることが望

Beweislastverteilung im UN-Kaufrecht im Lichte der aktuellen Rechtsprechung, 2005, S. 32f. コンメンタールにおける記述として、Baumgärtel/Laumen/Prütting, Handbuch der Beweislast: Bürgerliches Gesetzbuch Schuldrecht Besonderer Teil I, 3. Auf., 2009, Vor Art. 1, Rn. 10 (–Reinhard Hepting/Tobias M. Müller); Schlechtriem/Schwenzer, Kommentar zum Einheitlichen UN-Kaufrecht, 6. Auf., 2013, Art. 4, Rn. 49 (–Franco Ferrari); J. von Staudingers Kommentar zum Bürgerlichen Gesetzbuch mit Einführungsgesetz und Nebengesetzen. Wiener UN-Kaufrecht (CISG), Neub. 2018, Art. 4, Rn. 64 (–Ulrich Magnus); Ferrari/Kieninger/Mankowski/Otte/Saenger/Schulze/Staudinger, Internationales Vertragsrecht: RomI-VO・CISG・CMR・FactÜ, 3. Auf., 2018, CISG Art. 4, Rn. 11 (–Ingo Saenger); Münchener Kommentar zum Handelsgesetzbuch, Bd. 5, 4. Auf., 2018, CISG Art. 4, Rn. 32 (–Peter Mankowski).

12)　以上の論拠は、日本の国際民事訴訟法において、証明責任に関して実体準拠法を適用すべき理由として、証明責任が実体法の定める権利と密接に関連する事項であると指摘されていることと軌を一つにすると言える（斎藤秀雄ほか編著『注解 民事訴訟法(5)〔第2版〕』（第一法規・1991）419頁〔山本和彦〕など）。

13)　Baumgärtel/Laumen/Prütting, Handbuch der Beweislast (–Hepting/Müller), a. a. O. (Fn. 11), Vor Art. 1, Rn. 13; Ingeborg Schwenzer & Pascal Hachem *in* COMMENTARY ON THE UN CONVENTION ON THE INTERNATIONAL SALE OF GOODS (CISG) 84 (Ingeborg Schwenzer ed., 4th ed. 2016); Peter Schlechtriem/Ulrich G. Schroeter, Internationales UN-Kaufrecht, 6. Auf., 2016, S. 105f.; Münchener Kommentar zum Handelsgesetzbuch (–Mankowski), a. a. O. (Fn. 11), CISG Art. 4, Rn. 32. さらに、証明責任に関して法廷地法を適用した場合、および、法廷地の国際私法を適用した場合の帰結について検討するものとして、Antweiler, a. a. O. (Fn. 10), S. 36ff. も参照。

ましいと言える。このような観点から、売買契約法の統一を強く主張する論者は、証明度も同条約の規律の対象であると考えるべきだと主張している[14]。具体的には、損害賠償請求に際しての損害（74 条参照）の証明に関して、同条約のいくつかの条文において「合理的な者（reasonable person）」という文言が採用されていることのほか、UNIDROIT 国際商事契約原則（PICC）およびヨーロッパ契約法原則（PECL）の損害賠償に関する規定[15]、アメリカ法律協会（ALI）と UNIDROIT の作成した国際民事訴訟原則（ALI/UNIDROIT Principles of Transnational Civil Procedure）21. 2 条[16]などを手がかりとして、合理的な確実性（reasonable degree of certainty）を基準とすることが提唱されている[17]。

　もっとも、以上のような理解が現時点において広く受け入れられている

---

14)　Schwenzer & Hachem, *supra* note 13, at 85. さらに、シュヴェンツァーは、証明責任と証明度という問題について締約国法の適用を認めることは、ウィーン売買条約の精神に反する "homeward trend" にほかならないとまで述べている（Schwenzer, Divergent Interpretations: Reasons and Solutions *in* International Sales Law: A Global Challenge 102, 114 (Larry A. DiMatteo ed., 2014)）。証明度もウィーン売買条約の規律の対象であるという主張を支持するものとして、Thomas Koller/Marc André Mauerhofer, Das Beweismass im UN-Kaufrecht (CISG), in: Festschrift für Ingeborg Schwenzer zum 60. Geburtstag, Bd. I, 2011, S. 963; Milena Djordjević *in* UN Convention on Contracts for the International Sale of Goods (CISG) 81-82 (Stefan Kröll et al eds., 2d ed. 2018) がある。

15)　UNIDROIT 国際商事契約原則 7. 4. 3 条（損害の確実性）
　　(1)　損害賠償は、将来発生する損害を含め、合理的な程度の確実性（reasonable degree of certainty）をもって証明された損害に対してのみ認められる。
　　訳文は、私法統一国際協会（UNIDROIT）（内田貴ほか訳）『UNIDROIT 国際商事契約原則 2010』（商事法務・2013）による。
　　ヨーロッパ契約法原則 9：501 条（損害賠償請求権）
　　(2)　損害賠償を請求することができる損害には、次の各号に掲げるものが含まれる。
　　(a)被財産的損害
　　(b)合理的にみて発生が見込まれる将来の損害
　　訳文は、オーレ・ランドー＝ヒュー・ビール編（潮見佳男ほか監訳）『ヨーロッパ契約法原則 I・II』（法律文化社・2006）による。

16)　アメリカ法律協会・私法統一国際協会 国際民事訴訟原則　21 立証の責任及び基準
　　　　21. 2　事実が証明されたとみなされるのは、裁判所がその真実性について合理的な確信を得たときである。
　　訳文は、名古屋裁判所国際関係法研究会＝細川清監修「アメリカ法律協会・私法統一国際協会 国際民事訴訟原則」判例時報 1998 号（2008）3 頁による。

17)　Schlechtriem/Schwenzer（-Schwenzer）, a. a. O.（Fn. 11）, Art. 74, Rn. 65; Ingeborg Schwenzer *in* Commentary on the UN Convention on the International Sale of Goods (CISG) 1085-1086 (Ingeborg Schwenzer ed., 4th ed. 2016).

とは言いがたい。証明度という問題は手続法と密接に結びついたものであるため、法廷地法が適用されるべきだと考える見解がドイツ語圏においても多数派である[18]。

(3) **証明責任に関する準則**　今日の通説的な理解に従って、証明責任がウィーン売買条約の規律の対象であると考える場合、次に、具体的にどのような基準によって証明責任を分配するべきかが問題となる。

すでに触れた通り、ウィーン売買条約は、この問題に関する一般的な規定を置いていない。そのため、証明責任という問題は、「この条約が規律する事項に関する問題であって、この条約において明示的に解決されていないもの」(7条2項) に該当することになる。こうした条約の欠缺——条約の規律の対象ではない事項 (external gap) と対比して internal gap とも呼ばれる——は、同項が規定する通り、「条約の基礎を成す一般原則」に従って補充されるべきことになる。「条約の基礎を成す一般原則」としてどのようなものが存在するのか、条約の規定を横断的に観察して析出することなどが試みられている[19]が、証明責任に関しては一般的に次のような準則が支持されている[20]。

まず、当事者は、自らの権利を基礎付ける規範の要件について証明責任を負う。これに対して、相手方は、当該権利の行使を否定する例外的な規

---

18)　Schlechtriem/Schroeter, a. a. O. (Fn. 13), S. 101; Staudingers Kommentar (-Magnus), a. a. O. (Fn. 11), Art. 4, Rn. 70; Internationales Vertragsrecht (-Saenger), a. a. O. (Fn. 11), CISG Art. 4, Rn. 11 など。

19)　影響力の大きい文献として、Michael Joachim Bonell, *in* COMMENTARY ON THE INTERNATIONAL SALES LAW. THE 1980 VIENNA SALES CONVENTION 78-82 (Cesare Massimo Bianca & Michael Joachim Bonell eds., 1987); Ulrich Magnus, Die allgemeinen Grundsätze im UN-Kaufrecht, RabelsZ 59 (1995), S. 469; JOHN O. HONNOLD, UNIFORM LAW FOR INTERNATIONAL SALES UNDER THE 1980 UNITED NATIONS CONVENTION 142-148 (Harry M. Flechtner ed., 4th ed. 2009) (*hereinafter,* Honnold/Flechtner) を挙げることができる。この問題に関する邦語文献として、笠井修「国際動産取引における法の統一と法適用 (解釈・欠缺補充) の統一——CISG 第7条がめざすもの」川井健先生傘寿記念論文集刊行委員会編『取引法の変容と新たな展開』(日本評論社・2007) 12頁も参照。

20)　以下の整理は、主として、Magnus, a. a. O. (Fn. 19), S. 489f.; Franco Ferrari, Burden of Proof under the CISG, Pace Review of the Convention on Contracts for the International Sale of Goodes (CISG) (2000-2001) 1; Staudingers Kommentar (-Magnus), a. a. O. (Fn. 11), Art. 4, Rn. 67-69 による。モノグラフィにおける分析として、Henninger, a. a. O. (Fn. 10), S. 192ff.; Antweiler, a. a. O. (Fn. 10), S. 77ff.; Jung, a. a. O. (Fn. 10), S. 44ff.; Müller, a. a. O. (Fn. 11), S. 36ff. も参照。

範の要件について証明責任を負うと考えられている。こうした原則・例外
準則（rule and exception principle）は、上記の 79 条 1 項のほか、25 条、2
条 a 号、35 条 2 項 b 号といった「ただし（unless, except where）……この
限りでない」という文言を採用している条文から導き出すことができると
考えられている。さらに、この準則は、ローマ法源（ei incumbit probatio
qui dicit, non qui negat）にも連なるものであり、ウィーン売買条約の締約
国においても広く承認されたものだと指摘されている。

　さらに、原則・例外準則は一定の場合に修正が必要であることも一般的
に認められている。広く支持されている考え方として、当事者の一方が責
任を負うべき領域に存在する事実については、証拠への近接性（proof pro-
ximity, Beweisnähe）を理由に、当該領域を支配する当事者が証明責任を負
うべきであるというものがある。

4　問題の指摘

　ここまで見てきたように、ドイツ語圏を中心として、証明責任はウィー
ン売買条約の規律の対象であるという理解が一般的になっているところ、
近時、アメリカの有力な同条約研究者であるフレヒトナー（Harry M.
Flechtner）から、こうした理解に対する興味深い問題提起がされている[21]。

---

21)　Harry M. Flechtner, Moving Through Tradition Towards Universalism under the U. N.
　　Sales Convention (CISG): Notice of Lack of Conformity (Article 39) and Burden of Proof in
　　the Bundesgerichtshof Opinion of 30 June 2004 in LIBER MEMORIALIS PETAR ŠARČEVIĆ:
　　UNIVERSALISM, TRADITION AND THE INDIVIDUAL 457, 466-470 (J. Erauw et al. eds., 2006)
　　(hereinafter, Flechtner, Notice of Lack of Conformity); Flechtner, Selected Issues Relating to
　　the CISG's Scope of Application, 13 The Vindobona Journal of International Commercial Law
　　and Arbitration 91, 102-106 (2009) (hereinafter, Flechtner, Selected Issues) のほか、フレヒ
　　トナーが補訂を担当した Honnold/Flechtner, supra note 19, at 86-92. 証明度と証明の方法に
　　関して同様の議論を展開するものとして、Flechtner, Decisions on Conformity of Goods
　　under Article 35 of the UN Sales Convention (CISG): The 'Mussels Case', Evidentiary
　　Standards for Lack of Conformity, and the 'Default Rule' vs. 'Cumulative' Views of Implied
　　Conformity Obligations in CURRENT ISSUES IN THE CISG AND ARBITRATION 177, 182-187 (Ingeborg
　　Schwenzer et al. eds., 2014).
　　さらに、フレヒトナーは、ウィーン売買条約の下での弁護士費用の賠償請求の可否という
　　問題についても、同様の問題意識に基づく議論を展開している。Flechtner, Recovering
　　Attorneys' Fees as Damages under the U. N. Sales Convention (CISG): The Role of Case Law
　　in the New International Commercial Practice, with Comments on Zapata Hermanos v.
　　Hearthside Baking, 22 J. Int'l. L. & Bus. 121 (2002); Flechtner & Joseph Lookofsky, Zapata

フレヒトナーは、多くの論者が主張するように、ウィーン売買条約が証明責任を規律していると考えることが売買契約法の統一に資することを認めたうえで、条約の欠缺を補充するべく「条約の基礎を成す一般原則」から導き出される証明責任の分配に関する準則は、全ての締約国において等しく妥当するものでなければならないはずだと指摘している。しかし、ドイツ語圏でしばしば挙げられる証拠への近接性という基準は、ドイツなどの裁判所では適切な形で機能するとしても、広範な証拠の開示を命じるディスカバリー制度が存在するアメリカの民事訴訟制度の下で同様の意義を持つわけではないと考えられる。こうした点を捉えて、フレヒトナーは、証明責任に関する準則がそれぞれの司法手続に埋め込まれた性格を有していることを強調し、ウィーン売買条約の起草者たちが明文の規定をもって証明責任の分配を決定している場合を除いて、証明責任という問題は同条約の規律の対象外であり、締約国法の適用によって解決されるべきものであると主張している。

　以上のようなフレヒトナーの問題提起は、ドイツでも一定の説得力を持つものとして受け止められているようである。例えば、シュレヒトリーム（Peter Schlechtriem）の手になる、ウィーン売買条約に関するドイツの代表的な教科書では、以前の版では条約に内在する証明責任に関する準則を明らかにしていくべきことが強調されていた[22]のに対して、シュレヒトリームの死後にシュレーター（Ulrich G. Schroeter）によって補訂された版では、フレヒトナーの批判は正当なものであって、従来のドイツ語圏の通説的な理解には疑問があるという記述がされるに至っている[23]。

　　Retold: Attorneys' Fees are (Still) Not Governed by the CISG, 26 J. L. & Com. 1 (2007). この問題については、柏木昇「ウィーン売買条約と弁護士費用の請求―CISG と手続法」伊藤眞ほか編『小島武司先生古稀 民事司法の法理と政策 下巻』（商事法務・2008）699 頁を参照。

22)　Peter Schlechtriem, Internationales UN-Kaufrecht, 3. Auf., 2005, S. 47.

23)　Schlechtriem/Schroeter, a. a. O. (Fn. 13), S. 100f.

III　物品の契約適合性の証明責任

　ここまで、証明責任がウィーン売買条約の規律の対象であるのかという問題に関する、一般的な議論状況を見てきた。次に、証明責任の所在がしばしば争われる問題の一つである、物品の契約適合性という問題に即して、ここまで見てきた議論が具体的にどのような形で問題となるのかを確認する。

1　物品の契約適合性に関する規律

　ウィーン売買条約は、物品の契約適合性に関して、次のような規律を定めている[24]。

　同条約の下では、「売主は、契約に定める数量、品質及び種類に適合し、かつ、契約に定める方法で収納され、又は包装された物品を引き渡」す義務を負う（35条1項）。物品が契約に適合したものであるか否かは、当事者の合意のほか、35条2項の定める基準に基づいて判断される。判断の基準時は危険の移転時である（36条1項）（危険の移転時期は67条以下において規定されている）。

　売主がこの義務に違反した場合、買主は、履行請求（46条1項）（代替品の引渡しについて同条2項、修補請求について同条3項）、契約の解除（49条）、代金の減額（50条）、損害賠償（74条〜77条）という救済を利用することができる。もっとも、買主は、売主が物品の不適合を知り、または知らないことがあり得ず、売主がそれを買主に明らかにしなかった場合を除いて（40条参照）、物品の不適合を発見し、または発見すべきであった時から合理的な期間内に売主に対して不適合の性質を特定した通知を行わなければ、これらの救済を利用することができなくなる（39条1項）。

　物品が売主に引き渡されてから一定の期間が経過した後に物品の不適合

　24）　詳しくは、曽野裕夫「ウィーン売買条約（CISG）における瑕疵担保責任の不存在とその理由」野澤正充編『瑕疵担保責任と債務不履行責任』（日本評論社・2009）117頁、潮見佳男ほか編『概説　国際物品売買条約』（法律文化社・2010）81頁以下〔潮見佳男〕。

性が判明する場合や、物品の運送を伴う契約においては、いずれの当事者が危険移転時における物品の不適合性の証明責任を負うのかという点が重要な問題となる。

2 35条の起草過程における議論

ウィーン売買条約の草案の起草段階では、35条についても、西ドイツ代表団から、物品の不適合性の証明責任に関する明文の規定を置くことが提案されていた。同代表団は、検査期間の経過前は売主が物品の契約適合性の証明責任を負担し、期間の経過後は買主が不適合性の証明責任を負う旨の規定を置くことを提案していた。しかし、こうした提案も、条約において証明・手続に関する問題を取り上げることは適切でないという理由で容れられなかったという経緯がある[25]。

もっとも、このような経緯も、証明責任が条約の規律の対象ではないと考える根拠にはならないと指摘されている。すなわち、買主が通知をしなかった場合の例外的救済を定める44条の起草に際して、外交会議では、物品の不適合性の証明責任について規定する必要はないという意見と、条文において証明責任に言及するのが望ましいという意見の両方が示されており[26]、出席者の間でこの問題に関する意見の一致があったわけではないと評価するべきだと指摘されている[27]。

3 学説における議論

(1) **初期の議論** 初期の学説は、自らが適切だと考える「一般原則」を措定し、そこから物品の契約適合性の証明責任についても結論を導き出す傾向にあったと言える。

例えば、フーバー（Ulrich Huber）は、UNCITRAL 1978年草案を詳細に分析した論稿において、契約適合性の証明責任という問題は売買実体法の問題であってウィーン売買条約の規律の対象であるという理解を示した

---

25) Yearbook VIII (1977) 37 para 177-178 (= Honnold, *supra* note 7, at 330).

26) United Nations Conference on Contracts for the International Sale of Goods, Vienna, 10 March-11 April 1980, Official Records, 346 (= Honnold, *supra* note 7, at 567).

27) 以上について Antweiler, a. a. O. (Fn. 10), S. 62ff.

うえで、債務者が自らの債務の履行について証明責任を負うという一般原則によってこの欠缺を補充しなければならないと論じている。このようなフーバーの理解によると、物品が危険移転時に契約に適合していたことについて、売主が証明責任を負うことになる[28]。

これに対して、初期に大きな影響力を持った上記の注釈書においては、異なった一般原則が承認されている。ビアンカ（Cesare Massimo Bianca）は、受領された物品に関する契約違反の事実を証明する負担を買主が負う旨を定めている UCC 2-607 条 4 項などに言及しつつ、責任を追及しようとしている当事者において、相手方の不履行を証明しなければならないのが国際取引において承認された原則であるとして、ウィーン売買条約の下でも、買主が危険移転時における物品の不適合性を証明しなければならないと主張している[29]。

(2) **証明責任に関する準則の適用**　その後、上述のように、ドイツ語圏を中心として、証明責任に関する準則が詳しく論じられるようになっていることを受けて、物品の契約適合性についてもより精緻な議論が展開されている。仔細を見ると様々な見解が主張されているが、議論の到達点の一つと位置付けられるものとして、クレル（Stefan Kröll）の見解がある[30]。

クレルは、不適合性の判断基準の証明責任と、物品がその基準に適合しているか否かの証明責任を区別して議論を展開している。クレルによると、まず、不適合性の判断基準については、ウィーン売買条約 35 条 2 項 a 号によって、「同種の物品が通常使用されるであろう目的に適したものであること」という基準がデフォルト・ルールになる。異なる基準が妥当する

---

28)　Ulrich Huber, Der UNCITRAL-Entwurf eines Übereinkommens über internationale Warenkaufverträge, RabelsZ 43 (1979), S. 413, 480. なお、興味深いことに、フーバーは、その後、法廷地法によって証明責任の所在が定められるべきだという見解に改説している。Ernst von Caemmerer/Peter Schlechtriem (Hrsg.), Kommentar zum Einheitlichen UN-Kaufrecht, 1990, Art. 46, Rn. 18c, 22 (–Huber).

29)　Cesare Massimo Bianca, *in* COMMENTARY ON THE INTERNATIONAL SALES LAW. THE 1980 VIENNA SALES CONVENTION 287-288 (Cesare Massimo Bianca & Michael Joachim Bonell eds., 1987).

30)　以下は、Stefan Kröll, The Burden of Proof for the Non-Conformity of Goods under Art. 35 CISG, 3 Belgrade Law Review 162 (2011) (INTERNATIONAL SALES LAW: VOLUME II 130 (Franco Ferrari & Clayton P. Gillette eds., 2017) 所収); Kröll *in* UN CONVENTION ON CONTRACTS FOR THE INTERNATIONAL SALE OF GOODS (CISG) 532-534 (Stefan Kröll et al eds., 2d ed. 2018) による。

と主張する当事者は、上述の原則・例外準則に基づいて、当事者間で異なる合意が存在することなどを証明しなければならない。

これに対して、問題となっている物品が基準に適合しているか否かの証明責任については、証拠への近接性という視点が重要な意味を持つ。物品を占有している者が物品の適合性・不適合性に関する証拠を有するのが一般的であるため、買主が何ら留保をすることなく物品の引渡しを受領した場合、その時点以降は、買主が物品の不適合性について証明責任を負う。もっとも、当該不適合性が危険移転時に存在したことの証明は困難な場合もあるとして、クレルは、そのような場合には一応の証明（prima facie evidence）などの手段によって対応するべきだと主張している。以上に対して、物品の引渡しの時点まで、あるいは、買主が適合性に関して留保を付して物品の引渡しを受領した場合には、売主が物品の適合性について証明責任を負う。

クレルのように、物品の引渡しの受領を基準として証明責任の所在が異なると考える見解は、ドイツのコンメンタールなどにおいて広く支持されている[31]ほか、同様の理解に立つ裁判例や仲裁判断例も存在する[32] [33]。

---

31) Schlechtriem/Schwenzer（-Schwenzer）, a. a. O.（Fn. 11）, Art. 35, Rn. 51-53; Staudingers Kommentar（-Magnus）, a. a. O.（Fn. 11）, Art. 35, Rn. 55; Internationales Vertragsrecht（-Franco Ferrari）, a. a. O.（Fn. 11）, CISG Art. 35, Rn. 31 など。日本における解説としては、甲斐道太郎ほか編『注釈 国際統一売買法Ⅰ ウィーン売買条約』（法律文化社・2000）280 頁、285 頁〔鹿野菜穂子〕が、このような見解を支持するようである。

32) ウィーン売買条約における契約不適合性の証明責任に関する裁判例・仲裁判断例については、UNCITRAL Digest of Case Law on the United Nations Convention on Contracts for the International Sale of Goods UNCITRAL: Digest of Case Law on the United Nations Convention on Contracts for the International Sale of Goods: 2016 Edition, Art. 35 para. 17〈http://www.uncitral.org/pdf/english/clout/CISG_Digest_2016.pdf〉.

33) もっとも、このような解釈については、ウィーン売買条約から導き出すことができるものではなく、債権者が給付を履行として受領した場合、給付が不完全であることの証明責任を債権者が負う旨を定めているドイツ民法典 363 条の規律を同条約の解釈として持ち込むものであるという指摘がある（Münchener Kommentar zum Bürgerlichen Gesetzbuch, Bd. 3, 7. Auf., 2016, CISG Art. 35, Rn. 45（-Urs Peter Gruber））。売買契約法の統一の要請を強調する論者の見解ですらこのような指摘を免れることができないという事実は、条約の「自律的な」解釈の必要性が叫ばれる中、法律家が特定の法秩序を離れて統一法というテクストを解釈することが果たして本当に可能なのか、興味深い問題を提起しているように思われる。ホノルドの次の著名な警句がここでもあてはまるのかもしれない。The mind sees what the mind has means of seeing（Honnold, *supra* note 7, at 1）.

4　問題の指摘

証明責任という問題がウィーン売買条約の規律の対象であると考えることに批判的なフレヒトナーは、物品の契約適合性の証明責任についても、ドイツ連邦裁判所（BGH）の判決を取り上げて、通説的な理解に疑問を呈している。

フレヒトナーが取り上げているのは、BGH の 2002 年 1 月 9 日の判決（粉ミルク事件）[34] である。同判決では、いずれの時点で粉ミルクに酵素が混入し、味の劣化を生じさせることになったのかが問題となった。BGH は、ウィーン売買条約の下では買主が危険移転時の物品の不適合性について証明責任を負うのが原則であるとしつつも、本件では売主が少なくとも一部の粉ミルクについて不適合性を承認していたという事情があるため、ドイツ国内法に基づいて証明責任の転換が認められるという判断を示した。その理由として、BGH は、ウィーン売買条約は売買契約の成立と売主・買主の権利・義務のみを規律の対象とするところ、当事者による不適合性の承認という問題は売買法に特有のものではなく、一般的な法律問題であり、また、国際取引の事実的・法的側面と密接に関連するものではないため、同条約の規律の対象ではないと述べている。

こうした BGH の判断に対して、フレヒトナーは、「一般的な法律問題」であるか否か、あるいは、国際取引と密接に関連するか否かといった微妙な判断を各国の裁判所に求めることは売買契約法の不統一をもたらす原因になるだけであるため、明示的な規定がある場合を除いて、証明責任という問題は条約の規律の対象ではないと考えるほうが望ましいと論じている[35]。

さらに、フレヒトナーは、証拠への近接性を理由に、不適合性を売主が知り、または知らないことはあり得なかったことの証明責任（40 条参照）が売主に課される場合があることを認めた BGH の判決[36] についても、批判的に検討している。つまり、上述の通り、証拠への近接性という基準が

---

34)　BGH, 9. 1. 2002, CISG-online 651 = NJW 2002, 1651.

35)　以上について、Flechtner, *Selected Issues, supra* note 21, at 104; Honnold/Flechtner, *supra* note 19, at 88-90.

36)　BGH, 30. 6. 2004, CISG-online 847 = NJW 2004, 3181.

82　第4章　ウィーン売買条約（CISG）における証明責任の規律をめぐって

ドイツ以外の裁判手続において適切に機能するとは限らないところ、BGH はそのような問題をそもそも意識することなく、自国の手続のみを念頭に置いて判断を下しているが、フレヒトナーによると、そのような BGH の態度は自国法に引きつけて条約を解釈しようとする "homeward trend" にほかならないのである[37] [38]。

IV　証明責任の規律とその意義

　ここまで見てきた議論は、売買契約法の統一を図ろうとする動きと、統一法の適用が各国の裁判所に委ねられているために生じる限界のせめぎ合いを示しており、私法分野における法統一のあり方を考えるにあたって、それ自体として非常に興味深いものである。

　さらに、ウィーン売買条約における証明責任の規律をめぐる議論は、当事者が締結する契約と、それを規律する統一法および締約国法という三者の相互関係を考えるにあたって、これまで必ずしも意識されてこなかった視点をもたらしてくれるものだと言える。そのことを示す議論として、次に、アメリカの契約法理論家であるスコットとトリアンティスの議論を紹介したい。

1　Scott & Triantis の議論

　スコット（Robert E. Scott）とトリアンティス（George G. Triantis）は、2006 年に公表した論文[39]において、契約締結する当事者が、front-end の

---

37)　Flechtner, *Notice of Lack of Conformity, supra* note 21, at 466-470; Honnold/Flechtner, *supra* note 19, at 88-92.

38)　クレルらの議論が論理的であることを認めつつも、証明責任に関する統一的な準則を導き出すことの困難さや、証明責任が他の手続的な問題と不可分なものであることを理由に、フレヒトナーと同様、ウィーン売買条約が証明責任についても規律していると考える見解に反対するものとして、CLAYTON P. GILLETTE & STEVEN D. WALT, THE UN CONVENTION ON CONTRACTS FOR THE INTERNATIONAL SALE OF GOODS 262-268 (2016) がある（CLAYTON P. GILLETTE & STEVEN D. WALT, SALES LAW: DOMESTIC AND INTERNATIONAL 270-276 (3d ed. 2016) も参照）。

39)　Robert E. Scott & George G. Triantis, Anticipating Litigation in Contract Design, 115 Yale L. J. 814 (2006) (*hereinafter,* Anticipating Litigation). Robert E. Scott & George G. Triantis,

費用——契約をドラフトする際の取引費用（transaction cost）と、back-end の費用——裁判を通じて契約の内容を実現・執行する費用（enforcement cost）という、二つの時点における費用のトレードオフを踏まえて、契約を設計・デザインすることを描き出している。

まず、相手方と交渉をして、契約のドラフティングを行うという front-end の費用に着目すると、当事者としては、契約を締結する際には曖昧な条項（vague terms）を定めておき、紛争解決を図る際に必要となる契約の内容確定・補充を裁判所に委ねるほうが安価である。これに対して、契約の実現・執行に必要な情報を裁判所に伝達する費用や、裁判所の判断の不確実性・誤りに伴う費用という back-end の費用に着目すると、契約に詳細な条項（precise terms）を定めておくことが望ましい。経済学の知見の影響を受けた契約法学者には、もっぱら後者の費用に着目し、裁判所が曖昧な条項を補充することに批判的な立場を採るものが少なくない[40]。しかし、スコットとトリアンティスによると、両費用はトレードオフの関係にあるのであって、いずれか一方の費用のみに着目するのは十分でない。スコットとトリアンティスは、実際の契約書に曖昧な条項と詳細な条項を組み合わせたものが多く存在することを、両費用のトレードオフをにらんだ当事者による契約の設計・デザインという観点から説明している[41]。

このような観点から、スコットとトリアンティスが着目するのが、back-end の費用を低くするために手続的な条項が契約書に定められることが少なくないという事実である。すなわち、契約を締結する当事者としては、紛争の解決を専門家に委ねるべく仲裁条項を置いたり、証明責任や証明度に関して特約を定めたりすることによって、裁判所のエラーコストなどを低くすることができる可能性がある。こうして back-end の費用を低くすることが可能であれば、当事者としてはさらに、契約の内容確定・

　　Incomplete Contracts and the Theory of Contract Design, 56 Case W. Res. L. Rev. 187（2005）も参照。

40）　裁判所の能力が限られたものであることを強調し、契約の文言を形式的に解釈するべきことを主張するアメリカ契約法理論の潮流は、新形式主義（new formalism）とも称される。このような潮流については、吉政知広『事情変更法理と契約規範』（有斐閣・2014）138 頁以下を参照。

41）　Scott & Triantis, *Anticipating Litigation, supra* note 39, at 851-856.

84　第4章　ウィーン売買条約（CISG）における証明責任の規律をめぐって

補充を裁判所に委ねる曖昧な条項を定めて、front-end の費用の節約も図ることができるのである。

　具体的な規定に即して言うと、先ほどビアンカの議論に即して触れた通り、UCC 2-607 条 4 項は、売買契約の目的物である物品が受領された場合、買主が契約違反の事実を証明する負担を負う旨を定めている[42]。しかし、このような証明責任の分配は、裁判所に情報を伝達する費用などを考慮すると、具体的な当事者にとっては効率的なものでない可能性がある。このような場合、当事者としては、契約違反の証明責任や証明度に関してUCC の規律とは異なる定めを置いたり、預託金の提供や代金の前払いなどによっていずれの当事者が原告になるかを操作したりすることを通じて、back-end の費用を低くすることが考えられる。こうして back-end の費用が低くなると、目的物の性質についてあらかじめ詳細に定めておく必要性が低くなり、取引慣行を指示するなどといった曖昧な条項を定めておくにとどめて、契約のドラフティングに必要となる front-end の費用を節約することが可能になるのである[43]。

2　証明責任の規律と契約の設計・デザイン

　スコットとトリアンティスの議論を踏まえると、証明責任がウィーン売買条約の規律の対象であるか否かという問題は、締約国の裁判所などが同条約を適用する際に直面する問題であるだけでなく、当事者による契約の設計・デザインにも影響する問題であるということが理解できるだろう。

　すなわち、証明責任がウィーン売買条約の規律の対象であると考える通説的な見解は、front-end の費用に関わる当事者の実体的な権利義務だけでなく、もっぱら back-end の費用に関わる証明責任についても同条約が規律していると主張していることになる。そして、論者が意識しているかは定かでないものの、このように考える場合、同条約の任意規定性（6条）からして、当事者は証明責任に関して条約の規律とは異なる合意をすることができると考えられる。したがって、契約を設計・デザインする当事者

---

42)　スコットが UCC 2-607 条 4 項の規律の合理性を説明したものとして、Alan Schwartz & Robert E. Scott, Commercial Transactions: Principles and Policies 271-272 (2d ed. 1991).

43)　以上について、Scott & Triantis, *Anticipating Litigation, supra* note 39, at 866-871.

としては、ウィーン売買条約の定める証明責任に関する規律、具体的には上述の原則・例外準則などをにらみつつ、その規律が当該当事者にとって最適なものでない場合、異なる合意をすることによって back-end の費用を低くしようとすることになる。

これに対して、証明責任はウィーン売買条約の規律の対象ではないと考える場合、当事者としては、実体的な権利義務については同条約の規律をにらみつつドラフティングを行う一方で、証明責任については裁判所などで適用される準拠法の内容を踏まえて契約の設計・デザインを行うことになる。例えば、日本法が適用される場合、日本法では証明責任に関する合意を含めて民事訴訟における事実の確定方法に関する合意も広く有効であると解されている[44]ため、証明責任に関する日本法の規律が最適でないと考える当事者は、異なる合意をすることができる。

いずれにしても、ウィーン売買条約には抽象的な文言を採用した規定が多いことや、国際取引をめぐる紛争が裁判所に持ち込まれた場合のエラーコストなどを考慮すると、back-end の費用を低くするための当事者の合意は重要な意味を持っている可能性がある。

3 証明責任の規律と契約の規制・制御

契約の規制・制御に関して統一法と締約国がどのように機能・役割を分担するのかという観点からは、証明責任がウィーン売買条約の規律の対象であると考えるか否かによって次のような違いがある。

通説的な見解によると、実体的な権利義務だけでなく、証明責任もウィーン売買条約によって規律されている。もっとも、同条約には証明責任について明示的に定めた規定はほとんど存在しないため、証明責任に関する規律は学説や裁判例・仲裁判断例による継続形成を通じて明らかにされることになる。その意味で、通説的な見解は、統一法の継続形成に大きな意義を認める立場であると言える。これに対して、締約国としては、実体的な権利義務だけでなく、証明責任についても、強行的な規定を置いて当事

---

44)　高橋宏志『重点講義 民事訴訟法(下)〔第 2 版補訂版〕』(有斐閣・2014) 67 頁、伊藤眞『民事訴訟法〔第 6 版〕』(有斐閣・2018) 370 頁を参照。

86 第4章 ウィーン売買条約（CISG）における証明責任の規律をめぐって

者の合意の効力を制限・否定することが可能である（ウィーン売買条約4条a号参照）。

　以上に対して、証明責任はウィーン売買条約の規律の対象ではなく、法廷地法などが適用されると考える場合、当然のことながら、締約国法が契約の規制・制御に関してより大きな役割を果たすことになる。締約国は、強行的な規定によって当事者の合意の効力を制限・否定するだけでなく、証明責任についても、種々のデフォルト・ルールを定めるなどより多様な選択肢を有することになる。そして、スコットとトリアンティスの議論が示しているように、締約国法の証明責任に関する規律の内容は、条約を適用して紛争の解決を図る裁判所の能力などとあいまって、契約の内容の実現・執行に関する back-end の費用を左右し、ひいては、当事者が設計・デザインする契約の内容にも影響を及ぼす可能性を有しているのである。

V　最後に

　本章では、証明責任がウィーン売買条約の規律の対象であるかという問題に関して検討を行った。従来の日本の文献では、ドイツ語圏の文献の影響が強いためか、証明責任が同条約の規律の対象であることは当然のこととして受け止められてきたように見える。しかしながら、フレヒトナーが正当に指摘する通り、ウィーン売買条約が世界の統一法であるとするならば、日本の論者が暗黙の裡に前提としてきたものとは異なる民事訴訟制度も視野に入れた検討が進められなければならない。

　また、本章では、証明責任をめぐる議論が、私法の統一をどこまで図ることができるかという問題に尽きるものではなく、当事者が締結する契約の内容にも影響を及ぼす、契約の規制・制御のあり方に関わる問題であることを指摘した。この点に関連して、アメリカ会社法における州間競争をめぐる議論の影響の下、法統一を図るのと法の競争（regulatory competition）によるのとではいずれが望ましいのかという問題がこれまでも議論されてきた[45]が、本章で取り上げた問題では、学説や裁判例・仲裁判断例による統一法の継続形成と締約国法による規律の優劣・機能分担という、

より複雑な課題が問われている。法統一の理想を説くだけでなく、国境を越えた取引の規制・制御がどのように行われるべきかという観点からの検討が求められていると言えよう。

　以上の課題は、ウィーン売買条約だけでなく、その適用が各国の裁判所などに委ねられている、多くの統一法にもあてはまるものである[46]。本章における極めて初歩的な検討が、様々な形で進められている私法の統一のあり方について従来とは異なった観点から分析を深める手がかりとなれば幸いである。

45)　例えば、アメリカ会社法における議論を踏まえて、ヨーロッパにおける会社法の統一の当否を検討するものとして、David Charny, Competition among Jurisdictions in Formulating Corporate Law Rules: An American Perspective on the "Race to the Bottom" in the European Communities, 32 Harv. Int'l. L. J. 423 (1991) がある。

　ウィーン売買条約に関する分析として、Clayton P. Gillette & Robert E. Scott, The Political Economy of International Sales Law, 25 Int. Rev. Law Econ. 446, 480-485 (2005) は、同条約の規定が締約国の妥協の結果として非常に抽象的なものになっていることなどを踏まえて、国際売買法の規律を様々な法の競争に委ねるほうが望ましく、同条約は競争において負けることになるだろうと論じている。これに対して、スコットとトリアンティスの議論を手がかりに、同条約の規定の抽象性を擁護するものとして、H. Allen Blair, Hard Cases Under the Convention on the International Sale of Goods: A Proposed Taxonomy of Interpretative Challenges, 21 Duke J. Comp. & Int'l L. 269 (2011) がある。

　こうしたアメリカにおける議論に対して、ドイツでは、会社法や租税法とは異なり、契約法については法の競争が成立する前提がみたされていないと考える論者が多いようである。Eva-Maria Kieninger, Wettbewerb der Privatrechtsordnungen im europäischen Binnenmarkt, 2002, S. 275ff.; Stefan Vogenauer, Regulatory Competition Thorough Choice of Contract Law and Choice of Forum in Europe: Theory and Evidence *in* Regulatory Competition in Contract Law and Dispute Resolution 227 (Horst Eidenmüller ed., 2013) などを参照。

46)　本章で検討したウィーン売買条約は、その解釈・適用が締約国の裁判所などに委ねられている。これに対して、小塚荘一郎「商取引法の国際的統一と国内的な実施・解釈・適用―国際担保権に関するケープタウン条約が示す私法統一の『公法化』」論究ジュリスト23号（2017）71頁は、国際担保権に関するケープタウン条約が、条約の解釈・適用の統一性を維持し、その実効性を確保するために、締約国の関与を回避する仕組みを志向していることを描き出している。このような国家の関与を回避した規制・制御のメリット・デメリットを検討することも重要な課題である。

【附記】　本章は、「ウィーン売買条約（CISG）における証明責任の規律をめぐって―グローバル市場における契約の規制と制御」社会科学研究（東京大学）69巻1号（2018）73～89頁に修正を加えたものである。

本章は、JSPS科研費基盤研究（A）（課題番号17H00961; 19H00568）および基盤研究（B）（課題番号18H00808; 19H01428）の助成を受けた研究成果の一部である。

第5章 和解による行政案件／事件処理

......................................須田　守

I 行政上の和解
II 処分権限と不確定性
III 試論の提示

I 行政上の和解

1 はじめに

本章では、国内行政法における和解の許容性が検討される。古典的な国内法上の論点を扱うこの論稿が、本書の一隅に置かれる理由を示す。投資協定仲裁等国際仲裁への対応が論点となる。仲裁法は、承認の制度（45条）により国際仲裁判断に確定判決と同じ効力を備えさせる。他方で承認の拒否事由として、同条2項8号は仲裁合意の対象とできない紛争に関するものであることを挙げる。そして同法13条1項は、仲裁合意が効力を持つためには、当該紛争が和解可能であることを要求する。仲裁合意の規律を媒介に、和解の許否の論点が仲裁判断の効力に作用し得る[1]。

和解を主題とすることにつき、加えて次の理由も示す。和解の許否の論点は、事実や法状況の調査、また行政決定の構造論にも一定程度規定され得る。他方で合意による案件処理という手法の理論的検討自体、そうした事案処理過程の基礎論へと還元可能な意義を持ち得る[2]。本章は、行政の

---

1) 原田大樹「政策実現過程のグローバル化と EU 法の意義」EU 法研究 2 号（2016）55 頁。
2) Vgl. *Wilfried Berg*, Zur Untersuchungsmaxime im Verwatungsverfahren, Die Verw., 1976, S. 164; *Jan Ziekow/Thorsten Siegel*, Entwicklung und Perspektiven des Rechts des öffentlich-rechtlichen Vertrags, VerwArch 2004, S. 144.

事案解明過程に関する研究の一環としても位置付けられる[3]。

本章では、ドイツ法の分析を踏まえて我が国の問題を検討する[4]。まずは以下の**2～4**で、ドイツの現行制度を概観し問題を抽出する。**II**では、処分権限と不確実性という二つの概念に着目しつつ、彼の地の和解許容性論を今一歩立ち入って検討する。**III**では、ドイツの発想を吟味しつつ、我が国における和解の許容性につき若干の試論を示す。

2　連邦行政手続法

標準的な文献から最低限の理解に必要な情報[5]を、従来触れられてこなかった観点を含め概観する。

連邦行政手続法55条は、「事実状況又は法状況に関する合理的な評価に際して存在する不確定性を互譲によって除去する（和解）」公法契約の締結を、「和解の締結が不確定性の除去のため合義務的裁量によれば目的適合的であると官庁が認める場合」に許容する。同条の直接の対象は行政行為の発布に代わる契約だが、行政行為発布の義務付けも可能である[6]。これにより行政行為の一方性が失われるわけではなく、契約が発布の追加的な基礎を成すという。

最重要論点は不確定性の解釈である。これは事実に関するものでも法状況に関するものでもよいが、無制限には肯定されない。認定のためには、不確定性の認識が和解当事者双方に存在し、さらにそれが合理的な評価によって支えられなければならない。ただし、当事者間には通常事物的および法的な知見に差異があるため、判定基準は必ずしも同一でない[7]。

一方的な義務付けを約することも可能ではある。しかし互譲が不可欠の要素となる[8]。訴えの取下げなど手続的地位に関するものであってもよい。

---

3)　端緒として、須田守「行政調査論の基礎的構成」行政法研究25号（2018）109頁。

4)　我が国の解釈論やドイツ法を検討する邦語文献の網羅的挙示は紙幅の関係で断念する。

5)　岸本太樹「行政契約の法理論(2)」北大法学論集52巻5号（2002）1596頁以下、恩地紀代子「ドイツ行政裁判における和解」北九州市立大学法政論集36巻1・2号（2008）332頁が詳しい。

6)　*BVerwG,* Urteil des 8. Senats vom 18. 7. 2012, BVerwGE 143, 335, Rn. 43.

7)　以上、*Bonk/Neumann/Siegel,* in: *Stelkens/Bonk/Sachs,* VwVfG, 9. Aufl., 2018, § 55 Rn. 21ff.

8)　*Bonk/Neumann/Siegel,* in: *Stelkens/Bonk/Sachs,* a. a. O., § 55 Rn. 15, 28f.

さらに、互譲は不確定性の除去に結びつかなければならない。不確定性を奇貨として、それと関係ない対象に関する妥協を狙う場合、この結びつきは保たれない。なお不確定性の「除去」は、一定の状況の存否を合意により取り決めてしてしまうことを意味するに過ぎず、これまでわからなかったことがわかるようになるのではない[9]。

　合意内容が、客観的な事情から逸脱していたことが後に判明しても、必ずしも和解の効力は否定されない。同法59条2項3号は和解の無効事由として、内容上の違法に加えて和解の要件を欠くことを要求する。もっとも同項はこのほか、行政行為に代えてなす公法契約の無効事由として、相応する内容の行政行為が無効であると認められる場合（1号）、当該行政行為が同法46条により取消しを制限されない違法性を有すると認められる場合で、かつその違法性を契約当事者が認識していた場合（2号）も挙げる。民法の規定も、その他の公法契約も含め有効性の判断基準となる（同条1項）。さらに、第三者の権利を侵害する公法契約は、その者の書面による同意により初めて有効となる（同法58条1項）。

　多数説[10]は、裁量に関する見解の不一致など、事実ないし法状況に関する不確定性以外を理由とする「和解」の締結可能性を肯定する。この場合、公法契約の原則的規律たる同法54条、場合によっては交換契約に関する56条が適用される。

3　行政裁判所法

　連邦行政裁判所法106条は1文で、「法的争訟を全部又は一部処理するため、関係人は和解の対象を処分できる場合に限り、裁判所又は受託裁判官若しくは受命裁判官の調書に記載する方法により、和解をすることができる」とし、裁判上の和解可能性を認める。2文ではさらに、決定の形式でなされた裁判所等の提案を、関係人が裁判所に対し書面で承認する場合にも和解が可能であるとする。同条は和解の定義を示さないから、実体法を援用した定義付けが試みられる。互譲による法的争訟の処理という要素

---

9)　以上、*Bonk/Neumann/Siegel*, in: *Stelkens/Bonk/Sachs*, a. a. O., § 55 Rn. 30f.

10)　*Bonk/Neumann/Siegel*, in: *Stelkens/Bonk/Sachs*, a. a. O., § 55 Rn. 27 の表現による。

は共通し、不確定性の除去を含めるか否かで見解は相違する[11]。争訟には多かれ少なかれ不確実性が伴うとすれば差異は小さくなるが、不確定性の除去を含める理解には、連邦行政手続法55条との強い結びつきを見出し得る。

裁判上の和解は訴訟行為と実体法上の契約との二重性格を有する[12]。そのため裁判上の和解は実体法上の契約の有効性を前提とする。本条に言う和解の定義の問題が、ここで差異を生む。連邦行政手続法55条との結びつきを強く見れば、同条に基づく有効な和解が要求される[13]。対して不確定性の除去を必須としなければ、争訟解決のための契約があればよい[14]。

「和解の対象を処分できる」ことの解釈が最重要論点となる。第一に、和解の対象は当初の訴訟物とは必ずしも一致しない[15]。「請求の対象」という文言が1990年行政裁判所法改正により修正されたことで、この理解は少なくとも明示された。これに伴い、裁判上の和解は処分権主義の現れではあるものの、説明としては二重性格が強調される[16]。第二に、和解締結の基礎を成す「処分権限」につき、とりわけ被告行政側には私的自治が根幹を成す私法と同様のことは妥当しない点、しかし強行法規の妥当する公法領域でもなお和解締結が可能である点には一致がある。ただし、この「処分権限」の具体的な意味内容については、明確かつ一致した説明は行われていない。

4 問題の抽出

IIで取り組む課題を示す。我が国の関心からは、公法契約の規定、特に連邦行政手続法55条が和解の許容性に与える理論的意義を測定することが重要となる。とりわけ不確定性に際して客観的には違法であり得る内容

---

11) 含める見解の例として *Dolderer,* in: *Sodan/Ziekow,* VwGO, 5. Aufl., 2018, § 106 Rn. 5、含めない見解の例として *Brüning,* in: *Posser/Wolff,* BeckOK VwGO, 49. Ed. 1. 4. 2019, § 106 Rn. 1.

12) *Ortloff,* in: *Schoch/Schneider/Bier,* VwGO, Stand: Feb. 2019, § 106 Rn. 27.

13) *Dolderer,* in: *Sodan/Ziekow* (Fn. 11), § 106 Rn. 18.

14) *Brünning,* in: *Poser/Wolff* (Fn. 11), § 106 Rn. 3.

15) *Ortloff,* in: *Schoch/Schneider/Bier* (Fn. 12), § 106 Rn. 41.

16) *Dolderer,* in: *Sodan/Ziekow* (Fn. 11), § 106 Rn. 39.

を合意することは、法律の定めがなくとも正当化されるか。これに関連してさらに、実体法上の「和解契約締結権限」と行政裁判所法 106 条における「処分権限」との関係も問題となる。

　なお参照領域における通則法では、社会法典および社会裁判所法に同様の定めがある。他方で税法では、財政裁判所法には和解の規律はなく、また公課法に公法契約の定めがあるものの、課税手続における契約形式の禁止が語られる[17]。「事実に関する合意」は、この文脈で編み出されていた[18]。本章ではこの問題には立ち入らない。

II　処分権限と不確定性

1　「処分権限」

　判例は当初、裁判上の和解のための「処分権限」につき、強行規定に抵触しないことを要件の一つとしていた[19]。彼の地の和解論の展開は、ここからの逸脱によって特徴付けられること、しかしそれは必ずしも単純ではないことを、今日でも文献で引用される判決を題材に確認する。

　連邦行政裁判所 1962 年 3 月 28 日判決[20]を挙げる。戦時捕虜保障法に基づく扶助の支給拒否処分に対する訴訟手続中、請求額の支払いが和解によって合意された。しかし事情は不明であるが、原告は当該金銭を受け取らず、和解の効力を争い裁判手続の続行を求めた。原審は和解を無効としつつ、支給要件の不充足を認定し請求を棄却した。これに対し連邦行政裁判所は、和解による訴訟の終結を認める。

　当初の争点は戦時捕虜補償法解釈であった。運用上、家財道具調達の扶

---

　17)　これに関連して我が国の国税通則法 23 条 2 項につき参照、松原有理「租税法上の和解・仲裁手続」金子宏編『租税法の発展』（有斐閣・2010）436 頁以下。

　18)　交告尚史「課税処分の事実認定と当事者の合意」商大論集 44 巻 1 号（1992）41 頁、吉村典久「ドイツにおける租税上の合意に関する判例の展開」碓井光明ほか編『金子宏先生古稀 公法学の法と政策(上)』（有斐閣・2000）239 頁、Jan Grotheer（手塚貴大訳）「ドイツにおける財政裁判所の手続」租税法研究 40 号（2012）17 頁。

　19)　*BVerwG*, Urteil des 1. Senats vom 27. 9. 1961, DöV 1962, S. 424.

　20)　*BVerwG*, Urteil des 5. Senats vom 28. 3. 1962, BVerwGE 14, 104ff.　鈴木庸夫「行政上の和解について」千葉大学教養部研究報告 A-12（1979）207 頁以下も参照。

助は、当該道具の即時の必要性が申請者の帰還が遅くなったことに基づくことを要するとの基準が示された。しかし法律はこれを直接要求してはおらず、本件の和解時点で諸官庁や行政裁判所に解釈論上の定見はなかった。法的状況の不確定性があったと言える。

連邦行政裁判所は、強行規定適合性の基準を維持する。しかし一般論として、法関係や請求権の問題につき意見の相違が存在する場合には、これを和解により処理してもこの基準に反しないとする。ここで、その前提としての「処分権限」に言及し、これは官庁が和解内容に相応する行政行為の発布権限を形式的に有することを意味するという。

次に連邦行政裁判所 1963 年 10 月 29 日判決[21]を挙げる。頻繁に引用される判決だが、和解論への言及は傍論であった点を断っておく。第二次世界大戦終結時に公職にあった者に対する、基本法 131 条実施法[22]に基づく扶助決定をめぐる事案である。同法 7 条 1 項は、公職従事者の任用や昇任がナチスと密接な関係を有する場合に、当該任用等の不顧慮を命じる。同条 2 項はその認定権限を最上級官庁に指示する。市は給付申請者につき同条 1 項適用の決定を求めたが、依頼を受けた県知事は密接な関係の存在を証明できないとして否定の判断を行った。しかし市はなお給付拒否処分を行ったことから、同処分を県知事が取り消した。市は、この取消決定の取消しおよび同法 7 条に基づく認定の義務付けを請求した。

連邦行政裁判所は、市の権利棄損を否定し請求を棄却した。その検討の一環として、法律上国家に一定の作為義務が存在する場合に、対応する法的な請求権が存在するという法理も検討された。しかしいずれにせよ、義務違反は存在しないという。この帰結を行政裁判所は、被告県知事が異議なく調査された事実に基づき、適切な方法で認定を否定したという消極的決定に求める。この決定は県知事の「処分権限」に包含されるとする。

この補強のためと考えたのか、連邦行政裁判所は和解のための処分権限肯定説を披歴する。いわく、強行規定の適用に際しても処分権限が認められることは、裁判外で認められる行政の優先の現れである。同法 7 条のご

---

21)　*BVerwG*, Urteil des 6. Senats vom 29. 10. 1963, BVerwGE 17, 91ff.
22)　基本法 131 条に該当する者の法関係の規律に関する法律。BGBl 1951, S. 307.

とき重要な公益を実現する規定についても、潜在的な関係人との争訟を回避することは正当である。それは、事実上の不明確性の除去が克服困難であり、比例的でない費用を要求すると認められる場合で、かつ十分な確実性をもって除去が期待できない場合である。強行規定への適合性基準は言及されていない。

2　判例の位置付け

前提として、連邦行政手続法 106 条自身は和解し得る訴訟類型の限定を予定していないことを確認しておく。同条と同じ文言は、アメリカ占領地域の行政裁判所法 99 条、イギリス占領地域の軍令 165 号 68 条にすでに見られる[23]。ただし、前者が対等な当事者間関係を前提とする当事者訴訟の節（第 2 部第 5 章）に属していたことから、抗告訴訟への適用の主張[24]にもかかわらず、適用領域の限定が一般的であった。他方で後者は体系上、訴訟類型の区別を受けない。行政裁判所法 106 条についても、訴訟類型を問わず、従属関係でも適用可能なことが強調されている[25]。

連邦行政裁判所の見解の位置付けを三点にまとめる。第一に、当初から強行規定に違反しない合意は排除されず、それゆえ行政行為と（和解）契約との互換可能性が許容されていた。ただし問題となった事例は二面関係であり、また行政手続の法的統御が十分な展開を見せる前の時期であった。

第二に、行政行為発布権限による原則的な「処分権限」の肯定は、和解の一般的な許容性を導く。前記 1963 年判決は、上述の正当化を、裁量や判断余地ある決定とは別に用意している。これを前提とすれば、裁量等の範疇の意義は、（裁判所が判断できる）適法な決定の枠内で不確定性から独立に和解を許容し得る点にある。今日でも、裁判統制密度減少の裏面たる官庁の最終決定権限によって処分権限を基礎付ける理解がある[26]。ただし、

---

23)　*Erich Eyermann/Ludwig Fröhler*, Verwaltungsgerichtsgesetz für Bayern, Bremen, Hessen und Würtenberg=Baden, 1950, § 99; *Hans Klinger*, Die Verordnung über die Verwaltungsgerichtsbarkeit in der britischen Zone, 1953, § 68.

24)　*Linn*, Beendigung des Verwaltungsprozesses ohne Streitentscheidung in der Sache, DVBl, 1956, S. 851.

25)　*Carl Hermann Ule*, Verwaltungsprozessrecht, 1960, § 44.

26)　*Aschke*, in: *Gärditz*, VwGO, 2. Aufl., 2018, § 106 Rn. 29.

内容の正当性に奉仕する手続の働きが否定されるわけではない。

　第三に、判例は相応する行政行為の適法性そのものを要求していない。これは確かに、実質的には違法な決定の余地を承認しており、行政活動の適法性への要求を緩める役割を果たした。しかし、それは違法な合意への門戸の開放を望むものではない。少なくとも本章で扱った判決は、同時に不確定性への取組みを含んでいた。不確定下で一方的になす決定が抱えるリスクを合意により解消することに価値を認めるならば、一方ではじめから適法な決定の産出を放棄した活動態様がなされることも、他方で現実の「正しい」状況からの逸脱を内在している[27]とも言える和解の合意が、後にたやすく覆されることも防止されるべきである。裁判所は、できる限り不当な合意を抑止しつつ、なお生じる不適合性を捕捉する法的構成を目指したものと評価できる。

　事実の不確定性に際しての和解の許容性は、連邦社会裁判所 1956 年 10 月 25 日判決[28]も認めていた。傷痍年金給付の義務付けを含む和解を有効とする州社会裁判所の判断を、以下のように是認する。いわく、保険者は法律や条例に予定されていない給付をなすことも、法律上の要件なく給付をなすこともできない。しかし、請求権の要件に争いがあり、取り調べられた証拠では一定の明確な結論が導かれなかった場合に、保険者が請求権を承認することは妨げられない。

3　単純法上の実現

　判例の展開が連邦行政手続法制定史および解釈論に対し有した意義を検討する。

　同法 55 条の文言は、すでに模範草案 41 条に見られる。その理由書では和解を許容する合理性が次のように記された。事実状況や法状況の不確定性が存在する場合、比例的でない手段や時間でもってその解明を試みるのはしばしば不相当であろう。互譲による合意のほうが、時間がかかるうえに結果も不確定な訴訟に任せるより適当である[29]。時間的関係は微妙だが、

---

27)　*Walter Krebs*, Verträge und Absprachen zwischen der Verwaltung und Privaten, VVDStRL 52, 1993, S. 264.

28)　*BSG*, Urteil des 4. Senats vom 25. 10. 1956, BSGE 4, 34f.

ここには判例に現れた表現も見つけることができる[30]。

かくして連邦行政手続法55条の要件論が、行政裁判所法106条をめぐる判例により展開された処分権限論を摂取して形成された。連邦行政手続法および行政裁判所法双方が適用される典型事例では、両者の中心的な要件判断は重なり合う。他方で行政裁判所法106条の処分権限は、今日では連邦行政手続法55条の要件充足によって満たされるとも整理される[31]。かつての判例における不確定性の理論的な位置は必ずしも明らかでなかったが、行政行為の発布権限を前提に不確実性によって処分権限を肯定するという整理も現れた[32]。

不確定性認定につき、現行法は合理的な評価要件を用意する。もっともその前提として、官庁は比例原則ないし期待可能性の限界の下、調査義務を尽くさねばならない[33]。この義務は、連邦行政手続法24条により単純法上明示された職権探知原則から導かれる。これにより、事案解明がはじめから放棄されたり縮小されたりしてしまうことも[34]、その結果合意がすでに明らかになった事情からあえて逸脱してなされることも防止される。

最後に4での検討の準備を兼ねて連邦行政手続法55条の役割に今一歩立ち入る。立証責任の観点である。この概念は、審理を尽くしてもある事実の認定に必要な証明度に至らず真偽不明のノンリケット状況で、それによる不利益を受ける者を指示する。弁論主義の下でも職権探知主義の下でも、行政手続にもこれを観念することができる。官庁が調査を尽くしても

---

29) Musterentwurf eines Verwaltungsverfahrensgesetzes (EVwVerfG 1963), 1964, S. 195f.

30) *Jürgen Salzwedel*, Die Grenzen der Zulässigkeit des öffentlich-rechtlichen Vertrages, 1958, S. 112ff, 194ff. が、表現は異なるが直接的な影響を与えていると考えられる。ただし1956年判決は同書に先行する。同説についてはとりわけ藤原淳一郎「ザルツヴェーデルの公法契約論」法学研究48巻1号（1975）47頁。

31) *Aschke*, in: *Gärditzs* (Fn. 26), § 106 Rn. 6, 30.

32) *Brünning*, in: *Poser/Wolff* (Fn. 11), § 106 Rn. 12; *Dolderer*, in: *Sodan/Ziekow* (Fn. 11), § 106 Rn. 43.

33) *Volker Schlette*, Die Verwaltungs als Vertragspartner, 2000, S. 489. 同法制定前より *Wolfgang Bosse*, Der subordinationsrechtliche Verwaltungsvertrag als Handlungsform öffentlicher Verwaltung, 1974, S. 71. *Klaus Erfmeyer*, Die Beseitigung einer Ungewißheit über den Sachverhalt durch Abschluß eines Vergleichsvertrags, DVBl 1998, S. 754 はより早期の許容性を主張する。

34) *Bonk/Neumann/Siegel*, in: *Stelkens/Bonk/Sachs* (Fn. 7), § 55 Rn. 25.

なお残る事実の不確定性は、立証責任に基づき処理すればよいとも言える。しかし連邦行政手続法 55 条に基づく和解は、立証責任から逸脱する結果の合意も許容する。和解契約は、立証責任に基づく事実認定では生じる不都合を避けるためにも利用し得る[35]。

4 法律の定めなき和解

とりわけ不確定性を理由とした「処分権限」が、法律上の規定なく正当化されるかという問題への理論的取組みを取り上げる。

一方で、職権探知原則を根拠とした和解否定論が存在した。同原則が自白のみならず、処分権主義に依拠する和解および請求認諾の制約原理にもなっている[36]。ただし当時は、手続の開始進行に関する職権主義と事実解明に関する職権探知主義とが、必ずしも今日と同様の形で分化していない[37]。それを除いても、調査義務には限界が観念される以上、調査の必要があるからと言って合意による事案処理が完全に排除されるわけではない。裁判手続で可能な調査にかかわらずなお不確定性が残る場合に、「職権主義 Offizial（Untersuchungs-, Inquisions-）maxime」を破って和解できるとする見解[38]は、結論において連邦行政手続法へと至る主流に属する。

他方で判例は、不確定性と立証責任との関係に言及しない。当時から、この問題を明らかにすることこそが必要であったとの指摘が存在した[39]。のみならず、ノンリケットに至る以上立証責任に基づく認定をなすべきことを理由とした、事実の不確定性を理由とする和解の否定論も一定数提出されている[40]。ここからは、連邦行政手続法 55 条が和解の許容性に果たした役割は、法理論的には決定的であった。もっとも連邦行政手続法制定

---

35) *Wolfgang von Rintelen*, Der verwaltungsrechtliche Vergleichsvertrag, 2003, S. 202.

36) Vgl. *Reinhard Franke*, Der gerichtliche Vergleich im Verwaltungsprozeß, 1996, S. 33f.

37) Offizialmaxime の多義性につき、白石健三「ドイツの行政裁判について」法曹時報 9 巻 11 号（1957）39 頁。

38) *Artur Mellwitz*, Anmerkung an Urteil des BVerwG vom 28. 3. 1962, DVBl 1962, S. 602f.

39) *Jörg Schröder*, Der Prozeßvergleich in den verwaltungsgerichtlichen Verfahrensarten, 1971, S. 47, 50.

40) *Fritz Haueisen*, Unterschiede in den Bindungswirkungen von Verwaltungsakt, öffentlich-rechtlichem Vertrag, gerichtlichem Vergleich und Urteil, NJW 1963, 1331; *G. Spielmeyer*, Aus anderen Zeitschriften, SGb 1963, S. 285.

後も、同種の立論は和解締結の目的適合性判断に関する裁量瑕疵の主張としても現れている[41]。

行政手続法模範草案は、現55条の理由の中で和解が慣習法として承認されているという記述を備えていた[42]。これは、和解を法律上許容することの正当化のみならず、すでに適法な存在だったことをも示し得る。ただしその論証も、立証責任への言及もない。慣習法としての成立に対しては、いくつか判決があったに過ぎないという批判も提出された[43]。その後の法律案からは、慣習法に関する記述は削除されている。

立証責任を正面から乗り越える形で、法律なき和解の許容性を構想する試みもある。立証責任が実体法および手続法上の各種法源の中でいかに位置付けられるかが前提問題となる。規範受益原理に基づく分配を（行政）法の一般原則に求めた連邦行政裁判所判決[44]はあった。それ以上に立証責任規範の妥当根拠が探求されることは、特に公法学では稀であったが、いずれにせよ、立証責任は法規（Rechtssatz）たる性質を有する[45]。立証責任はノンリケット状況における特定の事実認定を授権する一方、そこからの逸脱は当該認定の違法性の問題を生ぜしめる。

それでもなお和解を肯定する論者の論拠を、三点にわたり整理する。認定事実の客観的な状況との適合性を法律による行政の原理の要求とし、これを尺度として議論が進められる[46]。第一に、立証責任規範による事実認定は擬制に過ぎないから、実際の事情に適合している保障はない。第二に、両当事者の主張はそれぞれの利益になるよう形成されることも考えると、

---

41) *Willy Spanowsky*, Grenzen des Verwaltungshandelns durch Verträge und Absprachen, 1994, S. 212f.

42) Musterentwurf (Fn. 29), S. 196.

43) *Carl Hermann Ule/Franz Becker*, Verwaltungsverfahren im Rechtsstaat, 1964, S. 66.

44) *BVerwG*, Urteil des 8. Senats vom 31. 10. 1968, BVerwGE 30, 361; Urteil des 2. Senats vom 27. 11. 1980, BVerwGE, 61, 189.

45) *Michael Nierhaus*, Beweismaß und Beweislast, 1989, S. 214ff.

46) *Christian Schimpf*, Der verwaltungsrechtliche Vertrag unter besonderer Berücksichtigung seiner Rechtswidrigkeit, 1982, S. 222. 岸本・前掲注5) 1599頁以下がすでにこの論証を紹介する。*Jürgen Sontheimer*, Der verwaltungsrechtliche Vertrag im Steuerrecht, 1987, S. 121がこれに続く。これらの論者はさらに法和解の許容性を、法治国原理により憲法上基礎付けられる法的平和および法的安定性の、同じく法治国原理の一内容を成す法律による行政の原理に対する優位によって根拠付ける。

100 第5章 和解による行政案件／事件処理

和解に適した状況下での互譲による合意は、先の要求を確保する点で立証
責任に劣らない。第三に、したがって和解が実際の状況に適合ないし近似
する可能性と、立証責任による認定により実際の事情に適合しない可能性
とが同等であるならば、和解は許容される。以上は法律による行政の原理
の考慮に基づく一般的な帰結として認められる。この同等の可能性を確保
するため、官庁が調査手段を尽くすことが必須となる。

　証明責任を操作する可能性として、証拠契約[47]の一類型たる立証責任契
約の可能性もある。もっともその肯定論は、民事訴訟の分野では私的自治
に基づく処分権が、公法たる訴訟法規範を破るという構造を有する[48]。翻
って行政法ではそうした処分権の構成が成り立たないことを前提としてい
るから、立証責任契約によってここまでの考慮を迂回できるわけではない。

III　試論の提示

1　和解による案件処理の余地

　ドイツ法の検討を受けて、我が国における和解の許容性に関する試論を
提示する[49]。彼の地では従属関係であれ、公法契約の締結という形で対象
を「処分」できる限り、仲裁も可能である[50]。この「処分」可能性と同様
の考察が可能ならば、以下で検討する和解の許容性は仲裁の対象性をも示
す。

　裁判上の和解であれ、その性質として手続法と実体法との一体説や併存
説を採用するならば、実体法上の和解契約の存在を無視できない[51]。行政
上の和解契約にも、民法695条の適用はなお可能だろう。同条は互譲[52]お

---

47)　和解たる証拠契約の可能性につき、*Matthias Maurer*, Der Vergleichsvertrag, 2012, S. 138f.

48)　*Olivia Pelli*, Beweisverträge im Zivilprozess, 2012, S. 92ff.

49)　訴訟法上の諸前提につき、南博方原編著・高橋滋ほか編『条解 行政事件訴訟法〔第4版〕』（弘文堂・2014）204頁以下〔村上裕章〕。

50)　Claus Dieter Classen, Die Unterwerfung demokratischer Hoheitsgewalt unter eine Schiedsgerichtsbarkeit, EuZW 2014, 612.

51)　司法研修所編『改訂 行政事件訴訟の一般的問題に関する実務的研究』（法曹会・2000）232頁。

よび争いをやめるという要素を含む。争いが不確定性に起因する場合はあるが、常ではない[53]。

　和解の対象が処分ないしそれに相応する法関係であれ、それよりも広いものであれ、「処分権限」の問題は生じる。私法でも究極的には強行法規による制限が妥当するが、そこでの処分権の発想を直接利用することはできない。しかし、強行的に妥当する法律と法との下でも、和解内容は必ずしも強行法に抵触するわけではなく、少なくとも和解契約の包括的な排除は否定されてよい。私法では強行法規の大枠で囲まれた領域が処分可能なのだとすると、行政法ではその枠が点であることが多い、と捉える。

　ここで、すでに授権された処分の発布の義務付けを合意したり、処分により与えられる規律を合意したりする場合には、処分という法形式の指定との関係が問われる[54]。少なくとも二面関係では、関係人の関与可能性は交渉過程で確保される。事後の争訟可能性にも特有の不明確さは残らない。残る問題を局面を分け検討する。

　処分の側から合意内容に着目する。法律の優位との関係[55]では、少なくとも相応する処分や法律関係が内容的に法律に適合する限り、和解は実体法上有効に締結できる[56]。私人当事者間の紛争の実質を持つ場合[57]、行政処分が私人間の紛争に関与し私人の申請を前提とする場合[58]、形式的行政行為[59]といった類型化を要しない。例外は、契約という形式の利用禁止が法律の規定ないしその解釈から導かれる場合に認められる。

---

52)　同要件維持の是非を含めた民法（債権関係）改正作業における議論につき参照、上野達也「和解契約における契約目的」産大法学 50 巻 3・4 号（2017）117 頁。

53)　高梨公之「和解」契約法大系刊行委員会編『契約法大系 第 5』（有斐閣・1963）213 頁は不確実性をもって争いに足るとする。

54)　富澤達「行政事件における和解」鈴木忠一＝三ケ月章監修『実務民事訴訟法講座 8 行政訴訟 I』（日本評論社・1970）288 頁は契約による処分発布の義務付けを否定する。

55)　浜川清「行政契約」雄川一郎ほか編『現代行政法大系 2 行政過程』（有斐閣・1984）163 頁は、行政行為代替的契約論を契約論よりも法治主義論として把握する。篠原克岳「税務手続への和解の導入に関する検討」税務大学校論叢 78 号（2014）46 頁以下は和解肯定のための法律による行政の原理からの脱却と平等原則の照射を試みる。ただし法律の優位への直接の言及はない。

56)　参照、大橋洋一『行政法 II〔第 3 版〕』（有斐閣・2018）191 頁。

57)　田中真次「行政訴訟における和解」別冊ジュリスト 4 号　続学説展望（1965）48 頁。

58)　遠藤博也『実定行政法』（有斐閣・1989）388 頁。

59)　山村恒年＝阿部泰隆編『判例コンメンタール 行政事件訴訟法』（三省堂・1984）71 頁。

102　第5章　和解による行政案件／事件処理

　和解の交渉が合意内容をゆがめ、形成される法関係が法律の基準に適合しないことが懸念される。また次の事情から、処分内容の適法性が確保されないことをさらに問題ともし得る。第一に、合意による事案処理が行政の費用削減を果たし得ることから、必要な吟味をショートカットする誘因が生じる。第二に、互譲による紛争処理が和解の目的である以上、事後的な適法性審査が行われる場面は相対的に減るだろう。しかし、予防的な一律禁止を導くのではなく、手続により適正さを確保する方向性も可能ではないか。

　中心的な手段が、調査を尽くすことの要求である[60]。ただし我が国では少なくとも一般的な調査義務の存在につき合意を見ていない。続いて行政手続法規は、関係人や第三者の権利や利益を保護し、利害を調整する各種手続を用意している。現在のところ、一般的な行政契約手続は存在しない。もっとも和解状況は、おおよそすでに処分手続等何らかの手続が進行していることを前提とする。解釈論としては、処分と等価となる具体的な決定が行われることを理由に、そこで求められる各種手続を履践することが、必要な手続的手当てとなる[61]。この限りで処分等手続が和解締結手続に優位する。また当該処分等の前後に結びつく行政手続を作動させるため、和解対象は、処分により与えられる規律そのものでなく、処分発布等の義務付けとすべきである。立法論として同種の手続や、それを超え内容的な違法性とは必ずしも直結しないかもしれない多極的な利害調整[62]、さらに和解内容の公開といった手続的要請を、規制規範として定める合理性は十分に認められる。

　幅広い法関係を巻き込んで和解を成立させる場合、契約当事者たる市民に本来負う必要のない義務等が生じ得る。法律の根拠論としては公害防止協定[63]と同様の立論、内容的には比例原則およびそれに根拠を置く連結禁

---

60)　小早川光郎『行政法 上』(弘文堂・1999) 260 頁は「個別判断の余地をあらかじめ否定」することの禁止に言及する。

61)　鈴木・前掲注 20) 225 頁は契約形式よりも手続的手当てを重視する。ただし羈束決定に関する和解の許容性は否定している。

62)　参照、森尾成之「行政上の和解」阿部泰隆＝根岸哲監修・神戸大学法政策研究会編『法政策学の試み―法政策研究 (第四集)』(信山社・2001) 155 頁。

63)　議論状況につき参照、山本隆司「行政契約」法学教室 357 号 (2010) 130 頁以下。

止[64]に基づく制限を観念できる。もっとも附款として可能な内容のほか、行政訴訟に関する地位は合意の対象としやすいように思われる。以上の限りで、処分発布をより広い契約関係の一部に位置付けることも、一律に排除されるわけではない。

　処分の授権は、直接関係する第三者の利害の考慮も含んでいる。適法な内容の処分を要件とする以上、通常の手続の履践をもって満足し得る。しかし前述した和解状況の特殊性および一般に残る処分と契約との決定発見過程の差異[65]から、和解内容形成に第三者が参加するか十分な争訟可能性が確保されなければならない[66]。侵害を被る第三者の同意を求めるドイツ法はその極致だが、適法性のみを要求する以上の文脈からは若干差異がある。

　以上の段階では、契約形式は法規から外れた柔軟な法関係の形成を志向するというよりも[67]、広い文脈を取り込むことを許すものに過ぎない。裁判手続で被告行政が敗訴判決を予期してなす事実上の和解[68]、すなわち行政行為の取消しと訴えの取下げとの事実上の合意が中心的な利用場面となるかもしれない。適法な処分を要求する以上、和解が締結されるのは、たとえ自身では当初の処分が適法だと考えていたとしても、裁判所の心証を察知しその違法を覚悟した場合だと言い得るからである。ここで行政は、判決による事件処理を甘受すべき地位[69]に立たない。なおこの種の和解は、ドイツの実体法から見れば、基本的には連邦行政手続法55条の和解ではなく、公法契約一般として把握されるだろう。

2　不確定性を理由とする和解

　不確定性を理由とする和解可能性は、ドイツを参照しつつ我が国でも提

---

64)　参照、大橋洋一『現代行政の行為形式論』（弘文堂・1993）168頁以下［初出1992］。

65)　原田大樹「契約と行政行為」法学教室445号（2017）100頁。

66)　山本和彦＝高橋滋「行政事件訴訟法」宇賀克也ほか編『対話で学ぶ行政法』（有斐閣・2003）169頁。

67)　参照、原田尚彦「行政契約論の動向と問題点（2・完）」法律時報42巻3号（1970）86頁。

68)　遠藤きみ「行政訴訟における和解」別冊判例タイムズ2号 行政訴訟の課題と展望（1976）171頁、司法研修所編・前掲注50）235頁以下。

69)　参照、塩野宏『行政法II〔第6版〕』（有斐閣・2019）188頁。

104 第5章 和解による行政案件／事件処理

唱され[70]、一定の支持を受けている。事実に関する不確定性に着目する。

ドイツでは、事実和解の立証責任規範への抵触可能性を示しつつ、これを乗り越えようとする試みがあった[71]。しかし少なくとも我が国では、その論証は成功しない。立証責任分配は、当該事実が存在する蓋然性のみを決定的な基準としては行われない。むしろ、条文の定め方も考慮に入れた実体法の構造こそが、重要な指標となるべきであろう[72]。この点で、事実の存否の蓋然性を基準に和解と立証責任に基づく認定とを比較する手法は、立証責任規範の含意を顧慮し尽くしていない。また立証責任規範が法規なのだとすれば、それを覆す必要性こそが示されなければならないが、それも行われていない。むしろ、すでに存在する立証責任規範に従った事実認定こそが、強行法への拘束および法律の優位の要請をなす。立証責任規範を覆す法律の規定が必要である。もっとも、行政手続では調査の程度や証明度が低く見積もられ得るならば、ノンリケット状況に至る場合は減る。

ただし、当該不確定な事実の「認定」を迂回する可能性はあるかもしれない。不確定性さえ認定されれば、それを除去する和解契約は、当該事実の認定を介在させずに直接法関係を形成すると考える方法である。

いずれにせよ、不確定性認定のため調査を尽くす要求は妥当する。その際重要となるのは、関係人の利用ないし協力に基づく事案解明である。彼の地では通常の読み方ではないかもしれないが、連邦行政手続法55条解釈が当事者双方における不確定性の存在を要求している点からも読み取り得る。関係人が不確定性の除去に必要な資料を有している場合、あくまでそれが提出され、利用されなければならない。

和解内容としても、すでに明らかとなった状況に反する合意は無効である。さらに、ドイツでは和解に際して反対給付が合意される場合、連結禁止原則に結びつき交換契約を規律する連邦行政手続法56条の重畳適用を主張する見解がある[73]。同法55条のみの適用を認める場合でも、互譲は

---

70) 石井昇『行政法と私法』（ぎょうせい・1998）204頁。斎藤浩『行政訴訟の実務と理論』（三省堂・2007）4頁注10は実務的発想との近接性を示す。

71) 石井昇「行政上の和解契約の許容性」甲南法学30巻3・4号（1990）223頁および236頁以下もこの試みを紹介するが、自説の論証は法的平和ないし安定性のみに依拠する。

72) 山本隆司「行政手続および行政訴訟手続における調査・判断・説明」『小早川古稀』309頁以下。

不確定性を除去するため必要なものでなければならなかった。和解にかこつけた不当な合意形成を防止する用意が重要となる。

　不確定性に関しさらに二点言及しておく。第一に、行政法における立証責任が個別事例とはいかないまでも、そのつどの個別実体法により分配されるならば、当該立証責任規範の不確定状況も想定し得る[74]。この不確定性を除去する合意は、法和解と理解し得る。第二に、不確定法概念をめぐっては別途の考慮も必要となる[75]。規範的要件の認定構造は、その評価根拠事実と評価障害事実との認定と、その存否および証明度を含めた衡量による要件充足性判断とを含む。衡量の過程が法問題である[76]ならば、後者の不確定性に際してなされる和解も法和解となろう。この文脈では、規範的要件の認定に真偽不明の観念を導入しようとする試み[77]や、ドイツでは法和解としてこれまでもっぱら問題とされた法解釈や法の憲法適合性の論点に加え、包摂に関する和解を許容する余地を認める見解[78]が興味深い。

3　行政訴訟における事実処分

　契約の対象となるのが具体的な法関係のみであるならば、事実の不確定性に際して和解を許容するとしても、合意はその事実の存否そのものについてはなし得ず、何らかの法関係の合意への翻訳が必要となる。一部の論点についてのみ合意を行う希望に添い得る「事実に関する合意」を検討する余地は、なお否定されない。附款論や信義則[79]、申告納税方式に際して、申告を信頼し新たな調査を厳しく行わないという手続態様とその合意も同

---

73)　Schlette (Fn. 33), S. 492.

74)　参照、南博方「行政訴訟上の和解の法理」法学雑誌 13 巻 1 号（1967）68 頁。

75)　阿部泰隆「行政訴訟特に税務訴訟における和解に関する管見」自治研究 89 巻 11 号（2013）22 頁以下がこの論点を明確に析出する。篠原・前掲注 55）67 頁は「連続変数的課税要件」に関し分析を行う。

76)　巽智彦「公法関係訴訟における事実認定について」成蹊法学 85 巻（2016）126 頁以下が議論状況を紹介する。

77)　巽智彦「事実認定論からみた行政裁量論」成蹊法学 87 号（2017）110 頁以下。

78)　*Heinrich Amadeus Wolff*, Der Vergleichsvertrag wegen Rechtszweifeln, VerwArch 2017, S. 200, 214.

79)　丸尭俊「行政訴訟における訴訟上の和解（3・完）」金沢大学教育学部紀要　人文科学・社会科学編 35 号（1986）73 頁以下は確約の法理を参照する。

様である[80]。

裁判上の和解に焦点を合わせると、訴訟における官庁側による事実の処分行為との関係も問題となる。我が国では和解と請求認諾とが消極的に評価される一方、自白については立ち入った議論はあまりないように見える[81]。一方ドイツでは、職権探知原則の下で自白を否定するのが基本線であり、和解と請求認容の許容性は「処分権限」に基づき決せられる。

請求認諾は、和解が可能な範囲で有効になし得る。自白については、その一般的な許容性に対する違和感が表明されることはあった[82]。しかし大きな論点とはならなかった事情として、通常直接敗訴につながる事実の自白が行われることはなく、敗訴と同様の結果は、判決を回避する事実上の和解が担ったことを推測し得る。しかし論理的には、たとえば一部認容判決を導く形で、自白を譲歩の道具にする可能性は否定されない。行政が法に基づき公益を実現すべき立場は、訴訟においても変わらない。訴訟手続に弁論主義が妥当するとしても、自白の拘束力を否定し、さらなる証拠調べをなすべき事例も存在し得る。同様のことは、裁判手続における証拠提出に関する証拠契約[83]にも妥当する。

4 行政手続と裁判手続

彼の地では公法契約の一類型として和解契約が位置付けられ、実体法の次元では裁判手続であろうとその前の行政手続であろうとその締結可能性が肯定される。我が国ではこれに対し、裁判外の和解と裁判上の和解、いずれかを承認しいずれかの有効性を否定する議論がある。

第一に、裁判上の和解を許容しない一方で、裁判外の和解をその内容および手続の適法性を条件に有効とする見解がある[84]。審査を経た判決によ

---

80) 参照、原田大樹「投資協定仲裁と行政救済法理論」社会科学研究 69 巻 1 号（2018）191頁。

81) 主要事実の把握をめぐる問題については、時岡泰「審理手続」雄川一郎ほか編『現代行政法体系 5 行政訴訟 II』（有斐閣・1984）155 頁以下。

82) 位野木益雄ほか「行政事件訴訟の審理をめぐる実務上の諸問題 研究会 3」判例タイムズ169 号（1965）35 頁〔とりわけ小笠原昭夫発言〕。

83) 位野木ほか・前掲注 82）34 頁〔杉本良吉・浜秀和発言〕はこの種の「和解」可能性を示唆する。

84) 雄川一郎『行政争訟法』（有斐閣・1957）216 頁。位野木益雄ほか「研究会 行政訴訟の実

　　　　　　　　　　　　　　　　　　　　　Ⅲ　試論の提示　　*107*

らず[85]行政の活動に確定判決と同一の効力が具備されることへの消極的評
価が示されている。他方で裁判外の和解を許容していることから、合意に
よる案件処理がはらむ危険そのものは、和解自体をあらかじめ禁じるほど
には高く見積もられていない。

　第二に、裁判外の和解を許容せず、裁判上の和解のみを承認する見解が
ある[86]。論者は「訴訟以前のもの＝民法上の和解」と裁判上の和解とを対
比する。前者は裁判外の和解も含み、事実上の和解は拘束力を具備する和
解たり得ない。両手続の差異は裁判所の関与[87]にある。恣意を排し合意が
「法律の枠内」にとどまることが目指される。租税法上の和解を検討した
別の論者は和解の制度設計として、申告期限前は原則として事前の合意を
否定し、また税務調査以降の行政手続における事実上の合意の実効性は他
の制度との関係上確保されるとして制度化を不要とする。これに対し、そ
うした担保のない訴訟手続における和解の必要性を説き、また裁判官の承
認の制度を構想する[88]。

　視角は異にするが、裁判所の意義が強調されている。民事訴訟では、裁
判所は裁判上の和解の要件具備を否定する場合、調書記載をせず手続を続
行すべきともされる[89]。これによって、合意内容の適正さは一定程度確保
され得る。現状の心証等を示唆することで合意に間接的な影響を及ぼすこ
ともあり得る。「承認」はもちろん、裁判所の関与は合意の正当性に資す
る。しかし裁判所の負担や「関与」が有する機能に関し問題もあり得る。
他方で、裁判上の和解が成立する場合に、それを争う可能性が否定される
わけではない[90]。

───────────────
　　務と理論」ジュリスト527号（1973）38頁〔雄川一郎発言〕では否定論を「少し理論倒れの
　　面がある」ともしている。
85)　参照、馬場陽「租税争訟における和解」税法学574号（2015）183頁以下。
86)　阿部・前掲注75）15頁。
87)　斎藤浩「行政訴訟における和解」立命館法学336号（2011）21頁以下はとりわけ民事訴
　　訟法265条にこの要素を見る。
88)　篠原・前掲注55）52頁以下、76頁以下。行政手続でも「合意」の有用性自体は否定され
　　ていない。また裁判官の承認は和解内容の適切さ自体を対象としないという。
89)　兼子一原著・松浦馨ほか著『条解　民事訴訟法〔第2版〕』（弘文堂・2011）1478頁〔竹下
　　守夫＝上原敏夫〕。
90)　高橋宏志『重点講義　民事訴訟法(上)〔第2版補訂版〕』（有斐閣・2013）781頁以下。

108　第5章　和解による行政案件／事件処理

　もし訴訟上の和解のみを許容する第二の見解を支持するならば、これを補強する論拠として、和解に至る調査の必要性を挙げ得る。合意内容の適正さを最大限確保するため、調査の必要性は段階を経つつも持続し、当初の行政手続におけるおのずから限定的な調査では不十分である。また主張や説明[91]の形で裁判手続に現れる調査結果が、当事者と裁判所とに認識されなければならない、というものである。不確定性を理由とした和解を承認するならば、これは状況が不確定であることのさらなる裏付けを意味する。

　以上の構成では、視点が直接には裁判所ではなく、行政の取組みの方を向いている。

　【附記】　本章の執筆作業は全てドイツ連邦共和国における在外研究中に行われた。文献の参照および引用が限定的である点につき、ご了解を請う。

---

91)　山本・前掲注72) 296頁以下。

第2部
権利救済
〈紛争解決〉

▶ ▶ ▶ ▶ ▶ ▶

第6章　投資条約仲裁と〈司法権の国外委譲〉
　　　　——憲法学の観点から
第7章　投資協定仲裁と行政救済法理論
第8章　国際商事仲裁と公益
　　　　——強行的適用法規の取扱いを中心に
第9章　一方当事者に選択権を付与する国際
　　　　的管轄合意の有効性
第10章　外国裁判所を指定する専属的管轄合
　　　　意と強行的適用法規

第6章 投資条約仲裁と〈司法権の国外委譲〉
——憲法学の観点から

村西良太

I はじめに
II 〈司法権の国外委譲〉とは何か
III EU 司法裁判所と〈司法権の国外委譲〉
IV 欧州人権裁判所と〈司法権の国外委譲〉
V 投資条約仲裁と〈司法権の国外委譲〉
VI おわりに

I はじめに

違法な行政活動により損害を被った私人が国または地方公共団体に金銭賠償を請求する訴訟、すなわち国家賠償訴訟が「法律上の争訟」に当たることは自明である。したがって、その裁定作用は「司法権」として「最高裁判所及び法律の定めるところにより設置する下級裁判所」に委ねられなければならぬこともまた自明である（日本国憲法 76 条 1 項、裁判所法 3 条 1 項）。しかしながら、後者の自明性は、今や揺らぎつつあるのかもしれない。その言わば「震源」として注目に値するのが、「投資条約（に基づく）仲裁」[1]である。

この「投資条約」は、厳密には「投資保護条約」ないし「投資自由化条約」と称すべき実質を有しており、その多くは、二国間条約（Bilateral In-

---

1) 多くの邦語文献において「投資協定仲裁」と呼称されているところ、この「協定」が国会の承認を得て批准される通常の国際条約であることを明確に示すため、本章においては「投資条約仲裁」の語を用いることとしたい。この点については、濱本正太郎「投資条約仲裁ネットワークの国際（世界）法秩序像」法律時報 85 巻 11 号（2013）37 頁以下をあわせて参照。

vestment Treaty; BIT）の形式で締結されてきた[2]。具体の規律はむろん条約ごとに異なるものの、締約国に課される義務およびその実効性担保の仕組みはほぼ共通である[3]。それによれば、いずれの締約国も、その領域内において相手方締約国の国籍を持つ私人が開始または継続しようとする投資活動につき、これを適切に保護しなければならない。具体的には、相手方締約国の投資家に対する公正かつ衡平な待遇の提供、内国民待遇・最恵国待遇の提供、さらに正当な補償なき収用の禁止といった義務を、各締約国は相互に負うこととなる[4]。

　そして、こうした義務の不履行（つまり条約違反）が争われる場合に備えて、投資条約にはいわゆる ISDS（Investor-State Dispute Settlement; 投資家対国家紛争解決）条項が置かれる。各締約国はこの条項を通じて、自国の措置に関わる条約違反の有無が相手方締約国の投資家によって仲裁廷に付託され得ることを、あらかじめ認諾する。そこでの仲裁判断には、法的拘束力が認められる。すなわち、多くの投資条約によって採用される仲裁手続の規定によれば、各締約国は仲裁判断を「自国の裁判所の確定判決とみなしてその仲裁判断によって課される金銭上の義務をその領域において執行」しなければならない。

　かように投資条約仲裁は、条約違反の規制措置を施した投資受入国たる締約国とそれによって損害を被った投資家の母国たる締約国との国家間仲裁ではない。そうではなくて、当該投資家が自ら投資受入国を相手どり、その条約違反の措置による損害の金銭賠償を仲裁廷に申し立てるのである。しかも、その申立てが認容された場合には、投資受入国は当該仲裁判断を「自国の裁判所の確定判決とみなして」執行しなければならないというのであるから、ISDS 条項はさしずめ〈国家賠償訴訟の脱国家化〉、ひいては

---

2)　参照、西元宏治「国際投資法体制のダイナミズム」ジュリスト 1409 号（2010）74 頁以下。「投資保護」が投資受入国による投資受入れ後の違法な収用・国有化を禁ずるのに対して、「投資自由化」は投資受入れ前の段階も含む全過程にわたって投資受入国による差別的な規制措置を禁ずる原則であり、投資条約の軌跡は、もっぱら「投資保護」に的を絞った規律から「投資自由化」をも射程に収めた規律への発展として描かれている（76 頁）。

3)　参照、玉田大「投資協定仲裁の多角化と司法化」国際問題 597 号（2010）47～48 頁。

4)　それぞれの義務の内容については、小寺彰編著『国際投資協定—仲裁による法的保護』（三省堂・2010）所収の諸論稿を参照。

〈司法権の国外委譲〉と評価され得るのではないか[5]。そうすると、日本がかかる投資条約を締結する場合には[6]、先に示した日本国憲法 76 条 1 項との間に鋭い緊張が生ずるのではないか[7]。これが筆者の問題意識である。

　なるほど日本が締結する二国間の投資条約は、伝統的には、もっぱら日本企業の海外進出を促進することにのみ照準を定めていた。つまり、投資を受け入れるのは常に相手方の締約国であり、それゆえ、仲裁廷において条約違反の規制措置が責められ、仲裁判断の執行が義務付けられるのは常に相手方締約国である、と想定されていた。けれども環太平洋経済連携協定（Trans-Pacific Partnership; TPP）のごとく、先進国も含めた多国間の投資条約への加盟が現実化する昨今[8]、日本もまた外国企業の投資活動を時に受け入れる側となり、したがって日本政府の規制措置が仲裁判断に服することも想定されなければなるまい。かくして〈司法権の国外委譲〉の許否ないし限界は、日本国憲法にとって今や喫緊の論題なのである。

　本章は、如上の考察を深める手がかりとして、ドイツの議論状況に視線を向ける。歴史をさかのぼれば二国間投資条約の先鞭をつけ、その発展を

---

5)　参照、原田大樹「投資協定仲裁と国内公法」同『行政法学と主要参照領域』（東京大学出版会・2015）269 頁以下。また、ISDS を「国内行政訴訟（の）代替」と見る小寺彰ほか「［座談会］法的観点からみた TPP」ジュリスト 1443 号（2012）18 頁〔小寺彰発言〕をあわせて参照。

6)　むろん、投資条約仲裁による紛争解決を採用するか否かは、個々の投資条約ごとに異なり得るものの、日本が締結した投資条約の大多数は ISDS 条項を有している。小尾重樹「国際投資仲裁の基礎(1)」国際商事法務 45 巻 4 号（2017）487 頁。

7)　このような緊張は、例えば国際商事仲裁をはじめとする外国仲裁判断に等しく随伴するように見えるけれども、投資条約仲裁の憲法問題は、これら通常の外国仲裁判断の場合とはやや趣を異にしているのではないかと考えられる。と言うのも、私人間の紛争解決が国外の仲裁機関に委ねられたとして、それは私的自治の一環として説明可能であるのに対して、投資条約仲裁の場合には、一方当事者たる国の規制権限の行使をめぐって、その違法性（条約違反）の有無が審判の対象となるところ、かかる審判権の国外委譲を憲法が容認していると即断できるだけの根拠は、さしあたり明確ではないからである。

8)　日本政府は、2020 年までに 100 か国・地域と投資条約の締結に至ることを目標としており、2019 年 3 月 20 日の時点で、76 か国・地域との投資条約がすでに署名または発効に漕ぎ着けたという。投資条約によってカヴァーされる国・地域がこれだけ広がりを見せた背景に、TPP や EPA（EU との経済連携協定）といった多国間条約の存在が認められることについて、日本経済新聞 2019 年 3 月 27 日朝刊 4 面を参照。

主導してきたドイツにあっても[9]、これに対する国内公法学の関心の高まりはごく最近の傾向に過ぎない[10]。とは言え、次の事情ゆえに、ドイツの議論は日本のそれより先進的と見ることができる。

　その第一は、条約に基づく国外紛争解決機関と国内裁判所との競合が、ドイツにおいてはすでに日常茶飯に属することである。言うまでもなくEU司法裁判所と欧州人権裁判所がその代表例であり、それぞれの判決に備わる拘束力、とりわけ連邦憲法裁判所をはじめとする国内裁判所の権限行使にいかなる効果が及ぼされるかは、ドイツ憲法学の関心を大いに惹くところとなった。そして第二は、国外紛争解決機関に対する司法権委譲の可能性を、ドイツの憲法典（ドイツ連邦共和国基本法〔以下、「基本法」という〕）が自ら明示的に開いていると解されることである。すなわち基本法24条1項によれば、「連邦は、法律によって、統治権（Hoheitsrechte）を国際機構に委譲することができる」ところ、かかる「統治権」に「司法権」が含まれることは疑いを容れない。EU司法裁判所にせよ欧州人権裁判所にせよ、国内の地平における上述の判決効の問題は、本条項の観点から理論的検討に服してきた経緯があり、そこでの分析視角は投資条約仲裁をめぐる本章の考察にもきわめて有益であると思われる。

　ドイツにおいて、そもそも司法権の国外「委譲」なる概念はいかなる営みを指して用いられてきたのか、本章はまずこの問題を明らかにする（II）。次に、かかる「委譲」に当たるとされてきたEU司法裁判所を一方に、当たらないとされてきた欧州人権裁判所をもう一方に対置し、両者の異同を析出させたうえで（III・IV）、基本法下における投資条約仲裁の位置付け

---

9)　二国間投資条約の歴史は、1959年に締結された西ドイツ（当時）とパキスタンとの条約にさかのぼる。Vgl. *Claus Dieter Classen*, Der EuGH und die Schiedsgerichtsbarkeit in Investitionsschutzabkommen, EuR 2012, S. 612.

10)　Vgl. *Peter-Tobias Stoll/Till Patrik Holterhus/Henner Gött*, Investitionsschutz und Verfassung, 2017, S. 1-3. それによれば、自国が投資受入国として仲裁判断の被告となり、条約違反に基づく多額の賠償を執行させられる事態は、上述の日本と同じく長らく考慮の外であり、それゆえ国際法学の見地からはともかく、国内公法学の見地から投資条約仲裁に応接する論稿は、近時のEU・アメリカ大西洋横断貿易投資パートナーシップ協定（Transatlantic Trade and Investment Partnership; TTIP）、あるいはEU・カナダ包括的貿易投資協定（Comprehensive Economic and Trade Agreement; CETA）の文脈において初めて目にとまるようになってきたという。

を探る（V）。そして最後に、〈司法権の国外委譲〉を少なくとも明文では許していない日本国憲法下にあって、投資条約仲裁はいかに論ぜられるべきか、その展望を描いてみたい。

II 〈司法権の国外委譲〉とは何か

既述の通り、ドイツの基本法には次の条項が置かれている。

「連邦は、法律によって、統治権（Hoheitsrechte）を国際機構（zwischenstaatliche Einrichtungen）に委譲する（übertragen）ことができる」（24条1項）。

さしあたり「委譲」の精確な含意を措くとすれば、「統治権」は委譲の対象を、「国際機構」は委譲の相手方をそれぞれ指し示しているから、本条項は、「国際機構（の諸機関）」による「統治権」の行使を許容するための規定と見て差し支えない。

1 「統治権（Hoheitsrechte）」

このうち「統治権」は、公権力の行使に係る諸権限、すなわち立法・執行・司法に類別されてきた諸権限と同義に解されてきた[11]。言うまでもなく、かかる意味での「統治権」は、通常は国家に排他的に帰属し、国家機関により独占的に行使されるはずのものである。言わばこうした独占を突き崩し、国家間の条約に基づき創設された国際組織への「統治権」の帰属、そして条約に基づき国際組織の中に設けられた諸機関によるその行使を容認すること[12]、これが基本法24条1項の法意として説明されてきた内容

---

11) Vgl. *Rudolf Streinz*, in: Michael Sachs (Hrsg.), GG Kommentar, 8. Aufl. 2018, Art. 24 Rn. 12.

12) 基本法24条1項に言う「国際機構」について、法人格は必須ではないものの、「統治権」の主体たり得るだけの活動能力、換言すれば「統治権」を現実に行使するための「機関」は不可欠と解される。Vgl. *Claus Dieter Classen*, in: Hermann v. Mangoldt/Friedrich Klein/Christian Starck (Hrsg.), GG Kommentar, 7. Aufl. 2018, Art. 24 Rn. 20. このとき国際機構は、自らの機関を通じて「自己の」統治権を行使するのであって、「ドイツの」統治権を行使するのではない。換言すれば、国際機構がその機関を通じて行使する「統治権」は、加盟国間の条約上の授権に基づく派生的な（abgeleitet）権限ではある——つまり原初的（originär）

である[13]。

2 「委譲（Übertragung)」

それでは、本条項に言う「委譲」の概念は、どのように理解されるべきであろうか。字面通りにこれを捉えるならば、国家が自らの統治権を国際機構に「譲り渡すこと（Abtretung)」、換言すれば、統治権がその本来の在処たるドイツ連邦共和国から国際機構の手中へ移されること（Transferierung）と定義されるところ、判例・通説は一致してこのような定義を斥けてきた[14]。連邦憲法裁判所は、1974年5月29日の著名な決定（いわゆる Solange I 決定）において、こうした狭い意味での「譲渡」とは異なる「委譲」の本質を、次のように説示した。

　　「基本法24条［1項］は、その本来の含意に即して言えば（eigentlich)、統治権の委譲を授権しているのではない。そうではなくて、基本法の妥当領域（Geltungsbereich）におけるドイツ連邦共和国の排他的な支配権（Herrschaftsanspruch）が取り下げられ、国外に淵源を持つ法に国家の支配領域内部における直接的な効力および適用可能性が承認されるべく、国内の法秩序を（一定の限界内において）開放しているのである」[15]。

（1）二次法の直接支配効　　本決定における争点が EEC（当時）の「規則」と国内法との効力関係であったことからも察せられる通り、引用文中の「国外に淵源を持つ法」は、EU の文脈においてしばしば「二次法」と総称される法規範を指している。国際機構の設立に係る条約を「一次法」と呼ぶならば、この一次法によって国際機構の「諸機関」が設置され、そ

　　な権限ではない——ものの、これを「自己の」権限として手中に収め、「自己の」機関を通じて自律的に活動する。国際機構の「自律性」（Autonomie）と当該機構（の機関）によって行使される権限の原初性（Originarität）との相違については、vgl. *Christian Tomuschat,* in: Bonner Kommentar zum Grundgesetz, Art. 24 (Zweitbearb. 1981), Rn. 17; *Alexander Proelß,* Bundesverfassungsgericht und überstaatliche Gerichtsbarkeit, 2014, S. 64 f.

13) Vgl. *Hermann Mosler,* Die Übertragung von Hoheitsgewalt, in: Josef Isensee/Paul Kirchhof (Hrsg.), Handbuch des Staatsrechts, Bd. 7, 1992, § 175 Rn. 28 ff., 36 ff.

14) Vgl. *Doris König,* Die Übertragung von Hoheitsrechten im Rahmen des europäischen Integrationsprozesses, 2000, S. 59 ff.

15) BVerfGE 37, 271 (280).

れぞれに「統治権」が付与される。「二次法」とは、かくして国際機構の諸機関が一次法の授権に基づき定立する法規範のことであり、連邦憲法裁判所によれば、この言わば外来の法規範に国内での直接的効力を認める営みこそが、統治権の「委譲」の精髄なのである。

これと同じ理解を、通説は「Durchgriffswirkung（直接支配効）」という概念に託して論じてきた。ここで「支配効」と訳出される効果の内容に関しては、論者ごとに見解の開きがあるものの[16]、国内の諸個人に対してその権利義務を基礎付ける効果、あるいは国内の諸機関に対して拘束的な指示を与える効果がそこに含まれることに限って言えば、広く見解の一致が見られる[17]。次に、「直接」の意味するところは、いっそう明白と言うことができる。すなわち、国際機構の機関によって定立された「二次法」が、国内機関による決定ないし承認といった格別の手続を介さずに、そのまま如上の効果を発揮し得ること、これが「直接」という形容に込められた意味なのである。

(2) **条約承認法律による実質的な憲法改正**　　　以上の通り、「二次法」に「直接支配効」が具わるとすれば、その根拠は一次法に見出される。換言すれば、「二次法」への「直接支配効」の付与を要求するのは、当該国際機構の設立条約であり[18]、かかる条約に承認を与える行為（当該条約に国内法としての効力を認める行為）が、すなわち「統治権の委譲」と位置付けられる。

かように「統治権の委譲」といえども、国際条約に対する承認には違いないから、手続法的な視点から見れば、通常の条約承認法律（基本法59条2項）で不足はないようにも思われる。それにもかかわらず、この59条2項とは別に、24条1項が置かれたのはなぜか。少なからぬ学説の見るところ、それは〈実質的な憲法改正〉に対する考慮ゆえである[19]。つまり、如上の「統治権の委譲」は、憲法によって確定された権限秩序（Zuständig-

---

16)　Vgl. *Christian Calliess*, in: Theodor Maunz/Günter Dürig (Hrsg.), GG Kommentar, Art. 24 Abs. 1 (Lfg. 79, 2016), Rn. 46 ff.

17)　Vgl. *Classen* (Fn. 12), Rn. 6.

18)　Vgl. *Tomuschat* (Fn. 12), Rn. 9.

19)　Vgl. *König* (Fn. 14), S. 90–93. 邦語文献として、齊藤正彰『国法体系における憲法と条約』（信山社・2002）184～186頁をあわせて参照。

keitsordnung）の変更という意味において、本来ならば形式的な憲法改正によるべき営みであり[20]、そうだとすれば、通常の条約承認法律にはいかにも荷が重過ぎる。それゆえ基本法は、24 条 1 項に基づく承認法律を追加的に要求し、「二次法」に対する「直接支配効」の付与をこちらの専管に属せしめたという[21]。むろん、こうした見方をとるにせよ、一つの条約に対する承認法律は、一つだけである。すなわち、形式的には単一の承認法律が、実質的には 59 条 2 項に基づく「承認法律（Vertragsgesetz）」と 24 条 1 項に基づく「統治権委譲法律（Übertragungsgesetz）」に分かたれ、このうち後者の営みは憲法改正に匹敵する、というのがそこでの主張なのである[22]。

3　司法権の国外委譲

　以上の分析に照らせば、基本法 24 条 1 項に基づき国際機構へ委譲される「統治権」の中に「司法権」が含まれること、別言すれば、国際機構の中に紛争解決機関（裁判所や仲裁廷）が設けられる場合、そこで下される決定（判決や仲裁判断）もまた「二次法」の一角を占めることは、もはや明らかであろう。それでは、これら「二次法」としての判決や仲裁判断にいかなる効果が認められるとき、「直接支配効」の存在が肯定されるのだろうか。この点につき諸学説の完全な一致が存するかは定かでないものの、少なくとも次のような場合がそれに当たることは異論のないところであろう。すなわち、国際機構の中に設けられた紛争解決機関による決定が、例えば、①国内行政庁による処分を取り消すことによって個人の権利義務を形成する場合、②国内裁判所による判決を取り消しまたは変更する場合、③国内裁判所による法解釈を拘束する場合、④国内裁判所による再審査なしに執行名義となる場合等がそれである[23]。

　ドイツにおいて、国際機構に対する司法権委譲の実例として真っ先に想起されるのは、おそらく EU 司法裁判所と欧州人権裁判所であろう。とこ

20）　Vgl. *Tomuschat*（Fn. 12）, Rn. 34.
21）　Vgl. *Proelß*（Fn. 12）, S. 59 f.
22）　Vgl. *Thomas Flint*, Die Übertragung von Hoheitsrechten, 1998, S. 148-150.
23）　Vgl. *Tomuschat*（Fn. 12）, Rn. 41, 107.

ろがドイツでは、前者は〈司法権の国外委譲〉に当たるのに対して、後者
はこれに当たらない、との評価がもはや確立しているようである。Ⅲ で
は、そうした不動の評価がどのように基礎付けられてきたかに着目し、も
って投資条約仲裁に関する分析の手がかりを得たい。

Ⅲ　EU 司法裁判所と〈司法権の国外委譲〉

EU 司法裁判所[24]は、EU 条約に基づきルクセンブルクに設立された欧
州連合の裁判機関であり、「条約［EU 条約および EU 機能条約］の解釈お
よび適用における法［左記の両条約、それらに基づく二次法（規則・指令）、さ
らに一般的な法原則］の遵守［の］確保」を任務としている（19条１項２文）。
すなわち、EU 諸機関による活動が両条約の枠内に収まるように、また、
加盟国の諸機関による活動が法の統一的な解釈の下に適正に遂行されるよ
うに、必要な統制を施す役割が EU 司法裁判所に委ねられているのであ
る[25]。

1　EU 法の国内適用と先決裁定

そのために整備された複数の訴訟手続のうち、「最も重要性の高い」[26]手
続が、先決裁定の仕組み（EU 機能条約 267 条）である。この先決裁定こそ
が〈司法権の国外委譲〉に当たることを理解する前提として、次の二点が
あらかじめ確認されなければならない。

第一に、EU 一次法たる両条約にせよ、二次法たる規則・指令にせよ、
EU 法は国内法に対して適用上の優位を占める[27]。すなわち、EU 法と抵

---

24)　EU 条約 19 条 1 項 1 文によれば、EU 司法裁判所は「司法裁判所」「通常裁判所」「専門
　　裁判所」によって構成される。本章においては、これら三つの裁判所から成る構造全体に
　　「EU 司法裁判所」の名称を用い、鍵括弧を伴って単に「司法裁判所」と記す場合には、か
　　かる EU 司法裁判所の一構成要素たる司法裁判所を指すこととしたい。

25)　Vgl. *Bernhard Wegener*, in: Christian Calliess/Matthias Ruffert（Hrsg.）, EUV/AEUV
　　Kommentar, 5. Aufl. 2016, Art. 19 Rn. 5, 10 f.

26)　Vgl. *Matthias Herdegen*, Europarecht, 20. Aufl. 2018, § 9 Rn. 26.　邦訳として参照、M・ヘ
　　ルデーゲン（中村匡志訳）『EU 法』（ミネルヴァ書房・2013）156 頁。

27)　Vgl. *Herdegen*（Fn. 26）, § 10 Rn. 3.　ヘルデーゲン（中村訳）・前掲注 26）167～168 頁。

120　第6章　投資条約仲裁と〈司法権の国外委譲〉

触する国内法が直ちに無効となるわけではないものの、加盟国の国内裁判所（や行政庁）は、国内法の規定をなるべく EU 法と適合的に解釈する義務、そしてそれが不可能な場合に当該国内法の適用を排除する義務を、否応なしに（つまり加盟国の国内法による自主的な選択ではなく条約上の義務として）負うこととなる[28]。

　第二に、国内法への転換を要する「指令」は言うに及ばず、そうした転換なしに国内での直接的効力を有する「規則」も含めて、EU 二次法の執行は各加盟国の権限に属する。それゆえ、諸個人が EU 二次法に基づく権利侵害を争う場合、かかる訴えの係属先は加盟国の国内裁判所となる[29]。すなわち、個人が EU 二次法の制定・執行に対する取消請求を EU 司法裁判所に提起することは認められておらず（EU 機能条約 263 条）、EU 二次法に関わる不服の訴えは全て国内裁判所の管轄となる。

2　先決裁定の目的と対象事項

　以上を踏まえるならば、国内法に基づく行政活動の場合はもとより、EU 二次法に基づく行政活動であっても、その EU 法適合性に関する審査権は国内裁判所の手中に収まり、EU 法違反を理由とする国内法の適用排除も、EU 一次法違反を理由とする EU 二次法の無効宣告も、ともに国内裁判所の判断に委ねられるように見える[30]。けれども国内裁判所のかような割拠を許すとき、EU 法の解釈は加盟国ごとに区々となり、先に述べた〈（国内法に対する）EU 法の（適用上の）優位〉は崩れ去ってしまうだろう。

　先決裁定の仕組みは、このような意味での統一ヨーロッパの瓦解を防ぐ

---

28)　国内裁判所に課されるこうした義務、すなわち〈国内法に対する EU 法の適用上の優位〉原則は、EU 一次法によって明定されているわけではなく、「司法裁判所」の先決裁定を通じて確立された。Vgl. *Herdegen*（Fn. 26）, § 10 Rn. 1. ヘルデーゲン（中村訳）・前掲注 26）165〜166 頁のほか、邦語文献として参照、中西優美子「EU 法の有効性及び解釈と国内裁判所の先決裁定付託義務（Ⅰ(1)）」自治研究 89 巻 9 号（2013）94〜95 頁。

29)　Vgl. *Peter M. Huber*, Das Verhältnis des Europäischen Gerichtshofes zu den nationalen Gerichten, in: Detlef Merten/Hans-Jürgen Papier（Hrsg.）, Handbuch der Grundrechte, Bd. 6/2, 2009, § 172 Rn. 13.

30)　EU 司法裁判所のみならず各加盟国の国内裁判所も EU の司法機関たる機能を担っている、と評されることがあるのは、このような事情による。邦語文献として参照、庄司克宏『新 EU 法 基礎篇』（岩波書店・2013）141 頁。

べく、EU 法の統一的解釈を狙って採用された手続である。先決裁定を付託するのは各加盟国の国内裁判所、そして付託を受けるのは「司法裁判所」であり、その対象事項は大きく二つに分かたれる。一つは、EU 一次法たる両条約の解釈であり、もう一つは、EU 二次法たる規則・指令の効力および解釈[31]である（EU 機能条約 267 条 1 文）。すなわち、加盟国の国内裁判所は、眼前の争訟解決にとって EU 法の解釈問題または効力問題が不可避の前提的地位を占めると考える場合に、審理をいったん中断し、これに対する統一的解答の提示を求めて「司法裁判所」に先決裁定を付託する[32]。

3 先決裁定の拘束力

かくして下される先決裁定が法的拘束力を持つことは、言うまでもない。かかる法的拘束力の具体的な中身は、次のように分説され得る。

第一は、EU 法の解釈に関する先決裁定の拘束力である。この場合、付託を行った裁判所をはじめ、当該事件の解決に携わる加盟国の国内裁判所は、「司法裁判所」によって示された解釈に従って当該 EU 法を適用しなければならない。このことは、「司法裁判所」の解釈する EU 法ともはや両立し得ない国内法について、その適用を排除する義務が加盟国の国内裁判所に課されることを意味する。第二は、EU 二次法の効力に関する先決裁定、とりわけ EU 二次法の効力を否定する先決裁定の拘束力である。EU 二次法に対する無効の判断は「司法裁判所」の専権に属し、かつ、その判断には「対世効」が認められるため、加盟国の国内裁判所（や行政庁）は当該二次法を無効な立法措置として取り扱わなければならない[33]。

---

31) 正しくは、規則・指令の定立をはじめとする EU 諸機関・諸組織による行為全般について、その効力および解釈が先決裁定の対象となる。

32) かかる先決裁定の付託は、加盟国の裁判所に常に義務付けられるわけではないものの（EU 機能条約 267 条 2 文）、上訴に服さない（すなわち終審の）国内裁判所にとっては義務的とされる（同条 3 文）。なお、これに背いて必要な先決裁定が回避される事態は、ドイツにおいては EU 法違反のみならず基本法違反にも問われ得ると解されてきた。先決裁定の「恣意的な（willkürlich）」懈怠が「法律の定める裁判官（gesetzlicher Richter）」による裁判を受ける権利（基本法 101 条 1 項 2 文）の侵害ゆえに違憲となり得ることについて、vgl. BVerfGE 126, 286 (315 ff.).

33) Vgl. *Herdegen* (Fn. 26), §9 Rn. 31, 35. ヘルデーゲン（中村訳）・前掲注 26) 158～159 頁、

122　第6章　投資条約仲裁と〈司法権の国外委譲〉

加盟国の国内（終審）裁判所にとって、先決裁定の付託は条約上の明示的な義務であり、これに加えて、先決裁定に従うことも条約上の義務と解されてきたことは、上述の通りである[34]。そこでの分析に照らせば、後者の義務は結局のところ、国内裁判所による法解釈を「司法裁判所」のそれに従わせることにほかならず、かような拘束の直接の根拠は紛れもなくEU一次法なのであるから、これに対する承認法律の議決は疑いの余地なく〈司法権の国外委譲〉に当たると言えるだろう。

IV　欧州人権裁判所と〈司法権の国外委譲〉

欧州人権裁判所は、いわゆる欧州人権条約に基づきフランス（ストラスブール）に設立された裁判機関であり、同条約（とその議定書）の遵守の確保を任務としている（19条）。そのための訴訟手続を同条約は二つ採用しており、一つは、締約国が別の締約国に対してその条約違反を訴える国家間の手続（33条）、そしてもう一つは、個人が締約国による権利侵害につきその条約違反を訴える個人申立ての手続である（34条）。

このうち後者の手続に着目するならば、提訴にあたって次の要件が充足されなければならない。すなわち、国内裁判所における救済措置が全て尽くされ、かつ、最終的な決定から6か月以内にとどまることがそれである（35条1項）。したがって、ドイツ連邦共和国に対する個人申立ての場合、欧州人権裁判所による条約違反の認定判決は、常に当該事件に関する連邦憲法裁判所判決の修正を意味する[35]。かように個人が原告となる訴訟にお

160頁。

34)　もっとも、かかる「司法裁判所」の専権性は、ドイツにおいては、とりわけ連邦憲法裁判所の審査権との関係において深刻な懸念を招くこととなった。そこでの争点はつまるところ、「司法裁判所」によって有効とされた（または有効性が前提とされた）EU法について、連邦憲法裁判所が基本法適合性の観点から審査すること（そして場合によっては、その違憲無効を言い渡すこと）の可否である。連邦憲法裁判所がこうした審査権の行使にきわめて謙抑的な姿勢を示してきたこととあわせて、従来の研究は膨大であるが、紙幅の制約に鑑みてここではさしあたり、村西良太「司法権の国外委譲と憲法」社会科学研究（東京大学）69巻1号（2018）155〜156頁の参照を乞うにとどめたい。

35)　Vgl. *Oliver Dörr*, Rechtsprechungskonkurrenz zwischen nationalen und europäischen

いて、条約に基づく国外裁判所が国内裁判所の判決を覆すというのだから、一見したところ、ここにも〈司法権の国外委譲〉は厳存するように思われる。しかしながら、そうした診断はドイツにおいて端から否定されてきた。

1 条約違反確認判決の拘束力──「国家」に課せられる「結果」の義務

その理由を探るとき、視線はおのずから判決効の問題に注がれる。むろん、欧州人権裁判所の判決は、法的拘束力を持つ。「締約国は、自国が当事者であるいかなる事件においても、［欧州人権］裁判所の最終判決に従うことを約束する」と欧州人権条約に明記されている（46条1項）。ただし、本条に基づき首肯できるのは「国際的な平面での法的拘束力であり、ヨーロッパ人権条約が国内的効力を有している国でも、判決が国内的効力やましてや執行力を有するとは限らない」[36]。

かかる説示を理解するためには、第一に〈確認判決／形成判決〉の区別が、第二に〈国家／国家機関〉の区別が踏まえられなければならない。すなわち、欧州人権裁判所は個別の事件に限って人権条約違反を「確認」するのみであり、例えば行政処分に対する取消判決を下したり、あるいは国内裁判所による判決を取り消したりする権限を有していない[37]。そして、こうした確認判決に従うべき主体はあくまで「条約当事国」であって、その「国家機関」（立法府・行政府・司法府）ではない[38]。つまり、具体の行政処分について条約違反が確認された場合に、当事国は国家としてもはやこれと異なる結論を採用できず、さらに進んで原状回復の義務を負うものの[39]、これは条約違反のすみやかな治癒に向けられた「結果」の義務にほ

Verfassungsgerichten, DVBl. 2006, S. 1095.

36) 小畑郁『ヨーロッパ地域人権法の憲法秩序化』（信山社・2014）73〜74頁。

37) もっとも、欧州人権裁判所による条約違反確認判決に従う義務、すなわち原状回復の義務が当事国によって十全に果たされない場合には、同裁判所は申立人に対して「正当な満足」を与える（つまり当事国に対して金銭賠償を命ずる）こととされている（41条）。

38) 他方、欧州人権裁判所の判決に従う「国家の」義務はその「全機関の」義務に拡張して理解されなければならぬ、と主張する学説も存在する。Vgl. *Jörg Polakiewicz*, Die Verpflichtungen der Staaten aus den Urteilen des Europäischen Gerichtshofs für Menschenrechte, 1993, S. 225 ff., 231 ff.

39) 継続中の条約違反についてはこれを停止する義務、過去の条約違反については可及的すみやかに条約違反の発生前の状態に復させる義務がそれぞれ課される。こうした原状回復の義務を欧州人権条約46条1項によって根拠付ける解釈が、加盟国の統治権に服する全ての

かならず、そこへ至る「手段」（どの国家機関のいかなる行為を通じて当該「結果」へ導くか）の選択は、なお当事国の裁量に委ねられているというのである[40]。そうだとすれば、欧州人権裁判所の判決が国内裁判所の判決を「修正」する、あるいは「覆す」といった先述の表現はミスリーディングであり、欧州人権条約が〈司法権の国外委譲〉と無縁だと断ぜられてきたのも必然かもしれない[41]。

2　「国家機関」に課せられる「顧慮義務」

けれども連邦憲法裁判所の判示を見る限り、議論はそう簡単には収まりそうにない。と言うのも、同裁判所は、欧州人権裁判所の判決に従う「国家機関の」義務を、次のように肯定しているからである。すなわち「ドイツの公権力を担う全ての機関は（alle Träger der deutschen öffentlichen Gewalt）原則として人権裁判所の判決に拘束される」[42]という判示がそれである。連邦憲法裁判所は、この「拘束される（gebunden）」という言辞について、欧州人権裁判所の判決を「顧慮する（berücksichtigen）」義務と言い換えたうえで、その含意を敷衍している（以下、単に「顧慮義務」という）。それによれば、全ての国家機関は「［欧州人権裁判所の］判決を明示的に（erkennbar）取り上げ、それにもかかわらず欧州人権条約に関する当該判決の法解釈（Rechtsauffassung）に従わない場合には、その理由を跡付けられるように説明しなければならない」という[43]。

行政処分に対する抗告訴訟を念頭に置きつつ、「国内裁判所の」顧慮義務に焦点を絞るとすれば、ドイツの現行訴訟法制はその十全な履行を期し

諸個人に人権条約上の権利・自由が保障されることを謳う同1条を補強する関係にあることも含めて、vgl. *Hans-Joachim Cremer*, Entscheidung und Entscheidungswirkung, in: Oliver Dörr/Rainer Grote/Thilo Marauhn（Hrsg.）, EMRK/GG Konkordanz-kommentar, Bd. 2, 2. Aufl. 2013, Kap. 32 Rn. 75 f.

40)　Vgl. *Robert Uerpmann*, Die Europäische Menschenrechtskonvention und die deutsche Rechtsprechung, 1993, S. 188 ff.

41)　なお、欧州人権裁判所が金銭賠償を命じたとしても、この判決を国内法上直ちに執行名義とすることまで要求されているわけではなく、この点においても欧州人権条約をもって〈司法権の国外委譲〉と断ずることはできない。Vgl. *Oliver Dörr*, Entschädigung und Schadenersatz, in: Dörr/Grote/Marauhn（Fn. 39）, Kap. 33 Rn. 115 f.

42)　Vgl. BVerfGE 111, 307（323）.

43)　Vgl. BVerfGE 111, 307（324）.

て、欧州人権判所における原告の勝訴判決（条約違反の認定判決）を、国内裁判所における再審事由として認めている（民事訴訟法580条8号により準用された行政裁判所法153条1項）。この手続は3つの段階から成っており、まず①国内の行政裁判所（および憲法裁判所）において請求を棄却された当事者（原告）が、そこで争われた行政処分の条約違反を欧州人権裁判所に訴え、その勝訴判決をもって行政裁判所に再審を申し立てる。これを受けて②行政裁判所は再審受理のための要件充足を確認したうえで、③改めて同一事件の本案審理を行い、欧州人権裁判所の判決を「顧慮」しつつ新たな判決を下すこととなる[44]。このとき、原則として欧州人権条約のテクストを欧州人権裁判所の指示通りに解釈し、もって同裁判所の判決にそのまま従う義務を肯定するのが、連邦憲法裁判所による先の判示であろう[45]。

3 「顧慮義務」の淵源としての条約承認法律

ここで問われるべきは、かくも厳格な顧慮義務の淵源である。この点について、連邦憲法裁判所は「承認法律と結びついた欧州人権条約の諸規定ならびに法治国的要求（基本法19条4項と結びついた同20条3項・59条2項）」と回答している[46]。同一の内容が「［欧州人権条約に対する］承認法律を経由してもたらされる義務」[47]と記されていることにもあわせて着目するならば、顧慮義務の根拠は、欧州人権条約それ自体ではなく、これに対する承認法律に見出されているのであろう。そしてかかる発想を押し広げて言

---

44) Vgl. *Hans-Joachim Cremer*, Die Verurteilung der Bundesrepublik Deutschland durch den Europäischen Gerichtshof für Menschenrechte als Wiederaufnahmegrund nach § 153 Abs. 1 VwGO i. V. mit § 580 Nr. 8 ZPO, in: FS f. Wolf-Rüdiger Schenke zum 70. Geburtstag, 2011, S. 649 ff.

45) そうすると、先述の「司法裁判所」による先決裁定と欧州人権裁判所による判決は、〈司法権の国外委譲〉該当性において一見したところ両極に分かれて対峙するように見えながらも、国内裁判所へ及ぼす実質的効果においては実は重なり合うと言えるだろう。Vgl. *Heiko Sauer*, Jurisdiktionskonflikte in Mehrebenensystemen, 2008, S. 281.

46) BVerfGE 111, 307 (322 f.). なお、ここで引用されている基本法の条文は、以下の通りである。19条4項「何人も、公権力によって自己の権利を侵されたときには、裁判所に出訴する道が開かれている」、20条3項「立法は憲法的秩序に、執行権および裁判は法律および法に拘束されている」、59条2項1文「連邦の政治的関係を規律し、または連邦の立法の対象と関わる条約は、それぞれ連邦の立法につき権限を有する機関の、連邦法律の形式での承認または協力を必要とする」。

47) BVerfGE 111, 307 (324).

えば、直接的には別の国内法（民事訴訟法や行政裁判所法）に基づく如上の再審申立ての制度化も、それが国内裁判所に顧慮義務を履行させるための前提たる位置を占めることからして、その窮極的な根拠は承認法律にさかのぼるはずである。すなわち、欧州人権裁判所の判決に国内法の平面における拘束力を与えている「源泉」は、条約承認法律であり、欧州人権裁判所の判決をもって再審事由とする訴訟法制もまた、そうした拘束力の万全を期して整えられているという意味において、立法者自身による条約承認法律の補完ないし具体化なのである。

(1)　条約承認法律による条約修正？　　もっとも、条約承認法律にそこまでの意味を読み込むことは、決して自明の解釈ではない。と言うのも、欧州人権条約それ自体は、欧州人権裁判所の判決に対する上述の意味での拘束力の付与を必ずしも要求しておらず、そうだとすれば、この条約を承認する法律もまた、そのような拘束力の付与を志向してはいない、と推し量るのがむしろ自然だからである[48]。にもかかわらず、欧州人権裁判所の条約解釈ないし判決に対する国内裁判所の顧慮義務を承認法律から導き出すとすれば、その名称とは裏腹に、国内議会は欧州人権条約の単なる承認（国内適用の承認）にとどまらない規範内容を承認法律の中に含ませたと理解することになるだろう[49]。要するに、本章に言う顧慮義務は、条約承認

---

48)　一般的に、国際条約それ自体は「国家の」義務を国際法の平面において規律するにとどまるものの、これが憲法所定の手続に従って「承認」されると、当該条約は国内法の平面における効力を獲得し、かくして国内法の一部となった条約規定を遵守する「国家機関の」義務が根拠付けられる。欧州人権条約に引きつけて再説するならば、これに対する承認法律（基本法59条2項）の成立に伴って同条約は国内法としての効力を持つから、国家機関は同条約の諸規定に拘束され、そこに定められた「人権」を侵害しない（あるいは尊重する）義務を負う。そして、当該条約が「欧州人権裁判所の最終判決に従う」義務を定める以上、当該判決に即した原状回復を妨げない（あるいはそうした原状回復に協力する）という意味での「国家機関の」義務を語ることは可能であると思われる。とは言え、欧州人権条約は既述の通り原状回復の「結果」を希求するにとどまり、他方でそうした「結果」が不十分にしか達せられない場合を見越して金銭賠償での解決さえ視野に収めている（41条）のであるから、例えば行政訴訟の再審を各国に義務付けているとまでは解されないだろう。そうすると、同条約に対する承認法律をもって、本文に記した意味での顧慮義務を国内裁判所に課する解釈もおよそ自明とは言えないはずである。

49)　H・J・クレマーはこのことを指して、「国内立法行為としての承認法律は、欧州人権条約46条1項に基づく欧州人権裁判所判決に従う義務を受容（rezipieren）すると同時に、これを修正（modifizieren）した」と表現し、これは「欧州人権条約に対する承認法律を、この法律が欧州人権条約46条1項に基づく欧州人権裁判所判決に従う義務を修正し強化

法律（すなわち国内法）による「自発的な」選択と解されるのである。

(2) 国際法親和性の原則と条約承認法律の憲法適合的解釈　かように条約上は課されていない義務を加盟国が自ら進んで国内機関に負わせること、それによって条約目的の実現に一層深くコミットすることは、むろん禁ぜられていない。それどころか連邦憲法裁判所は、かかる自発的な義務付けを、憲法上の要請に高めて理解しているようにさえ見受けられる。その礎石となっているのは〈国際法親和性の原則〉である[50]。すなわち、国際機構への統治権の委譲さえも明示的に容認する基本法は、ドイツの公権力が国際法（一次法たる条約本体のみならず、その授権に基づき定立される二次法）と調和的に行使されることを求めている、という論法がそれである[51]。国内裁判所の顧慮義務を、これを明示的には謳っていない条約承認法律から導き出そうとする憲法裁判所のこうした試みは、さしずめ〈国際法親和性の原則〉に基づく国内法の憲法適合的解釈として捉えられるのである。

V　投資条約仲裁と〈司法権の国外委譲〉

　EU 司法裁判所、欧州人権裁判所と並んで、近時のドイツ公法学において特に注目されているのが、投資条約仲裁である。

　（verschärfen）したと憲法適合的に解釈すること」なのだと述べている。Vgl. *Cremer* (Fn. 39), Rn. 93 f.

50)　ほぼ同旨の古典的学説として、vgl. Georg Ress, Die Europäische Menschenrechtskonvention und die Vertragsstaaten: Die Wirkung der Urteile des Europäischen Gerichtshofes für Menschenrechte im innerstaatlichen Recht und vor innerstaatlichen Gerichten, in: Irene Maier（Hrsg.), Europäischer Menschenrechtsschutz Schranken und Wirkungen, 1982, S. 247.

51)　連邦憲法裁判所はほかにも、国際法の一般的諸原則につき通常法律に対する優位を認めていること（25条2項）、国際条約を国内の権力分立システムの中へ組み込んでいること（59条2項）、相互集団安全保障システムへの加盟を認めていること（24条2項）、国際法廷（Schiedsgerichtsbarkeit）による国際紛争の平和的解決を求めていること（同条3項）、そして平和の破壊、とりわけ侵略戦争が憲法違反であると宣言していること（26条）を「国際法親和性の原則」の根拠として掲げている。Vgl. BVerfGE 111, 307 (318).　この原則の多様な含意については、山田哲史『グローバル化と憲法』（弘文堂・2017）352〜440頁による詳細な分析を参照。

1 ISDS 条項

Ⅰにおいてすでに略述したように、かかる仲裁は、投資保護ないし投資自由化のための条約に置かれた「投資家対国家紛争解決条項」（ISDS 条項）の所産であり、その名の通り、締約国の国籍を持つ私人たる投資家（申立人）と当該投資活動の受入国となった相手方締約国（被申立国）を両当事者として行われる。仲裁廷は、本来であれば両当事者の合意に基づき個々の事件ごとに設置されるところ、申立人の側からすれば、被申立国の同意を常に迅速に取りつけられるとは限らず、ともすれば投資保護ないし投資自由化は空虚な標語に堕してしまう。ISDS 条項は、こうした展開を防ぐべく、自国が被申立国となった場合の仲裁付託に対する合意をあらかじめ包括的に表明しておく手法と言える。すなわち、ISDS 条項が置かれた投資条約の下では、いずれかの締約国の国籍を持つ投資家からの一方的な不服申立て（仲裁付託）をもって、当該仲裁管轄に対する被申立国の合意が自動的に成立することとなる[52]。

この仲裁手続における争点は、言うまでもなく、被申立国の規制措置に関わる条約違反の有無である。申立人たる投資家は、そうした条約違反によって自己の権利・利益に損害が生じたことを主張し、これに対する金銭賠償を請求する。したがって、仲裁判断は原則として（形成判決との対比で言えば）給付判決に相当する実質を持つ。また、かかる仲裁判断に法的拘束力が備わることは、論を俟たない。仲裁廷への付託に対する両当事者の合意は、そこでの判断に従うことへの相互約束を当然に含んでいるからである。

以上の分析からすると、投資条約仲裁は、違法な公権力の行使に基づき損害を被った個人がその金銭填補を求めて争う舞台と見ることができ、そこでの拘束的な仲裁判断は、〈国家賠償訴訟の脱国家化〉という意味において〈司法権の国外委譲〉のリストに加えられそうである。もっとも、その確定的な評価のためには、Ⅱ〜Ⅳの考察に倣って、仲裁判断に宿る「法的拘束力」の中身が精査されなければなるまい。

---

52) 参照、福永有夏『国際経済協定の遵守確保と紛争処理』（有斐閣・2013）170 頁。

2 ICSID 仲裁の拘束力

　仲裁判断が服すべき手続規律は、投資条約それ自体ではなく、別の複数の条約によって設けられている。かかる複数の選択肢の中からどの仲裁手続を採用するかは、個々の投資条約ごとに区々であるところ、最も多くの（過半の）紛争処理に利用されているのは、「国際投資紛争解決センター（International Centre for Settlement of Investment Disputes; ICSID）条約」に基づく仲裁手続と言われる[53]（以下、これに基づく仲裁判断を「ICSID 仲裁」という）。この ICSID 条約において「最も重要な規定の一つ」[54]と目されるのが、仲裁判断の効力に関する 54 条である。そこには次のように記されている。

　　「各締約国は、この条約に従って行われた仲裁判断を拘束力があるものとして承認し、また、その仲裁判断を自国の裁判所の確定判決とみなしてその仲裁判断によって課される金銭上の義務をその領域において執行するものとする」（1 項 1 文）。

　　「仲裁判断の執行は、執行が求められている領域の属する国で現に適用されている判決の執行に関する法令に従って行われる」（3 項）。

　ICSID 条約に基づかない仲裁手続（例えば、国際連合国際商取引委員会〔United Nations Commission on International Trade Law; UNCITRAL〕の仲裁規則に基づく手続）の場合には、仲裁判断の執行にあたって、「外国仲裁判断の承認及び執行に関する条約」（ニューヨーク条約）が適用される。この条約によれば、執行地の国内裁判所は、仲裁判断へ至る手続上の瑕疵や当該執行地の国内法（または公の秩序）との不整合を理由に、個々の仲裁判断の承認・執行を拒絶できることとされている（5 条）。仮に ICSID 条約 54 条 3 項をこれと同旨の規定と読むことが許されるならば、ICSID 仲裁は〈司法権の国外委譲〉に該当しないと判断されるだろう[55]。

---

53)　参照、玉田・前掲注 3) 50 頁。ICSID は、1965 年の ICSID 条約によって世界銀行の下に設置された仲裁機関である。それゆえ ICSID 仲裁を選択する投資条約の締約国は、原則として ICSID 条約の締約国でもある（ただし、ICSID 条約締約国以外の利用にも供される追加的制度〔Additional Facility〕も設けられている）。

54)　Christoph Schreuer et al., *The ICSID Convention: A Commentary* (2nd ed. 2009), Art. 54 para. 2.

55)　かかる理由により ICSID 仲裁の〈司法権の国外委譲〉該当性を否定するドイツの学説と

130　第6章　投資条約仲裁と〈司法権の国外委譲〉

　しかしながら、仲裁判断を「自国の裁判所の確定判決とみなして」執行せよ、という徒ならぬ文言は上記の解釈ともはや相容れない、との見解も十分に成立し得る[56]。それによれば、金銭賠償を命ずる仲裁判断の執行は条約上の完結的な義務であって、本件義務に係る国内法の形成余地はもはや残されていない[57]。仲裁判断を「自国の裁判所の確定判決とみな」す以上、そうした確定判決の執行に関わる国内手続法がそのまま ICSID 仲裁にも適用されるべきことは言を俟たず、ICSID 条約 54 条 3 項は同条 1 項の当然の帰結を述べるに過ぎない[58]。すなわち、国内裁判所の確定判決に執行名義としての機能を認める国内手続法の下で、ICSID 仲裁に対してのみ国内裁判所による再審査およびそれに基づく承認・執行拒絶の道を開くとすれば、そうした国内手続法は端的に条約違反である。それどころか、国内裁判所の確定判決につき例外的な執行拒絶事由を認める国内手続法が万一あり得るとしても、その適用による ICSID 仲裁の承認・執行拒絶は 54 条 1 項違反たるを免れないという[59]。このような見方に従うとき、ICSID 仲裁は、国外の仲裁判断をそのまま国内での執行名義とすることが条約自身によって否応なしに強いられているという意味において、〈司法権の国外委譲〉と評価されよう。

　ただし、前者の見解のごとく〈司法権の国外委譲〉該当性が否定[60]されたとしても、ドイツにおいては、ICSID 条約（およびその手続規律を採用する投資条約）に対する承認法律の基本法（国際法親和性の原則）適合的解釈

　して、vgl. *Bernd Grzeszick/Juliane Hettche*, Zur Beteiligung des Bundestages an gemischten völkerrechtlichen Abkommen, AöR 141 (2016), S. 260. この論稿は、ICSID 仲裁が基本法 24 条 1 項に服さない根拠として、仲裁廷が個別の紛争ごとに設置され恒常的な機関とは言えない（それゆえ同条項に言う「国際機構」に該当しない）ことにもあわせて言及している（S. 261 f.）。

56)　Vgl. *Stoll/Holterhus/Gött* (Fn. 10), S. 51.

57)　換言すれば、ニューヨーク条約の適用を排することこそ、ICSID 条約 54 条 1 項の眼目と解される。邦語文献として参照、小尾重樹「国際投資仲裁の基礎⑾」国際商事法務 46 巻 2 号（2018）202 頁。

58)　Schreuer et al., *supra* note 54, Art. 54 para. 110.

59)　*Ibid.*, Art. 54 paras. 112, 115.

60)　このような結論を示すドイツの学説としてほかに、vgl. *Christoph Ohler*, Die Vereinbarkeit von Investor-Staat-Schiedsverfahren mit deutschem und europäischem Verfassungsrecht, JZ 2015, S. 337 ff.

を通じて、ICSID 仲裁の忠実な執行に係る「国家機関の」義務が肯定され得ること、既述の通りである。

VI　おわりに

1　総　　括

　ISDS 条項を伴う投資条約の締結は、国内の司法権にいかなる影響を及ぼすか。本章は、日本国憲法下におけるこうした考察の手がかりを求めて、〈司法権の国外委譲〉に関するドイツ公法学の議論を瞥見してきた。擱筆にあたって、その要点をごく簡潔にまとめておこう。

　⑴　ドイツの基本法は、法律によって国際機構に統治権が委譲されることを明示的に容認している。ここでの「委譲」とは、条約上の授権に基づく国際機構の行為が、例えば、国内の諸個人に対してその権利義務を基礎付け、あるいは国内の諸機関に対して拘束的な指示を与える場合のことであり、ドイツの公法学説はこれを「直接支配効」と称してきた。

　⑵　国際機構の行為に「直接支配効」を付与する母胎は、条約である。すなわち、国際機構の設立に係る条約（一次法）が当該機構の内部機関（例えば、条約上の紛争解決に仕える裁判機関）を設置し、当該内部機関によって定立される規範（二次法〔これには個別具体の事件に係る判決も含まれる〕）に「直接支配効」を授ける。そして、かような条約への国内議会の承認（ドイツの場合には承認法律）議決こそが、すなわち国際機構への「統治権の委譲」と捉えられるのである。

　⑶　ただし、上述の一次法それ自体は二次法の「直接支配効」を要求していない場合であっても、国内法がこれと同じ効果を自発的に生ぜしめることは可能である。例えば、国際裁判機関の設置を定める一次法それ自体は、そこでの法解釈ないし判決に国内裁判所がそのまま従うことまで要求していない場合であっても、国内法が国内裁判所にそうした義務を自発的に課することは、むろん禁ぜられない。それどころか、ドイツの基本法はむしろ国内立法者によるそうした義務付けを要請している、との理解が連邦憲法裁判所によって示されてきた。それによれば、国際機構に対する統

治権委譲の明示的承認に端的に現れているように、基本法は〈国際法親和性の原則〉によって貫かれており、そのことを踏まえた条約承認法律の言わば基本法適合的解釈の結果として、例えば国内裁判所の如上の義務は根拠付けられ得るというのである。

2　展　望

　以上の分析によれば、ICSID 仲裁は、国家賠償を命ずる仲裁判断につき、これを「自国の確定判決とみなして」執行する義務が課される点において、〈司法権の国外委譲〉に該当し得ると考えられる。もっとも、仮にこうした結論が否定されたとしても、基本法を通底する〈国際法親和性の原則〉ゆえに、国内法に基づく同様の義務付けが求められるとすれば、かかる該当性の有無を論ずる実益はおそらく低減するだろう。それよりも改めて刮目されるべきは、本来であれば憲法改正を要するはずの〈統治権の国外委譲〉を基本法が明文で容認していること、そしてだからこそ〈国際法親和性の原則〉に独特の含意が読み込まれてきたことである。この「独特の含意」とは、条約目的の一層の実現に仕える「国家機関の」義務を条約自身による要求の有無に関わらず肯定する、その拠りどころが同原則であることを指している。すなわち、条約承認法律（の議決主体たる国内議会）は、二次法も含めた条約の遵守にとって必要な措置を国内裁判所（や国内行政庁）に義務付けていると解されるところ、かかる解釈の淵源をさらにさかのぼれば、窮極的には基本法を貫く〈国際法親和性の原則〉に行き着くと考えられるのである。

　日本国憲法下において同様の立論を試みるとき、真っ先に念頭に浮かぶのは 98 条 2 項である。しばしば〈国際協調主義〉の名が付されるこの条項に、ドイツ基本法下における〈国際法親和性の原則〉と同一の要請を仮に充填できるとすれば、ICSID 仲裁に係る国内執行義務の憲法適合性は首肯され得るだろう。

　しかしながら、日本における従来の憲法学説に徴する限り、この道筋はきわめて険しいのではないかと予想される。と言うのも、周知の通り日本の憲法学説はほぼ一致して[61]、条約締結による実質的な憲法改正にきわめて強い忌避を表明してきたからである[62]。すなわち、国内法秩序における

条約の効力順位をめぐって、万が一にも憲法に対する条約の効力優位を認めるならば、硬性憲法の厳重な改正手続が条約承認の簡易な手続によって踏み越えられてしまうところ、〈国際協調主義〉はそのような帰結を容認するための便法として用いられてはならないと強調されてきたのである[63]。確かに近時の憲法学説においては、従来ともすれば法規範相互の効力順位の問題に限局されるきらいのあった 98 条 2 項の解釈論を、より広い視角から捉え直そうとする論調が現れてきている[64]。とは言え、上述の通り、条約による実質的な憲法改正への警戒がなお根強い憲法学説を前提とする限り、〈国際協調主義〉に託される含意には限界が存するはずである。それでもなお ICSID 仲裁に係る国内執行義務の憲法適合性を図るとすれば、時に実質的な憲法改正をも厭わない条約遵守への一層のコミットメントを 98 条 2 項に読み込むしかないのではないか。〈統治権の国外委譲〉を少なくとも明示的には認めていない憲法典の下で、かかる試みは首尾よく果たされ得るのか、その本格的な考察は別の機会を待ちたい。

【附記】　本章は、「司法権の国外委譲と憲法」社会科学研究（東京大学）69 巻 1 号（2018）141〜176 頁を、紙幅の制約に照らして圧縮しつつ、そこでは十分に参照できなかった文献に手を伸ばし、必要に応じて加筆修正を試みたものである。

---

61)　ただし、憲法と条約との効力関係について、当初はいわゆる「条約優位説」がむしろ有力であったように見受けられる。その主唱者であった宮沢俊義は、国際主義を宣言する前文、徹底的な平和主義を謳う 9 条、違憲審査権の対象から条約を除く 81 条、そして憲法に反する条約の無効に言及しない 98 条 1 項などに「徹底した国際主義の立場」を看取したうえで、これとの整合性から考えれば、98 条 2 項は憲法に対する条約の効力上の優位を承認する規定として読まれるべきことを説いた。参照、宮沢俊義（芦部信喜補訂）『全訂 日本国憲法』（日本評論社・1978）812〜818 頁。

62)　参照、芦部信喜『憲法学 I 憲法総論』（有斐閣・1993）93 頁。

63)　樋口陽一『憲法〔第 3 版〕』（創文社・2007）103 頁は、このことを特に明確に述べている。

64)　例えば、憲法を含む国内法の国際法適合的解釈の要請について、齊藤正彰『憲法と国際規律』（信山社・2012）78〜82 頁を参照。また、条約より下位の国内法に対する国際法適合的解釈、条約と同位の国内法に対する国際法親和的解釈、そして条約より上位の国内法（憲法）に対する国際法の参照を区別しつつ、これらを 98 条 2 項の要請として位置付けようと試みる山田・前掲注 51）458〜459 頁も参照。

第7章 投資協定仲裁と行政救済法理論

.... 原田大樹

Ⅰ　はじめに
Ⅱ　二つの Vattenfall 事件
Ⅲ　投資協定仲裁と行政救済法理論
Ⅳ　おわりに

Ⅰ　はじめに

　自由貿易体制の深化を図る手段として、二国間あるいは多国間の投資協定や経済連携協定が多く結ばれている。環太平洋パートナーシップに関する包括的及び先進的な協定（TPP11 協定）や日 EU 経済連携協定のように、先進国同士の協定も増加している。そのような状況下で、これら投資協定等のほとんどに含まれる紛争解決手続である国際的な仲裁に関心が集まっている。投資協定仲裁は、協定上の義務に違反した投資受入国（ホスト国）に対して、投資家がこれに起因する損害の賠償を主として求める手続で、ホスト国裁判所ではなく投資家とホスト国が仲裁人を選任し、仲裁によって紛争解決を図るものである。投資協定仲裁に持ち込まれる紛争は、従来であれば、そのほとんどが国内の行政救済法（とりわけ国家賠償・損失補償）によって解決されてきたものである。こうした国内の裁判所による行政救済ルートの独占の構図が、投資協定仲裁に代表される国際的な仲裁によって激変する可能性がある。そして、民主的に選ばれたわけでもない仲裁人が、国家の立法者の判断に基づく規制措置の効果を（事実上）奪う局面も予想されることから、投資協定仲裁の存在がこうした協定の締結に反対する政治的・社会的運動の背景の一つとなったことは、記憶に新しい[1]。

もっとも、日本政府を相手とする投資協定仲裁はいまだ申し立てられておらず、また日本企業が海外で関係した仲裁例もごくわずかにとどまる現時点において、投資協定仲裁が日本法にもたらす影響を分析することはきわめて難しい。そこでまず、すでに投資協定仲裁と国内行政救済手段とが接触した例を持つドイツ法の事例を参照し、具体的にどのような点が問題として意識され、どのような方向で学説上の議論がなされているかを整理する（II）。具体的には、ドイツの四大電力会社の一つで、スウェーデンの国営企業の子会社であるヴァッテンフォール（Vattenfall）が当事者となった、石炭火力発電所事件と脱原発事件を取り上げる[2]。続いて、投資協定仲裁が日本法に対して持ち得る意味を、国内行政救済手段との関係、行政争訟法との関係、国家補償法との関係の三つに分けて検討する（III）。本章では、投資協定仲裁が一般的には協定違反の有無を投資協定等の国際法規範に基づいて判断する手続であって、その中では国内法令の解釈・適用が直接問題とされているわけではないと理解する一方で、国内行政救済法の下での判断が参照されたり、判断の積み重ねを相互に学習したりする関係にあるものとする把握方法（「平行」手続としての性格）をさしあたり採用することとし、このような捉え方に基づいて両者の関係を理論的にどう整序できるかを模索する。こうしたアプローチによって、理論先行型で投資協定仲裁の問題に対する対応を構想するとともに、国内行政救済法理論の反省の契機としても国際投資仲裁がもたらし得る諸要素を手がかりとすることとしたい（IV）。

II　二つの Vattenfall 事件

1　モアブルク石炭火力発電所事件（Vattenfall I）

　　(1)　事案の概要　　スウェーデンの電力会社ヴァッテンフォールは、ハ

---

1)　濱本正太郎「国会審議に見る投資条約仲裁の虚像と実像」法律時報 87 巻 4 号（2015）43〜48 頁。

2)　Markus Krajewski, Verfassungsrechtliche Probleme des Eigentumsschutzes durch internationales Investitionsrecht, in: ders u. a. (Hrsg.), Gesellschaftliche Herausforderungen des Rechts: GS Helmut Rittstieg, 2015, S. 80-96, 93.

ンブルク州近郊のモアブルク（Moorburg）に石炭火力発電所を設置するため、イミシオン防止法上の認可と、冷却水の取水・排水のための水管理法の許可を 2006 年に申請した[3]。その後、統合的環境アセスメントが実施され、州環境庁は 2007 年に暫定の許認可を与え、最終の許認可を出す見込みであった。その後、2008 年の州議会選挙で、緑の党が同発電所の建設に反対することを公約に掲げ、選挙後に連立与党に加わり、州環境庁の長官ポストを獲得した。

(2) 救済手続の展開　　**(a) 負担取消訴訟と ICSID 仲裁**　　最終の許認可がなかなか出されないことから、2008 年にヴァッテンフォールは不作為確認訴訟を提起した。州環境庁は最終許認可を出し、それに取水量を大幅に制限する等の内容の負担を条件として付加した。これに対してヴァッテンフォールは、こうした制限のない許認可を求める義務付け訴訟を提起した。ヴァッテンフォールはさらに、エネルギー憲章条約[4]に基づき、ドイツ連邦政府に対して、公正衡平待遇違反および間接収用を理由として投資紛争解決国際センター（ICSID）に仲裁の申立てを行った。

このうち国内の行政裁判については、2010 年に和解が成立し、取水量を暫定許認可時の量に緩和する内容の水管理法上の変更許可が、改めての行政手続を経ることなく出された。それを受けて、2011 年に ICSID 仲裁も和解で終了した。その内容は、2010 年の和解の内容を踏襲するもので、仲裁申立ての内容に含まれていた損害賠償は行わないこととされた。

この手続では、最終的に仲裁廷が仲裁判断を出さなかったこともあり、国内裁判と投資協定仲裁の関係をめぐる議論はそれほど活発には行われなかった。もっとも、両手続の差異は認識されており、例えば投資協定仲裁が信頼保護を重視するのに対して、国内裁判所は法律による行政の原理を重視するという審理方法の相違[5]や、投資協定仲裁は賠償額を決めるのに対して、国内裁判所は原状回復を重視するという救済方法の相違[6]が指摘

---

3)　Markus Krajewski, Umweltschutz und internationales Investitionsschutzrecht am Beispiel der Vattenfall-Klagen und des Transatlantischen Handels- und Investitionsabkommens (TTIP), ZUR 2014, S. 396-403, 399.

4)　Richard Happ, *Dispute Settlement under the Energy Charter Treaty*, 45 GERMAN YEARBOOK OF INTERNATIONAL LAW 331, 357 (2003).

5)　Krajewski (Anm. 3), S. 399.

II　二つの Vattenfall 事件　　*137*

されていた。

　(b)　**許可取消訴訟**　　この訴訟には環境保護団体 BUND が参加人として加わっており、2010 年の和解には同意しなかった。BUND はさらに 2011 年に、和解に基づいて出された水管理法の変更許可の取消訴訟を併合し、連邦自然保護法違反をも主張した。2013 年にハンブルク州上級行政裁判所は、掛け流し式の冷却に必要な取水・排水を認めた部分について取消判決を出し、それ以外の許認可の内容は維持する判断を示した[7]。

　この訴訟では次の二つが争点となっていた。第一は、水管理法 27 条の悪化防止要請（Verschlechtungsverbot）の法的性格である。この規定は、EU の水枠組指令（Wasserrahmenrichtlinie）に由来するもので、水質悪化を防止するために必要な措置を採る義務を規定していた。もっとも、その規定は法規範性を有するのか、さらには水管理法の許可要件に含まれるのかをめぐって争いがあった。判決では、悪化防止要請の法規範性を認め、許認可の要件に含まれるとした。そしてこの要請を、水管理法の許可に関する広範な裁量の考慮事項ではなく、その枠外にあるものと位置付けた[8]。もし悪化防止要請が衡量の枠内に取り込まれていれば、たとえ悪化防止要請違反でも他の考慮事項との関係で適法な許可となる可能性があった[9]。

　第二は、連邦自然保護法および EU の自然生息地指令[10]の要請の考慮である。発電所からエルベ川の上流約 600 km の所に自然保護地域（Natura 2000）が存在しており、保護対象種である淡水・海水ヤツメウナギ、サケ等の産卵場所として保護されていた。発電所が冷却のために取水・排水すると、魚が保護地域まで遡上できずに死滅するおそれがあることから、川の流れをコントロールするための閘門を発電所から約 30 km 上流に設け

---

　6)　Markus Krajewski, Vattenfall, der deutsche Atomausstieg und das internationale Investitionsrecht, juridikum 2013, S. 348-360, 353.

　7)　OVG Hamburg, Urt. V. 18. 01. 2013, ZUR 2013, 357.

　8)　Claudio Franzius, Das Moorburg-Urteil des OVG Hamburg, NordÖR 2014, S. 1-11, 3.

　9)　Harald Ginzky, Maßstäbe der Gewässerbewirtschaftung nach der Wasserrahmenrichtlinie, ZUR 2013, S. 343-349, 344. 悪化防止要請の展開につき参照、山田洋「水銀排出規制と石炭火力発電の将来」行政法研究 22 号（2018）37〜52（47〜49）頁。

　10)　齋藤亜紀人「EU 自然保護・生物多様性政策における共通ルール発展の阻害」日本 EU 学会年報 34 号（2014）339〜358 頁、中西優美子「浚渫作業にかかわる EU 自然生息地指令の実効性確保（III(2)）」自治研究 92 巻 5 号（2016）94〜104（101）頁。

138　第 7 章　投資協定仲裁と行政救済法理論

るとともに、魚道を南北に設置していた（このうち南岸魚道は、2010 年の変更
認可での負担の一部であった）。これらの措置が自然保護に対する悪影響の抑
制・限定措置（連邦自然保護法 34 条 1 項）に当たるかが争われた。本判決は、
南岸魚道の設置によって環境影響は著しく改善されたとして、これらの措
置が悪影響の抑制・限定措置に当たるとした。

　上告後の 2014 年に連邦行政裁判所は、執行停止の申立てを緊急の必要
性が認められないとして却下した[11]。また、2015 年には、別の事件の先
決裁定手続の中で、EU 司法裁判所が悪化防止要請の法的性格について、
単なる政策目標ではなく法的拘束力があり、許認可の要件に含まれると判
断した[12]。国内裁判所と ICSID 仲裁の双方で和解によって紛争が解決し
たかに見えたこの事件は、ハンブルク州上級行政裁判所の取消判決という
新たな展開によって、仮に連邦行政裁判所がこの取消判断を維持した場合
に、ICSID 仲裁における和解で認められた内容を強制できるか[13]という難
問を抱えることとなった。このような多層的な司法間調整の問題は、投資
協定仲裁との間だけでなく、EU 司法裁判所との関係でも出てくることに
なる。2015 年の先決裁定手続における EU 司法裁判所の決定は、生態系
に著しい悪影響を与える可能性の問題と、そのような悪影響の抑制・限定
措置の効果とを別々に判断する方法をとっており、両者を一体的に判断し
てきたドイツの国内裁判所の判断方法との齟齬が指摘されていた[14]。

　(c)　**条約違反手続**　　上記(a)の訴訟で和解が成立した 2010 年に、環境
保護団体 BUND は欧州委員会に対して自然生息地指令に関する苦情の申
出を行っていた[15]。これを受けて、2014 年に欧州委員会がドイツに対し
て改善要求（Aufforderungsschreiben）を出し、さらに 2016 年には欧州委
員会が条約違反手続を開始した。2017 年に EU 司法裁判所は、ドイツの

---

　11)　BVerwG, Beschluss vom 16. 09. 2014, ZUR 2014, 664.

　12)　EuGH, Urt. V. 01. 07. 2015 C-461/13, NVwZ 2015, 1041（BVerwG, EuGH-Vorlage vom 11. 07. 2013, DVBl. 2013, 1450）.

　13)　Krajewski（Anm. 6）, S. 355.

　14)　Arno Beier, Die Beeinträchtigung eines FFH-Gebiets als solchem, DVBl. 2013, S. 1497-1503, 1500; Jörg Berkemann, Fischtod durch Kühlwasserentnahme – Der Fall Moorburg（EuGH）, ZUR 2017, S. 404-413, 408.

　15)　Berkemann（Anm. 14）, S. 405.

条約違反を認定した[16]。

　判決では、保護地域の保護目的が魚類の保護・繁殖にあることに注目し、保護対象の魚類が遡上できなければ目的を達成できないことから、自然保護地域と発電所の間が約600km離れているとしても自然保護への影響があることを認めた。そして、魚道の設置による悪影響の緩和効果は認めるものの、2010年の変更許可の時点で悪影響が防止できる合理的な証明がないとして、EU自然生息地指令に違反すると判断した。EU司法裁判所は、悪影響の有無、悪影響の抑制・限定措置、代償措置を峻別したうえで[17]、変更許可後の多段階のモニタリングによって南岸魚道の効果を判断するのでは不十分とし、変更許可時点での不確実性の解消が必要と判断した。これを受けて、ハンブルク州環境庁は直ちに、掛け流し式冷却のための取水を停止する命令を発令し、冷却塔を利用した循環式冷却方式の採用が求められることとなった。

　条約違反手続を欧州委員会が開始するかどうか、いつ開始するかの決定は、委員会の裁量に委ねられており（EU運営条約258条）、条約違反手続を開始しないことは不作為確認訴訟の対象とはならないとされる[18]。もっとも、紛争が加盟国の最上級審に係属中の時点で条約違反手続を行うことは、欧州司法裁判所と加盟国最上級審との協力関係を念頭に置いた場合に適切なのかという点には、疑問が提起されている[19]。また、加盟国の事実審裁判所であるハンブルク州上級行政裁判所が効果的な悪影響抑制・限定措置と判断した魚道の設置について、EU司法裁判所がその判断を異にしたことで、EU司法裁判所は加盟国の救済手段が尽きていなくても審査できる超事実審なのかという批判[20]も見られる。この結果、EU司法裁判所の条約違反の認定を前提に、連邦行政裁判所にはハンブルク州上級行政裁判所が適法とした連邦自然保護法（生息地指令）の判断を見直す必要が生じ、連邦行政裁判所はハンブルク州上級行政裁判所の判決が連邦法に違反する

---

16)　EuGH, Urt. V. 26. 04. 2017 C-142/16, ZUR 2017, 414.

17)　Bernhard Stüer, Steinkohlekraftwerk Moorburg hält Verträglichkeitsanforderungen der Habitat-Richtlinie nicht ein, DVBl. 2017, S. 838-844, 842.

18)　中西優美子『EU法』（新世社・2012）175頁。

19)　Berkemann（Anm. 14), S. 412.

20)　Berkemann（Anm. 14), S. 411.

140　第 7 章　投資協定仲裁と行政救済法理論

として、同裁判所に差し戻した[21]。この事件は、司法の多層化という問題をきわめて鮮明に示した具体例であり、紛争解決のフォーラムとして国内裁判所、欧州司法裁判所、国際投資仲裁が絡み合うものである。

2　脱原発事件 (Vattenfall Ⅱ)

　(1)　**事案の概要**　　ヴァッテンフォールは、2011 年の脱原発をめぐっても ICSID 仲裁を申し立てている (Vattenfall II)。ドイツにおける脱原発[22]が本格化したのは、1998 年の連邦議会選挙後に、脱原発を公約にしていたシュレーダー政権 (SPD・緑の党の連立政権) が発足してからである。2000 年には連邦政府とエネルギー供給企業 4 社との間で脱原発協定 (Atom-konsens) が結ばれ、その内容を立法化する原子力法改正が 2002 年になされた。その内容は、原発の新規建設を禁止し、既存の原発を段階的に廃止するというものであった。具体的には、原子炉の稼働年数を 32 年と考えたうえで、それまでの発電量を差し引いた残存発電量 (Reststrommengen) を割り当て、これがなくなるまでの発電を認め、ドイツ国内の他のより新しい原子力発電所への移転も認めることとした。

　その後、2009 年の連邦議会選挙後に発足した第二次メルケル政権 (CDU/CSU・FDP の連立政権) は、再生可能エネルギーが実用化されるまでの架橋電源として原子力を位置付け、地球温暖化対策の観点からも原子力発電所の運転期間を延長することとし、2010 年にエネルギー供給企業 4 社との間で原子力発電所の期間延長に関する協定を締結した。そして、これを受けて原子力法が改正され、原子力発電所に対して平均して 12 年分の追加発電量を配分した。また、これと同時に核燃料税が導入されており、原子炉延長に対する政策的な課税として、廃炉のための費用や再生可能エネルギーの促進が目的とされた[23]。しかし、2011 年 3 月 11 日に発生した

---

21)　BVerwG, Urt. v. 29. 05. 2018, NVwZ 2018, 1734, 1735.　もっとも、差戻し後のハンブルク州上級行政裁判所がきわめて難しい判断を強いられることにつき、Ulrich Ramsauer, Moorburg und kein Ende, NordÖR 2018, S. 457-459, 459.

22)　Thomas Schmitt/Tim Werner, Die Staatshaftung für legislatives Unrecht am Beispiel des Atomausstiegs, NVwZ 2017, S. 21-28, 21-23; 高木光「ドイツ脱原発法一部違憲判決」自治研究 93 巻 12 号 (2017) 79〜90 (79〜82) 頁、カール＝フリードリッヒ・レンツ「原発廃止立法に関する違憲判決」自治研究 94 巻 2 号 (2018) 155〜162 頁。

東日本大震災とこれに基因する福島第一原発事故を受けて、メルケル政権は原子力法改正の３か月間の不適用と古い原子炉の３か月の運転停止命令を含むモラトリアムを実施し、その後原子力法を改正して、追加発電量を取り消し、古い原子炉の廃炉およびその他の全ての原子炉も 2022 年で廃炉にすることとした。

(2) **救済手続の展開** (a) **原子力法改正の合憲性と ICSID 仲裁** これに対して 2011 年に、原子力発電所を保有する E.ON、RWE、ヴァッテンフォールの３社がそれぞれ憲法異議を連邦憲法裁判所に提起した。さらにヴァッテンフォールは 2012 年に、エネルギー憲章条約に基づいて ICSID 仲裁の申立てを行った。ICSID 仲裁は現在も係属中である。

2016 年に連邦憲法裁判所は、憲法異議に対する判断を示した〔判決日がニコラウスの日に当たったことから、ニコラウス決定〔Nikolaus-Entscheidung〕とも呼ばれている)[24]。判決では、原子力に関する民主的な決定を重視する従来の連邦憲法裁判所の判例を踏襲しつつ[25]、以下の四点に関する重要な判断を示した。

第一に、ヴァッテンフォールの基本権享有主体性である。基本法 19 条３項の法人の基本権享有主体性に関する規定を受けて、外国法人の基本権享有主体性を否定する憲法裁判所の判例が存在する。ヴァッテンフォールはドイツ国内の会社ではあるものの、スウェーデン政府が保有しており、その基本権享有主体性は否定されるように見える。しかし連邦憲法裁判所は、EU 運営条約 54 条１項の開業の自由を手がかりに例外的に憲法異議資格を肯定した。

第二に、原子力法上の許認可の財産権保障対象性である[26]。従来の憲法裁判所の判例では、年金受給請求権については憲法上の財産権保障の対象

---

23) Michael Kloepfer, Umweltrecht, 4. Aufl. 2016, S. 1469 Rn. 60.

24) BVerfG, Urt. v. 06. 12. 2016, 1 BvR 2821/11, 1 BvR 321/12, 1 BvR 1456/12, E 143, 246. 同判決が示した財産権論に関する詳細な理論的検討として参照、平良小百合「脱原発を促進する第 13 次原子力法改正法と憲法上の財産権保障」山口経済学雑誌（山口大学）66 巻 3 号（2017）249〜280 頁、小山剛「脱原発と財産権」法律時報 90 巻 1 号（2018）95〜100 頁。

25) Gerhard Roller, Die verfassungsrechtliche Bewertung des Atomausstiegs 2011, ZUR 2017, S. 277-287, 278.

26) ドイツにおける憲法上の財産権概念の内容とその意義につき参照、平良小百合『財産権の憲法的保障』（尚学社・2017）97〜139 頁。

とされたものの、それ以外の行政上の許認可については基本的に対象外とされてきた[27]。本判決は、原子力法上の許認可は、投資の前提ではあるものの、固有の寄与（eigene Leistungen）を欠くことから財産権保障の対象外とした。

第三に、残存発電量の取消しの収用該当性である。後述の通り、ドイツでは財産権を制限する国家の作用を「収用」（基本法14条3項）と「財産権の内容・限界規定」（同条1項2文）に大別している。そして、収用であれば損失補償を要するのに対して、財産権の内容・限界規定であれば原則として補償は不要とされる。近時の憲法裁判所の判例[28]では、どのような作用が「収用」に当たるかをめぐって、公的任務遂行のために財産が権力的に調達されて公的主体に移転する財産獲得（Güterbeschaffung）を要件としており、本判決もその立場を踏襲して、残存発電量の取消しは収用に当たらず、財産権の内容・限界規定の問題とした。

第四に、信頼保護の対象性である。法の一般原則の一つに数えられる信頼保護原則は、基本法の財産権保障と深く結びついている[29]。本判決は、内容・限界規定の比例原則審査の際に、2002年に割り当てられた残存発電量と、2010年に割り当てられた追加発電量とを区別した。本判決は、原子力燃料についてその膨大なリスクから、著しい社会的関連性を有する財産権であるとして、強い社会的拘束に服するとしたうえで、2010年の追加発電量の配分は事業者の固有の寄与に基づくものではないとして、信頼保護の対象としては認めなかった（ただし、追加発電量の配分を受けて何らかの投資活動を行った場合の投資は対象に含めた）。これに対して2002年の残存発電量は、脱原発の移行措置の内容であって、その信頼は保護されなければならないとした。そして、2022年の脱原発期限までに内部で消化できな

---

27) イミシオン防止法上の許認可のような予防的監督許可（＝許可を受ける請求権が認められる許可）については、それが財産権保障の対象となるとする連邦憲法裁判決がある（BVerfG, Beschluss vom 14. 01. 2010, NVwZ 2010, 771, 772）のに対して、原子炉設置許可は事業者の固有の寄与によるものではなく国家が与えるものだから、事業者側に請求権がなく、憲法上保護される財産権に該当しないとされる。Vgl. Joachim Wieland, Verfassungsfragen der Beendigung der Nutzung der Kernenergie, EnWZ 2013, S. 252-258, 255.

28) BVerfGE 104, 1, 10.

29) Meinhard Schröder, Verfassungsrechtlicher Investitionsschutz beim Atomausstieg, NVwZ 2013, S. 105-111, 106.

い残存発電量を保有しているヴァッテンフォール・RWEについては甘受できない制約があると認め、追加発電量に基づく投資も含めて適切な補償措置を講ずるように法律の改正を義務付けた。財産権の内容を一般的に規定する内容・限界規定の場合には、それが違憲と評価されても補償とは結びつかないのが原則である。しかし、一般的に見て合憲であっても、特定の対象者についてそれが甘受できない財産権に対する制約になっている場合には、補償も含む経過的な措置を立法者が講じなければならない。このような類型の規定は「調整を要する内容・限界規定」[30]と呼ばれており、追加発電量の取消しや残存発電量のうち2022年までに使用できない部分を生じさせた法律の規定はこの類型に該当するものとされた。

この判決に関する国際投資仲裁との関連での理論的評価は、おおむね次の二点にまとめられる。第一は、ヴァッテンフォールの憲法異議の利用可能性である。ドイツにおいて投資協定仲裁に批判的な見解の理由付けの一つとして、海外の投資家に対してのみ国内の裁判所とは別の救済ルートを認めること（救済特権としての投資協定仲裁）が挙げられている。その背景には、高い民主的正統性を持つ立法者による規制が場合によっては国外の仲裁廷によって覆され得ることに対する反発[31]があるほか、フォーラムショッピングの危険や、仲裁人の中立性・正統性[32]の問題も指摘されている。またドイツでは、その活動がたとえ私法的なものでも、国家の属性を持つ主体に基本権享有主体性が否定されている。ドイツの四大電力会社の一つであるEnBWは地方自治体等が株式を所有する組織で、憲法異議資格が

---

30) 南川和宣「ドイツにおける補償を義務づけられる内容制限規定(1)」法学論叢（京都大学）150巻4号（2002）20〜42（25〜33）頁、清野幾久子「ドイツにおける原子力発電廃止決定の憲法問題」法律論叢（明治大学）76巻1号（2003）79〜126（93）頁、川合敏樹「ドイツにおける原発規制の動向」斎藤浩編『原発の安全と行政・司法・学界の責任』（法律文化社・2013）177〜195（184）頁。

31) Martin Klein, Investitionsschutzabkommen, Wirtschaftsdienst 94（2014）, S. 463-467, 466.

32) Stephan W. Schill, Internationales Investitionsschutzrecht und Vergleichendes Öffentliches Recht, ZaöRV 2011, S. 247-289, 266; David Buntenbroich/Markus Kaul, Transparenz in Investitionsschiedsverfahren, SchiedsVZ 2014, S. 1-8, 6. 国際レベルにおける正統性の問題につき参照、伊藤一頼「国際条約体制に正統性はあるのか」法学教室444号（2017）133〜139頁、同「私的規範形成のグローバル化がもたらす正統性問題への対応」論究ジュリスト23号（2017）8〜13（11〜12）頁、濱本正太郎「『グローバル法』をめぐる正統性問題」論究ジュリスト23号（2017）14〜19（17）頁。

認められないことを見越して、憲法異議を提起していなかった。これに対して、スウェーデン政府が保有するヴァッテンフォールについては基本権享有主体性が認められたため、両者のアンバランスが非常に際立つことになった[33]。他方で、EU 法親和的解釈の必要性[34]、あるいは EU 加盟国相互の尊重義務[35]から、開業の自由を手がかりに憲法異議の資格を認めたことは適切とする見解もある。また、仮に連邦憲法裁判所がヴァッテンフォールの憲法異議資格を否定した場合、問題の解決が国際投資仲裁に委ねられることになってしまい[36]、それは連邦憲法裁判所にとって得策ではなかったから資格を認めたとの推測も見られる[37]。

　第二は、ドイツ法における収用概念の狭隘さである[38]。後述の通り、投資協定のほとんどには収用に関する規定が置かれており、その中では財産権を国家が直接奪う形態の直接収用と並んで、規制措置や課税・負担金などの別の方法で実質的に財産権の行使を否定する間接収用も「収用」概念に含まれている。また、基本権の解釈にあたり国内において憲法的な意味を持つとされる欧州人権裁判所の判決では、収用概念に「形式的な収用」（財産の別の主体への移転）だけでなく、「事実上の収用」（規制作用による財産権侵害）も含まれている[39]。これに対してドイツ法では、収用概念は財産権の内容・限界規定と区別されてきわめて限定的に理解されており[40]、

---

33)　Foroud Shirvani, Atomausstieg und mäandernde Gesetzgebung, DÖV 2017, S. 281-287, 283.

34)　Jörg Berkemann, Der Atomausstieg und das Bundesverfassungsgericht, DVBl. 2017, S. 793-804, 795.

35)　Ralf Knaier/Lothar Wolff, Prozessuale und materielle Grundrechtsberechtigung für Staatsunternehmen durch die Niederlassungsfreiheit? EWS 2017, S. 207-213, 212.

36)　エネルギー憲章をめぐる投資協定仲裁は他の国でも（とりわけ再生可能エネルギーに係る補助金を対象に）提起されており、仲裁の予見可能性の低さが指摘されている。イタリアはこのような事態を受けて、2016 年にエネルギー憲章条約を脱退している。Vgl. Alfred Escher/Violeta Sliskovic, Aktuelle Entwicklungen des Investitionsschutzrechts, RIW 2016, S. 190-201, 196.

37)　Shirvani（Anm. 33）, S. 283.

38)　Fritz Ossenbühl/Matthias Cornils, Staatshaftungsrecht, 6. Aufl. 2013, S. 210f. は、財産の獲得では明確なメルクマールにならないとし、収用を「立法者が自ら意図し、そのように授権したうえで収用と明確に表現した、権利を縮小する措置」と定式化する。

39)　Shirvani（Anm. 33）, S. 284.

40)　松本和彦「ドイツにおける原発廃止の法律問題」阪大法学（大阪大学）52 巻 3＝4 号（2002）759～785（776）頁。

多層的な司法間調整の中で特異性を有している。さらに、両者は救済方法[41]や和解の可能性[42]の点で相違があり、また投資協定仲裁の場合にはホスト国の憲法を考慮する義務はないから[43]、連邦憲法裁判所の判断が投資協定仲裁に与える影響は限定的とも見得る。他方で、連邦憲法裁判所が違憲判断した部分について仲裁廷が賠償を与えるインセンティブが働き得るかもしれないし、逆に合憲と判断した部分については賠償を認めない方向に仲裁廷を誘導し得る[44]。

　（b）　**核燃料税の合憲性**　　脱原発に関する法的紛争は、なお別の形でも続いた。ハンブルク州財政裁判所は、核燃料税法が基本法に違反し、遡及的に無効となるのか、連邦憲法裁判所に先決裁定を求めた。2017 年に連邦憲法裁判所は、核燃料税が違憲無効とする決定を出した[45]。核燃料税は、その導入時から基本法や EU 法との適合性が争われてきた。本決定は、核燃料税は消費税に当たらず、連邦の立法権限を欠くので無効とした。基本法の財政・税源に関する規定は厳格に解釈すべきこと（類推解釈の禁止）を前提として本決定は、消費税を、製造者に課税し消費者に転嫁され、恒常的な需要がある財の使用に課税するものとした。そして、核燃料税にはこうした性格がないので、基本法 106 条 1 項 2 号の消費税に当たらないと判断し、核燃料税を違憲無効とした。この結果、これまで支払われた核燃料税は電力事業者に返還されることとなった[46]。

　この事件では、連邦の立法権限に関する厳格な解釈がなされた[47]にとどまり、理論的なインパクトは大きくない。しかし実質的には、支払った核燃料税を返金することにより、2016 年のニコラウス決定ではなされなかった経済的な損害填補を一部実現したものとも言い得る。

　41）　Darius Reinhardt, Vattenfall vs. Deutschland（II）und das internationale Investitions-schutzregime in der Kritik, KJ 2014, S. 86-94, 87.

　42）　Krajewski（Anm. 6）, S. 358.

　43）　Krajewski（Anm. 3）, S. 400.

　44）　Markus Ludwigs, Das Urteil des BVerfG zum Atomausstiegsgesetz 2011, NVwZ-Beilage 2017, S. 3-8, 8.

　45）　BVerfG, Bes. v. 13. 04. 2017, NVwZ 2017, 1037.

　46）　同事件につき参照、カール＝フリードリッヒ・レンツ「原発燃料税法に関する違憲決定」自治研究 95 巻 2 号（2019）145〜152 頁。

　47）　Markus Ludwigs, Die Kernbrennstoffsteuer vor dem BVerfG, NVwZ 2017, S. 1509-1513.

146 第 7 章　投資協定仲裁と行政救済法理論

　(c)　**投資協定仲裁の EU 法適合性**　　ヴァッテンフォールが金銭賠償を
求めているもう一つのルートである国際投資仲裁については、2018 年に
EU 司法裁判所がその EU 法適合性に関する新たな判断（Achmea 判決[48]）
を示したことから、仲裁廷の判断権限に関する審査に時間を要し、最終的
な判断にはなお至っていない。この事件は、オランダの保険会社の
Achmea 社がスロヴァキア政府による民間医療保険会社に対する規制（特
に配当禁止規制）によって損害を受けたとして、ドイツのフランクフルト
を仲裁地とする UNCITRAL の仲裁手続を申し立てたものであり、オラン
ダとスロヴァキアとの二国間投資協定に基づく紛争解決手続が、EU 法と
整合するかが問題となった。仲裁廷は、判断権限に関する先決決定につい
ても、また実体判断についても、Achmea 社側の主張を認めたのに対して、
スロヴァキア政府はフランクフルト高等裁判所に仲裁判断取消申立てを行
い、それがドイツの連邦通常裁判所から EU 司法裁判所の先決裁定手続に
持ち込まれ、EU 法と EU 域内の二国間投資協定との関係が判断されるこ
ととなった。

　EU 司法裁判所は、EU 法が加盟国の国内法あるいは国際法に対して自
律性を持っていることを強調し[49]、その自律性を保障するための手続とし
て先決裁定手続を位置付けた。そして、二国間投資協定に基づく仲裁廷が
場合によっては EU 法の解釈・適用をなし得ることを前提に、仲裁廷は
EU の裁判制度に属していないから、先決裁定手続によって EU 司法裁判
所が EU 法の自律性を担保できなくなるとした。もっとも、この事件がそ
うであったように、二国間投資協定に基づく仲裁判断が加盟国の裁判所に
取消申立ての形で持ち込まれれば、先決裁定手続によって EU 司法裁判所
が EU 法との整合性を判断する機会が生まれることになる。しかし判決で
は、仲裁判断の取消しを加盟国裁判所がなし得る要件が公の秩序に反する
場合等に限定されている（ドイツ民事訴訟法 1059 条 2 項）ことから、そうし

---

48)　EuGH, 06. 03. 2018-C-284/16, EuZW 2018, 239.　同判決の詳細な検討として参照、中西優
　　美子「EU 構成国間の投資協定と EU 法の自律性（I(7)）」自治研究 95 巻 1 号（2019）98～
　　110 頁。
49)　批判的な見解として、Rouven F. Bodenheimer/Klaas Hendrik Eller, Unionsrechtszen-
　　trarismus und ISDS, RIW 2018, S. 786-792, 789.

た特別な場合でなければ EU 法との整合性の審査の機会がないことを問題視している。EU 法の自律性を重視する考え方は、EU の欧州人権条約加入問題の際にもそのブレーキになっており、同様の論理で、少なくとも EU 域内の二国間投資協定に基づく投資協定仲裁が EU 法に整合しないことが明らかになった[50]。

それでは、ヴァッテンフォールが申し立てているエネルギー憲章条約に基づく ICSID 仲裁は、EU 法との整合性がないと言えるか。この点に関する仲裁判断が 2018 年 8 月末に示され、結論としては EU 法との整合性は問題にならず、仲裁廷に管轄権があるものと判断された[51]。具体的には、① ICSID 条約において管轄に関する法と実体法が明確に区別されており、仲裁廷の適用法規（実体法）の中に EU 法が含まれているとは言えないこと、②エネルギー憲章条約には地域的な限定が含まれておらず、EU 域内と域外で紛争解決手段の取扱いを区別するような書き換えを EU 法で行い得ないこと、③エネルギー憲章条約と EU 法との不整合の解消は、条約改正によって調整されるべき課題であり、仲裁廷がこの事件限りで不整合部分を書き換えることは任務に含まれないこと、が理由として挙げられている。そして、この仲裁判断では、EU 法を国際法として把握したうえで、EU 法とエネルギー憲章条約の矛盾抵触関係を調整する「法多元主義」的なアプローチがとられている。

III　投資協定仲裁と行政救済法理論

1　投資協定仲裁と国内行政救済手段

（1）**投資協定仲裁の特色**　　国際投資協定は、政治的な影響力を抑制して国際的な投資を保護する目的で締結される[52]。投資協定仲裁は、投資協

---

50)　Sven Simon/Joscha Müller, Das Achmea-Urteil des EuGH und die Auswirkungen auf Streitbeilegungsmechanismen im Rechtsraum der EU, NJOZ 2018, S. 961-965, 964.

51)　Vattenfall AB and others v. Germany, ICSID Case No. ARB/12/12, Decision on the Achmea Issue, 31 August 2018.

52)　小寺彰「多数国間投資協定（MAI）」日本国際経済法学会年報 7 号（1998）1 ～18（5）頁。最初の二国間投資協定である西ドイツ・パキスタン協定締結の背景には、第二次世界大

148　第 7 章　投資協定仲裁と行政救済法理論

定の実体規定が実現されるための制度的な保障措置であり、この手続が利用できることが投資家に投資財産が保護される信頼を醸成することになる。なぜなら、ホスト国の裁判所には政府の行動を支持する制度的なバイアスが認められるからであり[53]、それ以外の救済ルートが用意されていれば、投資家にとってより中立的な判断が得られる見込みがある[54]。投資協定仲裁は、紛争ごとにアドホックに構成される仲裁廷が仲裁判断を下す手続で、投資家がホスト国との間で直接に仲裁を求めることができる点が大きな特色である[55]。そして、仲裁判断の執行面での実効性[56]が担保されている点も、投資家にとってのメリットである。ICSID 条約に基づく ICSID 仲裁の場合には、それが金銭支払義務であれば、加盟国の裁判所には承認のみならず執行義務もあり[57]、ICSID 仲裁以外の場合でもニューヨーク条約に基づく承認・執行が認められる可能性がある[58]。もっとも、仲裁判断の内容をホスト国が履行しない場合には、最終的には国際法上の義務違反とし

戦で海外資産のほとんどを失ったドイツが、海外投資の政治的リスクを強く認識していた事情があったとされる（KENNETH J. VANDEVELDE, BILATERAL INVESTMENT TREATIES 54 (2010)）。同様の目的は ICSID にもあてはまる（黒田秀治「ICSID 仲裁判断の承認・執行の法構造」早稲田法学会誌（早稲田大学）44 号（1994）173〜207 (174) 頁）。

53)　Christian Tietje, Internationaler Investitionsrechtsschutz, in: Dirk Ehlers/Friedrich Schoch (Hrsg.), Rechtsschutz im Öffentlichen Recht, 2009, S. 63-97, 65 Rn. 6.

54)　Rainer Geiger, *Regulatory Expropriations in International Law*, 11 N. Y. U. ENVTL L. J. 94, 105 (2002). さらに、仲裁判断は相互に参照される傾向にあり、一般的な法形成が進行している（濱本正太郎「投資条約仲裁ネットワークの国際（世界）法秩序像」法律時報 85 巻 11 号（2013）37〜42 (40) 頁）。Benedict Kingsbury & Stephan Schill, *Investor-State Arbitration as Governance,* 2009/6 IILJ WORKING PAPER 1, 2 (2009) は、投資家・国家仲裁をグローバルガバナンスのフォーラムとして捉えている。

55)　西元宏治「国際投資法体制のダイナミズム」ジュリスト 1409 号（2010）74〜85 (77) 頁。

56)　もっとも、仲裁判断の拘束力の根拠として一般に説かれる仲裁合意は、国際投資仲裁の場合には集団的意思決定の中で調達されている点に留意した仲裁判断の拘束力論の展開が必要と思われる。この点につき参照、渡部美由紀「国際仲裁における仲裁判断の res judicata」加藤哲夫ほか編集責任『上野㤗男先生古稀 現代民事手続の法理』（弘文堂・2017）771〜787 (777) 頁。

57)　酒井啓亘ほか『国際法』（有斐閣・2011）451 頁〔濱本正太郎〕。

58)　ニューヨーク条約の国際投資仲裁に対する適用可能性については争いがある。この点につき参照、中村達也「投資仲裁の基本的問題(下)」JCA ジャーナル 55 巻 10 号（2008）20〜26 (23) 頁、道垣内正人「投資紛争仲裁へのニューヨーク条約（外国仲裁判断の承認及び執行に関する条約）の適用可能性」『投資協定仲裁研究会報告書』（2009）93〜114 (101) 頁、小寺彰「投資協定の現代的意義」同編著『国際投資協定』（三省堂・2010）2〜17 (15) 頁。

て国家責任の問題となる[59]。

(2) 国内行政救済手段との関係　(a) 並行手続としての投資協定仲裁
この投資協定仲裁が国際法だけの問題であれば、国内公法学から敢えて議論する必要性は乏しい。しかし、Ⅱで紹介した二つの Vattenfall 事件に見られるように、行政・私人間の紛争が国内の裁判所と（時系列的に見て）並行して仲裁廷に持ち込まれる事案が多い。具体的には、損害の金銭塡補が問題となる紛争については、国内の行政救済手段である国家賠償（場合によっては損失補償）と重なり合うし、行政上の措置の差止めや取消し等が問題となる紛争については、行政訴訟と重なり合うことになる。そして、例えば公正衡平待遇違反のように、投資協定上の違反行為とされる国家活動は、国内行政法上も違法と評価される可能性がある。

(b) 国内行政救済手段の包括性　それでは、国内で発生した行政・私人間の紛争に対して、国内の行政救済手段が包括的にカバーすべきなのか、それとも投資協定仲裁に委ねてよい部分があり得るのか。一つのアプローチは、裁判を受ける権利（憲法 32 条）である。この観点からは、包括的で実効的な権利救済制度が準備されている必要があると考えられるものの、投資協定仲裁の利用を封じるロジックを導出するのは（「国内裁判官による」裁判を受ける権利を観念しない限り）難しいと思われる。もう一つのアプローチは、司法権（憲法 76 条 1 項）である。司法権の対象となる法律上の争訟の概念をめぐっては、一般に具体的事件性と法的事項の二つの要素が要求される。もっとも、ここで議論されているのは他の国家権力との線引きであるから、司法権の概念について適法な提訴を要件とする立場をとったとしても、それが私人に提訴先の選択権を認めたものと考えることはできないだろう。司法権も国家の統治権の一環であるから、司法権の行使を制限したり、国外の機関に委譲したりすることには何らかの制約があるはずである[60]。

(c) 「平行」手続としての投資協定仲裁　本章では、憲法上許される

---

59) 水島朋則「投資仲裁判断の執行に関する問題」RIETI ディスカッション・ペーパー 13-J-078 号（2013）1～20（15）頁。
60) 村西良太「投資条約仲裁と〈司法権の国外委譲〉」本書第 6 章、原田大樹「政策実現過程のグローバル化と日本法の将来」本書結論。

範囲の投資協定仲裁があるとしたら、それと国内の行政救済法理論とを整合的に理解することができるかを検討する。国際公法学の観点からは、投資協定仲裁に関する仲裁判断と国内の行政訴訟・国家賠償における判決との間で、判断基準や判断方法に類似性があることが指摘されている[61]。もっとも、投資協定仲裁で判断されているのは、一般にはあくまで協定違反の有無であり、そこで適用される法規範は基本的には投資協定や国際法とされる[62]。つまり、国内の行政措置あるいは立法措置が協定上の義務違反と言えるかという問題が主として扱われており、国内行政法令の内容やその解釈・適用が直接的に問題とされているわけではない。その意味で、国内の行政救済手段と投資協定仲裁とは、時系列的に並行し得るものの、判断の基準やプロセスは相互に独立している（「平行」手続としての性格）。しかし、平行線が他方の線なしには「平行」とはなり得ないように、両者はまったく独立した関係にあるわけではなく、共通の判断対象である紛争をめぐって依拠する法規範を相互に参照したり、一方の判断が先行すれば他方がそれを参照したり、それぞれの判断の積み重ねを手がかりに相互学習が行われたりする動態的な関係にある（べき）と考えることはできないだろうか。このような見方は、先行する国際公法学の業績からも看取されるところであり[63]、また国際公法学における国内法と国際法の関係をめぐる等位理論[64]のアイデアを紛争解決の局面にあてはめる試みでもある。以下では、こうした見方に基づいて、投資協定仲裁と国内行政救済手段との関係を理論的に整序したい。

---

61) 伊藤一頼「投資仲裁における比例性原則の意義」RIETI ディスカッション・ペーパー 13-J-063 号（2013）1 ～ 34（11）頁。国内公法学からの検討として参照、原田大樹「投資協定仲裁と国内公法」同『行政法学と主要参照領域』（東京大学出版会・2015）269 ～ 287（280 ～ 287）頁、同「行政裁量」法学教室 443 号（2017）76 ～ 85（85）頁。

62) 伊藤一頼「国際投資保護メカニズムをめぐる現状と課題」組織科学 45 巻 2 号（2011）4 ～ 15（7）頁、玉田大「投資仲裁の適用法規」国際商取引学会年報 17 号（2015）134 ～ 145（135）頁、福永有夏「国内法そのものの国際経済協定違反と救済」国際法研究 3 号（2015）37 ～ 58（55 ～ 56）頁。

63) 森下哲朗「国際投資仲裁の論点と課題」日本国際経済法学会年報 17 号（2008）153 ～ 173（156）頁は、「紛争処理の複層性」と表現する。

64) 山本草二『国際法〔新版〕』（有斐閣・1994）85 ～ 86 頁。

2　行政争訟法との関係

（1）　**仲裁の対象事項**　（a）　**仲裁法の規定**　　国内行政救済手段によって扱われる紛争が仲裁の対象事項に含まれなければ、そもそも手続の「並行」は問題にならない。この点について仲裁法2条1項は、「既に生じた民事上の紛争又は将来において生ずる一定の法律関係（契約に基づくものであるかどうかを問わない。）に関する民事上の紛争」の解決を仲裁人に委ね、その判断に従う合意を仲裁合意と定義している。そして、「仲裁合意は、法令に別段の定めがある場合を除き、当事者が和解をすることができる民事上の紛争（離婚又は離縁の紛争を除く。）を対象とする場合に限り、その効力を有する」（同法13条1項）とし、日本国内に仲裁地がある場合のみ適用される仲裁判断の取消し（同法44条）と、国際仲裁についても適用がある仲裁判断の承認・執行（同法45条）の規定で、取消事由あるいは承認・執行の拒否事由として「日本の法令によれば、仲裁合意の対象とすることができない紛争に関するものであること」（同法44条1項7号・45条2項8号）、「仲裁判断の内容が、日本における公の秩序又は善良の風俗に反すること」（同法44条1項8号・45条2項9号）を挙げている。

　（b）　**民事上の紛争**　　このうち「民事上の紛争」に含まれるかをめぐっては、非訟事件が対象とならないとされる一方で、行政事件についてはもっぱら和解可能性のみが議論されている[65]。日本には行政裁判所はなく、行政事件に関する完結的な手続法典を欠いていることからすれば、この中に行政事件が含まれていると考えても支障はないと思われる[66]。また、投資協定仲裁の事案の大多数を占める賠償請求の場合には、国内法上は国家賠償訴訟がこれに対応することとなり、同訴訟は民事事件に分類されているから、実質的に考えても「民事上の紛争」に当たるかを問題とする必要性は小さい。

　（c）　**和解可能性**　　次に「当事者が和解をすることができる」をめぐ

65）　小島武司＝猪股孝史『仲裁法』（日本評論社・2014）72～75頁。

66）　横島路子「ICSID仲裁判断の承認・執行」上智法学論集（上智大学）53巻4号（2010）307～350（334）頁は、取消訴訟における和解不可能の考え方から公権力の行使についての仲裁適格を否定したうえで、ICSID仲裁判断が日本の民事執行法に言う債務名義であって、執行決定のような承認手続を必要としないとの理解を示している。

152　第 7 章　投資協定仲裁と行政救済法理論

っては、取消訴訟を念頭に置いて和解を不可能とする見解が有力に展開さ
れ、その根拠は法治主義に求められてきた[67]。これに対し、行政に裁量が
認められる場合には和解が認められるとする見解や、事実の問題について
は和解が認められるとする見解が示されてきた[68]。もっとも、取消訴訟以
外の訴訟における和解の許容性については特段の議論はなされておらず、
また民事訴訟法の処分権主義が被告行政側に適用されない理由も具体的に
は説明されてはこなかった。

　そこで、法治主義を根拠とする取消訴訟の和解否定説は、次のようにパ
ラフレーズすべきと思われる。社会問題を解決するために行政機関に一定
の権限を付与する行政法規は、行政機関による法令に基づく諸決定の際に、
その名宛人と対立する利害関係を含む幅広い利害状況を考慮することを求
めているのが一般的である。それゆえ、こうした利害関係および利害関係
者に対する十分な配慮なしに、行政が独自の判断で和解することは許され
ない。このように考えると、取消訴訟における和解否定説の考え方は、取
消訴訟以外でも、行政法令に基づく諸決定が問題となるその他の訴訟類型
にあてはまるはずである。そして、利害関係・利害関係者に対する配慮が
必要か、必要であるとしてどの程度かという点は、諸決定の内容を条件付
けている法令の解釈によって導き出される。和解が認められるためには、
問題とされる利害が紛争状況によって行政が互譲の対象とし得ることが、
根拠となる法令から読み取られ得るものでなければならない。その決定に
行政裁量が認められていれば、こうした方向での解釈の大きな手がかりと
なる（ただし、行政裁量が認められていれば常に和解可能とまでは言えない）。また、
租税法における事実レベルの合意の問題も、行政調査に関する裁量の問
題[69]と考えることができるのではないか。こうした利害関係に対する配慮

---

67)　代表的な見解として参照、塩野宏『行政法Ⅱ〔第 6 版〕』（有斐閣・2019）188 頁。

68)　学説の状況につき参照、原田大樹「行政執行国際ネットワークと国内公法」同『行政法
　　学と主要参照領域』（東京大学出版会・2015）73～104（100～102）頁、同「政策実現過程の
　　グローバル化と EU 法の意義」EU 法研究 2 号（2016）29～62（55～58）頁。この議論に新た
　　な視点を提示するものとして参照、須田守「和解による行政案件／事件処理」本書第 5 章。

69)　行政調査における行政裁量とその統制につき参照、北村和生「行政の調査義務と裁判に
　　よる統制」曽和俊文ほか編『芝池義一先生古稀　行政法理論の探究』（有斐閣・2016）161～
　　185（180～182）頁。

の要素に加え、利害関係者に対する配慮として、裁判所における和解手続あるいはそれに先行する行政手続の中で、利害関係者が自らの利害を主張し、その内容が和解の際に考慮してもらえる可能性を確保する機会を設定する必要があると思われる。

(2) **手続間調整の必要性**　これまでの投資協定仲裁のほとんどは、仲裁判断の内容が金銭面（賠償・補償）に限られており、国内の行政争訟手続に関する法理論との調整を論じる必要性はほとんどなかった。また、ICSID 条約では、金銭支払義務に関してのみ仲裁の執行義務が規定されている（同条約 54 条 1 項）。他方で、金銭支払義務以外の内容が仲裁判断で示されることが必ずしも排除されているわけではないとする見解もある[70]。現実の投資協定仲裁は、ホスト国からの妨害によって投資家が事業を諦めた時点で、その後始末を求めて賠償・補償を要求するものがほとんどで、ホスト国との信頼関係が重要となる事業実施中に仲裁が利用されることは確かに考えにくい[71]。しかし、我が国が締結している協定の条文を具体的に検討すると、国内の行政争訟手続と投資協定仲裁が並行した場合の調整を考える実際上の必要性があることがわかる[72]。

(a) **出訴期間制限との関係**　国内の行政訴訟では、取消訴訟について出訴期間制限が存在する。その趣旨は、行政上の権利義務関係の早期確定による法的安定性の確保にある、と一般的には考えられている。これに対して投資協定仲裁の場合には、こうした期間制限が設けられないものもあり、設けられたとしても 3 年程度という、国内の出訴期間制限と比べて長期間が予定されていることが多い[73]。また、国内行政救済手段を先に利

---

70)　横島・前掲注 66) 323 頁、小寺彰＝西村弓「投資協定仲裁における非金銭的救済」江藤淳一編『村瀬信也先生古稀 国際法学の諸相』（信山社・2015）541〜561（551〜555）頁［初出 2014］。

71)　三宅保次郎「投資協定・経済連携協定における我が国の取り組み」日本国際経済法学会年報 17 号（2008）135〜152（143）頁。

72)　両者の理論的な整序可能性につき参照、原田・前掲注 60) 本書結論。

73)　例えば TPP11 協定においては、協定違反の発生および損失・損害の発生を知った・知り得た最初の日から 3 年 6 か月以内という期間が設定されている（9・21 条 1 項）。我が国が締結した投資協定のなかで、最初にこうした期間制限が導入されたのは 2000 年 1 月に署名された日・シンガポール EPA であり、その 82 条 4 項(a)で損失・損害が生じたことを知った日・知り得た日から 3 年が経過していないことが仲裁付託に関するホスト国の同意要件

154　第7章　投資協定仲裁と行政救済法理論

用させる方法で両者を調整する規定[74]が置かれることは例外的である。投資協定仲裁の申立ての内容が賠償・補償に関するものであれば、国内の行政救済法上でも、取消判決を得ずに賠償請求したり[75]、（個別行政実定法の補償に関する手続規定がなければ[76]）憲法29条3項に基づいて補償請求したりすることは可能だから、出訴期間制限との関係を考慮する必要はもともとない。そこで問題となるのは、一定の処分の執行の差止め等が要求される場合のように、国内の取消訴訟と競合する判断が仲裁廷に求められた局面であろう。

(b)　**取消訴訟と投資協定仲裁の調整**　　取消訴訟と投資協定仲裁との調整については、投資協定やEPAの投資章の明文規定で一定の調整が図られていることがある。その調整の方法は、おおむね次の三つに分けられる。

第一は、国内訴訟手続と投資協定仲裁の択一的利用を強制する規定であ

とされた。期間制限を定めるその他の例として、下表参照。

期間制限	具体例
2年	日・タイEPA（2007年4月署名）106条6項
3年	日・メキシコEPA（2004年9月署名）81条1項、日・チリEPA（2007年3月署名）91条1項、日・カンボジア投資協定（2007年6月署名）17条8項、日・ブルネイEPA（2007年6月署名）67条10項、日・インドネシアEPA（2007年8月署名）69条8項、日・ラオス投資協定（2008年1月署名）17条8項、日・ペルー投資協定（2008年11月署名）18条9項、日・コロンビア投資協定（2008年11月署名）29条4項、日・インドEPA（2011年2月署名）96条9項、日中韓投資協定（2012年5月署名）15条11項、日・モザンビーク投資協定（2013年6月署名）17条6項、日・ミャンマー投資協定（2013年12月署名）18条6項、日・カザフスタン投資協定（2014年10月署名）17条9項、日・ウルグアイ投資協定（2015年1月署名）21条10項、日・モンゴルEPA（2015年2月署名）10・13条8項、日・ウクライナ投資協定（2015年2月署名）18条6項、日・オマーン投資協定（2015年6月署名）15条6項、日・マレーシアEPA（2015年12月署名）85条7項
5年	日・スイスEPA（2009年2月署名）94条5項、日・パプアニューギニア投資協定（2011年4月署名）16条6項、日・クウェート投資協定（2012年3月署名）16条6項、日・イラク投資協定（2012年6月署名）17条6項、日・サウジアラビア投資協定（2013年4月署名）14条9項

74)　この種の調整規定の例として、ホスト国が自国法令の定める行政上の審査手続の先行を投資家に対して要求し得る日中韓投資協定15条7項、日・コロンビア投資協定27条1項がある。
75)　最判平成22年6月3日民集64巻4号1010頁。
76)　最判昭和62年9月22日集民151号685頁。

り、具体的には、①投資協定仲裁の申立ての際に国内訴訟手続の利用を放棄する書面の添付を要求し、②すでに国内訴訟手続を利用しているか、訴訟手続が終了して判決が確定している場合には投資協定仲裁の利用を認めない、との規定が 2000 年代以降に署名された協定のほとんどに見られる。また、②のような規定は、1992 年 2 月に署名された日・トルコ投資協定 11 条 2 項にも存在する。もっとも、択一的利用で想定されている国内訴訟手続は損害賠償請求訴訟であり、この種のルールを最も早い段階で明確化した 2004 年 9 月署名の日・メキシコ EPA81 条 3 項では、「行政裁判所又は司法裁判所において、暫定的な差止めによる救済その他特別な救済（損害賠償の支払を伴わないものに限る）を申し立て、又はその申立てに係る手続を継続することができる」との規定がある。そうすると、我が国では抗告訴訟における仮の権利保護の要件として適法な本案訴訟の係属が含まれているから、ここで問題にしている取消訴訟との関係では、投資協定仲裁と同時に利用する可能性が開かれていることになる。

　第二は、投資協定仲裁の準拠法を定める規定であり、その中で投資協定本体と関連する国際法規則に準拠法を限定し、国内法を除外する方式が日・メキシコ EPA84 条 1 項をはじめ、いくつかの協定に見られる[77]。仲裁の準拠法に国内法が含まれなければ、投資協定仲裁と国内行政救済手段とで判断基準が異なることになるから、両者の調整を議論する必要性は減少する。しかし、国内法が請求に関連する事実の問題として扱われる場合には、仲裁の中で国内法令を検討することが排除されているわけではなく、そのことを明文で許容する注釈が置かれている協定[78]もある（TPP11 協定 9・25 条 1 項注釈）。そこで、準拠法の定めだけでは、平行する二つの手続の整序としては不十分ということになる。

---

77)　同種の規定として、日・チリ EPA93 条 1 項、日・コロンビア投資協定 31 条、TPP11 協定 9・25 条 1 項がある。また、日・メキシコ EPA81 条 4 項では、投資家の主張制限として、ホスト国の義務違反の主張を仲裁・国内裁判手続の双方で主張することができないことを規定している。

78)　日・コロンビア投資協定 31 条注釈ではさらに、「仲裁裁判所は、国際法に従い、及び関連があり、かつ、適当な場合には、紛争締約国の法令を考慮することができる」とされており、法的事実という限定はない。また、日・スイス EPA94 条 8 項では、関連する投資契約に規定する法規その他両紛争当事者が合意する法規に従って仲裁判断がなされることが原則で、これがない場合には紛争締約国の法が準拠法として想定されている。

156　第 7 章　投資協定仲裁と行政救済法理論

　第三は、仲裁判断の内容を定める規定であり、2000 年代以降に署名された協定のほぼ全てで、仲裁による救済の種類を「金銭上の賠償・補償」「原状回復」としている（例：日・シンガポール EPA82 条 10 項(a)）。また、日・メキシコ EPA91 条では、仲裁廷が協定違反措置の差止めを命じることはできないとの規定が置かれ、その後に署名された協定のいくつかにも同種の規定が存在している[79]。仲裁判断によって差止めを命じることができないとすれば、その判断は金銭賠償に限定されるから、取消訴訟との重なり合いを考慮する必要性は大幅に小さくなる。しかし、より早い時期に締結された協定を中心に、こうした仲裁判断の内容を限定する規定を持たないものも多い。加えて、取消訴訟でも金銭債権の存否が問題になる事件（例：課税処分・社会保障給付決定の取消訴訟）では、取消訴訟と投資協定仲裁の機能的な類似性が高まることになる。

3　国家補償法との関係

　(1)　賠償と補償　　国内行政法学において、賠償と補償とはまったく異なった意味で用いられる。違法行為に対しては国家賠償制度が、適法行為に対しては損失補償制度が対応しており、この線引きは国家補償法における最も重要な区分である[80]。これに対して、国際公法学でも同様に両者を区別する見解があり、支払価格の決定方法の相違が指摘されていた。もっとも、ホスト国によって投資家の財産が奪われる収用事例では、適法な収用に基づく補償額の算定と、違法な収用に基づく賠償額の算定の方法は、多くの仲裁例で同じであると指摘されている[81]。そこで、投資協定仲裁では問題となった行政活動の適法性の観点は、少なくとも国内法学と比較して、後退することになる。

　国際投資協定では、収用の適法要件として公共目的・非差別性・適正手続・補償が要求されることが多いから、補償額が低い場合には投資協定違

---

79)　日・チリ EPA99 条、日・カンボジア投資協定 17 条 17 項、日・ブルネイ EPA67 条 19 項、日・インドネシア EPA69 条 17 項、日・ラオス投資協定 17 条 17 項、日・コロンビア投資協定 35 条、日・インド EPA96 条 17 項、日・サウジアラビア投資協定 14 条 18 項、日・モンゴル EPA10・13 条 16 項、TPP11 協定 9・23 条 9 項。

80)　宇賀克也『行政法概説 II〔第 6 版〕』（有斐閣・2018）409 頁。

81)　玉田大「補償と賠償」前掲注 58) 196〜211（210）頁。

反＝違法の問題になる。そこでまず、国内における国家賠償訴訟を「平行」手続として捉えた場合に、両者の関係をどのように整理するかを検討する。投資協定仲裁の条項の多くは抽象的な概念で構成されており、投資協定違反の判断にあたっては、当該投資協定の条項や他の国際法規範を含む「法秩序全体」に照らしてその違法性を判断するアプローチがとられやすい[82]。このような違法性判断の手法は、国内の国家賠償訴訟における、いわゆる職務行為基準説の考え方と親和性を有する[83]。そうすると、職務行為基準説に基づく違法性判断がなされるような国家賠償訴訟が「平行」手続である場合には、両者の判断が類似する可能性が高いと思われる。また、賠償を求める投資協定仲裁も国家賠償訴訟も、最終的には国家が支払うべき金額が問題となるので、先行手続で確定した賠償額を後続の手続の金額から差し引くことで両手続を調整することもできるだろう。

　しかし、判断の基準は両者で異なっているから、行政処分をめぐる紛争のように行政の行為規範が明確な場合はとりわけ[84]、その違法の内容が観念的には別であり、両者で結論を異にすることも起こり得る。その場合には、国内の国家賠償訴訟では適法と評価された行政活動が、投資協定仲裁では協定上の義務違反があるとされて賠償が求められることもあり得る。このときに、仲裁の承認・執行の局面でこれを拒絶できるかが問題となる。ICSID 仲裁の場合には、金銭支払義務については明確に執行義務が定められているから、国内裁判所がこれを拒絶するのは一般的には困難と思われる。もっとも、例えば最高裁判所が合憲・適法と明確に判断した国家活動について、これを協定上の義務違反と認めた仲裁判断の承認・執行が求められた場合に、国内裁判所が公序良俗違反を理由に拒絶する可能性がないわけではない[85]。この場合には、投資協定仲裁に関する ICSID 条約のル

---

82)　法の一般原則が参照される理由は、この点にあると考えられる。投資協定仲裁の具体的な判断方法につき参照、濱本正太郎「投資家の正当な期待の保護」RIETI ディスカッション・ペーパー 14-J-002 号（2014）1 ～ 24 頁。

83)　中川丈久「国家賠償法 1 条における違法と過失について」法学教室 385 号（2012）72 ～ 95（78）頁。

84)　山本隆司『判例から探究する行政法』（有斐閣・2012）541 ～ 549 頁［初出 2010］。

85)　濱本正太郎「人権法の観点から見た投資条約批判の検討」岩沢雄司ほか編『小寺彰先生追悼 国際法のダイナミズム』（有斐閣・2019）583 ～ 602（599）頁。

ールでは決着が付かず、外交的保護や国際法上の国家責任の問題として処理されることになる[86]。

(2) 直接収用と間接収用　次に、損失補償の問題に移る。前述のように、国際投資協定では一定の要件を満たさない収用を禁止しており、収用には財産権を国家が奪う直接収用だけではなく、規制や課税に代表される介入によって投資家の財産権の行使ができなくなる間接収用（規制収用）も含まれている。これに対して日本法では、間接収用の概念はもとより、収用概念について詳細な議論がなされることも、現在はほとんどない。間接収用の理論を形成してきた要素は、収用概念の拡大（とりわけ規制と収用の相対化）と、適法・違法の区別を相対化して補償請求を認める収用類似の侵害の二つである[87]。日本法に関して言えば、前者の要素は認められるものの、後者のような請求権構成はこれまで認められてこなかった。そこで、国内公法学から見た間接収用概念について、国際法では間接収用に該当する可能性のある国内法の事例と、国際投資仲裁の事例を素材に、その意味を検討することとしたい。

　まず、収用の対象の問題である。日本法では、憲法上の財産権保障の対象となる「財産権」は財産的価値を有する全ての権利とされており、いわゆる公法上の権利も含むとされる[88]。行政財産使用許可撤回[89]の事件において、最高裁は、許認可の撤回が収用の議論に含まれることを認めているように見える。これに対して、国際投資仲裁に関する類似の事件として、廃棄物処理場の許可の更新拒否が争点となった Tecmed 事件[90]を挙げることができる。仲裁廷は、間接収用の判断について、経済的価値の喪失に注目し、大きな経済的打撃があることを肯定している。他方で、ホスト国は補償なしにポリス・パワーの行使が可能であると認めた。そのうえで、仲

---

86)　Enforcement, *in* THE ICSID CONVENTION: A COMMENTARY 1115, 1119 (Christoph H. Schreuer ed., 2009).

87)　詳細につき参照、原田大樹「国内公法学からみた間接収用」日本エネルギー法研究所編『エネルギー資源確保に関する国際問題』（日本エネルギー法研究所・2019 年刊行予定）所収。

88)　佐藤幸治『日本国憲法論』（成文堂・2011）309 頁。

89)　最判昭和 49 年 2 月 5 日民集 28 巻 1 号 1 頁。

90)　Técnicas Medioambientales Tecmed S. A. v. The United Mexican States, ICSID Case No. ARB（AF）/00/2, May 29, 2003.

Ⅲ　投資協定仲裁と行政救済法理論　*159*

裁廷の判断は協定・国際法違反があったかという問題に限定されるとし、協定からは規制措置を収用の概念から排除する趣旨が読み取れないと述べ、間接収用該当性について目的と手段の比例性で判断する立場をとっている。結論としては、投資家が長期にわたって事業を継続できる正当な期待が存在していたとして、間接収用該当性を肯定した。

　次に、行政活動の適法性・合憲性の問題である。条例の制定による廃棄物処理場の営業規制が問題となった紀伊長島町事件[91]において、最高裁は、条例の違憲無効を回避するための憲法適合的解釈の手がかりとして条例に含まれる協議の規定に注目し、この協議の中で事業者側の立場を十分に考慮する配慮義務が町にあるとした[92]。この事件は金銭賠償ではなく取消請求であったため、間接収用との関係をストレートに比較するのは難しい。もし、条例制定の違法を国家賠償法で主張しようとすると、条例制定に認められる立法裁量との関係で違法性が認められるのは、かなり困難と思われる[93]。これとよく似た投資仲裁事例が Metalclad 事件[94]である。この事件でも廃棄物処理場の設置が問題となっており、市が建築許可を拒否したことと、州が建設予定地をサボテン保護地域に指定したことが争点となっている。仲裁廷は、市による建設許可の拒否は権限外の行為であるとしたうえで、Metalclad が信頼したメキシコ政府の行為と市による建設不許可が間接収用に該当するとした。これに対して、保護地域の指定に関しては、その動機・意図を考慮する必要なく、それ自体（in and of itself）が収用[95]

---

91)　最判平成 16 年 12 月 24 日民集 58 巻 9 号 2536 頁。

92)　杉原則彦「判解」最判解民（平成 16 年度(下)）810〜832（827〜828）頁。

93)　条例については微妙であるものの、法律に関して最高裁は、国家賠償法上の違法性の成立を限定する立場を採用している（最判昭和 60 年 11 月 21 日民集 39 巻 7 号 1512 頁、最大判平成 17 年 9 月 14 日民集 59 巻 7 号 2087 頁、最大判平成 27 年 12 月 16 日民集 69 巻 8 号 2427 頁）。この点につき参照、宇賀克也「国家補償法の課題」行政法研究 20 号（2017）105〜127（111〜115）頁。

94)　Metalclad Corporation v. The United Mexican States, ICSID Case No. ARB（AF）/97/1, Award, Aug. 30, 2000.

95)　坂田雅夫「投資保護条約に規定する『収用』の認定基準としての『効果』に関する一考察」同志社法学（同志社大学）57 巻 3 号（2005）833〜875（854）頁は、この表現とアメリカ国内法の「それ自体剥奪」との類似性を指摘し、私有財産に対する永続的な物理的侵害あるいは土地の経済的利用が全て奪われる点に注目して、効果面のみから収用該当性を判断したものとする。

に該当するとしている。

　日本法における行政活動による不利益に対する金銭塡補については、国家賠償・損失補償のどちらでも構成できる場合に、裁判所は国家賠償構成を好む傾向にある[96]。もっとも、国家賠償の場合も立法裁量が問題となる場合には、違法との判断が下されにくくなり、金銭塡補は望めなくなる。これに対して、投資協定仲裁の間接収用の場合には、措置が国内法に照らして違法であったかは、本来問題にされてはいない（「平行」手続としての性格）。しかし、上記二つの仲裁判断では、国内法上の権限の有無やそれが適法に行使されたかという点が、正当な期待の基準・目的基準・比例性基準の枠内で実質的には考慮されているのではないか。もっとも、財産権に対する侵害が強くなれば、補償を与えずにそのような規制を行うことが効果面のみで間接収用と評価されている[97]。この審査手法は、国内法で言えば、財産権規制立法の違憲審査に匹敵するものとも思われる。

IV　おわりに

　本章では、ドイツ法ですでに顕在化している投資協定仲裁と国内行政救済手段との緊張関係の問題を手がかりに、日本法における議論の整序可能性を模索する理論先行型の試みを行ってきた。そして、両者の関係を理論的に整理する手がかりとして、手続が時系列的に見て併存しているという意味での手続の並行性を前提に、両手続が一応は相互に独立し、それぞれの判断基準に従って同一の紛争を裁断しようとしているという見方（「平行」手続としての性格）を提示し、これを用いて、いくつかの理論的課題に見通しを付ける作業を行ってきた。投資協定仲裁に関する憲法上の限界の問題に理論的な解決が図られるならば、こうした手続の「平行」性を手が

---

96)　工場誘致と信頼保護に関する最判昭和 56 年 1 月 27 日民集 35 巻 1 号 35 頁、予防接種禍に関する東京高判平成 4 年 12 月 18 日高民集 45 巻 3 号 212 頁が代表例である。その理由として、大橋洋一『行政法 II〔第 3 版〕』（有斐閣・2018）493 頁は、戦争被害や災害被害の救済への波及を避ける考慮があると指摘する。

97)　Rudolf Dolzer, *Indirect Expropriation*, 11 N. Y. U. ENVTL. L. J. 64, 92 (2002).

かりに、両者の相互関係や役割分担を検討することが考えられる。

　投資協定仲裁は、単に国内の行政救済手段と「平行」して展開するのみならず、国内行政救済法理論の反省の契機を与えるものでもある。例えば、投資協定仲裁ではあまり見られない出訴期間制限について、全ての行政処分に対して要求するのは合理的なのか[98]、逆に行政行為以外の行為形式に対する紛争での設定は不要なのか[99]という問題が指摘できる。また、投資協定仲裁における賠償と補償の相対化は、国家賠償制度の存在意義や国家賠償法１条１項の「違法性」をめぐる議論[100]にも何らかの示唆をもたらすかもしれない。さらに、国際投資協定における間接収用の概念は、損失補償の要否と規制立法の合憲性の問題を切り離した日本法が、規制立法の合憲性の推定を働かせやすい構造になっていることを照射するもののようにも思われる。国際投資仲裁と国内行政救済法理論との接点はこれ以外にも多数存在しており、国際公法学との学際的な協力関係の下でこれらの問題に取り組み、国内行政法学の基本概念を再検討する作業が、今後とも必要であると考えられる。

　【附記】　本章は、「投資協定仲裁と行政救済法理論」社会科学研究（東京大学）69巻１号（2018）177〜201頁を加筆・修正したものである。また本章は、JSPS科研費基盤研究(B)「政策実現過程のグローバル化に対応した法執行過程・紛争解決過程の理論構築」（課題番号16H03543）の研究成果の一部でもある。

---

98)　阿部泰隆『行政法再入門(下)〔第２版〕』（信山社・2016）130〜132頁。

99)　大橋洋一「都市計画訴訟の法構造」同『都市空間制御の法理論』（有斐閣・2008）57〜80 (78)頁〔初出2006〕、同「都市計画争訟制度の発展可能性」新都市63巻８号（2009）90〜115 (97)頁。

100)　代表的な業績として、高木光「国家賠償における『行為規範』と『行為不法論』」石田・西原・高田三先生還暦記念論文集刊行委員会編『石田喜久夫・西原道雄・高木多喜男先生還暦 中巻 損害賠償法の課題と展望』（日本評論社・1990）137〜169頁、宇賀克也「職務行為基準説の検討」行政法研究１号（2012）７〜48頁がある。近時の議論につき参照、原田大樹「国家賠償」法学教室451号（2018）90〜99頁、米田雅宏「国家賠償法１条が定める違法概念の体系的理解に向けた一考察(1)（2・完）」法学（東北大学）81巻６号（2018）996〜963頁・82巻１号（2018）70〜34頁。

第8章 国際商事仲裁と公益
―― 強行的適用法規の取扱いを中心に

....横溝　大

　　I　問題の所在
　　II　準拠法選択に関する国際民事訴訟と国際仲裁との相違
　　III　国際仲裁における強行的適用法規の取扱い
　　IV　国際仲裁に対し国家が採り得る対応とその限界
　　V　結語――国際仲裁自体を変革する可能性

I　問題の所在

　本章の目的は、国際商事仲裁（以下、「国際仲裁」という）において、各国
の強行的適用法規[1]がどのように適用・考慮されるのかを検討したうえで、
公益[2]実現のために国際仲裁に対し国家が採り得る対応とその実効性につ
いて考察することにある。

　国際仲裁は、仲裁地の中立性、仲裁手続の柔軟性、当該取引に関し専門
知を有する仲裁人を指名できること、準拠法選択の容易さ、仲裁判断の執
行可能性の高さといった特徴から、国境を越える取引に関する紛争解決手
段として、その需要がますます高まっている[3]。だが、国際仲裁において
は、主として紛争当事者の便宜という観点から大幅に当事者自治が認めら
れているため、紛争解決のために適用される法は、国家の裁判所において

---

1)　その公権力性の高さゆえに、準拠法選択規則により選択される準拠法いかんにかかわらず、
　　通常常に適用される法規。「絶対的強行法規」、「渉外実質法」、「介入規範」等様々な名称で
　　呼ばれるが、本章ではこの語を用いる。櫻田嘉章＝道垣内正人編『注釈 国際私法 第1巻』
　　（有斐閣・2011）35頁〔横溝大〕参照。
2)　本章では、個々の主体の利益ではなく、一体として理解される法秩序の利益という意味で
　　「公益」の語を用いる。
3)　国際仲裁の利点につき、とりわけ参照、Gilles Cuniberti, *Rethinking International Com-
　　mercial Arbitration* (Edward Elgar, 2017), pp. 19-28.

適用されるものとは必ずしも一致しない。とりわけ、国家の裁判所が、自らが属する国家の強行的適用法規を一定の密接関連性を有する事実・行為に対して適用することにより、当該国家の経済的・社会的政策の実現に貢献しているのに対し、仲裁廷は仲裁地国法秩序といった一定の国家法秩序に制度的に属しているとまでは言いがたく[4]、そのため、国際仲裁が、ある国家の経済的・社会的政策の実現に資するかどうかは必ずしも明らかではない[5]。そこで、次のような疑問が生じる。現在、我が国も含め[6]、各国は国際仲裁の発展を支援しているが、そのような国際仲裁の発展が、各国の経済・社会政策の実現の妨げとなることはないのだろうか。また、もし妨げになり得る場合には、各国はどのように対応することができるのだろうか。さらに、各国が何らかの対応をするとして、そのような対応にはどの程度実効性が伴うだろうか。

そこで、本章では、国際仲裁における強行的適用法規の取扱いという点を中心に、上述の問題について考察する[7]。このような考察は、国際仲裁の発展が社会全体に対してもたらす利益と不利益とを明確にし、国際取引に携わる者以外の利益が損なわれる可能性に注意を喚起するという点で、一

---

4) 横溝大「紛争処理における私的自治」国際私法年報 15 号（2014）111 頁、119 頁。

5) また、国家の裁判所が、法廷地の社会秩序を保護するために公序則により準拠法として選択された外国法の適用を排除するのに対し、仲裁廷がそのような排除をするかどうかも必ずしも明らかではない。なお、強行的適用法規の適用につき、法廷地の強行的適用法規に関し中立的ではないという点で裁判所が仲裁と根本的に異なると指摘するのは、Bernard Audit, "How Do Mandatory Rules of Law Function in International Civil Litigation?", in George A. Bermann/Loukas A. Mistelis (eds.), *Mandatory Rules in International Arbitration* (Juris, 2011), p. 53, p. 54.

6) 日本政府は、国際仲裁の活性化に向けた基盤整備のための取り組みを進める方針を示している。「経済財政運営と改革の基本方針 2017―人材への投資を通じた生産性向上」（骨太方針）（平成 29 年 6 月 9 日）〈http://www5.cao.go.jp/keizai-shimon/kaigi/cabinet/2017/2017_basicpolicies_ja.pdf〉。また、国際仲裁の活性化に向けた様々な取り組みについては、法務省「国際仲裁の活性化に向けた取組」〈http://www.moj.go.jp/kokusai/kokusai03_00003.html〉（最終閲覧日 2019 年 5 月 6 日。以下で引用する他のウェブサイトについても同様）。

7) 公益を保護するために国家が採り得る方策としては、公序則の発動による準拠法の排除・仲裁判断の取消しまたは承認執行の拒絶も挙げられる。だが、公序則の発動は基本的に準拠法の排除といった場面に限定され、公益の保護との関係では消極的な機能しか果たさないのに対し、強行的適用法規は、より積極的に私的法律関係に介入し、一定の社会的目標の実現に貢献する。そこで、本章では後者を中心に扱うこととした。とは言え、本章における議論の基本線は、公序則に関してもあてはまるものである。

164 第8章 国際商事仲裁と公益

定の意義を有するだろう。

　以下では、まず、強行的適用法規の適用を論じる前提として、国際仲裁における準拠法の適用につき、国際民事訴訟における通常の準拠法選択との相違を確認する（II）。そのうえで、国際仲裁における強行的適用法規の取扱いに関する議論を分析し、各国の経済的・社会的政策について国際仲裁がいかなる影響をもたらし得るかという点について考察する（III）。これらの考察を踏まえ、国際仲裁に対し国家が採り得る対応とその限界について論じる（IV）。最後に、国際仲裁自体を変革する可能性について触れて結語とする（V）。

　あらかじめ結論を示せば、国際仲裁における各国の強行的適用法規の適用は当事者の意思に依存するために、相当程度限定的なものとなり、それに対し考えられ得る国家の対応策も、仲裁地・準拠法・執行地に関し当事者に広範に与えられている選択の自由のために、十分に実効的にはなり得ない、ということになる。

II　準拠法選択に関する国際民事訴訟と国際仲裁との相違

　まず、通常の準拠法選択に関する国際民事訴訟と国際仲裁との相違について確認する。

　周知のように、国際民事訴訟については、原告が訴えを提起した法廷地裁判所の国際裁判管轄が認められた場合[8]、裁判所は、基本的には国内法の一つである準拠法選択規則（我が国では、法の適用に関する通則法〔以下、「通則法」という〕である）に従い、準拠法を選択・適用する。そこでは、通常当事者による準拠法選択は契約・不法行為等に限定されている[9]。また、そこで準拠法として選択される法は、現在でもなお国家法のみであるとするのが国際的な実務動向である[10]。

---

　8)　我が国裁判所の国際裁判管轄については、民事訴訟法3条の2以下がこれを定める。
　9)　我が国では、財産関係では、契約（7条）、および、事務管理・不当利得（16条）、不法行為（21条）について認められている（ただし、契約以外は事後的な場合のみ当事者による選択が認められている）。

Ⅱ　準拠法選択に関する国際民事訴訟と国際仲裁との相違　　*165*

　これに対し、国際仲裁においては、当事者は基本的にいかなる地をも仲裁地にすることができるうえ、実体問題の準拠法については広範な当事者自治が認められている[11]。また、準拠法として選択される法も国家法に限定されず、例えば UNIDROIT 国際商事契約原則といった、いわゆる非国家法も当事者は選択することができる[12]。

　このように広範な当事者自治が国際仲裁に認められているのは、国際商取引固有の要請に適切に対応するため、国家法の適用という国家主義を超え、また、抵触法上の複雑な準拠法選択の方法により生じる不測の事態を避けるためである[13]。換言すれば、国際取引において紛争が生じた場合に迅速で効率的な解決が得られるという事業者の利益を重視したためであ

---

10)　ただし、2015 年にハーグ国際私法会議において採択された国際商事契約の準拠法選択に関するハーグ原則（The Hague Principles on Choice of Law in International Contracts）3 条では、国家法以外の法を当事者が選択することが認められている。同原則については、西谷祐子「国際商事契約の準拠法選択に関するハーグ原則」NBL1072 号（2016）23 頁参照。我が国でもいわゆる非国家法の適用を主張する見解があることにつき、横溝大「抵触法の対象となる『法』に関する若干の考察―序説的検討」筑波ロー・ジャーナル 6 号（2009）3 頁参照。

11)　例として、UNCITRAL 国際商事仲裁モデル法 28 条 1 項（「仲裁廷は、当事者が紛争の実体に適用すべく選択した法の規範に従って紛争を解決しなければならない。……」）。我が国については、仲裁法 36 条 1 項。なお、我が国においては、仲裁法 36 条 1 項が契約上の問題についてのみ適用されるという制限的解釈を主張する見解が少なくない。例えば、小島武司＝高桑昭編『注釈と論点 仲裁法』（青林書院・2007）213 頁［道垣内正人］212 頁以下、澤木敬郎＝道垣内正人『国際私法入門〔第 8 版〕』（有斐閣・2018）377 頁以下、Shunichirô Nakano, "International Commercial Arbitration Under the New Arbitration Law of Japan", *The Japanese Annual of International Law*, No. 47（2004）, p. 96, p. 111、高桑昭「新たな仲裁法と渉外仲裁」法曹時報 56 巻 7 号（2004）1598 頁、1608 頁以下、新堀聰＝柏木昇編著『グローバル商取引と紛争解決』（同文館出版・2006）167 頁［中村達也］。だが、日本の仲裁法が依拠した上記モデル法 28 条の起草過程では、事案を規律するいかなる準則をも当事者が選択できる完全な自治を当事者に認めることが関係者間で合意されていたのであり（Howard M. Holtzmann/Joseph E. Neuhaus, *A Guide to the UNCITRAL Model Law on International Commercial Arbitration: Legislative History and Commentary*（Kluwer, 1989）, p. 765）、特定の抵触法規則との整合性が要求されてはならないと考えられていた（Peter Binder, *International Commercial Arbitration and Conciliation in UNCITRAL Model Law Jurisdictions*（3rd, Sweet & Maxwell, 2010）, 6-009）。

12)　我が国の場合につき、小島武司＝猪俣孝史『仲裁法』（日本評論社・2014）395 頁（「法律の規程その他の規範を指すのであり、実定法に限らず、それ以外の規範も広く含む」）、山本和彦＝山田文『ADR 仲裁法』（日本評論社・2008）354 頁。

13)　Philippe Leboulanger, "La notion d'«intérêt» du commerce international", *Revue de l'arbitrage*, 2005 n° 2, p. 487, p. 491.

166 第8章 国際商事仲裁と公益

る[14]。

　だが、このように国際取引に従事する事業者の利益を前面に出した国際仲裁という紛争解決システムは、強行的適用法規に体現される各国の経済・社会政策の実現にどのような影響を及ぼすのだろうか。Ⅲでは、この点について検討する[15]。

Ⅲ　国際仲裁における強行的適用法規の取扱い

1　国際民事訴訟における強行的適用法規の取扱い

　国家の経済的・社会的政策を体現する強行的適用法規の適用または考慮という問題は、とりわけ20世紀後半、私法的関係に対する国家の干渉が増加するに伴い、抵触法上議論されるようになった[16]。財産関係においては、とりわけ競争法、輸出入規制、為替管理規制等が問題となる。

　国際民事訴訟において、裁判所が、準拠法が外国法である場合にも、対象となる行為・事実がその適用範囲に含まれるのであれば法廷地の強行的

---

14)　*Ibid.*, 489.

15)　なお、同一の国際民事紛争につき、訴訟と仲裁とで同じ法が適用されない可能性が少なからず存在することを、手続法における実体法の実現という観点からどのように評価するかという点が、そもそも問題になる。だが、①我が国仲裁法36条1項のような国際仲裁における広範な当事者自治を認めた規則は、当事者自治をできるだけ尊重するという国際仲裁の理念に基づいており、仲裁手続の特性と密接に結びついた手続的抵触規則と言うことができる（なお、手続的抵触規則については、横溝大「フランス国際私法の現状と問題点―準拠法に関する当事者の合意について」国際私法年報4号（2002）74頁参照）。そして、民事訴訟においても、外国法の不明の場合における処理のように、当事者間の紛争解決の便宜という観点から準拠法選択規則により選択された準拠法以外の法が国際民事訴訟において適用されることは許されており、これと対比すれば、国際仲裁におけるこのような準拠法選択も一応肯定できよう。②また、適用される準拠法が我が国での訴訟の場合と異なる可能性があるという点では、外国における訴訟も同様であり、我が国の準拠法選択規則で指定されるべきものとは異なる準拠法に従った外国判決を我が国において承認執行することが認められていることからしても（民事訴訟法118条、民事執行法24条）、国際仲裁における独自の準拠法選択が制度的に問題であるとまで言うことはできないだろう。とは言え、国家法システムから相対的に自由な仲裁に依拠することで、国際取引のアクターが各国法に従う動機を次第に失い、それに伴って各国法の権威が低下するという可能性は残る。横溝・前掲注4）120頁。

16)　横溝・前掲注1）34頁以下、Moritz Renner, *Zwingendes transnationales Recht* (Nomos, 2010), pp. 49-54.

適用法規を適用せねばならないということについて、学説上争いはない[17]。これに対し、準拠法国の強行的適用法規の適用については争いがある[18]。さらに、法廷地国でも準拠法国でもない第三国の強行的適用法規については、契約等に関する準拠実質法上履行不能や（国内法上の）公序の解釈において事実として考慮するか、それとも一定の要件を課したうえでこれを直接適用するか、という方法論上の対立がある[19]。

　国際仲裁と対比する上で重要なのは、当事者自治との関係であろう。すなわち、法廷地の強行的適用法規が適用されるべき事案において、外国裁判所を指定する国際的専属管轄合意が存在している場合に、それでも法廷地の国際裁判管轄が認められるか、という問題である。この点は、国際裁判管轄の判断において法廷地の経済・社会政策の実現と当事者の予測可能性とのバランスをいかにとるかという点に関わっているが、各国の対応は異なっている[20]。近時、我が国独禁法の適用が問題となった事例において、裁判所は、専属的管轄合意が無効となるのは、当該外国裁判所が「準拠する全ての関連法規範を適用した場合の具体的な適用結果が」、日本における「具体的な適用結果との比較において、独禁法に係る我が国の公序維持の観点からみて容認し難いほど乖離したものとなるような場合」に限られると述べ、米国ミシガン州裁判所を指定する各専属的管轄合意を有効とし、訴えを却下した[21]。我が国学説上は、ニュアンスは異なるものの、外国裁

---

17)　横溝・前掲注 1) 40 頁。また、Hannah L. Buxbaum, "Mandatory Rules in Civil Litigation: Status of the Doctrine Post-Globalization", in Bermann/Mistelis, *supra* note (5), p. 31, p. 32.

18)　準拠法選択により指定された法秩序において当該法的問題を規律する全ての法規範が（強行的適用法規をも含めて）適用されるべきであるとする見解と、準拠法選択における連結素は（強行的適用法規を除く）私法的な法規範（任意的強行法規）を指定するために採用されており、強行的適用法規の適用については、別途検討すべきであるという見解とが対立している。横溝・前掲注 1) 41 頁以下。Renner, *supra* note (16), pp. 58-60 も参照。

19)　横溝・前掲注 1) 41 頁以下。簡単には、中西康ほか『国際私法〔第 2 版〕』（有斐閣・2018）134 頁以下。なお、明文規定がないこと、および、通則法の立法経緯から第三国の強行的適用法規の適用可能性を否定した近時の事例として、東京地判平成 30 年 3 月 26 日 2018WLJPCA03268007。

20)　Cf. M. Weller, "Choice of court agreements under Brussels Ia and under the Hague convention", *Journal of Private International Law,* Vol. 13, No. 1 (2017), pp. 104-107. また、横溝大「外国裁判所を指定する専属的管轄合意と強行的適用法規」本書第 10 章 207 頁以下参照。

21)　東京地判平成 28 年 10 月 6 日金商 1515 号 42 頁。同判決については、横溝大「判批」ジ

判所を指定する専属的管轄合意により我が国強行的適用法規の適用が回
避・潜脱される場合に、公序要件により当該合意の有効性を否定する余地
を認める見解がいくつか見られる[22]。この点につき、筆者は、改正民訴法
における当事者の予測可能性重視の姿勢および専属管轄規定の導入という
点を根拠として、我が国強行的適用法規の適用との関係で外国裁判所を指
定する専属的管轄合意が無効とされるのは、①本来我が国の専属管轄とさ
れるべきであったほどに公益性の高い法規の適用が問題となる請求の場合、
または、②当該管轄合意において我が国の強行的適用法規を潜脱する意図
が明らかな場合、に限定されるべきであるとの見解を示している[23]。

　国際仲裁においては、強行的適用法規の適用が問題になる法的紛争につ
いては、かつては仲裁付託可能性がないとされてきた[24]。だが、とりわけ
1980年代以降、国際仲裁に対し好意的な政策を各国が採用するにつれて
仲裁付託可能性は拡張される傾向にあり[25]、そのため、国際仲裁において
強行的適用法規の介入が問題となる事例が増加していると言われている[26]。

　ュリスト1509号（2017）6頁、同「判批」私法判例リマークス56号（2018）142頁参照。な
　お、控訴審判決である東京高判平成29年10月25日D1-Law28254852も、原判決の判断枠
　組みを維持し、控訴を棄却している。

22)　澤木＝道垣内・前掲注11）306頁、横山潤『国際私法』（三省堂・2012）355頁、手塚裕
　之「管轄権に関する合意（応訴管轄含む）」別冊NBL138号（2012）74頁、高橋宏司「判
　解」別冊ジュリスト210号（2012）201頁等。

23)　横溝・前掲注21）ジュリスト1509号7頁、私法判例リマークス56号145頁、同・本書
　第10章216頁参照。

24)　上野泰男「仲裁可能性」松浦馨＝青山善充編『現代仲裁法の論点』（有斐閣・1998）99頁、
　113頁は、「独占禁止法をめぐる紛争が仲裁可能性を有するかについては、これまで日本に
　おいては全くといっていいほど議論がみられなかったが、それが一国の基本的経済秩序にか
　かわるため、仲裁可能性は否定されていたのではないかと推測される」と述べる。

25)　一般的には、例えば、William Grantham, "The Arbitrability of International Intellectual
　Property Disputes", *Berkeley Journal of International Law*, Vol. 14 (1996), p. 173, pp. 179-180.
　フランスの状況につき、Jean Billemont, *La liberté contractuelle à l'épreuve de l'arbitrage*
　(LGDJ, 2013), pp. 28-36. 我が国においても同様の傾向が見られる。例えば、「仲裁の実効性
　を高め、仲裁制度の新興を図るためには、今後の解釈の方向性として、少なくとも財産上の
　請求については可能な限り広く仲裁可能性が認められるよう考察されるべきであ」ると述べ
　るのは、小島＝高桑編・前掲注11）60頁以下〔小島武司＝清水宏〕。

26)　ある論者は、正確な統計を示してはいないものの、仲裁人が扱う事例の半数以上が強行
　的適用法規の介入という問題に関わるとさえ述べている。Marc Blessing, "Mandatory rules
　of Law versus Party Autonomy in International Arbitration", *Journal of International
　Arbitration*, Vol. 14, No. 4 (1997), p. 23, pp. 23-24.

それでは、国際仲裁において、各国の強行的適用法規はどのように扱われているのだろうか[27]。

2　国際仲裁の場合

　国際仲裁における強行的適用法規の取扱いという問題は、近時盛んに議論されている[28]。そこでは、実務上、仲裁人が仲裁地の強行的適用法規を適用せねばならないことは一般的に受け入れられており、準拠実体法中の強行的適用法規は適用すべきであるとされるが、第三国の強行的適用法規の取扱いについては対応が不明確であると言われている[29]。だが、国際仲裁に関する多くの論稿は、仲裁地が何処であるかに関係なく国際仲裁一般を論じる傾向があるため、その法的根拠は必ずしもはっきりしない[30]。その中で、最も説得力があると見受けられる根拠は、当事者の合意である。すなわち、仲裁廷の裁決権限は当事者の合意に基づいているのであるから、当事者がその適用を望む限りにおいて各国の強行的適用法規を適用すべきである、という説明である[31]。この見解によれば、契約に関する準拠法国の強行的適用法規は、当事者が明示的にその適用を排除する旨を示してい

---

27)　なお、国際仲裁においては、国家を超えた超国家的公序（transnational public policy）の存在がしばしば主張され、また、それがある国の法の適用を排除する消極的な機能だけではなく、積極的に適用されるべき超国家的な強行的適用法規をも構成すると主張されることもある。その概要につき、Renner, *supra* note（16）, pp. 106-108. だが、その内容は不明確であり、たとえ超国家的公序の存在を認めたとしても、競争法上の保護に関する一般原則といった、しばしば国際取引紛争で問題となる規範がどれほど含まれているかは明らかではない。*Ibid.*, pp. 107-108. そこで本章では、国際仲裁におけるこのような超国家的な強行的適用法規の適用については扱わない。

28)　例として、Bermann/Mistelis, *supra* note（5）. また、*Franco Ferrari（ed.）, The Impact of EU Law on International Commercial Arbitration*（JURIS, 2017）にも、この問題に関する論文が少なからず含まれている（同書第6章〜第13章）。

29)　Laurence Shore, "Applying Mandatory Rules of Law in International Commercial Arbitration", in Bermann/Mistelis, *supra* note（5）, p. 131, pp. 131-132.

30)　なお、国際仲裁における研究論文がしばしば実務の拡張であり宣伝であることを指弾するものとして、Ralf Michaels, "Roles and Role Perceptions of International Arbitrators", in Walter Mattli/Thomas Dietz（eds.）, *International Arbitration & Global Governance*（Oxford, 2014）, p. 47, p. 63.

31)　Alan Scott Rau, "The Arbitrator and 'Mandatory Rules of Law'", in Bermann/Mistelis, *supra* note（5）, p. 77, pp. 91-92.

170　第8章　国際商事仲裁と公益

なければ仲裁廷により適用されるべきであり[32]、また、仲裁地国の強行的適用法規も、仲裁地を選択したことで当事者が当該法秩序の支配に服することを選んだと言い得るので、適用されるべきである、ということになる[33]。さらに、準拠実体法において第三国の強行的適用法規の影響を事実として考慮することについては、国際仲裁においても可能であるとされる[34]。

　だが、上述の見解にも問題がないわけではない。一つは、強行的適用法規の適用による当事者自治の制限の範囲が、取りも直さず当事者の合意により決定されることになってしまうという点である[35]。もう一つは、当事者が明示的に強行的適用法規の適用を排除した場合には、当該法規が適用できないことになってしまうという点である[36]。これらの点を踏まえ、国際仲裁において当事者の合意によらない強行的適用法規の特別連結を提唱する見解もあるが[37]、これらの見解については、当事者により委ねられた仲裁人の権限を越えるものであると批判されるとともに[38]、強行的適用法規の判断基準やその適用要件に関し実務上の困難を抱えている点が指摘される[39]。

　国際仲裁が当事者の合意に基づいた紛争解決手段であるという一般的理解に従えば[40]、当事者の合意を越えた法の適用を仲裁廷に要求することは理論上困難であるように思われる[41]。そこで、当事者が明示的に準拠法国

---

32)　*Ibid.*, pp. 98-99.

33)　*Ibid.*, p. 110.

34)　*Ibid.*, p. 106. Cf. Renner, *supra* note (16), p. 102.

35)　Renner, *supra* note (16), p. 102.

36)　Renner, *supra* note (16), p. 102; *id.*, "Private Justice, Public Policy: The Constitutionalization of International Commercial Arbitration", in Mattli/Dietz, *supra* note (30), p. 125.

37)　とりわけ、Shore, *supra* note (29), pp. 135-142 に紹介される見解を参照。

38)　Rau, *supra* note (29), pp. 91-92.

39)　Renner, *supra* note (16), pp. 103-106; *id.*, *supra* note (36), p. 125.

40)　仲裁人の権威が当事者の合意から即座に派生するとするのは、Arthur Taylor Von Mehren, "To what Extent Is International Commercial Arbitration Autonomous?", in *Le droit des relations économiques internationales: Études offertes à Berthold Goldman* (Litec, 1982), p. 217, p. 222.

41)　だが、そもそも当事者の合意が仲裁人の裁決権限の範囲を決定する根拠となる規範は何処にあるのだろうか。この点につき、国際仲裁における当事者自治の根拠が実定法にはなく、国際的慣習抵触法 (internationales Gewohnheits-Kollisionsrecht) にあるとするのは、

の強行的適用法規の適用を排除している場合には、当該法規の適用を仲裁廷が正当化することは困難だろう[42]。また、仲裁地国の強行的適用法規についても、当事者による仲裁地の選択は当該国の仲裁手続に関する法に従うことを意味するのみであり、実体的法律関係に関する強行的適用法規に服することを必ずしも意味しないだろう[43]。したがって、仲裁廷が実体的法律関係に関する仲裁地の強行的適用法規を適用することは、当事者の合意からは導かれないと考えるべきであろう[44]。このように、国際仲裁においては、仲裁廷の視点からすれば[45]、各国の強行的適用法規を適用する義務があるか否かは当事者の合意に依存し、その意味で、国際仲裁における強行的適用法規の適用可能性は、相当程度限定されたものであると言うことができよう。

それでは、実際に仲裁廷はどのように各国の強行的適用法規を適用・考慮しているのだろうか。この点につき、Alec Stone Sweet & Florian Griesel は近時の共著において、仲裁廷が強行的適用法規を解釈・適用したり他の方法で公益を考慮したほとんど全ての仲裁判断は、その秘匿性のゆえに利用不可能であり、仲裁人がどのように公益を考慮しているかは、誰にもわからないと指摘する[46]。このように、実際にも、国際仲裁におい

Renner, *supra* note (16), p. 83.

42) Michaels, *supra* note (30), p. 70.

43) なお、Shore, *supra* note (29), p. 131 が挙げる、仲裁費用の支払いに関する紛争発生以前の合意を無効とする英国の規定は、仲裁手続に関する法規であり、ここで問題としている実体的法律関係に関する強行的適用法規には含まれない。したがって、仲裁地法の一部として適用されることに特に問題はないように思われる。

44) なお、国際仲裁においては、仲裁地＝法廷地というわけではないため、そもそも仲裁地の強行的適用法規の適用さえ保障され得ないとするのは、Johanna Guillaumé, *L'affaiblissement de l'État-Nation et le droit international privé* (L. G. D. J., 2011), pp. 479-482. また、仲裁廷を仲裁地国法秩序の司法機関と同視することが困難であることにつき、横溝・前掲注 4) 114 頁。

45) なお、国際仲裁について検討する際に仲裁廷の視点と国家裁判所の視点とを区別する必要があることにつき、Renner, *supra* note (16), pp. 80-81.

46) Alec stone Sweet/Florian Griesel, *The Evolution of International Arbitration* (Oxford, 2017), p. 186. なお、Renner, *supra* note (16), pp. 110-127 は、国際商業会議所（ICC）仲裁裁判所が仲裁判断の公表に非常に抑制的であることを認めつつも、1990～2006 年に公表された 219 件の ICC による仲裁判断を調査し、このうち 46 件で何らかの形で強行的適用法規の適用が問題となったとして、その分析を試みている。だが、結論として、「今のところ、ICC 仲裁裁判所における介入規範［ここで言う強行的適用法規］についての一貫した教義は

172 第8章 国際商事仲裁と公益

て各国の国家政策が強行的適用法規の適用を通じて実現されていると考えることについては、躊躇せざるを得ないだろう。

IV 国際仲裁に対し国家が採り得る対応とその限界

周知のように、各国は、国際仲裁を自国に惹きつけるため、競って仲裁に対する規制を緩和している[47]。このような政策は、仲裁による迅速で衡平な解決が国際取引の拡大・容易化につながり、自国の社会的利益に資するという考えに基づいていると言えるが[48]、上述のように、国際仲裁における強行的適用法規が当事者の合意に依存して適用されたりされなかったりする以上、国際仲裁の発展は、国際取引における利益を促進することになっても、他の社会的・経済的政策の実現にとって障害になる可能性がある[49]。それでは、国家は、このような可能性を除去するために、どのような対応をとることができるのだろうか。

国際仲裁に対し国家が介入できる場面としては、仲裁付託可能性（1）という仲裁手続の最初の段階と、仲裁判断に対する取消しまたは承認執行の拒絶（2）という仲裁手続終了後の段階が考えられる。だが、これらの場面において国家がその介入の度合いを強めるとしても、その実効性は必ずしも十分だとは言えない（3）。

1 仲裁付託可能性の制限

まず、仲裁付託可能性を拡大する現在の一般的傾向を変更し、国家が、自国の強行的適用法規による経済的・社会的政策の実現を重視し、公共性

　形成されていない」と述べる（*Ibid.*, p. 124）。

47)　Von Mehren, *supra* note (40), pp. 220-221; Billemont, *supra* note (25), pp. 6-8.

48)　Billemont, *supra* note (25), p. 6.

49)　Leboulanger, *supra* note (13), p. 506. そもそも、仲裁人が紛争当事者間にとって妥当な解決を導くことを重視し、第三者に対する影響を重視しない傾向があることを指摘するものとして、Robert Wai, "Conflicts and Comity in Transnational Governance: Private International Law as Mechanism and Metaphor for Transnational Social Regulation Through Plural Legal Regimes", in Christian Joerges/Ernst-Ulrich Petersmann, *Constitutionalism, Multilevel Trade and International Economic Law* (Hart Publishing, 2011), p. 229, p. 245.

を有する一定の事項またはセクター[50]に関する紛争について仲裁付託可能性を認めないという方策が考えられる[51]。

　この点につき考慮すべきであるのは、先に触れた通り、国際民事訴訟に関しても、当事者自治による裁判所の選択が、法廷地裁判所における自国強行的適用法規の適用に優先される傾向にあるという点である[52]。外国裁判所を指定する国際的専属管轄合意も仲裁合意も、自国の国際裁判管轄を否定するという点で共通すると考えるのであれば、両者を整合的に考え、国際的管轄合意との関係において自国の国際裁判管轄を維持すべき事項[53]についてのみ仲裁付託可能性を否定するという処理も、あるいは考えられよう。

　だが、管轄合意については、外国裁判所が国際協力の観点から自国の強行的適用法規を適用・考慮する可能性が理論的に開かれているのに対し[54]、国際仲裁における強行的適用法規の適用・考慮は当事者の意思に依存する。また、手続的にも、国際仲裁の秘匿性は、当該手続における強行的適用法規の適用・解釈に関する外部からの評価を不可能にし、国際取引に従事する事業者からこれらの法規に従う動機を次第に失わせることになる[55]。このような両者の相違を考慮するならば、仲裁付託可能性については、外国裁判所を指定する専属的管轄合意に関し当該合意を認めない範囲よりもさ

---

50)　例えば金融分野が考えられる。横溝・前掲注4) 120頁。だが、途上国が金融分野に関する紛争の仲裁付託可能性について慎重であるのに対し、先進国が、当該紛争が第三者や国家利益に悪影響を及ぼし得るものであるにもかかわらず全ての金融上の契約紛争について仲裁付託可能性を認めていることにつき、Ilias Bantekas, "Arbitrability in Finance and Banking", in Loukas A. Mistelis/Stavros L. Brekoulakis, *Arbitrability: International & Comparative Perspectives* (Wolters Kluwer, 2009), p. 293, pp. 314-315.

51)　Cf. Billemont, *supra* note (25), p. 125.

52)　Horatia Muir Watt, "Économie de la justice et arbitrage international (Réflexions sur la gouvernance privée dans la globalisation)", *Revue de l'arbitrage*, 2008 N° 3, p. 389, p. 403; Buxbaum, *supra* note (17), pp. 44-52.

53)　前掲注23) に対応する本文参照。

54)　経済のグローバル化の下での当事者自治の拡大に対する対応として、国家裁判所が国際協力の観点から外国の強行的適用法規を積極的に適用すべきであると主張するのは、Guillaumé, *supra* note (44), pp. 429-434.

55)　Cf. Robert Wai, "Transnational Liftoff and Judicial Touchdown: The Regulatory Function of Private International Law in an Era of Globalization", *Colombia Journal of Transnational Law*, Vol. 40 (2002), pp. 258-260. 横溝・前掲注4) 120頁も参照。

らに広い範囲の事項についてこれを否定することが、自国の強行的適用法規による国家政策の実現という観点からは各国にとって適切であるように思われる。

2 仲裁判断の取消しまたはその承認執行の拒絶

第二に、仲裁地の裁判所は仲裁判断に対する取消手続において、また、仲裁地以外の国の裁判所は仲裁判断の承認執行手続において、要件審査を厳格にすることにより、自国の強行的適用法規が体現する政策を尊重しない仲裁判断を取り消しないし拒絶するという方策が考えられる。

確かに、現状では、仲裁判断に関する取消手続において法適用の適切性を争える法秩序は非常に限られている[56]。また、仲裁判断の承認執行については、我が国も含め150か国以上が加盟する、外国仲裁判断の承認及び執行に関するニューヨーク条約（以下、「NY条約」という）では、実質再審査禁止の原則が採用されており[57]、裁判所が審査できる要件は限定されている。とは言え、各国裁判所が仲裁判断につき、仲裁付託可能性の有無、および、公序違反性について審査することは認められている[58]。そこで、この場面において、一定の事項についての仲裁付託可能性を否定することにより、また、強行的適用法規の適用により導かれる帰結とは異なる判断を下した仲裁判断を公序違反とすることにより、自国の強行的適用法規による法政策の実現を担保することが考えられよう[59]。

3 国家による対応の限界

しかしながら、仮にある国家が国際仲裁に好意的な現在の方針を変更し、

---

56) 英米の状況を含め、森下哲朗「仲裁判断の取消し」谷口安平＝鈴木五十三編集代表『国際商事仲裁の法と実務』（丸善雄松堂・2016）385頁、407頁以下参照。我が国については、仲裁法44条参照。

57) Von Mehren, *supra* note (40), p. 224.

58) 仲裁判断の取消しにつき、我が国仲裁法44条1項7号・8号、また、仲裁判断の承認執行につき、NY条約5条2項(a)(b)参照。

59) 公序判断において、外国の強行的適用法規の適用について考慮することも、あるいは可能であろう。この点を肯定する近時の見解として、Guillaumé, *supra* note (44), pp. 479–482. なお、公序による仲裁判断の承認・執行の拒絶は、それ自体としては外国判決の承認・執行の場合と大きく異なるところはない。

経済的・社会的政策を実現するために強行的適用法規の適用を確保しようとして上述のように厳格な対応を行ったとしても、その実効性は限定されたものにならざるを得ない。というのも、ある国家が仲裁付託可能性の範囲を狭めるのであれば、国際取引に従事する事業者は、仲裁に対しより好意的な別の国家を仲裁地あるいは紛争に関する実体準拠法として選択すれば済むだけの話であり[60]、また、仲裁判断の承認執行における審査も、当該国で実際に仲裁判断の承認執行手続が求められた場合のみに限定される[61]。すなわち、ある国で仲裁判断の執行が困難であるとしても、敗れた相手方の財産が他の NY 条約加盟国にも存在している場合には、申立人は当該国において執行手続を求めればよいのである[62]。

　このように、当事者が自由に仲裁地、準拠法、執行地を選択できることから、裁判所の介入を通じた国家による国際仲裁に対する規律の実効性は、限定的なものにならざるを得ない[63]。こうして、国家の強行的適用法規の強行性は、国際仲裁によって大幅に相対化させられてしまうのである[64]。

V　結語——国際仲裁自体を変革する可能性

　以上、国際仲裁において各国の強行的適用法規がどのように適用・考慮されるのかという点を検討し、公益実現のために国際仲裁に対して国家が採り得る対応とその実効性について考察した。国際仲裁における各国の強行的適用法規の適用は、当事者の意思に依存するために、相当程度限定的なものとなり、それについて考えられ得る国家の対応策も、仲裁地・準拠法・執行地に関し当事者に広範に与えられている選択の自由のために、十分に実効的なものにはなり得ない、というのが本章の結論である。

　それでは、各国の強行的適用法規が実現しようとしてきた公益に関わる

---

60)　Sweet/Griesel, *supra* note (46), pp. 185-186.
61)　Muir Watt, *supra* note (52), p. 408.
62)　Sweet/Griesel, *supra* note (46), p. 186.
63)　Sweet/Griesel, *supra* note (46), p. 185.
64)　Muir Watt, *supra* note (52), p. 408.

政策目標は、どのようにすれば達成できるのだろうか。一つの方向性は、国家に代わって国際仲裁自体が自律的に第三者の利益や社会的利益についても考慮するシステムを創出することである[65]。そのような「国際仲裁の立憲化（constitutionalization of international arbitration）」[66]の可能性についての本格的検討は、今後の課題とすることとしたい。

> **【附記】** 本章は、「国際商事仲裁と公益—強行的適用法規の取扱いを中心に」社会科学研究（東京大学）69巻1号（2018）129〜140頁を若干修正したものである。
>
> 　本章の一部は、2016年12月9日、神戸大学で行われた科研費ミニシンポジウム「国境を越えた／私的自治による紛争解決と法の実現—仲裁を素材として」において筆者が行った報告に基づいている。また、本章は、JSPS科研費基盤研究（B）「政策実現過程のグローバル化に対応した法執行過程・紛争解決過程の理論構築」（課題番号16H03543）、および「トランスナショナル・ローの法理論—多元的法とガバナンス」（課題番号16H03539）の研究成果の一部である。

---

65)　Muir Watt, *supra* note (52), pp. 412-413 は、自ら理想主義的と断りつつ、国際仲裁における公開性の導入や先例の公表を提言する。また、Von Mehren, *supra* note (40), p. 227 は、国際仲裁固有の lex mercatoria としての抵触規則の検討を提唱する。さらに、国際仲裁に関するより具体的な改革提案として、Sweet/Griesel, *supra* note (46), pp. 238-252; Cuniberti, *supra* note (3), pp. 139-198.

66)　Michaels, *supra* note (30), pp. 71-72; Peer Zumbansen, "Piercing the Legal Veil: Commercial Arbitration and Transnational Law", *European Law Journal*, Vol. 8 (2002), p. 400, pp. 430-432; Moritz Renner, "Towards a Hierarchy of Norms in Transnational Law?", *Journal of International Arbitration*, Vol. 26 (2009), p. 533, p. 554.

第**9**章 一方当事者に選択権を付与する国際的管轄合意の有効性

··· 加藤紫帆

I 問題の所在
II 諸外国における取扱い
III 我が国における取扱い
IV 結 語

I 問題の所在

　本章の目的は、将来生じ得る紛争を解決する裁判所の選択権を一方当事者に認める国際的管轄合意の有効性が問題となる場合に、我が国裁判所がとるべき処理について検討することにある。

　国際取引において管轄合意がなされる場合には、例えば、「本契約から生ずる又はそれに関連するすべての紛争は、東京地方裁判所における法的手続によってのみ解決する。東京地方裁判所はその紛争について専属管轄を有する」[1]といった形で、一つの裁判所に管轄を付与する専属的管轄合意がなされることが多い。だが、より複雑な管轄合意も存在する。例えば、金融機関が貸主となる国際的なローン契約においては、一方当事者（顧客・借主）対して特定の地の裁判所で訴えること（専属的管轄合意）を義務付けつつ、他方当事者（金融機関・貸主）に対しては、それ以外の地の裁判所において提訴する権利を留保する（一方的な選択的管轄合意）といった、片面的な管轄合意がなされることがある[2]。また、船荷証券上の約款にお

---

　1) 澤木敬郎＝道垣内正人『国際私法入門〔第 8 版〕』（有斐閣・2018）300 頁。
　2) このような合意は、債務者の住所地や財産所在地等の裁判所で債務者を訴える権利を債権者に確保させることで、債務者の債務が執行不可能となるリスクを最小限にとどめ、もって、かかる金融のコスト軽減に寄与するという実務的利点があるとされる。See, e. g., Richard

いても、運送人に管轄裁判所の選択を認める管轄合意が用いられることがある[3]。

　従来、一方当事者に選択権を付与する管轄合意[4]の有効性が疑問視されることはほとんどなかった[5]。だが、近時、フランスにおける最上級審の司法裁判所である破棄院をはじめとする一部のヨーロッパ諸国の裁判所により、かかる合意を無効とする判断が下される中で[6]、その有効性をめぐる議論が活発化している[7]。我が国において、裁判例上、かかる合意の有効性が正面から問題となったことはなく、学説上もほとんど議論がない[8]。だが、諸外国での議論動向や、かかる合意の利用状況に鑑みれば、将来、その有効性が我が国裁判所で正面から争われる可能性は十分にある。したがって、諸外国における議論を整理分析しつつ、解釈論として、かかる合意の我が国における取扱いについて検討することが必要である。

　そこで本章では、一方当事者に選択権を付与する管轄合意の我が国における取扱いについて検討することとした。この検討は、我が国裁判所に一定の解釈指針を提供するという実務上の意義に加え、グローバル化の下での当事者自治の是非という問題の検討にとっても、一定の意義を有すると言える。一方当事者に選択権を付与する管轄合意の有効性をめぐる議論の背景には、経済のグローバル化が拡大する当事者間の非対称性という現実を前に、権利救済に関する当事者間の公平・公正という観点から、国際的

Fentiman, Unilateral Jurisdiction Agreements in Europe, 72 *Cambridge Law Journal* 24 (2013), p. 24.

3)　Ⅲ 1 (1)で挙げる裁判例を参照。

4)　様々な名称があるが、Mary Keyes, General Report, in Mary Keyes (ed.), *Optional Choice of Court Agreements in Private International Law* (Springer, forthcoming 2019) では、"asymmetrical choice of court agreement" と呼称されている。

5)　Alex Mills, *Party Autonomy in Private International Law* (Cambridge University Press, 2018), p. 159.

6)　See, e. g., Financial Markets Law Committee of London, *Issues of Legal Uncertainty Arising in the Context of Asymmetric Jurisdiction Clauses*, July 2016, p. 1. See also, Mills, *id.* p. 160.

7)　各国における議論状況に関して、詳しくは、Keyes, *supra* note 4 参照。

8)　ただし、野村美明＝黄軔霆「ローン契約における『一方的管轄条項』の有効性」阪大法学 64巻1号 (2014) 1頁、Koji Takahashi, Optional Choice-of-Court Agreements under Japanese Law, Japanese Reports for the XXth International Congress of Comparative Law (ICCLP Publications No. 14, 2019), pp. 100-106, *available at* 〈https://www1.doshisha.ac.jp/~tradelaw/PublishedWorks/OptionalChoiceOfCourtAgreementsJapan.pdf〉.

管轄合意に関する当事者自治をどこまで尊重すべきか、という問題がある
と解されるからである。

　以下では、一方当事者に選択権を付与する国際的管轄合意に関する諸外
国における議論状況を確認したうえで（Ⅱ）、我が国における従来の議論を
概観し、かかる合意の我が国裁判所における取扱いについて検討する
（Ⅲ）。最後に、今後の展望を示し結語とする（Ⅳ）。

Ⅱ　諸外国における取扱い

　まず、問題の所在の明確化のため、裁判所が一方当事者に選択権を付与
する管轄合意を無効とする判断を下したことで、この問題をめぐる議論の
契機となった、フランスにおける議論を概観したうえで（１）、それと好
対照な態度を示すイギリスにおける議論を紹介する（２）[9]。

1　フランスにおける議論
　(1)　**裁判例**　　フランスでは、2012 年の破棄院判決（Rothschild 事件判
決）により、国際的管轄合意に関する EU のブラッセル I 規則[10]23 条（現
行ブラッセル Ibis 規則[11]25 条は内容変更）の下で、一方当事者に選択権を付与
する管轄合意を無効とする判断が下されて以降、この問題に関する破棄院
判決がいくつか現れている。以下、順に概観する。
　　(a)　**フランス破棄院 2012 年 9 月 26 日〔Rothschild 事件〕判決**[12]　　Roth-

---

9)　See Mary Keyes & Brooke Adele Marshall, Jurisdiction Agreements: Exclusive, Optional and Asymmetrical, 11 (3) *Journal of Private International Law* 345 (2015), pp. 363-377.

10)　Council Regulation (EC) No 44/2001 of 22 December 2000 on jurisdiction and the recognition and enforcement of judgments in civil and commercial matters.

11)　Regulation (EU) No 1215/2012 of the European Parliament and of the Council of 12 December 2012 on jurisdiction and the recognition and enforcement of judgments in civil and commercial matters (recast). 同規則上、一般に、当事者は一方当事者に有利な合意を行う ことができると解されていることにつき、Ulrich Magnus & Peter Mankowski (eds.), *Brussels I Regulation-European Commentaries on Private International Law* (Verlag Dr. Otto Schmidt, 2016), p. 659 参照。

12)　Cass. 1re civ., 26 sept. 2012, n° 11-26. 022.

schild 事件では、スペイン在住のフランス人（原告）とルクセンブルクの銀行（被告）との間で締結された口座開設契約における管轄合意条項の有効性が問題となった。当該条項は、「顧客と銀行との間で将来生じ得る紛争は、ルクセンブルクの裁判所の専属的管轄に服する。ただし、銀行は、顧客の住所又は上述の管轄選択がなければ管轄を有するその他全ての裁判所（tout autre tribunal compétent à defaut de l'élection de jurisdiction qui précède）において訴訟を起こす権利を留保する」と定めていたため、この管轄合意がフランス裁判所の管轄を排除するか否かが問題となった。パリ大審裁判所および同控訴院は、ブラッセルⅠ規則 23 条に照らして上記管轄合意を無効と判断し、フランス裁判所の管轄を認めた[13]。破棄院も、当該合意は、原告のみをルクセンブルクの裁判所で提訴するよう義務付け、拘束する点で、銀行につき随意性（caractère potestatif）を有しており、それゆえ、ブラッセルⅠ規則 23 条が追求する管轄合意の目標および目的に反するとして、当該合意を無効とした控訴院判決の結論を支持した。

　このように、Rothschild 事件判決では、管轄合意が「随意性」を有することを理由にその有効性が否定された。同判決は、結論の妥当性に加え、フランス契約法上の概念であると解される随意性概念[14]が合意を無効とする根拠として援用された理由が不明確であること等から、学説上、多くの批判を浴びた[15]。かかる批判を受けてか、次に述べる 2015 年のフランス破棄院 Crédit suisse 事件判決では、結論として、一方当事者に選択権を

---

13)　詳しくは、Keyes & Marshall, *supra* note 9, pp. 368-369 参照。

14)　フランス民法典上、債務者の随意条件の下で締結された契約は無効となる（1174 条）。同判決以前に、売主が指定するイギリスまたはその他の地の裁判所での紛争解決を認めることを買主に求める条項に関して、随意性の観点から問題があることを指摘していたものとして、André Huet, note sous CA Paris, 5 juill. 1989, *Journal du droit international* (1990), p. 151. なお、同 1174 条は、2016 年 2 月 10 日のオルドナンス（n° 2016-131）による改正を受けた（現行法 1304-2 条）。現行法 1304-2 条では、その実現が債務者の意思のみによる条件（une condition dont la réalisation dépend de la seule volonté du dépiteur）の下で締結された契約は無効となるとされ、「随意条件（une condition potestative）」という文言は用いられていない。

15)　See, e. g., Dominique Bureau, note sous Cass. 1re civ., 26 sept. 2012, *Revue critique de droit international privé* (2013), p. 256, pp. 263-265. ただし、契約的正義（justice contractuelle）という観点から、フランス破毀院の厳格な態度を支持する見解として、Jean-Baptiste Racine, Les clauses d'élection de for asymétriques, in *Le droit à l'épreuve des siècles et des frontières, Mélanges en l'honneur du professeur Bertrand Ancel* (Iprolex, 2018), p. 1323.

付与する管轄合意は無効とされたものの、随意性という根拠は用いられな
かった。

(b) **フランス破棄院 2015 年 3 月 25 日〔Crédit suisse 事件〕判決**[16]　Cré-
dit suisse 事件では、原告である不動産民事会社が権利義務を承継したフ
ランス法人と、スイスの銀行（被告）との間で締結されたローン契約から
生じた紛争に関し、同契約上の管轄合意条項の有効性が争点となった。同
条項は、銀行に対し、「管轄を有するその他全ての裁判所（tout autre tri-
bunal compétent）において借主に対する法的手続を開始する権利」を留保
していた。アンジェ大審裁判所および同控訴院が当該条項を有効と認めた
のに対して、破棄院は、当該条項は「『その他全ての裁判所』において借
主を訴える権利を銀行に留保し、代わりとなる管轄がどの客観的要素
（éléments objectifs）に基礎付けられるのかを明確にしていない」ところ、
控訴院は、それが 2007 年のルガーノ条約 23 条[17]により追求される予測可
能性および法的安定性という目標に反しないかを検討していないとして、
控訴院判決を破棄した。

　Crédit suisse 事件判決では、一方当事者に選択権を付与する管轄合意
を無効とする根拠が、Rothschild 事件判決により示された随意性から、選
択対象となる管轄を基礎付ける客観的要素の不特定性[18]へと修正された。
予測可能性を判断基準とするこの立場は、次に述べる eBizcuss 事件判決
において踏襲され、同事件では、管轄合意が有効と判断されている。

(c) **フランス破棄院 2015 年 10 月 7 日〔eBizcuss 事件〕判決**[19]　　eBiz-
cuss 事件では、Apple 社製品の供給等を行うアイルランド法人（被告）と
の再販売契約に基づき同社製品の再販売を行うフランス法人（原告）が、
パリ商事裁判所に被告を提訴したところ、上記契約には、「当事者は、ア

---

16)　Cass. 1re civ., 25 mars 2015, n° 13-27264.

17)　ブラッセル I 規則 23 条と同一の規定である。See, e. g., Marie-Élodie Ancel, Clause
attributive de juridiction asymétrique: clair-obscur sur les clauses d'élections de for
asymétriques, 163 *Banque & Droit* 4 (2015), p. 5.

18)　これは、管轄合意により管轄を有する裁判所を特定する客観的要素が明示されていなけ
ればならないとした、欧州諸共同体裁判所（Court of Justice of the European Communities）
の Coreck Maritime 事件判決（Coreck Maritime GmbH v. Handelsveem BV, (C-387/98)
(2000) ECR I-9337, I-9372, para. 15) に従う判断であるとされる。See, e. g., Ancel, *id.* p. 7.

19)　Cass. 1re civ., 7 oct. 2015, n° 14-16. 898.

イルランド共和国の裁判所の管轄に服するものとする。ただし、Apple 社
［被告］は、販売代理店の本店所在地または Apple 社［被告］が損害を被っ
た地（tout pays dans lequel Apple subit un préjudice）の裁判所の前において、
販売代理店に対する手続を開始する権利を留保する」との条項があったた
め、フランス裁判所の管轄が問題となった。パリ商事裁判所および同控訴
院は当該条項を有効と認めた。上告を受けた破棄院も、当該条項は、「本
件契約の執行ないし解釈が問題となる場合に訴えが提起され得る管轄の特
定を可能とするものであり、法廷選択条項が満たさねばならない予測可能
性の要請に答えるものである」として、控訴院の判断を支持した。

　このように、eBizcuss 事件では、「Apple 社が損害を被った地」という
形で管轄を基礎付ける客観的要素が特定されているとして、管轄合意の有
効性が認められた。なお、eBizcuss 事件判決以降も、フランス破棄院（商
事部）2017 年 5 月 11 日〔Diemme 事件〕判決[20]により、「法的手続規則に
従って（conformément aux règles de procédure légale）管轄を有するその他
の裁判所」において提訴する権利を一方当事者に留保する合意につき、そ
の有効性が認められている[21]。

　(2) **小　　括**　　以上見てきたように、フランスにおいて、一方当事者
に選択権を付与する管轄合意の有効性をめぐる議論は、一連の破棄院判決
を通じて、当事者間の不均衡性を問題とする随意性の問題から、選択対象
となる裁判所を特定する客観的要素の有無という、予測可能性の問題へと
修正された。フランス学説上は、管轄合意を有効とした eBizcuss 事件判
決や Diemme 事件判決により、一方当事者に選択権を付与する管轄合意
の有効性が基本的に認められるに至った、と受け止められていると言え
る[22]。

　なお、このように予測可能性を問題とする立場は、学説上、Rothschild
事件判決の評釈においてすでに提唱されていた。例えば、M. -É. Ancel

---

20)　Cass. com., 11 mai 2017, n° 15-18758.
21)　ただし、その後も、管轄を基礎付ける客観的要素の言及がない管轄合意を無効とする判
　　断が下されている点（Cass. 1re civ., 3 oct. 2018, n° 17-21. 309; Cass. 1re civ., 7 févr. 2018, n°
　　16-24497）には、注意が必要である。
22)　See, e. g., Bernard Audit & Louis d'Avout, *Droit international privé* (LGDJ, 2018), p. 559.

ら[23]は、まず、一方当事者に選択権を付与する管轄条項を、①一方当事者に完全な裁量を与える真に裁量的な条項[24]と、②両当事者を管轄地の選択に関して異なる地位に置く、単に分離的な条項（clauses simplement dissociatives）[25]とに区別[26]する。そのうえで、①に関しては、裁判所を特定する客観的要素を欠くことから、予測可能性の観点から問題があり、EU法上もフランス法上も認められないとする一方で[27]、②に関しては、予測可能性の観点から問題はなく、また、契約における当事者の平等といった基本的権利の観点からも、かかる合意が単に不均衡であることのみで無効とされることはない[28]、と主張するのである。なお、Ancel らは、Rothschild 事件で問題となった条項は、管轄を有する裁判所という形で銀行の選択権に一定の制限を課す点で、白紙委任的な①の条項とは言えず、②の条項に分類されると説く[29]。

2 イギリスにおける議論

上述したフランス破棄院の立場とは異なり、イギリス裁判例上は、当事者間での合意の尊重という観点から、一方当事者に選択権を付与する管轄合意も有効であると認められてきた[30]。例えば、近年、一方的な選択的管轄合意の合理性が正面から争われた Mauritius Commercial Bank Ltd v Hestia Holdings Ltd[31]事件でも、イングランドの裁判所を専属的合意裁判

---

23) Marie-Élodie Ancel, Léa Marion & Laurence Wynaendts, Réflexions sur les clauses de juridiction asymétriques, 148 *Banque & Droit* 3 (2013).

24) 具体例につき、前掲注 14) 参照。Ancel *et al, id.* p. 5.

25) 国際的なローン契約に関する管轄合意が典型例である。*Id.* p. 7.

26) より包括的な類型化については、Jérôme Barbet & Peter Rosher, Les clauses de résolution de litiges optionnelles, *Revue de l'arbitrage* (2010), p. 45 参照。

27) Ancel *et al, supra* note 23, pp. 4-5.

28) *Id.* pp. 7-9.

29) *Id.* pp. 6-7.

30) 例えば、この問題に関するリーディング・ケースであり、借主はイギリス裁判所の専属的な管轄に服する一方で、銀行は管轄を有するその他全ての裁判所において訴訟手続を開始する権利を留保する旨を定める国際的管轄合意を、有効な合意として扱ったものとして、Continental Bank NA v Aeakos Compania Naviera SA [1994] 1 WLR 588 (CA). See also, Keyes & Marshall, *supra* note 9, pp. 373-374.

31) [2013] EWHC 1328 (Comm). See, e. g., Ned Beale & Charlotte Clayson, One-way Jurisdiction Clauses: A One-Way Ticket to Anywhere?, 28 *Journal of International Banking*

所としつつ、銀行（原告）に「あらゆる法域におけるその他いかなる裁判所（any other courts in any jurisdiction）」においても法的手続を開始する権利を留保する旨の、管轄合意の有効性が認められている。高等法院（イングランド・ウェールズ）は、イギリス法上の判断として、上記文言を、その手続規則上管轄を有する裁判所と解し、それは一方当事者に無限定な選択権を付与する趣旨ではないとして[32]、当該合意を有効とした。なお、高等法院は、傍論として、仮に当該合意を無限定な選択権を付与する合意と解したとしても、それは裁判所が効果を付与すべき契約上の取決めであり、また、公平な裁判を受ける権利に関するいわゆる欧州人権条約6条は、法廷地の選択に対する公平な権利までをも保障するものではない[33]として、当該合意はなおも執行可能であるとする。

　イギリス学説上も、当事者自治を原則として尊重する上記のような裁判例の立場が支持されている[34]。なお、成立・確実性・形式・公平性という四つの観点から、ブラッセル Ibis 規則25条の下での有効性について検討する Ahmed[35]は、同規則上、管轄合意の実質的有効性は、その裁判所が指定された加盟国の法によるとされているため（25条1項）、成立の問題に関しては、仮に当該法が契約条件に関して厳格な相互性要件が課されている場合、管轄合意の有効性が否定される可能性があるとする[36]。

　　Law and Regulation 463（2013）. 同様の管轄合意を有効としたその他の裁判例として、Commerzbank Aktiengesellschaft v Pauline Shipping and Liquimar Tankers [2017] EWHC 161（Comm）.

32)　Mauritius Commercial Bank Ltd v Hestia Holdings Ltd [2013] EWHC 1328（Comm）at [37].

33)　*Id.* at [43].

34)　Rothschild 事件判決に対する批判として、Fentiman, *supra* note 2; Adrian Briggs, One-sided jurisdiction clauses: French folly and Russian menace, Lloyd's Maritime & Commercial Law Quarterly 137（2013）. また、近時、この問題について正面から検討したものとして、Louise Merrett, The Future Enforcement of Asymmetric Jurisdiction Agreements, 67（1）*ICLQ* 37（2018）.

35)　Mukarrum Ahmed, *The Nature and Enforcement of Choice of Court Agreements: A Comparative Study*（Hart Publishing, 2017）, pp. 62-76.

36)　*Id.* pp. 67-69.

III　我が国における取扱い

　IIで述べたように、管轄合意の合意としての側面を重視し、一方当事者に選択権を付与する管轄合意の有効性を認めてきたイギリスとは異なり、フランス破棄院の Rothschild 事件判決は、当該合意における当事者間の不均衡性ないし非対称性を問題視し、一方当事者に選択権を付与する管轄合意を無効とした。だが、その後、フランス破棄院は、選択対象となる裁判所に関する予測可能性を問題とする立場へと軌道修正したため、議論の中心は、裁判所に関する特定性の問題へと移行したと言える。

　以上の諸外国における議論状況の簡単な整理を踏まえ、次に、この問題に関する我が国における議論状況を確認したうえで（1）、我が国における取扱いについて検討する（2）。

1　従来の議論

　(1)　**裁判例**　　我が国裁判例上、一方当事者に選択権を付与する管轄合意は、基本的に有効なものとして扱われてきたと言える。ただし、後述するように、かかる合意に基づく選択権の行使を認めなかった事例があり、注目される。

　まず、我が国裁判例上は、一方当事者に選択権を付与する管轄合意であっても、その専属的管轄合意としての側面のみが注目され、選択的管轄合意の側面については特に問題とされてこなかった[37]。例えば、いわゆるチサダネ号事件[38]では、「この運送契約による一切の訴は、アムステルダムにおける裁判所に提起されるべきものとし、運送人においてその他の管轄裁判所に提訴し、あるいは自ら任意にその裁判所の管轄権に服さないならば、その他のいかなる訴に関しても、他の裁判所は管轄権を持つことがで

---

37)　See Takahashi, *supra* note 8, p. 105. 裁判例として、東京地判平成 25 年 4 月 19 日判例集未登載（参照、加藤紫帆「判批」ジュリスト 1462 号（2014）128 頁、130 頁）。

38)　同事件については、横溝大「外国裁判所を指定する専属的管轄合意と強行的適用法規」本書第 10 章参照。

きないものとする」旨の合意につき、その解釈が争われたものの、最高裁は、運送人に選択権が留保されている点を特に問題とすることなく、当該合意を専属的管轄合意と解釈した[39]。また、「運送人の選択に従い、運送人の主たる事業所が所在する国、又は、発送地又は引渡地が所在する国、又は、船積港又は陸揚港の法律及び裁判所によって判断されるものとする」旨の合意に基づき、運送人（被告）が第1回口頭弁論期日に台湾（被告の主たる事業所の所在国）の裁判所を選択したところ、当該合意を台湾を指定する専属的管轄合意と解し、その有効性を認めた事例[40]もある。

これに対して、船荷証券上の管轄合意に基づく運送人の選択権行使を無効とした事例として、東京地判昭和42年10月17日[41]がある。この事件では、日本法人（原告）がデンマークの海運業者（被告）を訴えたところ、被告が、「運送人の選択により、他の全ての国の裁判手続を排除し、コペンハーゲン市の裁判所において……審理されるものとする」との船荷証券上の約款（以下、「本件合意」という）に基づき、口頭弁論期日にコペンハーゲン市の裁判所で本件を裁判する旨の意思表示を行ったため、我が国裁判所の管轄が本件合意とそれに基づく選択権行使により排除されるか否かが問題となった。

東京地裁は、本件合意の有効性を認めつつ、以下のように述べ、本件合意に基づく選択権行使を無効とした。すなわち、管轄判断の基準時を訴え提起時とする旧民事訴訟法29条（現行法15条）の法意に鑑みれば、本件訴え提起後になされた被告の選択権行使により我が国の国際裁判管轄が排除されるか否か、という点について検討する必要がある。この点、同事件における契約準拠法（香港法）上、運送品の引渡し後1年以内に訴えが提起されない限り、運送人は免責されることとなるが、「選択権を行使した結果、被告が免責条項の利益を受け、合意された裁判所へ訴を提起することが無意味に帰するような選択権の行使が許さるべき道理はない」として、本件訴え提起後であって引渡し時より1年以上経過した後になされた本件選択権の行使は無効である、と結論付けたのである。

---

39) 最判昭和50年11月28日民集29巻10号1554頁。
40) 東京地判平成20年9月24日判例集未登載。
41) 下民集18巻9・10号1002頁。

上記東京地判昭和 42 年 10 月 17 日は、合意を有効と認める一方、当該合意に基づく当該事案の事実関係の下での選択権行使は無効であるとした。同判決は、専属的管轄合意の有効性自体を問題とするのではなく、当該事案の具体的な状況におけるその援用可能性を問題とし、それを否定したものと位置付けられよう[42]。

(2) **学　　説**　　我が国学説上、一方当事者に選択権を付与する管轄合意の有効性という問題について正面から扱った論稿はわずかであり[43]、その有効性は、特に疑問視されてこなかったものと解される[44]。ただし、先述したチサダネ号事件に関する論稿においては、船荷証券統一条約の下で禁止される免責を得るために「同条約を採用していない国の裁判所を指定する約款は……運送人がその経済的優位を濫用し著しく自己の一方的利益を図るものであると考えられる」として、かかる約款は公序良俗に違反し無効である、と主張されていた[45]。このように、我が国学説上は、一方当事者が自己の利益を一方的に図ることを意図するような管轄合意については、後述するように、「はなはだしく不合理」であるとして無効となるという考えが支持されてきた。

2　検　　討

これまでの議論を踏まえ、以下では、我が国における解釈論として、一方当事者に選択権を付与する国際的管轄合意の有効性について検討する。

まず、前提として、我が国の国際裁判管轄規則である平成 23 年改正民事訴訟法上、国際的管轄合意は、①一定の法律関係に基づく訴えに関し、

---

42)　横溝大「外国裁判所を指定する専属的管轄合意と強行的適用法規」法曹時報 70 巻 11 号 (2018) 2975 頁、2985 頁。

43)　ただし、野村＝黄・前掲注 8)、Takahashi, *supra* note 8. 評釈として、高橋宏司「判批」ジュリスト 1488 号 (2016) 140 頁 (3 条の 9 括弧書との関係での検討)、増田史子「判批」ジュリスト 1442 号 (2012) 120 頁 (前掲注 40)・東京地判平成 20 年 9 月 24 日に関する評釈) がある。

44)　国際的なローン契約で用いられる管轄合意を、一般的な専属的管轄合意と異なる管轄合意の一つとして紹介するものとして、澤木＝道垣内・前掲注 1) 300 頁。

45)　川又良也「船荷証券における裁判管轄約款」海法会誌 9 号 (1962) 3 頁、62～63 頁。同旨、久保田穣「判批」ジュリスト 295 号 (1964) 92 頁、谷川久「判批」ジュリスト 350 号 (1966) 163 頁、溜池良夫「判批」別冊ジュリスト 15 号 (1967) 202～203 頁等。

188 第9章　一方当事者に選択権を付与する国際的管轄合意の有効性

②書面でなされたものでなければ効力を生じない（3条の7第2項）。また、③外国裁判所を指定する専属的管轄合意は、その裁判所が法律上または事実上裁判権を行使できないときは、これを援用することはできない（同条4項）。さらに、先述したチサダネ号事件最高裁判決が示した要件であり、改正民事訴訟法上は規定がないものの、④「はなはだしく不合理で公序法に違反する等の場合」、合意は無効とされることがあると考えられている[46]。なお、消費者契約に関する国際裁判管轄合意は原則として無効となるため（同条5項）、以下では、事業者間での契約における国際的管轄合意を念頭に置き検討を行う。

　次に、Ⅱおよび Ⅲ1 において挙げた裁判例・学説を踏まえれば、一方当事者に選択権を付与する管轄合意の有効性は、大別して、合意自体の成立・解釈[47]、合意の訴訟法上の有効性[48]、合意の援用可能性ないし選択権行使の有効性[49]、という三つの局面で問題となると言えよう。そこで以下では、それぞれにつき、どのような処理がなされるべきかについて検討する。なお、一方当事者に選択権を付与する管轄合意の有効性が問題となる場合はいくつか考えられるが[50]、以下では、いずれの場合も基本的に同じ解釈があてはまるという理解を前提に検討を進める[51]。

(1)　**合意自体の成立・解釈**　　まず、一方当事者にのみ選択権を付与するという不均衡性ないし非対称性が管轄合意の成立に影響を与えるか、と

---

46)　佐藤達文＝小林康彦編著『一問一答 平成23年民事訴訟法等改正─国際裁判管轄法制の整備』（商事法務・2012）140〜141頁等参照。改正民事訴訟法の下での同要件の妥当性に関しては、横溝・本書第10章参照。

47)　Ahmed により指摘されていた点（Ⅱ2参照）である。

48)　フランス破棄院裁判例（Ⅱ1(1)）参照。

49)　東京地判昭和42年10月17日（Ⅲ1(1)）参照。

50)　すなわち、(A)原告が選択権を有しない当事者（＝選択権非保持者）であり、A-①我が国が専属的合意管轄地（その定めがあれば）である場合、A-②我が国が（選択権保持者の）選択肢に含まれる地である場合、または、A-③我が国がそれ以外の地である場合、反対に、(B)原告が選択権を有する当事者（＝選択権保持者）であり、B-①我が国が専属的合意管轄地（その定めがあれば）である場合、B-②我が国が選択肢に含まれる地である場合、または、B-③我が国がそれ以外の地である場合、である。実際上、多く問題となるのは、A-③の場合であると考えられる。

51)　なお、前掲注50)のA-①とB-①の場合（合意内容によっては、B-②の場合も）、合意に基づき我が国裁判所の管轄が肯定されたときには、当該合意の民事訴訟法3条の9括弧書該当性（高橋・前掲注43)142〜143頁参照）が問題となろう。

いう点が問題となる。これは、意思の合致の有無や強迫・詐欺・錯誤の存在等が合意の成立にどのような影響を与えるのか、といった問題[52]と同じく、管轄合意の準拠法に従い判断される問題であると言える[53]。管轄合意の成立および効力は、契約一般と同様、我が国の準拠法選択規則である法の適用に関する通則法7条以下に基づいて定まる準拠法によると考える私見[54]からすると、この点については、当事者が選択する法に従い判断されることとなろう。そこで、Ahmed も述べるように[55]、管轄合意の準拠法である実質法上の準則により、一方当事者に選択権を付与する管轄合意の成立が否定される余地があると解される[56]。また、一方当事者に選択権を付与する管轄合意がどのような合意内容を有するのか、といった合意の解釈についても、上記準拠法に照らして判断されることとなろう[57]。

(2) **合意の訴訟法上の有効性**　次に、我が国の改正民事訴訟法上、一方当事者に選択権を付与する管轄合意が有効と言えるか否かが問題となる[58]。我が国法上は、国際的管轄合意に関する当事者自治が原則として尊重されるという理解[59]を前提に、以下では、Ⅱで問題とされていた、裁判所に関する不確実性[60]、および、一方当事者にのみ選択権を付与するという不均

---

52)　澤木＝道垣内・前掲注1) 305頁等参照。

53)　See Takahashi, *supra* note 8, pp. 105-106.

54)　加藤・前掲注37) 頁参照。

55)　Ⅱ2を参照。

56)　なお、2016年の改正前フランス民法1174条（現行法1304-2条）の解釈として、Rothschild 事件で問題となった合意が無効となると解すことは困難とするものとして、Bureau, *supra* note 15, pp. 263-264.　この点、Takahashi, *supra* note 8, pp. 105-106 は、日本法が管轄合意の準拠法となる場合には、例えば、定型約款上の不当条項規制に関する民法548条の2第2項（相手方の利益を一方的に害する定型約款上の条項であって、信義則〔民法1条2項〕に反するものにつき、合意したとはみなさないとするもの）の適用・解釈が問題となるだろうとする。

57)　例えば、前掲注20)・東京地判平成20年9月24日に対する評釈として、増田・前掲注43) 122頁は、おそらく我が国国際民事訴訟法が管轄合意の準拠法となるとする立場を前提に、「本件のように、通常の渉外取引の慣行から逸脱し、当事者間における合意の存在と内容を明白に示しているかが疑わしい条項については、合意の成立を否定する処理……や付加的管轄合意とする処理を検討する余地もあるのではないか」と述べる。

58)　要件については、Ⅲ2冒頭を参照。

59)　日本の裁判所を専属的管轄裁判所として指定する当事者の意図を尊重する3条の9括弧書の趣旨から、改正民事訴訟法の解釈上、外国裁判所を指定する専属的管轄合意についても、当事者自治の尊重という態度が促されるという見解として、横溝・本章第10章）。

60)　フランス破棄院の Crédit suisse 事件判決や eBizcuss 事件判決（Ⅱ1(1)）参照。

衡性[61]が、合意の訴訟法上の有効性にどのような影響を与えるか、につい
て検討する。

第一に、裁判所に関する不確定性が有効性にいかなる影響を与えるかが
問題となる。

改正民事訴訟法上、①合意が対象とする法律関係に関しては特定性が要
求されること（3条の7第2項）[62]に鑑みれば、管轄裁判所に関しても、選択
権非保持者が不測の不利益を被らない程度の特定性ないし確実性が要求さ
れると解すべきである[63]。例えば、売主が選択するいかなる地の裁判所で
の紛争解決をも買主は承認する旨を定める条項[64]は、管轄裁判所を特定す
る要素を欠くため、無効となるだろう。これに対して、改正民事訴訟法上、
複数の裁判所を指定する合意も可能であること[65]に照らせば、選択権保持
者による選択肢を列挙する合意[66]は、裁判所の特定性要件を満たすと解さ
れよう。また、国際的なローン契約における管轄合意のように、通常の国
際裁判管轄規則に従う権利を金融機関に留保するものについても、関連す
る国の国際裁判管轄規則を参照すれば、選択権非保持者において不測の不
利益を被るとまでは言えないから、特定性を欠くとまでは解し得ないだろ
う。最後に、前掲東京地判昭和42年10月17日で問題となった合意につ
いては、仮にそれが運送人にあらゆる地の裁判所の選択を認める趣旨であ
るとすれば、どの地が選択されるかにつき、選択権非保持者はおよそ予想
可能性を欠くため、問題があると言えよう。だが、当事者自治を尊重する
立場からすれば、当該合意も専属的管轄合意として認めたうえで、後述す

---

61) フランス破棄院の Rothschild 事件判決（Ⅱ 1（1））参照。

62) その趣旨は、当事者の予測可能性を担保する点にあると解されている（菊井維大＝村松
俊夫原著・秋山幹男ほか著『コンメンタール 民事訴訟法Ⅰ〔第2版追補版〕』（日本評論社・
2014）178頁、639頁等参照）。実際に、対象とする法律関係に関する特定性を欠くとして国
際的管轄合意を無効とした事例として、東京地判平成28年2月15日判例集未登載（参照、
加藤紫帆「判批」ジュリスト1508号（2017）144頁）。

63) なお、国内的管轄合意に関する民事訴訟法11条1項の適用においては、管轄裁判所を特
定する必要があると解されている（秋山ほか・前掲注62）177頁）。

64) 前掲注14）参照。

65) 佐藤＝小林編著・前掲注46）133頁。

66) 例えば、前掲注40）・東京地判平成20年9月24日（Ⅲ 1（1））において問題となった管
轄合意。

るように、個別事案の事実関係の下でそれに基づく選択権行使を認めない
とする余地を残すことが望ましいと思われる。

　第二に、特定性の観点から問題がないとしても、一方当事者にのみ選択
権を付与する点の不均衡性ないし非対称性により管轄合意が無効とされる
か、という点が問題となる。

　一方で、我が国においては、国際的管轄合意に関する当事者自治が原則
とされており、また、改正民事訴訟法上、消費者契約のように当事者間の
非対称性が類型的に存在する場合の管轄合意については別途、手当てがな
されていること（3条の7第5項）に鑑みれば、管轄合意に関する法的安定
性と予想可能性の確保という観点からは、不均衡性ないし非対称性が存在
することを理由に、かかる合意を無効とすることには慎重であるべきだろ
う。他方で、裁判例上[67]も学説上[68]も認められるように、④はなはだしく
不合理で法廷地である我が国の手続法上の公序に反するような管轄合意に
ついては、その有効性が否定される余地があると言える。とは言え、一方
当事者に選択権が認められていることや、選択対象となる地の選択につい
て、国際取引実務上、一定の合理性が認められるならば、かかる合意を無
効とすることには問題がある。この点、国際的なローン契約に関する管轄
合意の実務的利点[69]は、広く認められていると解されるので[70]、④要件の
下で一般的に無効とするのは行き過ぎであろう。

　⑶　**合意の援用可能性／選択権行使の有効性**　　最後に、有効な管轄合意
が存在するとしても、個別事案の事実関係の下で、その援用可能性が否定
されることがあり得るか、という点が問題となる。

　この点、改正民事訴訟法は、一定の場合に、③外国裁判所のみを指定す
る合意の援用可能性を否定する（3条の7第4項）。だが、それが認められ
る場合は限定的であると解されており[71]、例えば、立案担当者は、適用さ

---

67)　④要件違反により、外国裁判所を指定する管轄合意を無効とした裁判例については、さ
　しあたり、加藤紫帆「判批」ジュリスト1484号（2015）143〜144頁参照。
68)　澤木＝道垣内・前掲注1）300頁等参照。ただし、同要件により合意を無効とすることに
　は謙抑的であることが望ましいことは言うまでもない（加藤・前掲注37）130頁参照）。
69)　前掲注2）参照。
70)　例えば、澤木＝道垣内・前掲注1）300頁。
71)　すなわち、指定された地の法律上、問題となる訴えにつき裁判所が管轄を有しない場合、

れる準拠法によれば「時効の完成によりその請求が棄却されるような場合」[72]は含まれないとする。この解釈をとれば、時効の完成により運送人が免責を受けるという事実関係の下で選択権行使を無効とした、前掲東京地判昭和42年10月17日の判断は、少なくとも同法3条の7第4項の適用上は、認められないこととなろう。

他方で、同法3条の7第4項に該当しない場合であっても、特定の事実関係の下で合意の援用ないしそれに基づく選択権行使を認めることが、選択権非保持者にとって不合理または不当な結果を招くおそれがあることも否定できない[73]。イギリスの裁判例上は、選択権を有しない借主が専属的合意管轄地であるイギリスの裁判所において銀行を訴えた事件において、銀行が先に提起された訴訟に一方的に異議を唱えることは認められないとした事例[74]がある。具体的に、どのような事実関係の下で援用可能性が否定されるか、という点の検討は、今後の課題であるものの、例えば、このイギリスの事例のように、選択権非保持者により専属的合意管轄地たる我が国の裁判所に訴えが提起[75]された後に、選択権保持者が選択権の存在やその行使を理由に我が国の管轄を争うことは、当事者間の公平や適正な裁判等の手続保障的観点から認められない、といった処理が考えられるのではないだろうか[76]。

3 小 括

以上の検討の結論は、次の通りである。

第一に、管轄合意の準拠法により、合意の成立が否定される場合が考え

　　　　または「戦災、天災その他の原因によりその国の司法制度が実際上機能していないような場合」である（佐藤＝小林編著・前掲注46) 136頁）。
72)　佐藤＝小林編著・前掲注46) 136頁参照。
73)　この点に関して、改正民事訴訟法制定以前の議論ではあるものの、信義則違反により有効な合意の援用可能性が否定される場合があることを主張する見解として、石黒一憲「判批」ジュリスト616号（1976) 148頁、151頁以下。
74)　Lornamead Acquisitions Ltd v Kaupthing Bank HF [2011] EWHC 2611.
75)　前掲注50) で挙げたA-①の場合。
76)　なお、このように個別的な事実関係の下で管轄合意の援用可能性を例外的に否定するという処理は、有効な管轄合意に基づく選択権行使を無効とするという例が示すように、はなはだしく不合理な合意自体を無効なものとして扱う④要件の下での処理とは、局面を異にするように思われる。両者は、厳密には区別されるべきであろう。

られること、第二に、管轄裁判所の特定性を欠く場合には無効となると解されることや、選択権保持者に選択を認めることにつきおよそ合理性が存在しない場合には、はなはだしく不合理であるがゆえに無効とされることがあると言えること、第三に、個別事案の事実関係の下で選択権行使が無効とされる余地があること、である。具体的には、国際的なローン契約で用いられる管轄合意も、管轄合意の準拠法によりその成立が否定されず、かつ、一方的な選択的管轄合意が付加されることやその内容に一定の合理性があれば、有効と認められることとなろう。ただし、個別事案の事実関係の下で、それに基づく選択権行使の有効性が否定される余地は残ると言える。

IV 結 語

　以上、本章では、一方当事者に選択権を付与する国際的管轄合意の有効性が我が国裁判所において争われた場合の処理方法について検討した。
　本章では、当事者自治を尊重することを前提に、一方当事者に選択権を付与する管轄合意の取扱いを検討したため、現実的な力の不均衡に対する管轄レベルでのコントロールは、限定的なものとならざるを得なかった。その意味で、本章の結論は、この問題の背景にあると考えられる弱者保護的関心[77]を十分に考慮したものとは言いがたい。国際的管轄合意に関する当事者自治の尊重というリベラルなアプローチが、特定の時代背景の下で形成されてきたことを踏まえれば[78]、今後は、より原理的なレベルで、現代のグローバル化の下での国際的管轄合意に関する当事者自治の妥当性や範囲につき、再検討する必要があると言えよう。

---

77)　フランス破毀院の立場に関して、François Mailhé, National Report: France Law, *International Academy of Comparative Law Fukuoka Congress 2018, Optional Choice of Court Agreements,* p. 13 参照。

78)　See, e. g., Jacco Bomhaff, Agatha Brandão de Oliveira & Lucia Bíziková, Post-war yearning for deparochialisation and the siren of free trade: The Bremen v. Zapata Off-Shore Co., pp. 15-34, in Horatia Muir Watt, Lucia Bíziková, Agatha Brandão de Oliveira & Diego P. Fernández Arroyo, *Global Private International Law* (Elgar, 2019).

また、本章では、専属的管轄合意と選択的管轄合意を組み合わせた管轄合意が問題となる場合を念頭に置き検討を行ったが、専属的管轄合意と選択的な仲裁合意を併せ持つ紛争解決の合意についても、同様の分析が妥当するかが問題となる[79]。選択的管轄合意と選択的な仲裁合意とで異なる対応を行うべきか、仮にそうであるとすれば、どちらの選択的合意に対してよりリベラルな態度をとるべきか、といった問題も、仲裁との関係ではあるが、当事者自治をどこまで尊重すべきか、という上述のテーマに関わる[80]。今後の課題としたい。

【附記】　なお、草稿段階において、注4）および注77）に掲記した文献の入手にあたり、京都大学の西谷祐子教授より多大なご協力を得た。記して謝意を表する。

---

79)　これらを区別することなく論じるものとして、Keyes & Marshall, *supra* note 9.

80)　例えば、イギリスを専属的合意管轄地と定める一方で、船舶の所有者に仲裁付託権を認める傭船契約上の紛争解決条項が存在した事案において、選択権保持者による仲裁付託という選択権行使の効果は、それ以前になされた選択権非保持者によるイギリス裁判所への提訴に対し遡及効を有するとした事例として、NB Three Shipping Ltd v Harebell Shipping Ltd [2004] EWHC 509 (QB); [2005] 1 Lloyd's Rep 509.

第10章 外国裁判所を指定する専属的管轄合意と強行的適用法規

·· 横溝　大

I 問題の所在
II 我が国における従来の議論
III 諸外国における議論
IV 検　討
V 結　語

I 問題の所在

　本章の目的は、我が国の強行的適用法規が適用されるべき事例について外国裁判所を指定する専属的管轄合意が存在している場合、我が国裁判所がいかなる処理をすべきかを検討することにある。

　国際取引において、将来生じ得る紛争につき当事者があらかじめ紛争を解決する裁判所を指定すること（国際的管轄合意）は、予測可能性を高め国際取引の発展に資するものとして各国法上広く認められており、我が国においても、従来は判例上[1]、また現在は明文規定により[2]、基本的に許容されているところである。

　しかしながら、国家は社会政策・経済政策の観点から私人間法律関係への介入の度合いを深めており、競争法等国家政策を体現する強行的適用法規が近時ますます増加している[3]。これらの法規は、その目的である国家

---

1)　大判大正 5 年 10 月 18 日民録 22 輯 1916 頁、最判昭和 50 年 11 月 28 日民集 29 巻 10 号 1554 頁。

2)　平成 23 年法律 36 号により改正された民事訴訟法（以下、「改正民訴法」という）3 条の 7。

3)　Moritz Renner, *Zwingendes transnationales Recht*（Nomos, 2010), pp. 49-54. なお、当該法規については、「絶対的強行法規」「介入規範」等様々な名称があるが、以下では「強行的適用法規」の語を用いる。また、諸外国での議論においても、"overriding mandatory rules"

政策を実現するため、国際的法律関係においても準拠法いかんにかかわらず、法廷地において通常常に適用される[4]。だが、抵触法[5]が各国において異なることから、また、とりわけその公権力性の高さゆえに、当該法規が本来適用されるべき事実・行為に対し外国裁判所がこれを適用するか否かは明らかではない[6]。

そこで、次のような疑問が生じる。国際取引の当事者が外国裁判所を指定する専属的管轄合意を締結する場合、我が国の強行的適用法規は潜脱され、当該法規が体現する我が国の経済・社会政策の実現が妨げられることはないのだろうか。もしそのような懸念があるとすれば、どのように対処すべきなのだろうか。

この問題は、我が国では、従来あまり論じられることはなかった。だが、近時、我が国独占禁止法の適用と外国裁判所を指定する専属的管轄合意との関係を正面から扱う裁判例が登場しており[7]、今後も類似の事例がますます増加することが予想される。したがって、解釈論上の指針を明確にしておく必要がある。また、この問題は、国際裁判管轄法制に関する立法作業において、それほど強く意識されていなかったように思われる。後述の通り、現行法の下では一定の解釈が導かれるが、そのような解釈が必ずしも適切でない場合には、立法論上もこの点を検討する必要があろう。

こうした問題意識に基づき、本章では、外国裁判所を指定する専属的管轄合意が存在するにもかかわらず、当事者の一方が、独占禁止法上の規定等法廷地強行的適用法規の適用を前提として我が国裁判所において訴えを提起した場合に、当該管轄合意の有効性についてどのように考えるべきか、

や "lois de police" 等様々な語が用いられるが、混乱を避けるため、本章では特に問題がない限り、「強行的適用法規」という用語で統一する。

4) 強行的適法法規については、櫻田嘉章＝道垣内正人編『注釈 国際私法 第 1 巻』（有斐閣・2011）39 頁以下参照〔横溝大〕。

5) 本章では、広義の国際私法の意味で「抵触法」の語を用いる。

6) 道垣内正人「国際裁判管轄合意の有効性—東京地裁平成 28 年 2 月 15 日中間判決をめぐって」NBL1077 号（2016）25 頁、33 頁の注 23 は、「一般的にはいずれの国も外国の絶対的強行法規の適用には消極的」であると指摘する。

7) 東京地判平成 28 年 10 月 6 日金判 1515 号 42 頁、およびその控訴審判決たる東京高判平成 29 年 10 月 25 日 D1-Law28254852。筆者は、原判決についてすでに評釈を行っている。横溝大「判批」ジュリスト 1509 号（2017）6 頁、および、同「判批」私法判例リマークス 56 号（2018）142 頁。紙幅の関係上、これらの裁判例については本章では触れない。

という問題を検討する[8]。このような検討は、現行法の解釈指針を提供するという実務上の意義を持つだけではなく、現在のグローバル化社会において、当事者自治に代表される私的利益と国家政策とのバランスを抵触法上いかにとるべきか、という理論的問題に関する具体例の一つとして、理論上も意義を有するだろう。

　以下ではまず、我が国における従来の議論について確認する（Ⅱ）。そこでは、とりわけいわゆるチサダネ号事件をめぐる議論において、注目すべき見解がいくつか示されていたことが指摘される。そのうえで、各国における近時の議論状況を確認する（Ⅲ）。ここでは、この問題に関する各国裁判例が様々であることが強調されるとともに、各々の立場を支える根拠としてどのような点が挙げられているのかという点について分析が行われる。これらの分析を踏まえ、我が国におけるこの問題の処理につき、解釈論および立法論上検討を行う（Ⅳ）。最後に、本章の結論を確認する（Ⅴ）。

Ⅱ　我が国における従来の議論

　我が国において、国際的管轄合意の有効性をめぐる議論は、チサダネ号事件を中心としてなされてきた。同事件における最高裁判決は、改正民訴法3条の7の解釈にも一定の影響を与えている。そこで、以下では、チサダネ号事件を中心に、同事件以前および以後の状況、そして明文規定導入後の四期に区別しつつ、この問題に関する議論状況を確認しよう。

1　チサダネ号事件以前

　外国裁判所を指定する専属的管轄合意については、裁判例および学説上、早くからその有効性が認められていた[9]。ただし、チサダネ号事件をめぐ

---

　8)　同様の問題は、仲裁合意の場合にも生じる。この問題については、横溝大「国際商事仲裁と公益―強行的適用法規の取扱いを中心に」本書第8章参照。

　9)　神戸地判大正8年2月28日新聞1539号23頁、大判大正5年10月18日民録22輯1916頁、江川英文「國際私法に於ける裁判管轄権（3・完）」法協60巻3号（1942）369頁、392頁。

って展開されるような、著しく不合理な場合においては当該合意は無効であるといった議論は、第二次世界大戦中はまだ見られない。

この点を初めて正面から取り扱ったのは、川又良也教授であると思われる[10]。同教授は、船荷証券における管轄合意条項を扱った論稿において、以下の三つの場合に当該管轄合意は無効であると主張している。第一に、手続法的考慮から、訴えを却下することが著しい遅滞をきたす等きわめて不当な結果となる場合である[11]。第二に、約款法の観点から、「著しく不当」な場合、すなわち「著しく運送人の一方的利益に奉仕する場合」である[12]。そこでは、船荷証券統一条約を採用していない国の裁判所を指定する約款が例として挙げられており、公序良俗（民法90条または法例30条を国際民事訴訟法の域に類推したものとしてのそれ）違反であり無効であると主張されている[13]。第三に、国際海上物品運送法15条1項（平成30年改正後の同法11条1項に相当。以下同）に違反する場合である[14]。この法律は、日本が準拠法となった場合に初めて適用されるものではあるが、「その免責約款を禁止する第15条第1項は公序規定であるから、裁判管轄約款が苟も日本の裁判所で問題となりともかくも荷受人等に不利益なものと判断されたならば、準拠法の如何を問わず、法例第30条に基き、その効力を認めることは許されないのではないか、と考えられる」とされる。ただし、具体的には、同条からは直接裁判管轄約款の有効性いかんを決定することはできず、実際に、ある裁判管轄約款が荷受人等に不利益なものと判断される場合があり得るかという点については、結論を留保しているようにも見受けられる[15]。同教授の議論は、以下に見るように、チサダネ号事件をめぐる議論に一定の影響を与えているように思われる。ただし、本章が問題とする、専属的管轄合意による我が国強行的適用法規の潜脱という点への言及がなされていない点は確認しておくべきであろう。

---

10) 川又良也「船荷証券における裁判管轄約款」海法会誌9号（1962）3頁。
11) 川又・前掲注10) 53頁。
12) 川又・前掲注10) 62頁。
13) 川又・前掲注10) 62頁以下。
14) 川又・前掲注10) 64頁以下。
15) 川又・前掲注10) 65頁。

2　チサダネ号事件をめぐって

　いわゆるチサダネ号事件は、ブラジルから日本への運送中に原糖が毀損したことにつき、輸入業者を代位した日本の保険会社が、アムステルダムに本店を置く海運業者に対し、我が国裁判所において損害賠償等を請求した事例である。そこでは、船荷証券中に英文で記載されていた、「この運送契約による一切の訴は、アムステルダムにおける裁判所に提起されるべきものとし、運送人においてその他の管轄裁判所に提訴し、あるいは自ら任意にその裁判所の管轄権に服さないならば、その他のいかなる訴に関しても、他の裁判所は管轄権を持つことができないものとする」という管轄約款が問題となった[16]。本件に関する論点は多岐にわたるが、それらは先行研究に譲り[17]、ここでは、専属的管轄合意が不合理または公序（法）違反である場合には無効であるという言説をめぐる議論に焦点を絞って確認する。

　(1)　第一審および第二審判決　　まず、第一審判決である神戸地判昭和38年7月18日[18]は、運送人の運送品に関する損害賠償についての諸規定に反して荷送人、荷受人または船荷証券所持人に不利益な特約をすることを禁止する国際海上物品運送法15条1項が「公序法規」であることから、船荷証券上の管轄合意の効力の有無を判断する際にも、同規定の精神が条理として斟酌されるべきであるとした。そのうえで、船荷証券統一「条約と趣旨を同じくする国際海運法の精神に照すと、船荷証券上の裁判管轄の合意に関しても、それが運送人の利益をはかることを目的としたというだけで直ちに無効とされるべきではなく、運送人の免責を意図して本来適用されるべき公序法の適用を免れることを目的とするもの、また、合理的な範囲を超えて運送人に偏益するものと判断されるものに限り、無効とされるべきであると解される」（下線は筆者）と述べて、公序法[19]の潜脱を目的とする、または、不合理に運送人の利益に偏っている専属的管轄合意は無

---

16)　民集29巻10号1558頁。
17)　高橋宏司「判解」別冊ジュリスト210号（2012）200頁およびそこに挙げられた文献参照。
18)　民集29巻10号1571頁。
19)　その具体的判断からすると、ここでの「公序法」は、「船荷証券統一条約またはその国内法化された法律」を指すことは明らかである。民集29巻10号1583頁。

効であると判示した[20]。また、同判決は、「本件管轄約款は被告の普通契約約款として存在するものであるので、それが被告において企業者としての経済的優位を不当に利用して合理的範囲を逸脱してその一方的利益に供するものと判断される場合には、公序良俗に反するものとして無効となると解せられる」とも述べ、約款法上の観点から当事者の力関係を問題とし、不合理に一方的利益に供する管轄約款は無効であるとも判示している[21]。ただし、具体的判断においては、いずれの点からしても当該管轄約款は無効とは言えないと同判決は判断した。

　このような同判決の判示は、川又教授が挙げていた船荷証券上の管轄合意条項が無効となる三つの場合のうち、第二および第三の場合に示唆を得たものであると位置付けられる。だが、興味深いのは、国際海上物品運送法 15 条 1 項に関する議論において（川又教授における第三の場合）、同判決が、同教授が言及していない「公序法の適用潜脱を目的としたもの」に言及している点である。この点は何処から来たのだろうか。

　この点につき、川又教授の鑑定書と共に神戸地裁に提出され、後に公表された川上太郎教授の鑑定書に[22]、以下のような指摘があるのが注目される。すなわち、同教授は、ある契約に附せられた管轄条項が、ある場合には当事者に、本来その契約に適用されるべき法秩序中の強行規定の適用を免れさせる手段となり得ることがあるという点を指摘し、以下のように述べる。「たとえば、当事者の一方がある運送契約について、それが日本の裁判所で裁判されるのであれば、当然に法廷地法として適用されるべき日本の公序法の適用を免れる意図をもって、殊更に外国裁所判［ママ］の管轄を約した場合の如きがこれに当る。この場合にその管轄に関する合意を有効とみとめ、かつ、それに日本の裁判所の管轄を排除する効力をみとめると、その契約に関する訴訟事件は合意された外国裁所判［ママ］の管轄下に置かれる。そして、その外国裁判所は、その事件には法廷地たる当該外国の国際私法規

---

20)　民集 29 巻 10 号 1582 頁。ただし、国際海上物品運送法 15 条 1 項を援用した議論であり、その意味で、船荷証券上の管轄約款を対象としたものではある。

21)　民集 29 巻 10 号 1583 頁。

22)　川上太郎「専属的裁判管轄約款の効力―大阪高裁昭和 44. 12. 15 判決を中心に」判例タイムズ 256 号（1971）29 頁。

定を適用するから、その事件が日本の裁判所において裁判されるのであれ
ば、当然に法廷地法として適用されるべき筈の日本の公序法たる強行法は、
この場合には適用されえないという結果になり終る。このような結果が肯
認しえないことは改めて言うまでもないところであろう」[23]。第一審判決
の上記判示は、川上教授のこのような指摘に示唆を受けたのではないだろ
うか[24]。

　だが、チサダネ号事件においては、管轄合意が指定するオランダは船荷
証券統一条約を採用しており、当該管轄合意が同条約の潜脱を意図したも
のであると言うことはできない[25]。そのため、チサダネ号事件をめぐるそ
の後の議論においては、若干の例外を除き、この点が指摘されることはな
かった。川上教授自身も、基本的に第一審判決を支持する第二審判決（大
阪高判昭和44年12月15日）[26]を批判するにあたり、上述の点ではなく、我が
国裁判所における原告の裁判を受ける権利の保障という観点に依拠するよ
うになるのである[27]。

　(2)　**第二審判決後**　　第二審判決後に公表された論稿において、本章と
の関係で注目されるのは、坪田潤二郎弁護士の論稿である[28]。坪田氏は、
専属的管轄合意の有効性を判断するに際し「合理性」の要件を課すことを
主張するが[29]、その際、「ある国の強行法規を回避するために準拠法およ

---

23)　川上・前掲注22) 35頁。
24)　なお、当時の「公序法」という用語は、現在の強行的適用法規に該当すると解される。
　　東京地決昭和40年4月26日労民集16巻2号308頁参照。
25)　民集29巻10号1583頁。
26)　民集29巻10号1585頁以下。
27)　川上・前掲注22) 43頁以下（管轄合意を認めることが我が国のどうしても維持しなけれ
　　ばならぬ公の秩序に反するときは、管轄合意の効力を認めてはならないとしつつ、「管轄約
　　款が附合契約のうちにおかれていることそれ自体はわが国の公序に反するものではないにし
　　ても、本件の特殊事情のもとではそれが相手方の重大な利益を著しく損うものでないかどう
　　か」が検討されねばならないとし、「本件のばあいに管轄合意の効力をわが国で認めること
　　は、相手方たる日本会社が不当にわが国憲法の保障しているわが国裁判所の裁判を受ける権
　　利の行使を阻止せられてしまうという結果を招来するものであり、わが国のどうしても維持
　　しなければならぬ公序に反するものと考える」と主張する）。同教授の見解に対する批判と
　　して、平塚眞「判批」平成45年度重判解216頁、218頁参照。
28)　坪田潤二郎「国際紛争解決に関する合意の効力」ジュリスト444号（1970）120頁。
29)　「合理性」とは、「当事者の便宜、公平の見地からみて妥当であるかどうかの問題であっ
　　て、民法90条からみた合意それ自体の違法性の問題ではない」とされる。ただし、「付合契
　　約中において管轄の合意がなされたばあいには、公序良俗の問題が登場する余地がある」。

び管轄の合意がなされたときその国においてそれが有効と認められるべきかどうか」という問題を取り上げ、我が国の裁判所は、以下の諸要素を考慮してその有効性を決すべきであるとする。すなわち、①「強行法規が有するところの公共的政策理由の強度」、②「選定された裁判籍において、その強行法規の私法的効果を裁判所が承認するかどうか」、③「その裁判籍の法およびその事案に対して適用される準拠法の下で、同様のまたは類似の法的保護が与えられるかどうか」、④「その裁判籍の選択が事案の連結要素からみて合理的であるかどうか」、⑤「当事者が強行法規の潜脱を意図したかどうか」、⑥「選定された裁判籍の裁判所が、外国裁判所を裁判籍とする同種の合意を有効とみるか」[30]、⑦「その合意による裁判籍しか認めないことが当事者にハードシップを課することになるかどうか」、という要素である。そして、同氏は、これらの諸要素の評価・衡量は、「『合理性』のフレームワーク内において処理されるべき」であると主張するのである[31]。次に見るように、同氏の見解は、最高裁判決そのものに影響を与えたとまでは言えないが[32]、同判決の評釈の中に若干の反響をもたらしたと言える。

　(3)　**最高裁判決**　　最高裁判決[33]が、外国裁判所を指定する専属的管轄合意の有効性の要件として、①当該事件が我が国の専属管轄に服さないこと、②指定された外国裁判所が、当該外国法上当該事件について国際裁判管轄を有することに加え、③当該「合意がはなはだしく不合理で公序法に違反するとき等の場合」に該当しないことを挙げたことについては、周知の通りである。第一審・第二審判決からも上告理由からも、ここでの「公序法」が船荷証券統一条約ないし国際海上物品運送法を指すことは明らかである[34]。本章との関係でまず付言すべきは、ここでの判断も当該合意が

　　坪田・前掲注28) 122頁。
30)　この点は、相互主義的要素であり、「国際礼譲を認める上に当然考慮されるべきファクター」であるとされている。坪田・前掲注28) 123頁。
31)　坪田・前掲注28) 123頁。
32)　「合理性」については、坪田氏だけではなく他の論者も主張する点であった。例えば、池原季雄＝平塚眞「渉外訴訟における裁判管轄」鈴木忠一＝三ケ月章監修『実務民事訴訟講座6　渉外訴訟・人事訴訟』（日本評論社・1971) 3頁、24頁。
33)　最判昭和50年11月28日民集29巻10号1554頁。

「公序法」に違反するか否かという点であって、我が国の「公序法」を潜脱しようとしたものか否かという点ではないことである。

　また、「公序法に違反するとき」の後に「等」が入っているからには、判旨が他の場合を排除しないことも確認しておくべきであろう。すなわち、一つの読み方として、「公序法に違反するとき」に当たらずとも当該合意が「はなはだしく不合理」であれば無効であると判旨を解する余地があり、その場合、第一審判決が述べたような、当事者の力関係に着目し、一方当事者の利益に大きく偏った管轄合意を無効とすることが可能となる。実際、その後の下級審裁判例においては、管轄合意の法廷地強行的適用法規違背を問題にすることなく、③の要件が論じられていくことになる。

　最高裁判決に関する評釈において、本章との関係で注目に値するものとして、矢吹徹雄弁護士の評釈がある[35]。同氏は、専属的管轄合意の有効性要件の一つとして、「著しく不合理でないこと」を挙げ、その内容を、「合意裁判所で訴訟をすることが著しい損害又は遅滞をもたらし、あるいは我国の公序法に反する結果をもたらすこと」としつつ[36]、本件では管轄合意は無効であるとして判旨に反対するのだが、注目されるのは、我が国公序法の回避に関する以下の記述である。「国際管轄の合意ではどこが合意裁判所になるかにより適用される法が変わる。そこで、渉外事件であっても我国で訴訟がなされる限り必ず適用される強行規定、本判決でいう公序法を回避する手段として、管轄の合意が用いられることがある。しかし、本判決も認めるとおり、このような合意を有効とすることはできない。これを有効とすることは公序法を定めた目的に矛盾するからである。もっとも、我国に公序法がある場合に常に管轄の合意を無効にする必要はない。我国の公序法の目的が達しうるならば、当事者の合意に干渉する必要はないからである。従って、具体的事案ごとに、問題となる公序法の趣旨、合意裁判所と事件との関連性などを検討し、公序法の目的を達しうるか否かを判

---

34)　この点につき、友納治夫「調査官解説」最判解民（昭和50年度）536頁は、最高裁が原審と同様の見解を採るものとする。

35)　矢吹徹雄「判批」判例タイムズ333号（1976）117頁。

36)　前者に反する管轄合意は「公益的要請」から無効とすべきであるとされる。矢吹・前掲注35）121頁。

204　第 10 章　外国裁判所を指定する専属的管轄合意と強行的適用法規

断することになる」[37]。ここでの指摘は、坪田氏の見解を踏まえたもので
あると言える[38]。

　また、佐藤幸夫教授は、最高裁判決に賛意を示しつつも、「船荷証券条
約の定める以上に運送人の責任を軽減する約款を援用することを可能……
とするために、あえて、同条約を採用していない他国の裁判所を専属的な
管轄裁判所とする意図が明らかである場合などは、同条約の精神に反する
として、無効とされよう。それが、判旨のいう『はなはだしく不合理』な
一場合であろう」と述べている[39]。このような指摘も、専属的管轄合意に
よる法廷地強行的適用法規の潜脱を念頭に置いたものとみなすことができ
よう。

3　チサダネ号事件以後

　チサダネ号事件に関する最高裁判決が示した、当該「合意がはなはだし
く不合理で公序法に違反するとき等の場合」に該当しないことという要件
について、以後の下級審裁判例は、事案と指定された地または日本との関
連性、証拠の所在、外国における訴訟遂行負担、管轄合意に至る経緯、当
事者の非対称性等の諸事情を、総合的に考慮してきた[40]。このような検討
方法は、学説においても基本的に支持されている[41]。これらの事例におい
ては、我が国強行的適用法規の適用が問題になることはなかったため、当
該管轄合意が我が国の強行的適法法規（最高裁判決の言う「公序法」）に反す
るか否かという点よりも、当該合意が「はなはだしく不合理」であるか否
かという点が検討の中心となったと言うことができよう[42]。

　この時期に公表された論稿においては、「当該強行規定が、外国裁判所

---

37)　矢吹・前掲注 35) 121 頁。

38)　当該箇所では、坪田・前掲注 28) が明示的に引用されている。

39)　佐藤幸夫「判批」判例評論 211 号（1976）29 頁、32 頁。

40)　下級審裁判例とそれらの位置付けにつき、加藤紫帆「判批」ジュリスト 1484 号（2015）143 頁参照。

41)　例えば、三ツ木正次「合意管轄」澤木敬郎＝秌場準一編『国際私法の争点〔新版〕』（有斐閣・1996）232 頁。

42)　もちろん、その過程において、最高裁の言う「公序法」の本来の意味が見失われ、抵触法上の公序一般と同視されるようになってきたという点も指摘できるだろう。そのような例として、東京地判平成 18 年 6 月 19 日判例集未登載、東京地判平成 22 年 11 月 30 日判時2104 号 62 頁。加藤紫帆「判批」ジュリスト 1462 号（2014）128 頁、130 頁も参照。

の管轄合意により強行規定の適用を免れることをも禁ずる趣旨であれば、そのような合意は無効とされよう」が、それはきわめて例外的な場合に限られる、とする見解がある[43]。

4 改正民訴法3条の7について

改正民訴法の下では、国際的管轄合意についても明文規定が置かれた（3条の7）。そこでは、チサダネ号事件最高裁判決が挙げた③の要件、すなわち、当該「合意がはなはだしく不合理で公序法に違反するとき等の場合」に該当しないこと、という要件に関する言及がなく、改正民訴法の下でもこの要件が要求されるべきか否かが問題となるが、多数説はこの点を肯定している[44]。ただし、その解釈については、改正民訴法3条の9において、日本の裁判所を指定する専属的管轄合意について「特別の事情」の判断が除外されるという、法的安定性・確実性を尊重する立法政策が採られている以上、公序法要件の発動には慎重であるべきであるという見解がある[45]。このように、改正民訴法3条の7において最高裁判決の「はなはだしく不合理」か否かという要件を維持するとしても、その解釈は異なり得るという点には注意を要する。

改正民訴法に関する議論においては、外国裁判所を指定する専属的管轄合意と強行的適用法規との関係につき、我が国強行的適用法規の適用が回避・潜脱される場合に、公序要件により当該合意の有効性を否定する余地を認める見解がいくつかある[46]。例えば、道垣内正人教授は、日本の国家

43）　神前禎「合意による管轄権」高桑昭＝道垣内正人編『新・裁判実務大系3 国際民事訴訟法（財産法関係）』（青林書院・2002）143頁。

44）　佐藤達史＝小林康彦編著『一問一答 平成23年民事訴訟法等改正』（商事法務・2012）140頁以下、櫻田嘉章『国際私法〔第6版〕』（有斐閣・2012）370頁、澤木敬郎＝道垣内正人『国際私法入門〔第8版〕』（有斐閣・2018）306頁、中西康「国際裁判管轄—財産事件」新堂幸司監修・高橋宏志＝加藤新太郎編『実務民事訴訟講座［第3期］第6巻』（日本評論社・2013）327頁等。

45）　高橋宏司「判解」別冊ジュリスト210号（2012）201頁。澤木＝道垣内・前掲注44）も参照。

46）　澤木＝道垣内・前掲注44）、横山潤『国際私法』（三省堂・2012）355頁、手塚裕之「管轄権に関する合意（応訴管轄含む）」別冊NBL138号（2012）74頁、高橋・前掲注45）201頁等。ただし、高橋宏司「判解」ジュリスト1518号（2018）310頁は、絶対的強行法規（本章に言う強行的適用法規）のうち公益保護目的を有するものに限り、外国専属管轄合意による潜脱が公序法違反となり得るとする。

206　第 10 章　外国裁判所を指定する専属的管轄合意と強行的適用法規

利益（公益）を体現している法規を潜脱する結果となる管轄合意は公序法に違反すると言うべきであるとし[47]、「外国裁判所を指定する専属管轄合意が存在する場合であっても、日本で提起された訴えが日本の絶対的強行法規［本章で言う強行的適用法規］に基づくものであり、その請求が認められないことが明らかとは言えず、本案審理を必要ならしめる程度以上であるとの一応の心証を裁判所が得た場合には、当該管轄合意は公序法違反となり、妨訴抗弁を認めないという扱いをすべきである」と主張している[48]。また、手塚裕之弁護士は、「当該外国裁判所を指定する目的が、もっぱら、あるいは主としてかかる保護法規・公益規定の回避・潜脱にある場合には、公序違反等による例外を認めることに問題はないであろう」としつつ、「問題は、回避・潜脱の意図までは認め難いが、結果として回避・潜脱を認めたのと同じことになるという場合」であり、「事案の性質や当事者の性質、当該保護法規の趣旨等から見て、そのような結果が日本の法秩序にとって明らかに許容し難い結果をもたらす場合……には例外を認める」べきであるが、「具体的線引きは、当事者自治や予測可能性という要請とのバランスを踏まえた個別判断にならざるを得ないだろう」と述べている[49]。

　このように、改正民訴法の下でも、外国裁判所を指定する専属的管轄合意により我が国強行的適用法規が回避・潜脱される場合には、公序により当該合意を無効とすべきであるという見解がいくつか登場している。

5　小　　括

　以上、法廷地強行的適用法規の適用と外国裁判所を指定する専属的管轄合意との関係について、我が国におけるこれまでの議論を確認した。国際的管轄合意をめぐる議論の中心であったチサダネ号事件において、管轄合意により指定されていたオランダも船荷証券統一条約を採用しており、当該合意が法廷地強行的適用法規の適用を回避する意図を有していると解するのが困難だったこともあり、この問題は従来十分に議論されてきたとは言いがたい。しかしながら、チサダネ号事件第一審判決や川上教授の鑑定

---

47)　道垣内・前掲注 6) 33 頁。
48)　道垣内・前掲注 6) 34 頁。
49)　手塚・前掲注 46) 74 頁。

書、坪田弁護士および矢吹弁護士の論稿・評釈において、この問題は意識され、一定の場合に当該管轄合意を無効とすべきことが主張されてきたことが確認できた。また、改正民訴法 3 条の 7 に関する議論においても同様の見解が示されている。

この問題は、諸外国ではどのように扱われているのだろうか。**III** では、各国における議論を確認しよう。

III　諸外国における議論

以下に見る通り、法廷地強行的適用法規の適用と外国裁判所を指定する専属管轄合意との関係につき、各国の取扱いは国により大きく異なっている。ここでは、3 か国における裁判例を確認し（**1**）、学説上の対立を分析しよう（**2**）[50]。

1　裁判例

専属的管轄合意の有効性に関する各国の動向については、すでに多くの先行研究が存在する[51]。そこで、ここではこの問題に関する各国の取扱いの相違を明確にするため、ドイツ・フランス・アメリカの裁判例を取り上げる[52]。

---

50)　なお、2005 年のハーグ管轄合意に関する条約（我が国は未批准）に関する議論につき、参照、Mathias Weller, "Choice of court agreement under Brussels Ia and under the Hague convention: coherences and clashes", *Journal of Private International Law*, Vol. 13, No. 1 (2017), p. 91, p. 102; Marie-Noëlle Jobard-Bachllier, note sous l'arrêt de la Cour de cassation, 1ʳᵉ civ., 22 oct. 2008, *Journal du Droit International*, 2009. p. 599, p. 615. また、EU のいわゆる改正ブラッセル I 理事会規則においては、欧州司法裁判所の先決裁定により、実体準拠法上の準則が管轄条項の有効性に影響を与えてはならないとの判示がなされており（Case C-159/97 *Transporti Castelletti* [1999] ECR I-1597, para. 51)、当該判示はカルテル禁止規制等の強行的適用法規にもあてはまると理解されている（Case C-352/13 *CDC Hydrogen Peroxide* EU: C: 2015: 335, para. 62)。

51)　川又・前掲注 10)、川上・前掲注 22) のほか、藤田泰弘「日本裁判官の国際協調性過剰 2・3」判例タイムズ 244 号 38 頁・246 号 13 頁（1970）等。近時では、増田史子「国際海上物品運送契約における裁判管轄条項(1)（2・完）」法学論叢 174 巻 2 号 1 頁・3 号 1 頁（2013）。

52)　イギリスおよびオーストラリアについては、Weller, *supra* note (50), pp. 105-107.

まず、ドイツにおいては、この問題を扱った近時の最上級審判決として、連邦通常裁判所2012年9月5日判決がある[53]。ドイツの代理商とアメリカの会社が締結した代理店契約の終了に際し、代理商が補償金と手数料の支払を請求したこの事例においては、当該契約にヴァージニア州法を契約準拠法とする準拠法条項と同州の裁判所を指定する管轄条項が含まれていた。裁判所は、「管轄合意を認めないことにより、理事会指令86/653/EEC第17条及び第18条の国際的な強行的適用範囲が、2000年11月9日の欧州連合司法裁判所の先決裁定により示されたのと同様に、管轄法制においても、その保護が当該指令規定の目的である代理店のために保障され、またそれによって当該指令規定の妥当性が強化される」と判示し、Ingmar事件において強行的適用法規であると欧州司法裁判所により示された理事会指令86/653/EEC17・18条の適用が当事者により回避されないよう、管轄合意条項を無効とした。同判決は、管轄合意条項と準拠法条項との組み合わせにより法的利点を失うドイツ投資家を保護するため、ドイツ投資家が指定された外国裁判所において強行的適用法規であるドイツの投資家保護法に依拠し得ないことが予測される場合に、公序違反として外国裁判所を指定する管轄合意条項を無効としてきた従来の裁判例[54]に即したものである[55]。外国裁判所を指定する管轄合意条項が無効であるためには、指定された外国裁判所がドイツの強行的適用法規を適用しないあり得べき（nahe liegende）危険が存在すれば十分であり、積極的な確証は必要とされていない[56]。他方、上記2012年判決の反対解釈として、指定された外国裁判所がEUの強行的適用法規によるのと同等の保護を提供する

---

53) BGH v. 5. 9. 2012, VII ZR 25/12.

54) BGH v. 12. 3. 1984, II ZR 10/83, *Wertpapiermitteilungen,* 1994. 1245; BGH v. 15. 6. 1987, II ZR 124/86, *Wertpapiermitteilungen,* 1987, 1153.

55) Weller, *supra* note (50), p. 104. その他、カルテル法等についても同様であるとされる。Reinhold Geimer, *Internationales Zivilprozessrecht* (7. neu bearbeitete Aufl., Ottoschmit, 2015), p. 654; Echart Gottschalk/Steffen Breßler, "Missbrauchskontrolle von Gerichtsstands-vereinbarungen im europäischen Zivilprozessrecht", *Zeitschrift für europäisches Privatrecht,* Vol. 15, No. 1 (2007), p. 56, p. 62. なお、我が国と異なり、ドイツにおいては、管轄合意は実体法の契約とみなされており、その有効性も基本的には主契約準拠法に従って判断されるという点には、やや注意を要する（Gottschalk/Breßler, *ibid.,* p. 57）。

56) OLG München v. 17. 5. 2006, *IPRax* 2007, 322.

法を適用することが想定される場合には、当該管轄条項が認められ得るという指摘も学説上見られる[57]。

このように、外国裁判所を指定する専属的管轄合意に対し法廷地（ないしEU）の強行的適用法規の適用を原則として優先するドイツと対照的な態度を示すのは、フランスである。フランスにおいては、国際的管轄合意は、国際民事紛争に関わるものであり、また、当該条項がフランス司法の強行的な（impérative）国際管轄を妨げるものではない場合、原則として合法であるとされてきた[58]。だが、法廷地強行的適用法規が、管轄合意条項の原因となった紛争関係をその適用範囲に含んでいる場合が、このフランスにおける強行的管轄の場合に当たるか否かという点は未解決のままであった[59]。

この点につき判断したのが、2008年10月22日破棄院判決である[60]。音声・映像ケーブルの製造・販売を主たる業務とするアメリカのカリフォルニア州法人とフランス法人がフランスにおける当該製品の排他的供給に関して締結した契約の解除に関し、フランス法人が、経済的従属関係の濫用等を理由に損害賠償を請求したこの事例では、同契約中に、カリフォルニア州法を準拠法とし、カリフォルニア州サンフランシスコ地方裁判所を管轄裁判所と指定する準拠法条項・管轄合意条項が含まれていた。原告が請求の根拠とする商法典L.442-6条は、第一審判決により強行的適用法規（loi de police）であると判断されていたが、破棄院は、「民法典3条と国際私法の一般原則」に基づき、「本契約中の管轄合意条項は契約から生じるいかなる紛争をもその対象としており、その結果、強行的適用法規（lois de police）を構成する強行規定が紛争の本案に適用されようとも、実行されなければならない」と判示した。同判決が当事者の合意を優先するこのようなリベラルな判断[61]を示した理由としては、国際裁判管轄と準拠法と

---

57) Fabienne Jault-Seseke, note sous l'arrêt de la Cour de justive fédérale, 5 septembre 2012, *Revue critique d e droit international privé,* Vol. 102, no. 4 (2013), p. 890, p. 896.

58) Cass. civ. 1re, 17 décembre 1985, Bertrand Ancel/Yves Lequette, *Les grands arrêts de la jurisprudence française de droit international privé* (5e éd. 2006), n° 72.

59) Ancel/Lequette, *ibid.,* p. 656.

60) *Journal du Droit International,* n° 2/2009, p. 599.

61) Sylvain Bollée, note sous cet arrêt, *Recueil Dalloz,* 2009, n° 35, p. 2384.

210　第10章　外国裁判所を指定する専属的管轄合意と強行的適用法規

の相互独立の原則[62]のほか、当該紛争の仲裁への付託可能性との対比が指摘されている[63]。

　さらに、ドイツとフランスの中間に位置付けられる態度を示す国として、アメリカを挙げることができる。アメリカでは、1972年の Bremen v. Zapata 判決が、それまでの判例を変更し、国際的管轄合意条項を原則として有効とし、例外的に、その実行が当該状況の下で「不合理」であることがその有効性を争う当事者によって示された場合には無効となる、との判断を示した[64]。いかなる場合が「不合理」に当たるかという点は、従来狭く解されてきたが[65]、管轄条項の実行が、法律や判決により宣明された法廷地の強力な公序に反するようなときは、そのような場合の一つであるとされる[66]。それでは、実際、強行的適用法規に該当するアメリカ法規の適用が問題になる事例において、アメリカ裁判所はどのように判断してきたのだろうか。

　ロイズ保険組合の破綻に関する一連の訴訟においては[67]、アメリカ証券取引法の適用との関係で、イギリスを管轄地とする管轄合意条項の有効性が問題となった。裁判例の中には、指定された裁判所の法が本質的に不公正な場合を除けば、国際取引がアメリカの与える法および救済とは異なる、またはそれより不利なものに服するという事実は、当該管轄合意の実行を否定する有効な根拠にはならないとして、アメリカ証券取引法の政策的色彩を問題とせず、当該管轄合意を有効としたものもある[68]。これに対し、当該管轄合意条項がアメリカ証券取引法の政策を回避する可能性について深刻な懸念を示す裁判例もいくつかある。これらの事例は、イギリス法に

---

62)　Louis d'Avout, note sous cet arrêt, *Juris-Classeur périodique* (*La semaine juridique*), 2008. II. 10187.

63)　Bollée, *supra* note (61), p. 2385.

64)　M/S Bremen v. Zapata Off-Shore Company, 92 *S. Ct.* 1907 (1972).

65)　Bonny v. Society of Lloyd's, 3 *F. 3d* 156 (7th Cir. 1993), p. 160; Carnival Cruise Lines, Inc. v. Shute, 499 *U. S.* 585.

66)　M/S Bremen v. Zapata Off-Shore Company, *supra* note (64), p. 1916.

67)　事件の全体像については、Horatia Muir Watt, "L'affaire Lloyd's: globalization des marchés et contentieux contractuel", *Revue critique de droit international privé*, Vol. 91, No. 3 (2002), p. 509; Hannah Buxbaum, "The Role of Public Policy in International Contracts: Reflections on the U. S. Litigation Concerning Lloyd's of London", *IPRax*, 2002, n° 3, p. 232.

68)　Riley v. Kingsley Underwriting Agencies, Ltd., 969 *F. 2d* 953 (10th Cir. 1992).

おいても契約上の詐欺や解除に関しアメリカ法と同様の十分な請求が行える
こと[69]、また、証券取引法の政策目的である証券発行者による投資家に
対する十分な情報の開示を、イギリス法も十分に促すものであること[70]等
を理由として、結論的には管轄合意条項を有効とするものがほとんどであ
る[71]。

このように、アメリカでは、法廷地強行的適用法規が体現する政策が外
国裁判所を指定する専属的管轄合意により妨げられる可能性が意識されて
おり、その場合には「不合理」であるとして当該合意が無効となるという
判断枠組みが存在しているものの、そのような可能性の有無の判断に際し
行われる、指定された外国裁判所で適用される準拠法とアメリカ法との間
の等価性の検討は、制度上ないし規定上の比較にとどまっている。そのた
め、結局のところ、これらの裁判例は、管轄合意の有効性に対し非常にリ
ベラルな態度を示していると言うことができる[72]。

以上、この問題に関する各国の取扱いは様々である。

2 学 説

それでは、学説はどうだろうか。各国の学説は、外国裁判所を指定する
専属的管轄合意の有効性を優先する見解と、法廷地の強行的適用法規の適
用確保を優先する見解とに大別できる。ここでは、それぞれの立場につき
代表的な見解を取り上げ、その根拠を確認しよう。

明確に前者の立場に立つ Gaudemet-Tallon は、以下の三点から、前述
したフランスの 2008 年破棄院判決を支持する[73]。第一に、国際裁判管轄

---

69) Bonny v. Society of Lloyd's, *supra* note (65), p. 161.
70) Roby v. Corporation of Lloyd's, 996 F. 2d 1353 (2nd Cir. 1999), p. 1366. なお、イギリス法
において利用可能な救済がアメリカ法の目的との関係で不十分なものであることを示すのは、
原告の責任であるとされている。*Id.* p. 1365.
71) ほぼ同様の事例として、Allen v. Lloyd's of London, 94 *F. 3d* 923 (4th Cir. 1996); Richards
v. Lloyd's of London, 135 *F. 3d* 1289 (9th Cir. 1998).
72) Cf. Muir Watt, *supra* note (67), p. 518.
73) Hélène Gaudemet-Tallon, "La clause attributive de juridiction, un moyen d'échapper aux
lois de police?", in Katharina Boele-Woelki/Talia Einhorn/Daniel Girsberger/Symeon
Symeonides, *Convergence and Divergence in Private International Law-Liber Amicorum
Kurt Siehr* (Eleven International Publishing, 2010), p. 707.

と準拠法との区別が国際私法（本章で言う抵触法）の本質的原則をなす点である。両者が追求する目標は異なっており、国際裁判管轄規則が、①裁判所の事案との近接性、また、②手続的技術や訴訟費用・期間、実体準拠法についての当事者の正統な予測、さらに、③裁判の適切な運営を模索すべきであるのに対し、準拠法選択規則においては、適用される法に関する予測可能性が必要である。両者を区別しないことは、実際には国際裁判管轄規則のみを考慮し、国際裁判管轄が認められれば裁判所は法廷地法を適用するという、国際関係に相応しくない横暴で含蓄のない解決をもたらす点で嘆かわしいことである[74]。

　第二に、強行的適用法規（lois de police）の概念があまりにも不明確な点である。強行的適用法規が増大する現在の過った傾向の下で、強行的適用法規が問題になるたびに管轄合意条項が排除されねばならないとすれば、当該法規の介入は管轄合意条項に対して度外れた侵害をもたらす危険性がある。また、管轄合意条項の有効性を判断するに際し、指定された外国と法廷地国との強行的適用法規を比較せねばならないとすれば、嘆かわしいことである。と言うのも、次のような相当の困難にぶつかるからである。すなわち、管轄合意条項の有効性が問題視されるのは、法廷地の強行的適用法規と指定された国のそれとが等価でない場合であるとされるが、当該取引に関係する第三国の強行的適用法規がある場合には、いずれの法規と比較することになるのだろうか[75]。

　第三に、外国裁判所を指定する専属的管轄合意が、法廷地の強行的適用法規に対し耐えがたい危険をもたらすものではないという点である。当事者が法廷地の強行的適用法規を回避するためだけに外国裁判所を指定する管轄合意を行うことは稀であり、当該法規が一般的には契約の一方当事者の利益に資することからすればなおさらである。法廷地の強行的適用法規の適用を根拠に管轄合意を否定することは、当事者の自由に大幅に制限を与えることであり、当事者が国家の裁判所ではなく仲裁に依拠することを後押しすることになりかねない。また、各国の追求する目標はしばしば同

74）　Gaudemet-Tallon, *supra* note（73）, pp. 710–711.
75）　*Ibid.*, pp. 714–715. Cf. Geimer, *supra* note（55）, p. 654.

一であり、指定された外国裁判所が適用する法はしばしば法廷地の強行的適用法規が追求する目標と重なる。そのうえ、もし法廷地国の一般的利益が真に侵害されることがあれば、法廷地の他の国家当局がこれを適用する防御手段も存在する。さらに、当該外国で下された判決が法廷地の強行的適用法規に反する場合には、国際的公序に反するとして当該判決の効力を承認しないということも可能である[76]。

　これに対し、後者の立場においては、前者の立場を支えている、外国を指定する専属的管轄合意を仲裁合意と同様に考える見解に対する批判と、外国判決承認の際の事後的審査では不十分であるという点に、議論の力点が置かれている。まず、仲裁人にとっては、いかなる国の強行的適用法規も全て外部のものであり、そのため、状況に一定の関連性を有する国の強行的適用法規の適用がなされ得るが、国家の裁判所にとっては、自国の強行的適用法規と外国のものとの区別があり、指定された外国裁判所は、当該国の強行的適用法規を適用せねばならないが、管轄合意により排除された国の強行的適用法規の適用は課されない[77]。また、法政策の観点からすれば、仲裁に対し裁判例が示すリベラリズムは、国際仲裁を自国に呼び寄せようという目的を持っているのに対し、外国を指定する専属的管轄合意を優先する解決は、当事者を自国から遠ざけるという逆の結果を招来することになる[78]。

　第二に、指定された外国で下された判決の承認が実際に法廷地において求められる場合は非常に限定されており[79]、また、承認要件としての公序審査も、仲裁判断の承認の場合と同様、限定的なものにとどまる可能性がある[80]。逆に、もし指定された外国裁判所で下される判決が将来において公序違反となるのであれば、当該外国判決が実際に法廷地の公序違反であ

---

76) *Ibid.*, pp. 715-720. Geimer, *supra* note (55), p. 654 も、承認段階の審査で十分であるとする。

77) Jobard-Bachllier, *supra* note (50), p. 612.

78) Dominique Bureau/Horatia Muir Watt, "L'impérativité désactivée?", *Revue critique de droit international privé*, Vol. 98, no. 1 (2009), p. 1, p. 5.

79) Jobard-Bachllier, *supra* note (50), p. 609.

80) Jobard-Bachllier, *ibid.*, p. 611; Bollée, *supra* note (61), p. 2385; Bureau/Muir Watt, *supra* note (78), p. 23 (国際裁判管轄という最初の段階でリベラリズムが認められるのであれば、承認段階でもリベラリズムが認められない理由はないと指摘する).

ることを事後的に証明するためだけに、自国裁判所へのアクセスを認める前に外国裁判所に送られることは、司法への実効的なアクセスという基本権の侵害であり、最初から当該管轄合意を否定すべきである[81]。

最後に、より積極的な根拠として、強行的適用法規の前での市民の平等が挙げられる。すなわち、無差別の適用を予定している強行的適用法規の実効的適用範囲から、管轄合意により訴訟権者が自由に法的紛争関係を外に出すことが許されるならば、法の下の平等原則違反となるのである[82]。

3 小 括

以上、諸外国の裁判例と学説を概観した。この問題については各国でも近時活発に議論されているものの、専属的管轄合意の有効性と法廷地強行的適用法規の適用確保との間で、裁判例・学説共に、いまだ対立している状況にあるということが見て取れたのではないだろうか。

IV 検 討

以上の分析を踏まえ、次に、我が国抵触法上の処理について検討する。

この問題は、経済のグローバル化の進展とともに当事者自治の役割が抵触法においても拡大している現状[83]で、強行的適用法規に体現される自国の経済的・社会的法政策の実現をどこまで維持するのかという、抵触法上の法政策的問題である。そして、IIIで見た通り、各国の応答は様々であった。

それでは、我が国はこの問題に関し、どのような法政策を採用しているのだろうか。この点、立法過程において明示的に議論がなされたわけではないものの、新たな国際裁判管轄法制においては、全体として一定の姿勢が示されており、そこから特定の解釈を導き出すことができるように思わ

---

81) Weller, *supra* note (50), p. 103; d'Avout, *supra* note (62).

82) d'Avout, *supra* note (62).

83) Horatia Muir-Watt/Luca G. Radicati di Brozolo, "Party Autonomy and Mandatory Rules in a Global World", in *International Law FORUM du droit international* (Brill, 2004), p. 90.

れる。そこで、以下ではまず、その解釈論を示すこととする（1）。だが、このような解釈論が、問題を処理するに際し必ずしも適切であるとは思われない。そこで、続いて立法論に言及することとする（2）。

1　解釈論

　新たな国際裁判管轄法制の導入の際、上記の問題が直接論じられたことはないが、当事者自治と国家政策とのバランスについて、結果として一定の態度決定が示された重要な規定が二つ存在している。一つは、特別の事情に関する改正民訴法3条の9であり、もう一つは、我が国の専属管轄に関する改正民訴法3条の5である。

　改正民訴法3条の9は、「民訴法の土地管轄規定の参照＋特段の事情」という財産関係事件に関する国際裁判管轄の一般的な判断枠組みを示した最判平成9年11月11日[84]と同様の考え方に立脚したものであり[85]、我が国に管轄原因が認められ、原則として国際裁判管轄が認められる場合であっても、「事案の性質、応訴による被告の負担の程度、証拠の所在地その他の事情を考慮して、日本の裁判所が審理及び裁判をすることが当事者間の衡平を害し、又は適正かつ迅速な審理の実現を妨げることとなる特別の事情」が認められるときには、我が国の国際裁判管轄を否定するという規定である。この規定では、専属的管轄合意により我が国に国際裁判管轄が認められる場合には、特別の事情の有無は判断されないという点が新たに導入された（3条の9括弧書）。これは、適正かつ迅速な審理の実現という公益的な観点よりも、当事者自治と予測可能性という私的利益の観点が重視された結果である[86]。このように、改正民訴法では、我が国を指定する専属的管轄合意との関係で、当事者自治と予測可能性を重視するという態度決定が示されている。この点は、外国裁判所を指定する専属的管轄合意の場合にも、当事者の私的利益を重視する姿勢を促すだろう。

　また、改正民訴法3条の5は、国家的関心の強い事項について、我が国

---

84)　民集51巻10号4055頁。

85)　法制審議会国際裁判管轄法制部会第5回会議議事録（平成21年2月27日）9頁〔日暮直子発言〕。

86)　澤木＝道垣内・前掲注44）309頁。

の強行的適用法規の確実な適用を確保するために設けられたものであり[87]、同条が列挙する事項については外国裁判所を指定する専属的管轄合意は無効とされる（民訴法3条の10)[88]。規定の反対解釈からは、これらの規定がカヴァーしない事項に関する請求については、たとえ我が国の強行的適用法規が適用されるべき場合であっても、外国裁判所を指定する専属管轄合意は基本的に有効であり、当事者には外国での訴訟遂行が許容されているということが導かれる。換言すれば、そこでは、指定された外国の裁判所で下された判決の承認執行が我が国で問題となった段階で、民訴法118条3号の公序要件により対処をすれば十分である、との判断が示されていると言うことができよう。

　これらの点からすれば、我が国の国際裁判管轄法制は、一方で、消費者契約に関する紛争および個別労働関係民事紛争については、特則を設けて弱者保護を図りつつ（3条の7第5項および第6項)、他方において、通常の国際取引については、法廷地強行的適用法規の適用確保よりも当事者自治を優先するリベラルな態度を選択した、と言うことができよう。このように考えれば、我が国の強行的適用法規の適用との関係で外国裁判所を指定する専属的管轄合意が無効とされるのは、非常に限定された場合のみであると解すべきであろう。すなわち、①本来我が国の専属管轄とされるべきであったほどに公益性の高い法規の適用が問題となる請求の場合[89]、または、②当該管轄合意において我が国の強行的適用法規を潜脱する意図が明らかな場合、に限定されるべきであろう[90]。これらの場合に該当する外国裁判所を指定する専属的管轄合意は、「はなはだしく不合理」であり無効とされよう。

2　立法論

　当事者自治を重視する上述の現行法制においては、外国裁判所を指定す

---

87)　その正当化根拠につき、横溝大「国際専属管轄」名古屋大学法政論集 245 号（2012）132 頁参照。

88)　佐藤＝小林編著・前掲注 44）138 頁。

89)　なお、横溝・前掲注 87）143 頁注 48。

90)　Gaudemet-Tallon も指摘しているように、強行的適用法規が通常は一方当事者の利益になることを考えれば、そのような場合は稀であろう。前掲注 76）に対応する本文参照。

る専属的管轄合意が我が国強行的適用法規の適用との関係で無効とされることは非常に限定的にならざるを得ず、したがって、当該法規の観点からの事案の審査は、我が国における外国判決承認執行という事後的な局面においてなされることになる。だが、実務上、このような事案について我が国で外国判決の承認が求められるのは稀であり、強行的適用法規が体現する政策の実現という観点からは不十分であると言える。そこで、やはり管轄合意の有効性という事前審査の可能性を拡大すべきであろう。

外国裁判所を指定する専属的管轄合意の有効性を優先する Gaudemet-Tallon が挙げる三つの根拠のうち、国際裁判管轄と準拠法との峻別という点は、我が国強行的適用法規の確実な適用のために専属管轄規定が導入されていることからしても、管轄合意の有効性を優先する説得的な根拠とはなり得ないだろう。これに対し、強行的適用法規が増加傾向にあり、これらの法規を全て優先することが管轄合意に大きな制約を課すことになるという点は、その通りであろう。他方において、各国の追求する政策目標がしばしば同一であるということは、現状では必ずしも言えないように思われる。例えば、投資家保護という目標では軌を一にしていても、その保護の程度や態様は各国において異なり得る。現状では、せいぜいある政策目標に関し、いくつかの国々との間で、機能的に同等とみなし得る強行的適用法規が存在する、といった程度なのではないだろうか。

強行的適用法規が増加傾向にあることへの対応として、強行的適用法規の内部でこれをさらに区別し、その中でも公権力性の度合いが一段と高いものに限定したうえで当該法規を専属的管轄合意に優先させる、という処理も考えられる[91]。だが、両者を区別する基準を明確にすることは容易ではなく、その該当性判断が現在でさえ難しい強行的適用法規の概念を、さらに不明確にしてしまうおそれがある。また、他国との政策目標の一致・不一致については、公権力性の度合いだけではなく、事項ごと・国ごとに、個別的になされなければならないはずである。

これらの困難を克服し、当事者の予測可能性を担保しつつ重要な国家政

---

91) 強行的適用法規のうち公益保護目的を有するものに限り外国専属管轄合意による潜脱が公序法違反となり得るとする高橋・前掲注46) 310頁は、この方向を示唆していると言える。

218 第10章 外国裁判所を指定する専属的管轄合意と強行的適用法規

策を体現する強行的適用法規の適用を確保するための方策として、筆者は、専属管轄規定の拡張を提案したい。すなわち、外国裁判所を指定する専属的管轄合意に優先して確実な適用を我が国が確保したいと考える強行的適用法規がカヴァーする事項につき、専属管轄規定を導入するのである。そもそも、前述の通り、それこそが専属管轄規定の趣旨なのであり、明文規定があれば当事者の予測可能性も担保される[92]。私的利益に制限をかけるという点で近時は批判の強い専属管轄規定であるが[93]、このような観点からは、その意義を再評価することができるのではないだろうか。

　最後に、このようにして一定の事項について専属管轄規定をさらに導入した場合であっても、我が国がある国との間で政策目標を同一と認め、当該外国の強行的適用法規と我が国のそれの間で代替可能性があると認める場合には、例外的に当該国を指定する専属的管轄合意を認める余地がある。そのような国は、事項ごとに、また、時間的経過とともに個別に指定される必要があり、施行規則等の形で柔軟かつ明確に対応することが望ましいだろう。

V　結　　語

　以上、我が国強行的適用法規が適用されるべき事例について外国裁判所を指定する専属的管轄合意が存在している場合、我が国裁判所がいかなる処理をすべきかを検討した。解釈論としては、我が国の強行的適用法規の適用との関係で外国裁判所を指定する専属的管轄合意が無効とされるのは、①本来我が国の専属管轄とされるべきであったほどに公益性の高い法規の適用が問題となる請求の場合、または、②当該管轄合意において我が国の強行的適用法規を潜脱する意図が明らかな場合に限定されるべきである、また、立法論としては、外国裁判所を指定する専属的管轄合意に優先して

---

92)　また、いかなる強行的適用法規を、それが体現する国家政策が重要であるとして専属的管轄合意に優先させるかという点は、法政策の問題であり、司法ではなく立法で対応するほうがより適切であろう。この点は、次の例外的な場合の判断についてもあてはまる。

93)　横溝・前掲87) 127頁以下。

その確実な適用を我が国が確保したい強行的適用法規については、当該法規がカヴァーする事項につき専属管轄規定を導入すべきであること、また、例外的処理をすべき国については施行規則等の形で個別的に指定することですべきである、というのが本章の結論である。

　独占禁止法や金融関連法等をめぐり、今後この問題はますます重要になっていくことだろう。本章が議論の呼び水になることを願ってやまない。

【附記】　本章は、「外国裁判所を指定する専属的管轄合意と強行的適用法規」法曹時報70巻11号（2018）1〜39頁を相当程度縮小し、若干修正したものである。本章は、JSPS科研費基盤研究（B）「政策実現過程のグローバル化に対応した法執行過程・紛争解決過程の理論構築」（課題番号16H03543）の研究成果の一部である。

第3部
グローバル化の
諸相

▶▶▶▶▶▶▶

第11章　法多元主義的法的推論
第12章　憲法規範として国際人権法を取り込
　　　　むということ
　　　　──オーストリアの場合
第13章　行政法から見た国際行政法
　　　　──山本草二の論文を読む
第14章　国際ネットワークの中の都市
　　　　──自治体の国際活動とその限界
第15章　グローバル化における「指標とラン
　　　　キング」の役割
第16章　グローバル法多元主義の下での抵触
　　　　法

第11章 法多元主義的法的推論

浅野有紀

I はじめに
II 法多元主義的法的推論
III 日本における法多元主義的法的推論の例
IV 他法の自法への「組み入れ」?
V おわりに

I はじめに

　グローバル化は、従来の政策実現過程に変化をもたらすと思われる。従来は、政策における目的と手段は、主に各国家によって自国の領域内の問題として策定されてきた。あるいは、各国家の内部問題にはとどまらない軍事や貿易に関する政策については、国際問題として国家による連合や国家間での協議により、その目的と手段が策定されてきた。法は、これらの政策策定の要素として重要な役割を果たしてきた。各国家における政策は、国民の権利保障や制度への授権という形で法を通じて実現され、国際的な政策は、国際法やそこに含まれる人権保障や条約という形で法を通じて実現されてきた。

　しかし、グローバル化は、何らかの政策が必要とされる問題を、各国家の内部問題か、各国家間の関係としての国際問題かの二分論で捉え尽くすことを、徐々に困難にしてきた。例えば、グローバルな環境問題や国際金融、インターネット・コミュニケーション、医療・農作物における遺伝子操作といった最先端技術の開発などの問題領域では、人々の活動とその影響が国境を越えて生じ、各固別国家によるコントロールが必ずしも十分な合理性と実効性を持たない。このような問題領域では、むしろグローバルな企業、グローバルな非政府組織（GNGO）、グローバルな専門家集団や

224 第11章 法多元主義的法的推論

技術的組織による対応のほうが、その情報量や活動形態の柔軟性から合理性と実効性を発揮できる場合も存在する。これらの非国家的活動主体は、様々な自主規制や組織規程、ガイドライン、独自の紛争解決制度などを備えていることも多い。国家による法を通じた政策実現を、国家法による政策実現とするならば、これらの企業・非政府組織・専門家集団による取り決めや組織形成による政策実現は、非国家法による政策実現として捉えることができる。

　法における国家法と非国家法の併存を認め、その功罪を論じようとする立場は法多元主義と呼ばれる。法多元主義は、グローバルな政策実現においても、国家法と非国家法の協働・緊張関係を明らかにし、両者のバランスのとれた活用が合理的で実効的となる方法を考察しようとする。それは、国家と国家法をモデルとした一元主義、あるいは国家法と国際法の二元主義を超えて、国家法と、国家組織を中心としない非国家法による多元主義的な対応が、人々のグローバルな活動から生じる問題に対して有効であるという考えに基づいている[1]。筆者は、これまで、法多元主義に関して、非国家法の具体例や、そこにおける法概念を考察してきた[2]。

　法哲学には、大きく分けて、法概念論と正義論と法的推論（裁判理論）の三つの分野が存在するとされるが[3]、本書に共通する「政策実現過程のグローバル化に対応した法執行過程・紛争解決過程の理論構築」という課題に対しては、具体的な個々の非国家法的事例の紹介だけでは不十分である一方で、非国家法をも取り込む法概念論は一般的・抽象的に過ぎるきらいがある。また正義論も、本書の課題設定と、もちろん無関係ではあり得ないが、グローバルな分配的正義などの実質的正義は、政策実現過程よりも政策目的を考える段階で問題とされるに相応しいであろう。他方、手続

---

1)　従来の国家法と国家間関係を扱う国際公法にのみ焦点を当てる法理論を Twining は Westphalian Duo と呼び、グローバル化の下での非国家法の増大という現象を取り込むことができる法理論としての法多元主義の重要性を指摘する。William Twining, Implications of 'Globalisation' for Law as a Diciplin in Andrew Halpin & Volker Roeben eds., Theorising the Global Legal Order (Hart Publishing, 2009) 46-50.

2)　浅野有紀「私法理論から法多元主義へ」『グローバル化Ⅰ』303 頁以下、同『法多元主義―交錯する国家法と非国家法』（弘文堂・2018）。

3)　田中成明『法の支配と実践理性の制度化』（有斐閣・2018）110～111 頁。

的正義は政策実現過程において、より問題とされやすいであろうが、制度設計の大枠に対する指針であり、非国家法の民主的正統性を問う視点や、民主的正統性に代替し得るような情報公開やアカウンタビリティの保障の必要性という視点から、すでに多くが論じられている[4]。これに比べ、法多元主義における法的推論のあり方については、後述の通り、比較的最近議論が始まったばかりのように思われ、また、裁判においてどのように判決を下すのかという問題は、紛争解決過程の一部である法の適用過程と直結する。そこで、本章の考察では、「法多元主義的法的推論」についての理論構築の一端を担うことを目的としたい。

　以下では、Ⅱにおいて法多元主義的法的推論を考える際の基本的な困難を踏まえたうえで、そうした推論がどのようなものと考えられるかを、マクシミリアン・デル・マールの見解を参照しつつ論じる。彼は、従来のコモン・ローや、EU法と各国法との関係をめぐる法的判断における法多元主義的法的推論の（潜在的な）方法論を示す。結論を先に簡単に述べれば、法多元主義的法的推論においては、判決は暫定的で、（法多元主義において自法と併存していると認められる）他の法規範に対して開かれたものとなる、とされる。

　Ⅲにおいては、デル・マールの考察に倣って、我が国における法多元主義的法的推論という観点からの再評価が可能な例を取り上げる。

　以上では、法多元主義的法的推論の内に、国家法の階層的な体系の内部にとどまるのではなく、「他の法規範に対して開かれ」ているという特徴が見出されるのであるが、この特徴は、他の法規範を何らかの形で「組み入れる（incorporate）」と表現されることがある。しかし、ここに、法多元主義的法的推論における理論的な問題が浮かび上がる。自法が他法を「組み入れ」、自法の一部とするならば、それは多元的併存という概念と矛盾する。また、実際的にも、価値観や権限を異にする他の法体系に属する法を自法の一部とするようなことが、自法の存立基盤を損なうことなく実現可能なのかという疑問も生じる。フラーの合法性の理論に待つまでもな

---

4)　原田大樹「グローバル化時代の公法・私法関係論」『グローバル化Ⅰ』17頁以下における「開かれた正統性」の概念（36〜44頁）、興津征雄「グローバル行政法とアカウンタビリティ」『グローバル化Ⅰ』47頁以下等参照。

く、法体系は、著しい程度の矛盾や予見不可能性が存在すれば、法として
機能できないからである。

IVでは、法的推論に関するジョセフ・ラズの理論を参照することによ
り、この疑問を解きほぐすことを試みる。ここでも結論を先に述べておく
ならば、ラズによれば、法的推論において、自法が他法に開かれていると
しても、自法は他法を「組み入れる」ことはないとされる。ここで参照す
るラズの理論は、法と道徳の関係を主に考察するためのものであって、自
法と他法の関係については、補助的に言及されているに過ぎない。しかし、
本章で論じる多元主義的法的推論の問題においては、その補助的な部分を
含めて大いに参考になる。

Vでは、以上のような考察から得られる示唆は何かを確認して考察を
終えたい。

II 法多元主義的法的推論

Iで述べたように、今日の法多元主義への関心の高まりの契機は、法的
紛争における国境の重要性を相対化させるグローバル化に見ることができ
るが、ヨーロッパにおいてのグローバル化は、特にEU化として具体的に
現れていたと言えよう。ここでは、従来の主権国家とその国家法に加えて、
EU共同体とEU法が生じ、国家法とEU法との関係をいかに考えるかが
実践的な課題となった[5]。両者の関係を、いずれかが階層的に優位に立つ、
あるいは互いを否定するのではなく、水平的に併存し、相互に認識し関連
し合うが独立した規範形成単位（norm generating units）であると見るなら
ば、これは法多元主義的な見方であり、デル・マールは、これを「関係的
多元主義（relational pluralism）」と呼んでいる[6]。国家法と非国家法との併
存関係は、歴史的には教会法や慣習法との併存に見られた。また、比較法

---

5) NEIL MACCORMIC, QUESTIONING SOVEREIGNTY (Oxford University Press, 1999).

6) Maksymilian Del Mar, Legal Reasoning in Pluralist Jurisprudence – The Practice of the
Relational Imagination – in NICOLE ROUGHAN & ANDREW HALPIN EDS., IN PURSUIT OF PLURALIST
JURISPRUDENCE (Cambridge University Press, 2017) 42.

学は、あらゆる法が、異なった法体系や規範との混成物であることを示しており、それは現在も、グローバル化の下で国家法と併存する多様な非国家法の展開という形で見られる[7]。デル・マールの言う「関係的（relational)」とは、併存しつつ互いを認識する中で相互に変化が生じることである[8]。その意味で、「関係的」という言葉は時間的な持続の概念を含んでいる。

　しかし、国家法を考察の中心に置いてきた従来の法理論においては、法的推論もまた、国家法命題からの演繹的な正当化や帰結主義的な正当化、あるいは法体系への整合性による正当化を、個別事例において行うことに重きを置くことが習わしとなっていた。それは、第一に正当化に焦点を当てる点において、第二に個別事例に分析対象を限定する点において、第三に国家法体系の内部にのみもっぱら関心を注ぐ点において、法が他の法体系との併存の下で時間的な変容を被ることを念頭に置かない、その意味で関係的ではない法的推論のあり方であった[9]。デル・マールは、このような従来の法的推論の方法に代えて、第一に正当化のみではなくイマジネーションの喚起、第二に時間の経過を法的推論に取り込むこと、第三にある規範形成単位における法的推論が他の規範形成単位における法的推論とどのような関係を持つかの分析を行うことを提案する[10]。

　他の法体系を意識した法的推論は、我が国を含む諸国の裁判所において、人権思想の基本的部分の共通理解を前提とする憲法事案の判断に際して、批准していない条約や他国の憲法解釈・違憲審査基準を参照したり、その他の実定法の解釈において比較法の知見を活用したりする場合に、従来から示されてきたと言えるであろう。また、国際私法においては、他の法体系の存在を認識し、他国法を解釈適用する方法論が、従来から採用されて

---

7)　Ibid., 42-43, 56.

8)　法多元主義は、このように相互に影響し合っていることが重要視される点で、相互に閉じた、異なる法体系が多数存在しているという法の多様性の認識とは区別されている。Cf. Kaarlo Tuori, From Pluralism to Perspectivism in GARETH DAVIES & MATEJ AVBELJ EDS., RESEARCH HANDBOOK ON LEGAL PLURALISM AND EU LAW (Edward Elgar, 2018) 40-41.

9)　Maksymilian Del Mar, Legal Reasoning in Pluralist Jurisprudence – The Practice of the Relational Imagination –, 43-44.

10)　Ibid., 44.

228　第 11 章　法多元主義的法的推論

きた[11]。これに加えて、デル・マールは、従来のコモン・ローの法的推論
のうちにも、潜在的な法多元主義的方法論を見出そうとする。

　コモン・ローにおける法的推論の中には、デル・マールが「イマジネー
ション的法的推論」と呼ぶ方法論が見られる。具体的な例に沿って彼の議
論を整理すると、まず、傍論（obiter dicta）における「事実の過剰な記述
（over-description of facts）」と言われる例がある[12]。傍論においては、判決
意見（ratio decidendi）の主要事実には含まれないような事実が記されるこ
とがある。後の裁判所は、これによって、現在の事案においては主要事実
とみなされなかったような事実を、後の事案において重要視することによ
って、現在の事案と将来の事案との相違を指摘することが容易になる。あ
るいは、現在の事案においては主要事実とみなされなかったような事実を
重視することによって、現在の主要事実に対して適用される法的原理とは
異なる原理を主張することが容易になるとされる[13]。

　法廷意見だけではなく補足意見や反対意見が付されていることも、裁判
官が、事案を異なる観点から異なるものとして記述する様が表わされるた
め、現在の事案の事実と将来の事案の事実とを区別する余地を残すための
方法論となる[14]。

　次に、「仮想的な議論（hepotheicals）」と言われる例がある。裁判所と弁
護士との間でも、「事実が仮にこうであったとしたら」というやり取りが
行われることがあるが、デル・マールは、これを判決の中に取り入れるこ
とができると言う。この「事実が仮にこうであったとしたら」という推論
方法は、現在の事案の正当化にも使われるが、現在の事案の考察からすれ
ば脱線的な場合も多く、その効用は、将来の事案における異なった判断の
リソースとなるところに主に見出されるべきであるとされる[15]。

---

　11)　法多元主義における国際私法の方法論の重要性については、横溝大「グローバル法多元
　　　主義の下での抵触法」本章第 16 章参照。
　12)　Maksymilian Del Mar, Legal Reasoning in Pluralist Jurisprudence – The Practice of the
　　　Relational Imagination, 49 において「遠近法的工夫（perspectival devise）」と表現されてい
　　　るものと、おそらく同様であると思われる。
　13)　Ibid., 49-50.
　14)　Ibid..
　15)　Ibid..

II　法多元主義的法的推論　*229*

　さらに「法的擬制（legal fiction）」と呼ばれる例もある。デル・マール
は、不法行為の事例において、アスベスト使用と中皮腫の罹患との因果関
係の証明を、事実的因果関係の証明には至らない場合でも証明があったと
擬制した例を挙げる。我が国においても、公害や薬害の分野における個別
的因果関係の証明に代えた疫学的証明や間接証明の手法が用いられている
が、このような手法は、法的な責任の内容を実質的には判決で変更してい
るにもかかわらず、明示的には新たなルールを導入せず、従来のルールと
併存させる形で、時間をかけて新たなルールへの可能性を（立法的措置の
可能性も含めて）広げるとされる[16]。

　最後の例は、判決の中に示される躊躇と懐疑である。「［立法における］
○○の理由が示されなかったのは残念であるが……」「［条文の］適用範囲
が○○に限られていることは私としては十分であるとは感じられないが、
他に方法もないので……」（［　］内は筆者補足）などと判決で述べられると
き、立法府へメッセージを与える一方で、将来の裁判所の判断には暫定的
な指針しか与えないようにする方法である[17]。

　これらの方法論は、従来は曖昧であるとか無用であるなどとして、むし
ろ批判されてきたものであるが、デル・マールによると、判断における認
識的な場所と時間を広げ、将来の裁判所の判断に対して豊富なリソースを
与える法多元主義的な方法論として再評価されるべきものである[18]。これ
らは、将来の裁判所における判断に変更の余地を残し、将来の判断におけ
る考慮要素についてヒントを与える。別の言い方をすれば、現在の法的判
断における自己抑制であるとも言える[19]。現在の裁判所の判断は、類似の
事案の包括的な解決基準を示すことなく、法的擬制を用いて限定的に判断
したり、仮想的な事例での代替案を示したりすることで、将来の裁判所が
類似の事案に異なった判断を下す余地を残す。

---

16)　Ibid., 50-51.

17)　Ibid., 52.

18)　Ibid., 49.

19)　判決では代替案を論じ尽くしてはならないとする minimalism を支持するものとして、
Suvi Sankari, Constitutional Pluralism and Judicial Adjudication: on Legal Reasoning,
Minimalism and Silence by the Court of Justice in GARETH DAVIES & MATEJ AVBELJ EDS.,
RESEARCH HANDBOOK ON LEGAL PLURALISM AND EU LAW (Edward Elgar, 2018) 309-322.

230 第11章 法多元主義的法的推論

　このように、事実の多様性や不確定性、裁判所内での意見の相違を積極的に明るみに出していく方法は、特定の法体系内での最も整合的な一つの判決を追求し、法体系のインテグリティの達成を目指すような一元的な方法論[20]とは一線を画するもののように思われる。また、疫学的証明などの法的擬制の例は、疫学という他分野における方法論が法において活用される例であって、鑑定などとともに、法が他分野の思考方法と接しており、自己完結しないものであることを示している。

　以上のようなイマジネーション的法的推論は、国家法における法と事実との動態的関係、国家法に内在する解釈や規範的観点の多様性、既存の法とは異なる価値観の存在を意識させるものであるが、デル・マールによればこれを国家法と他の法体系との関係にも置き換えて考えることができる。

　彼が例として挙げているのは、いわゆる Solange 判決として知られている、ドイツ憲法裁判所の法的推論である[21]。

　少し具体的に言及すると、Solange 判決は、EU の共通農業政策に従った輸出・輸入ライセンスの取得の条件が厳格に過ぎ、ドイツ憲法上の営業の自由を侵害するのではないかという問題につき、EU 司法裁判所とドイツの裁判所との間で争われた事案をめぐり、ドイツ行政裁判所から行われた照会に対するドイツ連邦憲法裁判所の判決である。

　1974 年のいわゆる Solange I では、憲法裁判所は、EU への国家の権限移譲を定めたドイツ憲法 24 条は、ドイツ憲法の基本構造を変えるものではないこと、また、EU 共同体には基本権の法典化されたカタログがなく、その実質は将来に託されており、それはドイツ憲法の実質とも合致する形で発展するであろうことを前提に、もし EU 法と憲法との間に抵触がある場合には「共同体の権限のある組織が条約のメカニズムに従って規範の抵触を取り除かない限り（solange）」、ドイツ憲法が優位するとした[22]。1986 年の Solange II では、EU 司法裁判所が人権保障を発展させてきているこ

---

20)　Cf. RONALD DWORKIN, LAW'S ENPIRE（H. U. P., 1986）Ch. 6-7（小林公訳『法の帝国』（未来社・1995）第 6 章〜第 7 章).

21)　Maksymilian Del Mar, Legal Reasoning in Pluralist Jurisprudence – The Practice of the Relational Imagination, 56.

22)　Beschluß vom 29. 5. 1974, BVerfGE, 37, 271.

とから、もはやドイツの裁判所は全ての EU 法を審査せず、「共同体、特にヨーロッパ裁判所の判例が、一般的に実効的な基本権を共同体の主権に対して保障しており、それが憲法によって無条件に要求されている基本権の保護と実質的に同様とみなされる限り（solange）」、EU の二次立法について憲法裁判所は管轄を主張せず、審査も行わないとされた[23]。

　この二つの判断は、EU と各国との二つの異なった法規範形成単位が存在することを前提に、両者における人権保障は（細部は異なるかもしれないが）実質的には同様であるとし、Solange I では EU 法の将来的発展を見越しつつ、Solange II では実際の発展を評価しつつ、一方の他方に対する否定や一方的な優位を含まない形で共存することを目指すものであり、'solange' という言い回しは、そのような他の規範形成単位の継続的な関係性の承認を象徴する言葉であると解される[24]。

　以上のような法多元主義的な法的推論においては、国家法の適用においても、他の法体系や規範形成単位を認識し、現在の自らの判断とは異なる判断の可能性を否定せず、将来の判断のリソースを残す形で自己抑制的に判断が行われる。時には他の規範形成単位の判断を受容する可能性も否定されない。イマジネーション的法的推論は、国家法と非国家法の併存という状況の中で、一つの法体系における判断でありながら、他の法体系ないし規範形成単位を意識し、時にはそれらの他の法を組み入れてなされる法多元主義的法的推論のあり方を考える手がかりとなる。

III　日本における法多元主義的法的推論の例

　日本の法的推論においても、疫学的証明の方法論が同様にとられてきたように、デル・マールが示すのと同様の、潜在的には法多元主義的な方法

23）　Beschluß vom 22. 10. 1986, BVerfGE, 73, 339.

24）　国際法や EU 等の地域共同体法、国家法の依存状況におけるそれぞれの裁判機関の間での法や判決の相互参照の例については、ほかに Mireille Delmas-Marty, Naomi Norberg trans., Ordering Pluralism: A Conceptual Framework for Understanding the Transnational Legal World（Hart Publishing, 2009）19-37 を参照。

232 第11章　法多元主義的法的推論

論が存在してきたのではないだろうか。ここでは、法多元主義的法的推論
の有効性が示されやすい場合として、法継受の場合（**1**）、社会において
価値観が激しく対立しているような場合（**2**）、新しい技術などの発展に
よって従来は見られなかった紛争が生じた場合（**3**）、をそれぞれ考察す
る。

1　法継受の場合

　歴史的には、法継受国である日本においては、近代以降、まさに他の法
体系を意識し、他の法体系や価値観を組み入れながら、自法が形作られて
きたことが、改めて想起されてよいだろう。長谷川晃は、グローバルな法
秩序の理論化をテーマとする英文の共著において、近代日本の法継受の経
験を、外国の法概念の翻訳の問題を中心に紹介している[25]。ここでは、長
谷川が示す二つの観点に注目しておきたい。

　一つは、西洋の異なる法概念や価値観や規範が、まず、日本の知的エリ
ート層によって理解と受容の努力がなされ、彼らにより、それらが法を含
む社会的制度の中に体系的に織り込まれることによって、最終的に公衆に
広がっていったという、エリート主導型の受入れ方法である[26]。もう一つ
は、「権利」や「議会」などの異文化の概念の翻訳と同様、法継受は、受
動的ではなく動態的で創造的な作業である点である。日本における法継受
は、例えばトルコにおける西洋法継受とは異なり、西洋法をそのまま受け
入れるのではなく、例えば家制度や和の精神の尊重との組み合わせで、取
捨選択しながらなされたと言われる[27]。そこには知的・政治的エリートた
ちの試行錯誤が存在した。また、翻訳は、特に日本の場合には、西洋の用
語と対応する概念がそもそも存在しない場合があり、right の翻訳として
の「権利」という語の創造などは、「権理」などの他の翻訳語と比べても
その適切さに疑問があり、その定着も偶然の要素によるところが大きかっ
た。このように、日本法における西洋法の組み入れは、オリジナルに変容

---

25)　Ko Hasegawa, Incorporating Foreign Legal Ideas through Translation in Andrew Halpin
　　& Volker Roeben eds., Theorising the Global Legal Order (Hart Publishing, 2009) 85.

26)　Ibid., 85.

27)　Ibid., 88-89.

Ⅲ　日本における法多元主義的法的推論の例　　*233*

を加えるものであった。しかし、異なるものを、とにかく組み入れたということが重要である。長谷川は、概念や価値観の大きな差異がありながら、組み入れや翻訳が可能である理由、あるいはその方法論を、共通化や同一化ではなく、「共振（resonance）」と表現する[28]。外部からの刺激により、異なる素材が固有振動を起こす物理現象を、外部からの刺激を受ける社会に擬えるこの表現は、社会が自己同一性を保ちつつ外部の影響を受け入れ、変化する様の巧みな比喩と言えよう。

　長谷川論文においては、このような法継受期の法的推論の具体例については述べられていないが、例えば、浪花節を録音したレコードの複製が著作権の侵害となるか否かが争われた、著名な「桃中軒雲右衛門事件」における大審院判決[29]は、法多元主義的色彩に富むものと評価できるのではないだろうか。

　この事案は、版権法しか存在しなかった当時の日本で、世界の情勢に合わせるために新たに導入された著作権法[30]において、①音楽は、著作権法で保護された「美術」の中に含まれないのではないかという疑問に対して、著作権法が前提としたベルヌ条約における「artistic」の翻訳に「美術」の語を充てたため、日常語としては音楽があてはまらないように感じられるが、実際は芸術作品全般を含むので音楽も含まれると判示した点[31]、②楽譜のような実体化された表現形態がなければ著作権の保護対象とはならないのではないかという疑問に対して、「我国固有ノ音楽ハ欧米諸国ニ於テ行ハルル歌楽其他ノ音楽ト其撰ヲ異ニシ楽譜ヲ用キテ作曲ヲ為スノ常習ナキヲ以テ」、もし楽譜がないと著作権が発生しないとなれば日本の伝統音楽にはほとんど著作権が認められないことになるが、それは不適切であると判示した点、③これらの点にもかかわらず、浪花節はその文言も節も古来のものであって、雲右衛門の独自創作によるものではなく、また、雲右衛門の独自の節回しは瞬間創作的なものであるから著作権の対象とならないと述べることによって、法の不備を暗に指摘し、後の著作隣接権の創

---

28)　Ibid., 104-106.
29)　大判大正 3 年 7 月 4 日刑録 20 輯 1360 頁。
30)　「官報号外」明治 32 年 1 月 20 日 4 頁。
31)　刑録 20 輯 1386〜1387 頁。

234　第11章　法多元主義的法的推論

設につながったという点[32]において、それぞれ、他の法体系の存在の認識、他文化と自文化の相違の認識、後の立法への示唆という法多元主義的な法的推論の態様を示していると思われる。

　なお、法的推論そのものではないが、法典論争後の民法典作成作業において、穂積陳重が、旧民法のフランス式ではなくドイツ民法のパンデクテン方式を採用するにあたり、世界の大勢に倣った財産法と、日本的家制度の下にある家族法を分け、日本は過渡期にあり将来において個人主義化が進んだときには家族法の部分だけを改正しやすいようにと考えたこと、また、今後の社会の変化に解釈を用いて対応できるよう、民法の条文をできるだけ簡単にする「概括主義」を採用したことは、継受期の民法解釈、すなわち民法における法的推論において、その時間的・文化的視野を広げる前提条件となったと考えられる[33]。

2　社会における価値観の対立が激しい場合

　法継受のプロセス以外にも、法多元主義的法的推論が活用されるべき事案として、価値観の対立が激しい場合が考えられる。これらの場合には、判決を導くための価値観の一致が社会に見られず、無理に一元的な法的推論に訴えることは、かえって紛争の激化や司法に対する信頼を損なうことにつながりかねないからである。

　価値観の対立が顕著な例は、金銭的な問題に還元されない憲法訴訟によく見られる。憲法訴訟における法多元主義的な法的推論の一例を、「君が代」のピアノ伴奏の職務命令違反をめぐる最高裁判決の反対意見に見出すことができると思われる。校長が音楽教諭に対してなした、小学校入学式での「君が代」のピアノ伴奏の職務命令が、憲法19条に定める思想・信条の自由を侵害するか否かかが問われた事案[34]において、最高裁の法廷意見は、「君が代」伴奏行為は、内面の思想に対して外面的な付随的な行為であって、「君が代」が過去の我が国において果たした役割に関わる同教

---

32)　斎藤博「『雲右衛門』判決へのもう一つの評価」北川善太郎編『知的財産法制』（青月社・1996）103頁。

33)　利谷信義『日本の法を考える〔新装版〕』（東京大学出版会・2013）26〜27頁、158頁。

34)　最判平成19年2月27日民集61巻1号291頁。

論の歴史観ないし世界観自体を直ちに否定するものとは認められず、地方公務員として教諭は、小学校教育の目標や入学式等の意義、あり方を定めた関係諸規定の趣旨にかなうような職務命令に従う義務がある、として19条違反を認めなかった。これに対し、藤田宙靖裁判官による反対意見は、「本件において問題とされるべき上告人の「思想及び良心」としては、……「『君が代』が果たしてきた役割に対する否定的評価という歴史観ないし世界観それ自体」もさることながら、それに加えて更に、「『君が代』の斉唱をめぐり、学校の入学式のような公的儀式の場で、公的機関が、参加者にその意思に反してでも一律に行動すべく強制することに対する否定的評価（従って、また、このような行動に自分は参加してはならないという信念ないし信条）」といった側面が含まれている可能性があるのであり、また、後者の側面こそが、本件では重要なのではないかと考える」。「例えば、『君が代』を国歌として位置付けることには異論が無く、従って、例えばオリンピックにおいて優勝者が国歌演奏によって讃えられること自体については抵抗感が無くとも、一方で『君が代』に対する評価に関し国民の中に大きな分かれが現に存在する以上、公的儀式においてその斉唱を強制することについては、そのこと自体に対して強く反対するという考え方も有り得るし、また現にこのような考え方を採る者も少なからず存在する……。この考え方は、それ自体、上記の歴史観ないし世界観とは理論的には一応区別された一つの信念・信条であるということができ」る[35]とする。

　また同様に、「君が代」の伴奏や斉唱の職務命令違反に対する戒告処分を合憲であるとした法廷意見に対する宮川光治裁判官の反対意見は、「原告らは、地方公務員ではあるが、教育公務員であり、一般行政とは異なり、教育の目標に照らし、特別の自由が保障されている。……教育をつかさどる教員には、……教育の専門性を懸けた責任があるとともに、教育の自由が保障されているというべきである」[36]と述べた。同様の職務命令違反に対する停職処分を合憲とする法廷意見に対しても、同裁判官は、「上告人らが抱いている歴史観等は、……上告人ら独自のものではなく、我が国社

---

35)　民集 61 巻 1 号 302～303 頁。
36)　最判平成 24 年 1 月 16 日判タ 1370 号 93 頁①事件。

会において、人々の間に一定の広がりを有し、共感が存在している。また、原審も指摘しているが、憲法学などの学説及び日本弁護士連合会等の法律家団体においては、式典において『君が代』を起立して斉唱すること及びピアノ伴奏をすることを職務命令により強制することは憲法19条等に違反するという見解が大多数を占めていると思われる。確かに、この点に関して最高裁は異なる判断を示したが、こうした議論状況は一朝には変化しないであろう」[37]とし、違憲とする反対意見を述べた。

　筆者がこれらの反対意見を、法廷意見と比較して、法多元主義的法的推論の趣を持つものであると考えるのは、法廷意見が国家の法体系と一個人の信条・思想との衝突という形で紛争を捉えているように思われるのに対して、反対意見のほうはいずれもそうではなく、日の丸や「君が代」をめぐり、社会には価値観の対立があること、特に教員には自由を貴ぶ教育における専門家として、他の行政職員とは異なる行為規範が認められ得ることが、意識的に示されている点に注目してのことである[38]。また、学説や弁護士団体の見解に言及がなされている点も興味深い。国家法の体系内における個人の自由の範囲という、一元的な法的推論のあり方だけでは解決しない場合には、価値観とそれに従った特定の集団の行為規範における多様性（もちろん教諭が皆、「君が代」斉唱などに否定的であるという意味ではない）が認められるほうが、合理性も実効性も高い法的推論であると言えるのではないだろうか。付け加えれば、日の丸や「君が代」に対する評価の多様性という視点は、国内だけではなくアジアの他の国の視点や国際的な関係のあり方を考える契機ともつながっているであろう。

　さらに、このような観点から見る場合には、いわゆる「統治行為論」も従来とは異なった観点から評価される可能性があると言えるかもしれない。米軍の飛行場への侵入者に対し刑事特別法を適用した事案につき、その前提となる日米安全保障条約の合憲性が争われたいわゆる砂川事件において、

37）　最判平成24年1月16日判タ1370号100頁②事件。

38）　これらの反対意見を評価し、樋口陽一は、日の丸や「君が代」などの評価が分かれていることを前提に、教員の単なる個人的な信条や良心を超えて、価値観が多様であるときに一定の価値観の強制やその強制への服従を是としない教育者としての共有された価値観があり、それが尊重されるべきであると主張する。樋口陽一「［憲法］価値問題を調整する知慧」法学セミナー687号（2012）4～8頁。

法廷意見は、安保条約は「主権国としてのわが国の存立の基礎に極めて重大な関係をもつ高度の政治性を有するものというべきであつて、……右違憲なりや否やの法的判断は、純司法的機能をその使命とする司法裁判所の審査には、原則としてなじまない性質のものであり、従つて、一見極めて明白に違憲無効であると認められない限りは、裁判所の司法審査権の範囲外のものであつて、それは第一次的には、右条約の締結権を有する内閣およびこれに対して承認権を有する国会の判断に従うべく、終局的には、主権を有する国民の政治的批判に委ねらるべきものであると解するを相当とする」と述べた[39]。藤田八郎裁判官と入江俊郎裁判官による補足意見は、違憲審査権における、司法権の優位に限度を認め、「司法権優位といつても、憲法は決して司法権の万能をみとめたものでないことに深く留意しなければならない[40]」とした。一連の統治行為論的な論法の判決に対しては、法の支配に悖るという批判がしばしばなされているが、国防のあり方という、価値観の対立が激しい問題領域において、国際秩序や外交上の規範との関係で、将来的な国民的決定も視野に入れつつ、自己抑制的な憲法判断を行うことには、法多元主義的法的推論の観点から一定の評価を与えることができるように思われる。ただし、デル・マールによれば、法多元主義的法的推論は自法と他法との間の「関係的推論」でもあるから、「統治行為」における別規範は憲法のまったく外に位置するとして両者を断絶するのではなく、両者のつながりを示すものでもなければならない。両者のつながりを表している文言を判決の中に探すとすれば、「一見極めて明白に違憲無効であると認められない限りは」というくだりとなろうが、例えば、ここにデル・マールが挙げる「仮想的な議論[41]」（例えば米軍の施設に侵入すれば銃殺されるという規定を仮想するなど）を用いれば、法多元主義的推論としてより望ましいかもしれない。

---

39)　最大判昭和 34 年 12 月 16 日刑集 13 巻 13 号 3234〜3235 頁。

40)　刑集 13 巻 13 号 3246 頁。

41)　Maksymilian Del Mar, Legal Reasoning in Pluralist Jurisprudence – The Practice of the Relational Imagination, 50.

238　第11章　法多元主義的法的推論

3　技術の発展などにより新しい紛争が生じている場合

　技術革新などの社会の変化に伴い新たな類型の紛争が生じている場合に見られる、法多元主義的法的推論の一例としては、生殖医療の発展に伴う代理母出産における親子関係の認定をめぐる判決が挙げられるであろう。日本人夫婦がネバダ州でアメリカ人女性との間で締結した代理母契約により出生した子を、日本において実子として出生届を出したが受理されなかった事案において、ネバダ州法に則って日本人夫婦を実親と認めた州裁判所の裁判の効力という国際私法上の問題と、代理懐胎の場合の法律上の母は誰かという民法上の問題が問われた[42]。

　この事案における東京高裁決定は、ネバダ州を含むアメリカの代理母制度の実態について検討を加え、それが慎重で公正な手続に基づいていることを論じ、また、日本法を準拠法とすれば日本人夫婦は親ではなく、ネバダ法を準拠法とすれば、代理母（とその夫）は親ではないため、両国の法制度の狭間に立たされて、子が法律上の親のない状態を甘受しなければならないと指摘する。そのうえで、ネバダ州裁判所の裁判が外国法判決受け入れに関する民事訴訟法 118 条 3 号における公序良俗に実質的に反するか否かを検討し、「わが国民法等の法制度は、生殖補助医療技術が存在せず、自然懐胎のみの時代に制定された法制度であるが、……その法制度制定時に、自然懐胎以外の方法による懐胎及び子の出生が想定されていなかったことをもって、人為的な操作による懐胎又は出生のすべてが、わが国の法秩序の中に受け容れられないとする理由にはならないというべきである。現に、その中でも、人工授精による懐胎については、当事者の意思を十分尊重して確認する等の条件の下で、現行法制度の中で容認されていることからすると、民法上、代理出産契約があるからといってその契約に基づき親子関係を確定することはないとしても、外国でなされた他の人為的な操作による懐胎又は出生について、外国の裁判所がした親子関係確定の裁判については、厳格な要件を踏まえた上であれば十分受け容れる余地はあるといえる」[43]とした。ここに見られる法的推論は、一方で、生殖医療の発

---

42)　最決平成 19 年 3 月 23 日民集 61 巻 2 号 619 頁参照。東京高決平成 18 年 9 月 29 日民集 61 巻 2 号 671 頁。

43)　民集 61 巻 2 号 681〜682 頁。

展という社会の変化とそれに伴う他の法体系（この場合は外国法）の存在と、その自法との緊張関係を認識し、他方で、現行の自法の不完全さを自覚して、他の法体系における判断を受け入れる余地を示すものであり、日本における法多元主義的法的推論の好例と言えるのではないだろうか。

とは言え、この東京高裁決定は、「民法が実親子関係を認めていない者の間にその成立を認める内容の外国裁判所の裁判は、我が国の法秩序の基本原則ないし基本理念と相いれない」として最高裁では覆された。最高裁は、「もっとも、女性が自己の卵子により遺伝的なつながりのある子を持ちたいという強い気持ちから……いわゆる代理出産が行われていることは公知の事実になっているといえる。このように、現実に……民法の想定していない事態が生じており、今後もそのような事態が引き続き生じ得ることが予想される以上、……医学的な観点からの問題、関係者間に生ずることが予想される問題、生まれてくる子の福祉などの諸問題につき、遺伝的なつながりのある子を持ちたいとする真しな希望及び他の女性に出産を依頼することについての社会一般の倫理的感情を踏まえて、医療法制、親子法制の両面にわたる検討が必要になると考えられ、立法による速やかな対応が強く望まれるところである」[44]とした。東京高裁決定とともに、この最高裁決定にも、過去に作られたものであるための現行法の不完全さを指摘するとともに、デル・マールの言う「躊躇と懐疑」と立法府へのメッセージ、という法多元主義的な推論の形が表現されている。

以上、我が国における法多元主義的法的推論の例と思われるものを考察してみた。それぞれ、ベルヌ条約、教育専門家集団の倫理、安保条約、ネバダ州法など、自国法とは異なる、非国家法を含む規範の存在を認識し、両者の緊張関係を認識するとともに共存を図ろうとする点で、法多元主義的思考を前提としている。総じて、これらの推論には、一元的な価値観や国家法体系内での一元的推論への懐疑や挑戦が存在するように思われる。また、このような懐疑や挑戦は、どちらかと言うと、社会の多数者や従来の常識には対抗する方向で、専門性や新技術の導入に伴う形で提示されているようであり、この場合には長谷川の指摘するエリート主導型が適合的

---

44)　民集 61 巻 2 号 626〜628 頁。

240　第11章　法多元主義的法的推論

な説明となるように思われる。

IV　他法の自法への「組み入れ」？

　以上では、法における国家法一元論的な見方に代えて非国家法を視野に
入れた法多元主義を提唱し、そこにおける法的推論のあり方を、具体例も
考察しながら論じてきた。法多元主義的法的推論においては、自法が他法
や他の規範形成単位に対して開かれていることが特徴であったが、この
「開かれている」ということは、しばしば、自法が他法を「組み入れる
(incorporate)」と表現される[45]。しかし、この「組み入れ」とはいかなる
事態であろうか。もし、これが、自法が他法を「組み入れ」ることによっ
て自法の一部とするということであれば、複数の異なった法が多元的に併
存することにはならないようにも思われる。自法の立場から見れば、少な
くともその時点で必要なものは、常に自らの中に一元的に包摂されること
になる。これは二つの方向で疑問を生じさせる考え方である。第一に、一
元的に自法に組み入れられることが可能であるような法や規範とすれば、
それは非常に限定されたものになってしまい、法多元主義的とは言えなく
なるのではないかという疑問である。第二に、もし、それを限定的にしな
いとすれば、価値観や権限を大きく異にする法や規範を組み入れることが
自法の存立基盤を損なうことなく可能なのかという疑問である。もちろん、
このような疑問は、自法とは異なる法体系や規範群の承認の方法いかんと
いう法多元主義の根本的問題と重なっているが、ある紛争に対して解決の
ために一つの権威的決定を行うという法的推論の場面においては、その問
題の困難が最も鮮明に現れると言えよう。

　IIとIIIで見たように、自法への他法の「組み入れ」のあり方の探究は
実践的な試行錯誤によるしかない面もあると思われるが、ここでは、法に

---

45)　Cf. Maksymilian Del Mar, Legal Reasoning in Pluralist Jurisprudence – The Practice of the Relational Imagination, 58; Ko Hasegawa, Incorporating Foreign Legal Ideas through Translation, 85, MIREILLE DELMAS-MARTY, NAOMI NORBERG TRANS., ORDERING PLURALISM: A CONCEPTUAL FRAMEWORK FOR UNDERSTANDING THE TRANSNATIONAL LEGAL WORLD, 22.

おける「組み入れ」についてのジョセフ・ラズの理論的な分析を参照し、そこから得られる示唆を整理してみたい。

　ラズは、『権威と解釈の間』という著作の第 7 章「法による組み入れ（Incorporation by Law）」において、「組み入れ」という概念について分析している。彼によると、この章における論考の目的は、「道徳は法によって組み入れられた場合には法の一部となる」という「組み入れ理論」もしくは「包摂的法実証主義」と言われる理論的立場に反対することである[46]。ラズの法理論は英米の法実証主義の伝統の流れに棹さすものであるが、法実証主義のテーゼとして、「法と道徳の分離」を唱えた H. L. A. ハートに対して、法と道徳とは分離できないと批判したドゥオーキンの原理理論に応じる形で、「包摂的法実証主義」と「排除的法実証主義」の二つの立場が生じた。前者は、法と道徳は異なるが、憲法の人権条項などによって法が道徳を組み入れた場合には道徳が法の一部となると考えるのに対し、後者はそのような場合でも道徳はあくまでも道徳のままであり、法となることはないと考える[47]。このように、ラズの組み入れ理論は、法と道徳の関係を主題とするものであるが、後述のように、法と道徳の関係は、部分的には、自法（自国法）と他法（外国法、非国家組織の法など）との関係と同視されており、我々の問いに対する示唆に富むと思われるので、その理論の流れを整理しておきたい。

　ラズはまず、道徳と法の違いから話を始め、道徳には管轄がなく、法や社会的制度におけるルールには管轄がある、とする。ある国家法はその国民や領土内での行為に適用され、大学のルールもその学生にのみ適用される。これに対して道徳は、人がどのように行為すればよいかを判断するための理由であり、それを理解する人には誰にでも適用される。例えば、信頼されて秘密を打ち明けられた場合に、他の人に漏らすべきではないという道徳について、「漏らしてはいけないというのが道徳であるが、幸運なことにその道徳は私に適用されない」ということが無意味であるように、

---

46)　Joseph Raz, Between Authority and Interpretation (Oxford University Press, 2009) 183.

47)　「包摂的法実証主義」と「排除的法実証主義」については濱真一郎『法実証主義の現代的展開』（成文堂・2014）179〜180 頁、Stephen Gottlieb et al. eds., Jurisprudence Cases and Materials (3rd) (LexisNexis, 2015) 140-143 等を参照。

道徳は管轄を持たない。そうすると、裁判官も人であり、道徳を理解することができるので、道徳は裁判官にも適用されることとなる[48]。

人は、「裁判官も道徳的観点からは、道徳に従わなければならない。しかし、道徳的観点は他にもある中の一つの観点でしかない」と言うかもしれない。これに対してラズは、道徳的観点の特殊性を論じて反論する。「キリスト教の観点からは○○すべきである」「認識科学の観点からは○○すべきである」などという言い方は、その観点が正しいと仮定すればという制限付きで行為を指示するものであり、例えば、もしキリスト教徒でなければ、そのような行為をする理由はないことになる。しかし、道徳は行為のための「妥当な理由（valid reason）」であるから、「［妥当な理由である］道徳的観点からは○○すべきである」（［　］内は筆者補足）という言明に対しては、（すでに道徳は妥当な行為理由を示すという考え方にコミットとしているため）「そのような行為をする理由はない」と主張することは、矛盾となってしまう[49]。

このように、行為理由としての道徳は、それを理解することができる人に対しては誰にでも、無条件に適用されるものではあるが、ある行為に対して支持する道徳的理由とともに反対する道徳的理由が存在し、合理的にはその衝突を解決できないという場合がしばしばある。異なった価値に基づいた共約不可能な理由が対立する場合、どちらを優先するかを合理的に決めることはできない。政府が今、教育政策か保健政策のいずれにより多く投資すべきか、という問題に対して、正解は期待できない。

このような場合に、合理的な行為をすることはできなくなる、と考える人たちもいる。しかし、そうではないだろう。店の棚から豆の缶詰を選ぶときに、ハインツ社の缶しかないときにはそれを選ぶことは合理的であるが、ハインツ社のほかにも可能な選択肢があっても、そのうちのどれかを選ぶことは、それを選ぶ理由が他のものを選ぶべき理由によって凌駕されない限り合理的な行為であって、何も選ばずに手ぶらで帰るのはむしろ不

---

48) Ibid., 183-184.
49) Ibid., 185-186. ラズはこの箇所で、「〜の観点から」という言い方には、問題の異なったいくつかの側面を独立させて論じることで、解決への筋道を立てる用法もあることを示している。

合理であろう[50]。

　ラズは、道徳が統一された原理の体系であるとは考えていない。そこには多様な、相互に衝突する理由が含まれているが、だからと言って人々は合理的に行動できないわけではない。しかし、人々が集団として合理的に行為するためには、調整問題や囚人のジレンマ状態を解決するために、ある人々が、他の人々の選択に介入することが必要となる。対立し、衝突する複数の道徳的理由の中から、集団としては一定の道徳的行為理由を選択することが必要となる。それが法である。そのような法は人によって作られるが、その原理の元は、道徳的原理である。他人に強制を及ぼす法の正統性を打ち立てる諸原理は、道徳的な原理である[51]。

　対立する道徳的理由の中からの選択を行う必要性から法が作られ、それは強制力を持つが、もし裁判官は法に拘束されるなら、それは彼らが道徳的に法に拘束されるからである[52]。法は道徳に力を与えることはできない。法が道徳によって力を与えられるのである。

　しかし、法が人による道徳の選択・選別であることから、法は裁判官が道徳に従うようにも、従わないようにも指示できるし、当事者間の公平のような道徳の一部にのみ従うようにも指示できる。また、ある道徳の排除が他の道徳によって許される。道徳は法によって、修正されたり、排除されたりする。このようにして、抽象的な道徳は、法によって制度化され、具体化するとされる[53]。

　道徳はそのままでは法にはならず、法による修正や取捨選択を経てのみ法となるのであるが、時には法が道徳を直接その内容としているように見える場合がある。例えば憲法が、「人間の尊厳は不可侵である。これを尊重し、および保護することは、すべての国家権力の義務である（ドイツ基本法1条1項）」とか、「連邦議会は、……言論または出版の自由を制限する法律……を制定してはならない（合衆国憲法修正1条）」と規定している場合である。このように、法が道徳を「組み入れ」ているように見えるときで

---

50)　Ibid., 187.
51)　Ibid., 188.
52)　Ibid., 190.
53)　Ibid., 191.

244 第11章 法多元主義的法的推論

も、それは法による制限付きである。それは、イギリス法が 2000 年に
EU 人権条約の人権条項に言及したときのように、できるだけイギリス制
定法をこれらの人権と整合的に解釈するとしつつ、EU 人権条約と矛盾す
る制定法の効力も否定されないと述べたように、他の規範を自らの法その
ものにしたのではない。それは、抵触法で外国法の効力を認めたり、自主
規制に効力を認めたりしても、それが自身の法となることはないのと同じ
である。そして、このように自法の外延を確定することは、我々の政治的
制度の中心である「法」の自立性、「法によって何が要求されるかは、法
によって定められる」という法の性質からして重要であり続ける、とされ
る[54]。

　以上の分析の結果として、包摂的法実証主義は間違いであるとされる。
包摂的法実証主義は、「法と道徳は異なるが、法が道徳を組み入れた（包
摂した）ときには、道徳は法となり法として適用される」と言うが、ラズ
によれば、道徳は道徳のままで法において適用されるからである。それは、
国際私法において、外国法を適用しても自国法にはならないのと同様であ
る。外国法や非国家組織と道徳は、この点では同様であって、いずれも自
国の法となることはないままに自国法において適用される、と言われる[55]。
別の言い方をすれば、道徳は法に組み入れられない（「排除的法実証主義」の
立場）、また同様に、他法は自法に組み入れられない、のである。

　ここで、本章の議論にとって重要なことは、第一に、法的推論は、道徳
と同様に合理的推論であり、道徳的理由における多様性、相互衝突の可能
性のために人為的に作られた推論であるということ、第二に、ある法体系
と関係しつつ区別される他の規範群として、道徳、外国法、非国家組織の
法が同一に論じられていることである。

　以上のラズの理論からは、法多元主義的法的推論の考察における、二つ
の重要な示唆が得られると思われる。一つ目は、自法がなぜ他法（道徳や
外国法や非国家組織の法・規範）を適用することができるのかという理由であ
る。それは法的推論が合理的推論の制度化された形であるので、たとえ自

54）　Ibid., 193-195.
55）　Ibid., 201-202.

IV　他法の自法への「組み入れ」？　　*245*

法の体系に既存のものではなくても、事案との関係で合理的な推論に寄与するものであれば、他の規範を適用することができること、またそれは、法に対する「妥当な理由を探せ」という、根本的に道徳的な要求に基づくものであると説明できることを示している[56]。二つ目に、そのような道徳や外国法や他の規範形成単位の法を、自法において適用したとしても、他法が自法となるわけではなく、自法の自立性は保たれると言われている点である。そうであれば、法多元主義の難問である、関係しつつも同一化しない方法の探索、相互の差異を差異のまま承認するという問題意識[57]は達成可能であることになる。

　前述のように「組み入れ」という考えに対する疑問は、第一に、一元的に自法に組み入れることが可能な規範に制限するのであれば、法多元主義的とは言えなくなるのではないか、第二に、逆に制限なく、価値観や権限を大きく異にする法や規範を組み入れるならば、自法の存立基盤が損なわれないか、であった。ラズによれば、実際には「組み入れない」のであるから、これらの疑問は生じない。とは言え、その疑問解消は概念上のことであって、実践的には、とりわけ、どこまで価値観の異なる他法を、自法においても援用できるかという第二の問題は、個別の事例に対する法多元主義的法的推論において存在し続けることになろう。この問題は回避できず、ラズの理論は、なぜこの問題が回避不可能なのかを説明してくれているに過ぎないと言うことができよう。

　以上、ラズの組み入れに関する理論から、法多元主義的推論が得られる示唆を検討した。もとより、「法と道徳は異なるが、法は道徳に基づく」とするラズの理論は、難解なところもあり、筆者自身、ラズの理論にどこまで同意できるのかは、まだわからない部分もある。しかし、彼の理論は、「自法と他法は異なるが、両者は関係する」という法多元主義的法的推論

56）　グローバルな法多元主義に関心を寄せるデルマス・マルティも、異なった司法機関に属する裁判官の間での法的推論の相互参照が、社会的、経済的、文化的、倫理的な基準に配慮することで、法的推論の合理性を高める可能性を指摘している。MIREILLE DELMAS-MARTY, NAOMI NORBERG TRANS., ORDERING PLURALISM: A CONCEPTUAL FRAMEWORK FOR UNDERSTANDING THE TRANSNATIONAL LEGAL WORLD, 24.

57）　Maksymilian Del Mar, Legal Reasoning in Pluralist Jurisprudence‐The Practice of the Relational Imagination‐, 45.

にとって示唆に富むものであり、その理解を深めることを今後の課題とし
たい。

V　おわりに

　ラズは、別の箇所でも、自国法にとっての外国法や非国家法の合理性に
ついて論じている[58]。情報が錯綜し、専門的技術が発展し、人々の行動の
相互影響が多様化・広範化し、予測不可能性が増した現代では、合理的な
政策の目的と手段の決定は、困難になるばかりであろう。政策目的や手段
の要素である法的決定においても、何が合理的であるかの判断は難しく、
法的決定の影響の予測も不確実さを増すであろう。このような中で、ラズ
に倣って、法的推論とは合理的推論の一種であり、法的推論においてはよ
り妥当な理由を探究するという道徳的要求があると考えれば、これまでの
ように、自国の法体系が裁判所に係属する紛争の解決にとって最も合理性
の担保された判断基準を提供するものと信じることは、徐々に難しくなっ
てくるのではないであろうか。新しい状況に対応した外国法や、専門的な
知識に基づくガイドライン、特定問題領域の活動に取り組む非政府組織で
形成された規範群などが、より合理的な理由を提供する場合、また自国の
国家法のみが唯一の答えであるという主張がかえって紛争を激化させ非合
理的である場合、法多元主義的法的推論が力を発揮する余地があると考え
る。法多元主義的状況が不可避な今日の状況では、法多元主義的法的推論
のほうが従来の一元的法的推論に比べ、より実践的な合理性を備えたもの
となる可能性がある[59]。
　本章においては、このような法多元主義的法的推論の、少なくとも萌芽
的な事例をいくつか示すことを試みた。非国家法に開かれた法多元主義的

---

　58)　Joseph Raz, Why the State? in NICOLE ROUGHAN & ANDREW HALPIN EDS., IN PURSUIT OF
　　　PLURALIST JURISPRUDENCE（Cambridge University Press, 2017）156.
　59)　私法における多元主義的な推論については、HANOCH DAGAN, RECONSTRUCTING AMERICAN
　　　LEGAL REALISM & RETHINKING PRIVATE LAW THEORY（Oxford University Press, 2013）171-178 を
　　　参照。

推論は、国家法が政治的には特別な重要性を有するとしても、合理的推論の一種としての法的推論においては、国家法と並んで非国家法も合理性の担保に有効であり得ることを前提とする[60]。したがって、今後に残された課題は、より現代的でグローバルな場での法多元主義的法的推論のあり方の解明と、非国家法の合理性の担保の方法の探究であろう。

---

60) 実践理性と法的推論に関する議論状況については、亀本洋『法的思考』（有斐閣・2006）1〜124頁を参照。

第**12**章　憲法規範として国際人権法
　　　　　を取り込むということ
　　　　　──オーストリアの場合

　　　　　　　　　　　　　　　　　　　　　　　　　　　山田哲史

　　　Ⅰ　はじめに
　　　Ⅱ　前提──オーストリア憲法の基本構造
　　　Ⅲ　国際人権法が憲法規範となることの意味
　　　Ⅳ　おわりに

Ⅰ　はじめに

　筆者はこれまで、ある法秩序において、その外で生まれた法をどのように扱い、その法秩序内にどう取り込むかは、当該法秩序自体によって決定されるべきことを前提に、日本国憲法下において、国際法などの外来法[1]がどのように位置付けられるのかを検討してきた。とりわけ、国際法の国内法秩序における序列付けについては、従来の学説が、国際協調主義を定めたとされる日本国憲法 98 条 2 項を根拠に、憲法には劣位するものの法律には優位するという結論を導いてきた[2]ところ、筆者は、この 98 条 2 項の文言、そして、制定過程における議論[3]は、国際法の上記のような国内法秩序における序列を基礎付けるものではないとするとともに、ドイツ

---

　1)　本章において、「外来法」とは、国際法のほか、外国法など、ある国の国内法秩序の外部
　　　で改正された法（場合によっては、厳密には法とは言えないものも含む）を広く包含するも
　　　のとして用いる。
　2)　樋口陽一ほか『注解法律学全集 4　憲法 Ⅳ』（青林書院・2004）348 頁〔佐藤幸治〕などを
　　　参照。ただし、ここで佐藤が説明する通り、法律に対する条約の優位の理由付けの詳細につ
　　　いては論者により区々であったし、また、憲法学の主たる関心は、違憲審査の対象となるか
　　　という問題とも関連する、憲法との優劣関係にあったことに留意しておく必要がある。
　3)　山田哲史『グローバル化と憲法』（弘文堂・2017）447〜455 頁。

I はじめに 249

やアメリカといった、条約を法律、すなわち議会制定法と同位と位置付ける憲法体制において、国際法適合的解釈を通じて、国際協調と権力分立などの立憲主義的な国内憲法上の要請との調整がなされていることも指摘した[4]。こうして、98条2項から無理に国際法の法律への優位を導く必要はなく、条約締結の承認手続などの形式的な側面に留意して、国会承認を経た条約については法律と同位、いわゆる行政協定については行政命令と同位、慣習国際法については内容面にも着目した柔軟な処理を可能とはしつつ、さしあたり法律と同位と考えるべきであると結論付けたのである[5]。もっとも、これはあくまで日本国憲法の解釈論であり、各国の憲法体制の下で、国際法が法律と同位に位置付けられなければいけないなどということはまったくない。そして、実際に、国際法の国内法秩序における序列付けは各国の憲法体制の下において様々であり、国際法を憲法よりも優位に位置付ける国家が存在することも指摘され、その一部については邦語による詳細な紹介も存在している[6]。本章では、その中でも、特定の人権条約について、憲法規範の一部として取り込むという珍しい仕組みを採用している、オーストリアの状況について扱うことにしたい[7]。もう少し敷衍す

---

4) 山田・前掲注3) 444頁など。

5) 山田・前掲注3) 456頁。山田哲史「国内法の国際法適合的解釈の意義」論究ジュリスト23号（2017）23頁も参照。

6) 条約の憲法に対する優位が判例上確立している、ベルギーとルクセンブルクの実践を紹介するものとして、濱本正太郎「なぜ条約が憲法に優位するのか」法律時報90巻12号（2018）66頁以下がある。なお、同論文は末尾で、「『国内法秩序における規範階層関係は憲法が決定する』という考え方は、特定の憲法観に立脚したものであって当然視できるものではない」とするが、ここに言う憲法を「憲法典」の意味で理解するのであればその通りであるものの、特定の法秩序における規範階層構造は、その国の構造の基本を構成するものであり、そのルールは、実質的意味の憲法であると言わざるを得ず、その確認が裁判所の判決を通じてなされたとしても、（実質的意味の）憲法の規律事項であるということになろう。また、多くの場合は、あくまで、特定の憲法典の「解釈」として、裁判所によって提示されることが一般である。なお、山田・前掲注3) 444頁には、憲法典に明示されない限り、国際法の法律に対する優位を認められないと読める記載があり、ミスリーディングな記述については反省すべきだが、筆者が意図した趣旨は、ドイツやアメリカにおいて、憲法上規定がない場合には、国際法規範の成立や受容の手続という形式的側面に注目した序列付けが行われているということである。

7) 芹沢斉ほか編『新基本法コンメンタール 憲法』（日本評論社・2011）513頁〔江島晶子〕では、オーストリアは「条約に憲法と同位または憲法より上位の序列を認める国」としてオランダと並んで紹介されているが、条約一切が憲法と同位、あるいは優位するかのような説

250 第 12 章 憲法規範として国際人権法を取り込むということ

ると、そもそも憲法規範の一部として取り込むということがどういうこと
を意味するのかを中心に、オーストリア国内法秩序における外来法の位置
付けを紹介し、それに付随してどのような問題が生じ、それがいかように
調整され（ようとし）ているのかを素描する。

II　前提——オーストリア憲法の基本構造

　オーストリアにおいて、特定の人権条約が憲法規範として、国法に取り
込まれるとはどのようなことかを理解するための前提として、オーストリ
ア憲法の基本構造を知る必要があろう。
　オーストリアの憲法構造において、まず特徴的な点は、一応は憲法典
（Verfassungsurkunde）と目される連邦憲法法律（B-VG）[8]が存在する一方
で、それ以外にも、通常法律よりも高い形式的効力を持つ、形式的意味の

　明がミスリーディングであり、現状においては、筆者が本文に記したように表現するのが適
切であることについては後述する。もっとも、江島が引用する、小寺彰ほか編『講義 国際
法〔第 2 版〕』（有斐閣・2010）119 頁〔岩沢雄司〕は、議会において、憲法改正に必要とさ
れる多数で議決された場合には、憲法を変更する条約も締結可能であり、そのような条約が
憲法と同等の効力を持つことになるという、江島よりも正確な記述になっている。また、浅
田正彦編著『国際法〔第 4 版〕』（東信堂・2019）29 頁〔浅田正彦〕も、全ての条約がその
ような地位を与えられるのではないことを示唆する。併せて参照、濱本・前掲注 6）66 頁。
　このほか、憲法典が、憲法の人権規定の解釈にあたって、国際法規範の顧慮を義務付けて
いる南アフリカ（南アフリカ憲法 39 条 1 項 b。なお、同項 c は、外国法の顧慮ができる
（may）とする）などの実践についても興味を惹かれるが、これについては、すでに一定の
紹介もあるところ（簡潔ながらアクセスしやすいものとして、例えば、吉田俊弘＝横大道聡
「憲法はどのように国際社会と向き合うのか」法学教室 459 号（2018）62～63 頁〔横大道
聡〕）であり、ここでは扱わない。

8)　第一次世界大戦によって、ハプスブルク家の皇帝を戴くオーストリア＝ハンガリー帝国が
崩壊した後、ハンス・ケルゼンの起草した草案をもとに、1920 年 10 月 1 日に制定された共
和制憲法である。1929 年の大規模な改正や、1934 年のオーストロファシズム政権下におけ
る無効化、1938 年のナチス・ドイツによるオーストリア併合を経て、1945 年のドイツから
の独立回復後、同年 12 月 19 日より再び現行憲法として効力を有している。ハプスブルク期
における立憲主義の展開や、独立回復後の憲法の改正、変革を含めた、オーストリア憲法史
については、例えば、*R. Walter/H. Mayer/G. Kucsko-Stadlmayer*, Grundriss des österreichi-
schen Bundesverfassungsrecht, 10. Aufl., 2007, S. 5ff., Rz. 13ff. などにやや詳しい紹介が見られ
る。邦語文献では、国立国会図書館調査及び立法考査局『各国憲法集(3) オーストリア憲法』
（国立国会図書館・2012）3 ～ 4 頁に、B-VG の沿革について解説がある。

憲法が点在しているということである[9]。つまり、国民議会（National-
rat）[10]の総議員の半数以上の出席を条件として、投票の3分の2以上で、
法律や法律の一部をなす規定について議決し、当該法律や法律の特定の規
定が形式的に憲法と同位の効力を有することを明記する（前者の場合は「憲
法法律（〔Bundes〕Verfassungsgesetz[11]；例として、財政憲法法律など）」、後者の場合
は「憲法規定（Verfassugsbestimmung）」）のであれば、当該法律あるいは当該
規定は、形式的意味の憲法としての地位を得るのである（B-VG 44条1
項）[12]。さらに、1920年の連邦憲法制定時に、各政治勢力の間で妥協を得
ることができず、新たな権利章典を連邦憲法に設けることができなかった
（ただし、例外として、B-VG 7条は法の下の平等について、同法83条2項は裁判を受
ける権利について規定している）ため、ハプスブルク期の人権規定が憲法法律
としての効力を持つことが認められている（B-VG 149条1項）[13]。中でも重
要な権利章典が、1867年制定の国家基本法（StGG）[14]である。そして、こ
の国家基本法による基本権保障を補充する形で、後に説明するように、欧
州人権条約やEU基本権憲章などが、憲法レベルの基本権保障規定として
認められている。

---

9) 国立国会図書館調査及び立法考査局・前掲注8) 2頁。Auf Deutsch z. B. *T. Öhlinger/H. Eberhard,* Verfassungsrecht, 11. Aufl., 2016, S. 26, Rz. 6.

10) 16歳以上の国民による直接選挙を通じて議員が選出される、議会下院である。B-VG24
条は、国民議会は、連邦参議院（Bundesrat; 議員は州議会により選出され、各州を代表す
る）とともに、連邦の立法を行うこととされている。オーストリアにおける連邦立法の手続
等については、国立国会図書館調査及び立法考査局・前掲注8) 6〜8頁など（auf Deutsch
z. B. *W. Berka,* Verfassungsrecht: Grundzüge des österreichischen Verfassungsrechts für das
juristische Studium, 4. Aufl., 2012, S. 186ff., Rz. 598ff.）を参照。なお、ドイツと同様、オース
トリアの議会制を二院制と位置付けるかは議論し得るところであるが、ここでは立ち入らな
い。

11) 厳密には、B-VGも連邦憲法法律という名称であるので、B-VGについては、Stamm-
gesetz という呼称もある（*Öhlinger/Eberhard,* (Anm. 9), S. 26, Rz. 6f.）。

12) 国立国会図書館調査及び立法考査局・前掲注8) 2頁。Auf Deustch z. B. *Öhlinger/Eberhard,* ebd., S. 26f., Rz. 7.

13) 国立国会図書館調査及び立法考査局・前掲注8) 2頁。Auf Deustch z. B. *L. K. Adamovich/B. -C. Eunk/G. Holzinger/S. L. Frank,* Österreichisches Staatsrecht Bd. 1: Grund-
lagen, 2. Aufl., 2011, S. 43, Rz. 04. 003.

14) 正式名称を、「帝国議会に議席を持つ王国及び領邦のための国民の一般的権利に関する
1867年12月12日の国家基本法」と言い、古典的な自由権規定を揃えた、オーストリア史
上初のまとまった権利章典である（国立国会図書館調査及び立法考査局・前掲注8) 2頁を
参照）。Siehe z. B. *Walter/Mayer/Kucsko-Stadlmayer* (Anm. 8), S. 635, Rz. 1346.

252　第12章　憲法規範として国際人権法を取り込むということ

次に、このような憲法構造の下、国際法規範がオーストリア国内法の序
列においてどのような地位を与えられているのかを見ておこう。端的に結
論を述べれば、オーストリアにおいても、基本的には、国際法規範の成立
や国内への受容の形態という、形式的特徴に着目して、当該国際規範の国
内法上の序列付けが決定される。すなわち、法律制定手続を準用する議決
によってなされる（B-VG 50条3項〔法律制定手続の準用について規定〕・42条1
項ないし4項〔法律制定手続についての規定〕）、条約の締結承認を経た場合は、
通常法律レベルの形式的効力を有するとされる[15]。なお、2008年のB-VG
改正以前は、B-VG50条3項に条約による憲法改正や憲法法律・規定の制
定が前提とされる規定が設けられていたが、これが削除されたため、以降、
条約締結の承認議決による、憲法改正、憲法法律・規定の制定は不可能に
なったと解されている[16]。したがって、憲法改正に必要な形式的要件を満
たすとき、条約による憲法改正も認められ、その場合には、条約は憲法と
同位となるという、前掲注7）で紹介した我が国の国際法教科書における
説明も、2008年以降のオーストリアについて見た場合には、正確な記述
ではない。また、法律による承認を行わない、行政協定については、行政
命令レベルの形式的効力を持つと解するのが一般的である[17]。

　以上は、国家間、より正確には国際法主体間の合意という、広い意味で
の条約についての処理であるが、慣習国際法については、B-VG 9条1項
が連邦法の一部としての国内効力を認めており、国内法上の序列について

---

15)　z. B. *Öhlinger/Eberhard*（Anm. 9）, S. 85, Rn. 121.

16)　z. B. *Öhlinger/Eberhard,* ebd., S. 27, Rn. 7a; *Adamovich/Eunk/Holzinger/Frank*（Anm.
　　 13）, S. 5 u. 44, Rz. 01.010 u. 04.005; *C. Grabenwarter,* III. Abschnitt: Völkerrecht, Rechte der
　　 Europäischen Union und nationales Recht, in: *A. Reinisch*（Hrsg.）, Österreichisches
　　 Handbuch des Völkerrechts Bd. 1, 5. Aufl., 2013, S. 132, Rz. 554. 逆に言えば、2008年のB-VG
　　 改正以前は、条約による憲法改正や、憲法法律・規定の創出は可能だったのであり、後に詳
　　 述するように、欧州人権条約やその追加議定書は、国民議会による議決にあたって、形式的
　　 な議決要件を満たしたうえで、憲法法律としての地位を有することが明記されたことによっ
　　 て、憲法レベルの形式的地位を享受しており、2008年B-VG改正では、憲法規範の大幅な
　　 整理も行われ、憲法法律、憲法規定としての地位を失ったものも多かったようである
　　 （*Öhlinger/Eberhard,* ebd., S. 27, Rz. 8）が、欧州人権条約とその追加議定書については、憲
　　 法法律としての地位を奪われていない（*H. Stolzlechner,* Einführung in das öffentlichen
　　 Recht, 6. Aufl., 2013, S. 116, Rz. 230; *Grabenwarter,* ebd., S. 132, Rz. 554）。

17)　z. B. *Öhlinger/Eberhard,* ebd., S. 85, Rn. 121.

は、規律内容に応じて、憲法と同位か、法律と同位かが決定されるというのが通説とも言われる[18]が、具体的な判断基準については、学説は分かれる[19]。原則的には通常の連邦法律の地位に位置付けられる[20]という見解が有力と見受けられるものの、基本権保障を内容とする場合には、憲法レベルの地位を認められるという見解[21]や、憲法に優位するかはともかく、常に通常の連邦法律に優位すべきだという見解[22]などもある。

Ⅲ　国際人権法が憲法規範となることの意味

1　憲法規範となる国際人権法の範囲と憲法規範とされることの端的な意味

すでに見たように、オーストリアの憲法典とされる B-VG は権利章典を持たず、ハプスブルク期に制定された StGG が権利章典としての役割を担うほか、欧州人権条約と EU 基本権憲章という二つの人権条約も憲法規範を構成すると理解されている。もっとも、その理由付け、論理構成は異なる。ここでは、欧州人権条約、EU 基本権憲章の順に、憲法規範として扱われる理由と範囲を説明する。

　(1)　**欧州人権条約**　　1950 年に採択され、1953 年に発効した欧州人権条約に、オーストリアも 1958 年に加入した。欧州人権条約の締結承認議決において、憲法改正、あるいは憲法規範の創出の形式的要件は充足していたものの、当時の慣行に照らして、議決において、憲法改正としての効力を有するものであることは明記されなかった。ところが、1961 年の憲

---

18)　*Stolzlechner*（Anm. 16），S. 107, Rz. 211.

19)　*Walter/Mayer/Kucsko-Stadlmayer*（Anm. 8），S. 114, Rz. 220; *Berka*（Anm. 10），S. 79, Rz. 258.

20)　*Stolzlechner*（Anm. 16），S. 107, Rz. 211. なお、古くは 1958 年 6 月 24 日の憲法裁判所判決（VfSlg 2680/1954）が、一般的に連邦法律のレベルであると捉えているようにも解される判示を行っている。*Adamovich/Eunk/Holzinger/Frank*（Anm. 13），S. 205, Rz. 16.015 も、この判決を引いたうえで、一般的に連邦法律のレベルであると解しているようである。

21)　*Stolzlechner*, ebd., S. 107, Rz. 211.

22)　*Berka*（Anm. 10），S. 79, Rz. 258; *Öhlinger/Eberhard*（Anm. 9），S. 82, Rn. 113（形式的意味の憲法と通常法律の中間とする）.

254　第 12 章　憲法規範として国際人権法を取り込むということ

法裁判所判決[23]は、条約の締結承認議決による憲法改正の場合も、憲法改正であることを明記する必要があり、欧州人権条約は、憲法レベルの規範とは認められないと判示した。これを受けて、1964 年に、条約締結承認の議決を通じた憲法改正にも、憲法改正と明記する必要性が B–VG50 条 3 項に明文で規定され[24]、同時に、欧州人権条約が加入時にさかのぼって形式的意味の憲法である旨規定する憲法法律も制定された[25]。

　こうして、形式的意味の憲法を構成することが明確に認められた欧州人権条約[26]は、直接適用可能性も有するとされ[27]、1960 年代中盤以降、StGG と並ぶオーストリアの権利章典として、重要な役割を果たしてきた[28]。

　(2) EU 基本権憲章　　欧州法、あるいは EU 法（リスボン条約以前は EC 法）は、欧州司法裁判所[29]の判例により、加盟国の憲法を含む国内法に対する優位が認められるようになった[30]が、その反面、独自の基本権保障の枠組みを持っていなかった。このため、加盟国からは、とりわけ各国憲法の基本権規定に照らした欧州法の審査が認められるべきであるといった反発も強かった。その象徴が、EC がドイツ基本法の基本権保障に匹敵するほどの基本権保障の仕組みを持たないと解される限りは、EC 法の基本法適合性審査を自らが行うことができるとした、ドイツ連邦憲法裁判所の Solange I 決定（1974 年）である[31]。その後、Solange II 決定（1986 年）によって、原則と例外は逆転することになる[32]が、EC あるいは EU 独自の基

---

23)　VfSlg. 4049/1961.

24)　BGBl Nr. 59/1964, Art. I 2. (S. 623). なお、このような規定が 2008 年の B–VG 改正で削除され、条約締結承認議決による憲法改正の途が閉ざされたことは、上述の通りである。

25)　BGBl Nr. 59/1964, Art. II 7. (S. 624).

26)　これを確認した判決として、VfSlg. 4924/1965; 5100/1965 などがある。

27)　この点を確認した判決として、*Berka*（Anm. 10）, S. 387, Rz. 1174 は、VfSlg. 5102/1965 を挙げているが、条約 6 条 1 項 1 号という具体的な条文についての判示であり、主観的権利の付与の問題との混同も見られる点は注意しておく必要があろう。また、上述の VfSlg. 5100/1965 同様の判示内容である。

28)　*Berka*, ebd., S. 387, Rz. 1173f.; *C. Bezemek*, Grundrechte in der Rechtsprechung der Höchstgerichte, 2016, S. 30, Rz. 5.

29)　リスボン条約発効後は、EU 司法裁判所が正式な名称である。

30)　Case 26/62 *Van Gen den Loos* [1963] ECR 1; Case 6/64 *Costa v. ENEL* [1964] ECR 585.

31)　BVerfGE 37, 271.

32)　BVerfGE 73, 339.

Ⅲ　国際人権法が憲法規範となることの意味　*255*

本権カタログの必要性が強く認識された。

　他方、欧州司法裁判所は、比較的初期から、法の一般原則としての基本権の尊重は、欧州法においても妥当するという立場を示し、加盟各国の国内憲法の基本権規定や、加盟国が加入している欧州人権条約などの人権条約を参考にする基本権保障の枠組みを確立してきた[33]。それでも、基本権カタログの欠如を補うべく、条文化の作業が進められ、1999 年から 2000年にかけて 10 か月程度の作業を経て採択されたのが、EU 基本権憲章である。もっとも、この EU 基本権憲章は、当初、法的拘束力のない文書として位置付けられた。条文の一部として憲章を取り込む予定であった欧州憲法条約の頓挫の後、これに代わるリスボン条約により、EU の設立条約である EU 条約の 6 条 1 項において、EU 条約や、EC 条約が改変されたEU 運営条約と並ぶ、EU 一次法としての地位が認められた[34]。

　このような沿革[35]を持つ EU 基本権憲章は、欧州法の優位により、憲法にも優位する法的地位を得ることになりそうであるが、オーストリアでは、従来、欧州法の優位を根拠に、国内法秩序において、EU 一次法が形式的意味の憲法の地位を獲得することを否定し、EU によって保障される基本権も憲法上の基本権ではないので、EU 基本権の侵害についての救済は、憲法裁判所の管轄ではなく、行政裁判所（民・刑事の事件については、最高裁判所）の管轄であるという枠組みが採用されてきた[36]。そして、オーストリアの憲法裁判所[37]は、EU 基本権憲章についても、欧州法の優位とは別の理由付けにより、憲章全体としてではなく、範囲も限定したうえではあ

---

33)　*See e. g.* Case 29/69 *Stauder v. Stadt Ulm* [1969] ECR 419; Case 11/70 *Internationale Handelgesellschaft mbH v. Einfuhr- und Voratsstelle für Getreide und Futtermittel* [1970] ECR 1125; Case 4/73 *Nold KG v. Commission* [1974] ECR 491; Case 44/79 *Hauer v. Land Rheinland-Pfalz* [1979] ECR 3727; Opinion 2/94 [1996] ECR I-1759.

34)　なお、EU 条約 6 条 2 項においては、EU 自体の欧州人権条約への加入も規定された。

35)　上記のような、リスボン条約における、EU 基本権憲章への法的拘束力の付与、EU の欧州人権条約への加入方針の決定に至るまでの、EU や EC における基本権保障の展開について、邦語では、さしあたり、中西優美子『EU 法』（新世社・2012）39～45 頁や、庄司克宏『新 EU 法 基礎篇』（岩波書店・2013）317～355 頁などを参照。

36)　Siehe z. B. *M. Potacs,* Anmerkung, JBl. 2012, S. 509f.; *S. Mayr,* Verfassungsgerichtlicher Prüfungsgegenstand und Prüfungsmaßstab im Spannungsfeld nationaler, konventions- und unionsrechtlicher Grundrechtsgewährlerleistung, ZfV 2012, S. 413.

37)　VfSlg. 19632/2012（取消訴訟について）; VfSlg 19865/2014（規範統制について）.

256 第12章 憲法規範として国際人権法を取り込むということ

るものの[38]、憲法規範としての効力を認めている。すなわち、EU基本権
憲章が、文言の面においても、目的や意図の面においても、欧州人権条約
を意識し、それに類似させて作成されているとして、これを梃子に、直接
適用可能なEU法によって保障される権利は、加盟国内において、当該
EU法上の権利と同様の権利の実現のために用いられる加盟国内の手続に
よって実現可能でなければならないという、等価性（Äquivalenz）原則を
援用し、EU基本権憲章が保障する権利も、欧州人権条約上の権利と同様
の権利である限りにおいて、欧州人権条約の実現と同様の保障を享受する
ことが求められるため、規範統制（B-VG140条）や憲法上の基本権侵害等
を理由とする行政処分取消訴訟（B-VG144条・144a条）といった憲法裁判に
おいて、憲法よりも下位の法規範のそこへの適合性が判断される対象とな
るとされたのである。このような判示は、学説においても驚きと疑問をも
って受け止められた。具体的には、①等価性原則の誤用である[39]、②先に
も述べたように、従来、EU法上の基本権保障の救済は、憲法裁判所では
なく、行政裁判所の管轄とされてきたことに抵触し、オーストリアの基本
的な裁判制度の構成に変更を迫ることになりかねない[40]、③欧州人権条約
との内容の類似性を強調するのであれば、自由権規約について、憲法裁判
における適用法条該当性を否定することを正当化するのは困難となる[41]と
いった批判がなされた[42]。また、欧州人権条約との類似性を強調し、その

---

38) なお、VfSlg. 19632/2012 などで、憲法裁判所は、EU法の適用領域の範囲内でのみ、EU
　　基本権憲章はオーストリアの憲法規範としての効力を有することを指摘している。

39) *M. Pöschl*, Verfassungsgerichtsbarkeit nach Lissabon, ZÖR 2012, S. 595（欧州司法裁判所
　　の判例における等価性原則は、不利益取扱いの禁止という消極的なものであったが、憲法裁
　　判所は、積極的に同一の取扱いを求めるものと理解していることを指摘している）; *F. Merli*,
　　Umleitung der Rechtsgeschichte, JRP 2012, S. 356（Pöschl と同様の指摘をする）.

40) *Potacs*（Anm. 36）, S. 509f.; *Mayr*（Anm. 36）, S. 413; *Merli*, ebd., S. 357.

41) すぐ後に見るように、自由権規約については、あくまで通常法律によって承認議決がな
　　されていることに加えて、実施法律の制定が留保されていることにより直接適用可能性が否
　　定されているという事情があるものの、個別の規定の規定ぶり、その明確性などからすれば、
　　B-VGや欧州人権条約、EU基本権憲章、自由権規約のいずれも差異がないことも多く、
　　EU基本権憲章についてのみ、欧州人権条約との文言等の類似性から、憲法規範であるとし、
　　憲法裁判においてその違反を問えると言うのは難しいと、*Pöschl*（Anm. 39）, S. 594 は指摘し
　　ている。

42) *Pöschl*, ebd., S. 596f. は、このような批判の指摘する難点を考慮すれば、むしろ、EU法
　　の優位を理由に憲法規範と位置付けたほうが妥当であったとする。

重なり合いの範囲で憲法規範性、基本権法源該当性が認められるというのであれば、欧州人権条約のみを問題とすれば足り、EU 基本権憲章をわざわざ憲法規範であるとか、基本権法源であるとか言う意味があるのかも疑問である[43]。

このように、同じく憲法規範、あるいは、基本権法源と言っても、欧州人権条約と EU 基本権憲章の扱いには差異があるし、歴史の浅い EU 基本権憲章の憲法規範性の基礎付けについては、なお発展途上であることは否めない。

(3) **その他の人権条約**　すでに示唆したところではあるが、国際人権法の中で、オーストリアにおける形式的意味の憲法、あるいは、憲法レベルの形式的効力の認められる憲法法源として一般的に取り上げられるのは欧州人権条約（とその追加議定書）が中心であり、これに、最近になって判例が、憲法法源、より厳密には、憲法裁判における適用法条として承認した EU 基本権憲章が加わるにとどまる[44]。

ただし、婦人の参政権に関する条約は、憲法改正の効力を有することを明示する締結承認の議決が行われており、全体が、憲法レベルの効力を持つことが承認されている[45]。その他、人種差別撤廃条約の 1 条・2 条・14条[46]、女子差別撤廃条約の 1 条ないし 4 条[47]といった、特定の条文のみが「憲法規定」として、憲法レベルの効力が認められている[48]。しかし、いずれも、B-VG50 条 2 項（現行の B-VG では同項 3 号)[49]を根拠とする国内実

---

43)　なお、オーストリアの論稿では、憲法裁判所の論理構成の妥当性を批判する文脈で、むしろ EU 基本権憲章と欧州人権条約などが本当に類似したものであるのかが、逆に疑問視されている。Siehe *C. Grabenwarter*, Europäische Grundrechte in der Rechtsprechung des Verfassungsgerichtshofes, JRP 2012, S. 302.

44)　Siehe *Walter/Mayer/Kucsko-Stadlmayer* (Anm. 8), S. 618, Rz. 1321; *Bezemek* (Anm. 28), S. 30-33, Rz. 4-8; *Berka* (Anm. 10), S. 389, Rz. 1178.

45)　*L. K. Adamovich/B. -C. Eunk/G. Holzinger/ S. L. Frank*, Österreichisches Staatsrecht Bd. 3: Grundlagen, 2. Aufl., 2015, S. 8, Rz. 41. 019; BGBl 1969/256 (S. 1385 u. 1390).

46)　BGBl 1972/377 (S. 2655).

47)　BGBl 1982/443 (S. 2079).

48)　*Adamovich/Eunk/Holzinger/Frank* (Anm. 45), S. 8f., Rz. 41.020 u. 41.026; *Berka* (Anm. 10), S. 389, Rz. 1178.

49)　この規定は、法律の制定を通じた実施を留保する範囲を、締結承認議決において定められるとしている。

施法律（Erfüllungsgesetz）[50]の制定が留保されており、これにより直接適
用可能性が否定され、その限りにおいて憲法レベルの基本権をそこから導
くことはできないとされている[51]。さらに、自由権規約[52]や社会権規約[53]、
欧州社会憲章[54]などを含むその他の人権条約は、通常法律によって締結承
認議決がなされているし、加えて実施法律の留保も付されている[55]。

　なお、憲法レベルの形式的効力を認められておらず、あまつさえ、実施
法律の留保がされている人権条約であっても、国内法の国際法適合的解釈
の対象となるのであり、その限りにおいて、人権条約それ自体や、当該条
約についての国際的な履行監視機関の判断において結晶化された国際的な
人権保障のあり方は、オーストリアにおける基本権保障に影響することを
指摘するものもある[56]。しかしながら、管見の限り、EU法や、欧州人権
裁判所の判例の参照も含めた意味での欧州人権条約への適合的解釈を除け
ば、オーストリアにおいて国際法適合的解釈は一般に盛んではないと言わ
ざるを得ない。オーストリアの連邦政府が提供する法情報提供システム
（RIS）[57]において、「国際法適合的解釈（völkerrechtskonforme Auslegung）」
でキーワード検索をしても、憲法裁判所（1980年以降の判決を収録）、行政裁
判所（行政事件の最上級審。1990年以降の判決と一部の決定を収録）、連邦行政裁
判所（2014年以降の連邦に関する行政事件の第一審裁判所）、州行政裁判所（2014
年以降の州に関する行政事件の第一審裁判所）、民・刑事の通常裁判所系列で、
計55件がヒットするに過ぎず、内容を確認すると、大半がEU・EC法適
合的解釈が問題となっているものであり、憲法適合的解釈を扱っていたり、
そもそも適合的解釈を扱っていなかったりと、誤ってヒットしたもの[58]を

50）　これは、通常法律の形式が採用される場合もあれば、憲法法律の形式が採用され、当該
　　実施法律自体が憲法レベルの形式的効力を享受する場合もある。後者の場合は、もちろん基
　　本権法源となり得る。このような条約実施憲法法律も含む、基本権法源の一覧を示したもの
　　として、*Öhlinger/Eberhard*（Anm. 9）, S. 299-301, Rz. 679-684 や *Berka*（Anm. 10）, S. 388f.,
　　Rz. 1177 を参照。

51）　*Öhlinger/Eberhard*, ebd., S. 301, Rz. 683.

52）　BGBl 1978/591（S. 3770）.

53）　BGBl 1978/590（S. 3751）.

54）　BGBl 1969/460（S. 3333 u. 3365）.

55）　*Öhlinger/Eberhard*（Anm. 9）, S. 300f., Rz. 682.

56）　*Öhlinger/Eberhard*, ebd., S. 301, Rz. 683.

57）　〈https://www.ris.bka.gv.at/Judikatur/〉

III　国際人権法が憲法規範となることの意味　*259*

除けば、7件が残るに過ぎない。そして、この7件についても、オースト
リアでは憲法規範として位置付けられているはずの欧州人権条約適合的解
釈を国際法適合的解釈と扱っているもの[59]であったり、少数者保護に関す
る憲法法律の解釈に際して、他国の実行を参照する根拠に、国際法適合的
解釈のための重要な材料であると言いつつ、その国際法が何かなどは言及
されていないもの[60]であったり、国際法適合的解釈の一般的必要性に言及
するにとどまり、当該事件において参照すべき国際法は具体的に示さず、
実際には国際法適合的解釈は行われていなかったり[61]、さらには、EC法
適合的解釈と並列させて、これと互換的に国際法適合的解釈という言葉を
用いるのみで、当該事件において適合的に解釈すべき国際法について議論
を展開していなかったり[62]という状況である。唯一、国際法適合的解釈と
呼べそうなものは、国内の通常法律である難民法が難民条約から用語を借
用するなどして作成されていることを理由に、国際連合難民高等弁務官事
務所作成の難民条約に関するハンドブックを参照する、連邦行政裁判所の
決定[63]に限られる。判例検索に関して原則的にRISと連携している、大手
法律書出版Manz社が提供するデータベース（RDB）[64]を利用して、憲法
裁判所、行政裁判所、最高裁判所（民・刑事の通常裁判の最上級審）に検索の
範囲を広げても、基本的に状況は変わらず、ほとんどが欧州人権条約適合

---

58)　難民認定の審査過程において、難民申請者出身国における人権状況を確認する上で、社
　　会権規約委員会による当該国家の履行状況に関する報告を参照したり、当該国家において、
　　拷問を国際法に適合的に刑事法典に規定したといった事実を指摘するもの（Entscheidung
　　vom BVwG am 27. 7. 2017, W112 1419084-1/60E）も、ここに含めた。

59)　Entscheidung vom VfGH am 28. 11. 2003, KR4/00. 直接には当事者の主張であるが、この
　　考え方に特段否定的な見解を示していないし、後に見る（後掲注65）参照）、欧州人権条約
　　6条1項に関する行政裁判所の判決は、欧州人権条約適合的解釈を国際法適合的解釈と呼ん
　　でいる。なお、学説を見ても、この憲法裁判所決定で引用される、*Adamovich/Eunk/Hol-
　　zinger /Frank*（Anm. 13）, S. 41, Rz. 03. 030 は、国際法適合的解釈をEU法適合的解釈と特に
　　区別すべきものとしていないし、国際法適合的解釈の原則を述べた判例として、後に見る
　　Miltner判決（VfSlg. 11500/1987; 後掲注85）と対応する本文を参照）を引用しており、こ
　　の判決は欧州人権条約を扱ったものである。このように、学説においても、欧州人権条約適
　　合的解釈と国際法適合的解釈を特段区別しない見解が有力、あるいは一般的なのである。

60)　VfSlg. 16404/2001.

61)　Entscheidung vom VwG am 28. 2. 2013, 2012/10/0025 E 25.

62)　Entscheidung vom VwG am 28. 4. 2003, 2002/17/0219 E 28.

63)　Beschluss vom BVwG am 11. 7. 2014, W131 1435197-1/6E.

64)　⟨https://rdb.manz.at/home⟩

260　第 12 章　憲法規範として国際人権法を取り込むということ

的解釈を扱ったものであり[65]、その他に EC・EU 法適合的解釈を扱った
ものがいくつかあるといったところである。例外的に、アメリカ合衆国と
の間で結ばれた戦後補償に関する国際協定の国内実施法律（通常法律）に
ついて、当該国際協定の適合的解釈を行った憲法裁判所の決定[66]や、民事
事件における適用法条である一般社会保険法 140 条を障がい者の権利条約
4 条に適合的に解釈しても原審の解釈を維持できるとした、最高裁判所の
決定[67]が見られるにとどまる。

　国際法適合的解釈という用語を明記することなく、人権条約等を引用し
ている可能性もあり得るが、自由権規約を例に同様の検索を行ってみても、
まずもってこちらもヒット数自体多くない[68]。そして、ヒットした判例の
なかには、誤ってヒットしたものも含まれるほか、判例の内容を確認する
と、その大半は、①自由権規約がオーストリア国内法秩序において直接適
用可能ではないため、自由権規約から、裁判において主張可能な主観的権
利を導けない[69]、加えて、②憲法規範ではなく通常法律レベルの規範であ
るため、その意味でも憲法裁判に援用できないという理由[70]から、自由権
規約違反の主張を取り扱わないものである。直接適用ができないにしても、
自由権規約の規定内容を考慮した、欧州人権条約等の解釈を展開する判例
は少ない[71]。あまつさえ、自由権規約人権委員会の個人通報事件における

---

65)　とりわけ、Erkenntnis vom VwGH am 13. 7. 2017, Ra 2014/17/0018 などのように、行政
　　裁判所の判断にこの傾向が強く、ほとんどが欧州人権条約 6 条 1 項を扱っている。

66)　VfSlg. 17415/2004.

67)　Beschluss vom OGH am 20. 2. 2018, ObS16/18b.

68)　まず、「RIS」で範囲を広めに、「International + Pakt」で検索を行うと 23 件がヒットす
　　るが、19 件は誤ってヒットしたものであり、自由権規約に関するものは 4 件にとどまる。
　　続いて、「RDB」で、ドイツ語の正式名称「International Pakt über Bürgerliche und Politi-
　　sche Rechte」を検索ワードとして、憲法、行政、民・刑事の最上級審について検索すると、
　　合計 63 件（憲法 23、行政法 26、民・刑事 14）がヒットする。

69)　例えば、Entscheidung vom VwG am 15. 12. 1999, 98/09/0208; Entscheidung vom VwG am
　　15. 3. 2006, 2005/18/0568 E 13. Juni 2006 など。

70)　例えば、VfSlg. 14050/1995; 14264/1995 など。

71)　例外として、欧州人権条約の追加議定書の起草過程において、自由権規約の条文が参考
　　とされていたことに言及したうえで、自由権規約の規定について検討を及ぼした欧州人権裁
　　判所判決を参照したもの（VfSlg. 18833/2009）があるほか、欧州人権条約の解釈に際して、
　　自由権規約を参照しても、自身の解釈が妥当であるという形ながら、比較的積極的に自由権
　　規約に言及するものとして、Entscheidung vom VwG am 29. 4. 2005, 2003/05/0197 がある。
　　また、Beschluss vom OGH am 6. 5. 2008, 15 Os 40/15v や、Entscheidungen vom OGH am 15.

決定で、オーストリアの規約違反が認定されているような場合にも、直接適用可能性の欠如を盾に、裁判所で憲法違反や基本権侵害を認定することはできないとした判例[72]もある。

このように、人権条約であれ、憲法規範とされる国際人権法以外の国際法は、オーストリア（の少なくとも最上級審）において十分に尊重されているとは言いがたい状況にある[73]。

(4) **まとめ**　以上見てきたように、国際人権法のうち、主として欧州人権条約と EU 基本権憲章の二つが、憲法レベルの形式的効力を持つ法規範として、オーストリア憲法秩序に取り込まれており、基本権の法源を構成している。これは、従来の我が国の一部の学説による、条約一般が憲法と同位あるいは優位するという説明から我々が想像しがちなイメージとは相当程度異なるものである。さらに、同じく憲法規範、基本権法源となると言われても、欧州人権条約と EU 基本権憲章との間には差異が存在することも確認された。EU 基本権憲章を憲法規範、基本権法源とする判例の論理構成については、学説上、問題も多く指摘されており、この論理構成による場合、憲法規範あるいは基本権法源であることを否定されている他の人権条約との区別が説得的に行われ得るのかは、疑問も残るのである。その意味では、とりわけ、EU 基本権憲章と他の人権条約との差は、相対的なものであると言えよう。さらに、他の人権条約についても、国際法適合的解釈の対象とはなり得るとされていることを強調すれば、欧州人権条約についても、条文そのものもともかく、それ自体は事件当事国以外を拘

---

5. 1990, OGH 15 Os 27/90 など直接適用可能性がないことや憲法規範ではないことを留保しつつ、確認的に自由権規約の規定ぶりに言及して、自身の欧州人権条約解釈を補強するものも一定数見られる。

72)　VfSlg. 14050/1995; 14264/1995. また、Entscheidung vom OGH am 6. 5. 2008, OGH Ob 8/08b は、国際法適合的解釈の原則が直接適用可能性を欠く条約についても妥当することを指摘しつつ、憲法上立法者が当該条約の実施を義務付けられるわけでもなく、当該条約の国内法秩序への影響はかなり弱いものであるとし、自由権規約の直接適用可能性と自由権規約委員会の見解が法的拘束力を有しないことを理由に、援用を排除している。

73)　最近の判決では、上述のように直接適用可能性を否定するなどの言及が見られるものが多いようであるが、少し古いものでは、第一審では直接適用可能性を否定してもなお、適合的解釈の必要性に言及し、自由権規約についての検討を加えていたにもかかわらず、第二審以降では、自由権規約に一切言及していない、Entscheidung vom OGH am 30. 8. 1984, OGH 6 Ob 738/83 のように、我が国の悪名高い憲法上の基本権の審査で足りるとする諸判断（濵本・前掲注 6) 66 頁などを参照）を思わせる判決もあった。

束するものではない欧州人権裁判所の判例の影響を否応なく受けることを
考えれば、他の人権条約への国内法の適合的解釈との差異は、相対的では
ある。ただし、実際に憲法規範とされる国際人権条約以外について、国際
法適合的解釈が盛んではなく、数少ない実例もその実質的内容はあまり豊
かではないのは先に見た通りであり、この相対性をあまり強調すべきでは
ないだろう。

　続く**2**では、欧州人権条約やEU基本権憲章が憲法規範や基本権法源と
されることの実際的、実質的な意義について、簡潔に紹介したい。

2　実際的な効果

　(1)　**オーストリアにおける基本権ドグマーティクの実質化**　　**1**で見たよう
に、近時になってEU基本権憲章が加わっているが、国際人権法の憲法規
範への取り込みとは、実際のところ、欧州人権条約（とその追加議定書）
の取り込みと言ってよい。欧州人権条約の取り込みによってもたらされた
効果、影響として、まず、オーストリアの憲法裁判における、基本権審査
の実質化、積極化がある。すなわち、欧州人権条約取り込み前の主たる基
本権法源を構成したStGGは、ハプスブルク期の1867年に成立したもの
であり、立憲君主制を前提とした、防御権中心の性格のものであった。欧
州人権条約も文言上は、防御権を中心とするものであることは確かである
が、欧州人権裁判所の判例などを通じて形成された、「生ける文書（living
instrument）」[74]としての性格付けとそれに基づく「発展的解釈」、価値とし
ての基本権理解というものが、欧州人権条約の取り込みによってオースト
リアの憲法裁判所の判例の中にも取り込まれたことが指摘されている[75]。
さらに、欧州人権裁判所において採用される比例原則に依拠する基本権ド
グマーティクを通じた、基本権制約審査の実質化が、立憲君主制期の形式
的な法律の留保論から、法律による基本権制約や法律を通じた基本権実現

---

　74)　欧州人権裁判所の中で、欧州人権条約を指して用いられる言葉であり、「生ける文書」た
　　　る欧州人権条約は、現在の状況の中で、また、民主国家において今日普及している考え方に
　　　基づいて解釈されなければならないとされている。*See* e. g. Tyrer v. the United Kingdam, 25
　　　April 1978, § 31, Series A no. 26; *Bezemek*（Anm. 28）, S. 46 Rz. 4.
　75)　*Öhlinger/Eberhard,*（Anm. 9）, S. 302f., Rz. 687.

の、内容に着目した実質的な統制へと導いたのである[76]。もっとも、このような現象は、オーストリアにとって、特に強い影響力を有するドイツの判例や公法学説から波及したところも大きい[77]し、欧州人権条約の基本権理解自体、ドイツ連邦憲法裁判所によって構築された基本権ドグマーティクに影響を受けたものであることは否定できない[78]。しかし、憲法法源、あるいは基本権法源をなすとされた欧州人権条約の国際法上の有権的な解釈機関であるので[79]、欧州人権裁判所の判例における、特定の基本権ドグマーティクの採用が、オーストリアの憲法裁判の実質化、活性化に大きな影響を与えたことは確かだろう。

(2) **オーストリア憲法裁判所による積極的な欧州人権裁判所判例の受容**

次に、オーストリアの憲法裁判所は、他の欧州諸国の憲法裁判所とは異なり、総じて、欧州人権裁判所の判例を明示的に引用することを躊躇しない[80]し、欧州人権裁判所の判例と異なった判断を行うことは稀であるという指摘がある[81]。さらに、オーストリア憲法の制定者の構想などに依拠するよりも、国際法上の条約解釈ルールに則って条文解釈が行われ、欧州人権裁判所の判例への依拠が顕著であるとも言われる[82]。すなわち、単に基本権カタログをオーストリアの国法秩序に憲法レベルの規範として取り込むだけではなく、それ自体としてはオーストリアにとって拘束的ではな

---

76) *C. Grabenwarter*, Verhältnismäßig einheitlich: Die Gesetzesvorbehalte des StGG 1867 im Wandel, JBl 2018, S. 423. Siehe auch *M. Holoubek*, Überblick über einige Grundpositionen des Grundrectsschutzes in der jüngeren Rechtsprechung des österrichischen Verfassungsgerichtshofes, JÖR Bd. 43, 1995, S. 575-577.

77) Siehe z. B. *Grabenwarter*, ebd., S. 423f..

78) ドイツ発祥の比例原則が、欧州人権裁判所の判例を含む形で、グローバルに用いられる人権制約の正当化判断手法となっていることについて説明する、最新の邦語文献として、横大道聡「いつ人権の制約は正当化されるのか(上)」法学教室 462 号（2019）78〜80 頁がある。

79) 例えば、*Bezemek*（Anm. 28）, S. 46 Rz. 1 は、欧州人権条約によって保障される権利はオーストリアの憲法規範であるが、その内容は国際的な人権保障の枠組みによって決定されるところに従うものであり、その欧州人権条約によって解釈機関として言及されている欧州人権裁判所の判例が、特別な重要度をもって参照されるべきであると述べている。

80) *Grabenwarter*（Anm. 43）, S. 299f.（ここでは、見解が対立するような場合にはその旨明示されることも指摘している）.

81) *Grabenwarter*, ebd., S. 299（ここでは、欧州人権裁判所によって、オーストリアの憲法裁判所の判断が「修正」されることについても言及する）は、99% 従っているという。その例外として挙げられる分野が、すぐ後に紹介する、人権条約 6 条に関する分野である。

82) *Grabenwarter*, ebd., S. 299.

264　第 12 章　憲法規範として国際人権法を取り込むということ

い[83]、欧州人権裁判所の判例に原則的に準拠した判断をするという意味で
欧州人権法の積極的な受容が行われていることをうかがわせる[84]。

　もっとも、欧州人権裁判所の判例への完全な従属を行っているのではな

---

83)　欧州人権条約 46 条は、その 1 項で欧州人権裁判所の判決がこの判決の出された事件の当
　事国にとって拘束力を有することを規定し、2 項以下で欧州評議会の閣僚委員会による判決
　の執行監視についても規定している。しかし、当事国以外の条約締約国にとって判決の効力
　が及ばないのは当然である。なお、このような観点から、*Grabenwarter*（Anm. 76）, S. 424
　は、欧州人権裁判所の判決をソフト・ローと呼んでいる。また、判決は拘束力を有すると言
　っても国内において直接適用可能とは考えられておらず、特定の条約違反行為の取消しなど
　について、原則として執行のための国内措置が必要となる（*Öhlinger/Eberhard*（Anm. 9）,
　S. 90, Rz. 133a）。関連して、理由付けの細部にわたるまで欧州人権裁判所の判断に従う必要
　はないことを指摘する、*Grabenwarter*（Anm. 43）, S. 300 も参照。
　　もっとも、この点に関連して、オーストリアでは、1996 年の刑事訴訟法改正（BGBl
　1996/762 [S. 5087]）により、欧州人権条約違反の判決が出た場合、この違反が刑事事件の
　判決に、被告人に不利な形で影響を与えている場合には、その影響を取り除く限りにおいて、
　手続の更新（Erneuerung）ができるとしている（刑事訴訟法 363a 条 1 項）ほか、2007 年
　には、欧州人権裁判所の判決がない場合でも最高裁判所が欧州人権条約違反を認めれば、更
　新が認められるという決定（Entscheidung vom OGH am 1. 8. 2007, 13Os135/06m）が下され
　ている（*Öhlinger/Eberhard, ebd.*, S. 90, Rz. 133a）。なお、*E. Rieder*, Die Erneuerung des
　Strafverfahrens ohne vorheriged Erkenntnis des EGMR, JBl 2008, S. 34 は、上記 2007 年決定
　は、更新の申立人が当事者となっている欧州人権裁判所判決が欠けているだけで、類似の事
　案についての欧州人権裁判所の判例がすでに存在しているという場合に限定する趣旨の判決
　ではないと解している。

84)　ただし、欧州人権裁判所が、条約上、有権解釈機関として設定され、欧州人権条約の締
　約国が欧州人権条約の遵守と条約上の権利を尊重する義務を負っている以上、欧州人権裁判
　所の判例を顧慮することも、締約国には求められると言ってよく（*H. Schäffer*, Die Grun-
　drechte im Spannungsverhältnis von nationaler und europäischer Perspektive, ZÖR Bd. 62,
　2007, S. 14）、また、判例の射程が及ぶと思われる事案については、欧州人権裁判所によって
　その判例に基づいて判断が覆される可能性が高いのであるから、オーストリアに限らず、欧
　州人権条約の締約国全般の国内裁判所にとって、判断を嚮導するような影響力（Orien-
　tierungswirkung）が欧州人権裁判所の判決には存在し、欧州人権裁判所が事実上の超上級
　審化し、欧州の（人権についての）憲法裁判所化していることは、つとに指摘されている
　（siehe z. B. *Schäffer, ebd.*, S. 13; *T. Öhlinger*, Perspektiven des Grundrechtsschutzes in
　Europa: Das Zusammenspiel von EGMR, EuGH und VfGH im Lichte des Verfassungsent-
　wurfs der Europäische Union, in: *W. Karl* (Hrsg.), Internationale Gerichtshöfe und nationale
　Rechtsordnung, 2005, S. 140ff.）。さらに、*Schäffer, ebd.*, S. 25ff. は、近時、欧州人権裁判所が
　欧州の憲法裁判所化を強めている傾向があると指摘している。Schäffer が特に注目するのが、
　一定の国内制度に起因する反復的な条約違反について、個別の事件を離れて、一般的に当該
　国内法制度の条約違反を認定することに注力する「パイロット判決手続」である。この手続
　の導入により、欧州人権裁判所における裁判が規範統制類似の性格を強く帯びることとなり、
　憲法裁判所化が進むというのである（*Schäffer, ebd.*, S. 31-34）。パイロット判決手続に関す
　る邦語文献として、徳川信治「欧州人権裁判所によるいわゆるパイロット判決手続き」立命
　館法學 321・322 号（2008）1690 頁以下がある。

く、やや古い判例にはなるが、1987 年の Miltner 判決は、欧州人権裁判所の判例を原則的に尊重することを要求しつつも、その限界を設定したものとして有名である[85]。この判決は、建築会社に与えられた建築許可に対する異議申立てが不適法であるとされ認められなかったことが、欧州人権条約6条で保障された公正な裁判を受ける権利の侵害となるかが争われた事案である。この6条では、民事上の権利（civil rights）が問題となる事件の処理は裁判所で行われることが要求されているところ、オーストリアにおいて、民事事件と行政事件を区別し、そして、後者について、行政機関の審判に委ねていることが、6条の規定に違反するかが問題となった。

　憲法裁判所は、欧州人権裁判所の判例が、6条に言う民事上の権利を広く捉える見解を採用するようになってきていることを指摘し、Miltner 事件においても6条違反が認められる可能性を示唆する。それでも、オーストリアにおいては、伝統的に、憲法上、行政と司法が厳格に分離されてきたことを強調し、条約の批准時、議会を含めたオーストリア政府は、条約6条がオーストリア法における、権利救済の基本的な構造の変革を必要とするものとは受け止めていなかったことを指摘する。そして、憲法裁判所は、欧州人権委員会の判断などにおいても、かつては条約6条の民事上の権利を狭く解していたことも指摘したうえで、欧州人権条約が憲法規範の一部を構成し、その解釈にあたって条約自体が第一の解釈主体としている欧州人権裁判所の判例は特に尊重する必要があるのはもちろんであるが、それはどのような状況下でも欧州人権裁判所の判例に従うことを要求するものではないと言う。国家組織の基本構造の変更は、憲法裁判所ではなく、憲法改正権者[86]に委ねられるものであるから、仮に、欧州人権条約への違反により、国家組織の基本構造の変更が求められようが、憲法裁判所はその変更を行うことはできないと言うのである。

　ここでは、条約批准当初の理解との乖離や、欧州人権条約体制の内部での見解の変化にも言及するなど、欧州人権裁判所への配慮を欠いていないことを見逃すべきではないが、欧州人権裁判所の判例をあくまで拘束的な

---

85)　VfSlg. 11500/1987.
86)　判決は、国民投票を要する全面的な改正に該当する場合も「憲法改正」に含めている。

266 第12章 憲法規範として国際人権法を取り込むということ

先例とは見ていない[87]し、国家組織の基本構造の変革という点については、オーストリア、より厳密にはその憲法改正権者に留保されることを強調しており、欧州人権裁判所の判例をオーストリア憲法体系の「外」にあるものと位置付けている印象を受ける。このような欧州人権裁判所の判例の尊重に対する限界設定は、構造原理留保（Strukturprinzipien-Vorbehalt）とも呼ばれる[88]が、近年 EU 法と国内法との関係で注目される、ドイツ連邦憲法裁判所の憲法アイデンティティ審査[89]との類似性もうかがえ、法秩序相互の抵触のプラグマティックな調整の場として注目に値する[90]。

　さらに、欧州人権裁判所の判例の基本的な尊重と、そこへの従属というものは、判例の変更等、欧州人権法内部、あるいは欧州人権裁判所の内部での判断の揺らぎに巻き込まれることを意味するが、欧州人権裁判所の判例の立場が分かれている場合に、憲法裁判所が自己の見解に有利な判例を援用する傾向も指摘されており[91]、ここには、憲法裁判所のしたたかな一面もうかがえる。

(3) **EU 基本権憲章の取り込みによる問題の複雑化**　　(2)で見たように、オ

---

87) Miltner 判決に特化するのではなく、憲法裁判所の一般的な傾向として、このように指摘するものに、*Schäffer* (Anm. 84), S. 14 がある。
　　なお、関連して、条約の条文そのものではなく、判例による法の発展的形成であるので、通常法律による基本権の内容形成と同様に、下位法の憲法適合的解釈として処理する余地があることを指摘するものに、*S. Morscher,* Die Hierarchie der Verfassungsnormen und ihre Funktion im Grundrechtsschutz in Österreich, EuGRZ 1990, S. 468 がある。

88) *Schäffer,* ebd., S. 14. なお、欧州人権条約側の対応として、国内裁判所の議論を受け入れはしないものの、行政審判に対する上位の行政裁判所や司法裁判所による十分なコントロールが欠けていることについて、原告側に挙証責任を課すことによって調整を図っていることが指摘されている (*C. Grabenwarter,* Die menschenrechtskonvention und Grundrechte-Charta in der europäischen Verfassungsentwicklung, in: *H. -J. Cremer/ T. Giegerich/D. Richter/A. Zimmermann* (Hrsg.), Tradition und Weltoffenheit des Rechts: FS für helmut Steinberger, 2002, S. 1132)。

89) EU 法の優位を限界付けるものとして、ドイツ連邦共和国基本法が持つ、憲法としてのアイデンティティの核心に関わるような、根本的な原理・原則を害する場合には、連邦憲法裁判所は、その効力を否定できるというものである。さしあたり、これについて筆者が論じたものとして、山田・前掲注3) 431 頁以下を参照。

90) N. Krisch, Beyond Constitutionalism 113 (2010) も、基本的には調和的に他の法秩序を取り込みつつ、根本的な部分においてその限界を設定することによって、調整を図る例として、Miltner 判決を紹介している。

91) *Grabenwarter* (Anm. 43), S. 300.

ーストリアでは、欧州人権条約が憲法規範として取り込まれるだけではなく、憲法裁判所によって積極的に欧州人権裁判所の判例の参照、あるいは取り込みが行われている。その一方で、オーストリア憲法裁判所のみを意識してというわけではないが、欧州人権裁判所も、各国の国内裁判所の判例動向にも留意した一定の配慮を行っていることが指摘されており[92]、ここに、ある種の「対話」を見出すこともできよう[93]。

しかし、この対話は、リスボン条約の発効に伴って複雑さを増している。すなわち、先に触れたように、リスボン条約に基づいて、EU 自体が欧州人権条約に加入するものとされたほか、EU 独自の権利章典である EU 基本権憲章に EU の一次法としての法的拘束力を認められたのである[94]。EU の欧州人権条約加入は、今なお交渉継続中である[95]が、EU の行為が欧州人権条約に違反するなどとして、欧州人権裁判所に個人などから訴えが提起される途が開かれ、欧州司法裁判所で扱われた事件、さらには、EU 司法裁判所の判決自体が、欧州人権裁判所で争われる可能性もある[96]。他方で、EU 加盟各国における人権問題は、EU 一次法としての EU 基本

---

92) *C. Grabenwarter,* Europäisches und nationales Verfassungsrecht, VVDStRL Bd. 60, 2001, S. 313; *Schäffer*（Anm. 84), S. 13ff.. 加えて、*R. Krämer/J. J. Märten,* Die Dialogue der Gerichte‐die Fortentwicklung des Persönlichkeitsschutzes im europäischen Mehrenrechtsverbund, EuR 2015, S. 184ff. では、よく知られた、いわゆる Caroline von Hannover 事件との関連でも、ドイツの連邦憲法裁判所と対立的な判決を出した後、欧州人権裁判所が、連邦憲法裁判所の判例に歩み寄るような態度を示したことが紹介されている。

93) 各国の最上級審相互の影響も含めて、「対話」の存在を指摘するものとして、*C. Grabenwarter/ K. Pabel,* Europäische Menschenrechtskonvention, 6. Aufl., 2016, S. 22 Rz. 13; *Krämer/ Märten,* ebd., S. 175 などがある。

94) 前掲注34）および対応する本文を参照。

95) *See*〈http://www.europarl.europa.eu/legislative-train/theme-area-of-justice-and-fundamental-rights/file-completion-of-eu-accession-to-the-echr〉[last visited on March 23rd 2019].

96) Siehe *Öhlinger*（Anm. 84), S. 138. なお、EU 司法裁判所の EU 法に関する最終的な決定権限が侵害されるのではないかということが、EU の欧州人権条約の加入にあたっての懸念材料となっており、2014 年 12 月 18 日の EU 司法裁判所の意見（Opinion 2/13 of the Court (Full Court) 18 Dec. 2014, ¶ 197) は、まさに、この点で EU の欧州人権条約への加入協定が EU 法に適合しないと判断している。これについては、*Grabenwarter/Pabel*（Anm. 93), S. 30 Rz. 16 などを参照。加えて、EU 司法裁判所の意見についての評釈として、例えば、*C. Tomuschat,* Der Streit um die Auslegungshoheit: Die Autonomie der EU als Heiliger Gral, EuGRZ 2015, S. 133ff. [Tomuschat は、EU 司法裁判所が閉じられた EU 法体系を志向し過ぎであると裁判所の意見に否定的である（siehe u. a. S. 138)] や、中西優美子「欧州人権条約加入に関する EU 司法裁判所の判断」一橋法学 14 巻 3 号（2015）297 頁以下がある。

268 第12章 憲法規範として国際人権法を取り込むということ

権憲章に照らして、EU司法裁判所で争われる可能性がますます高くなる。このように、従来、欧州人権裁判所は各国の最上級審や憲法裁判所で扱われた基本権問題を扱うという意味で、超上級審化しているとも言われてきた[97]が、EU司法裁判所との関係でも、人権問題について複雑な管轄問題が生じ得る[98]。そして、EU司法裁判所が、人権領域でも各国との関係で超上級審化する可能性を高めた今、欧州人権裁判所がEU司法裁判所の判決を審査することが可能となれば、欧州の人権問題における超超上級審となりかねない。他方で、国際裁判所が各国内におけるような真の意味での上級審ではない以上、各国の国内裁判所、欧州の二つの超上級審化した裁判所との間で、有権的な調停者の存在しない対立や緊張関係が生まれる可能性がある。これを調和的に「対話」と言い繕っても、登場人物の多い、しかも自身を最高、あるいは独立と位置付ける者たちによる「対話」は、混乱に陥る危険をはらむ。

　このような状況下で、これも先述の通り、オーストリアの憲法裁判所は、リスボン条約によりEU基本権憲章が法的拘束力を獲得したことをおそらくは契機として、EU基本権憲章をオーストリアの憲法規範として承認した[99]。このことは、人権に関する、ルクセンブルクとストラスブールの「対話」あるいは「凌ぎ合い」[100]に、進んで身を投じることを意味する。さらに、その方法が問題であった。憲法裁判所は、従来、EU法については基本権に関する問題も含めて、あくまで国内法秩序において憲法ではない以上、行政処分のEU法違反を問うことを行政裁判所の管轄として振り分けてきた枠組みを維持しつつ、オーストリアにおける憲法規範である欧州人権条約との近似性を理由に、EU基本権憲章に憲法規範としての地位を認めた。このため、憲法規範としての範囲の画定に不透明な点を残すこ

---

97) *Schäffer* (Anm. 84), S. 22.

98) *Mayr* (Anm. 36), S. 415f..

99) VfSlg. 19632/2012. 前掲注37) および対応する本文を参照。

100) 例えば、欧州人権裁判所版Solange決定とも言われる、ボスポラス航空判決を題材に、EU基本権憲章に法的拘束力が認められる前の、基本権保障をめぐる、欧州司法裁判所と欧州人権裁判所の競合・協力関係について述べるものとして、*W. Berka*, Grundrechtsschutz durch EuGH und EGMR-Konkurrenz oder Kooperation?, ÖJZ 2006, S. 22 がある。また、*Merli* (Anm. 39), S. 359 は、ストラスブールとルクセンブルクの間でなされるやりとりに振り回されて、オーストリア固有の基本権の意味が喪失されかねないと指摘する。

ととなった。さらに、EU 一次法のうち、EU 基本権憲章のみを憲法裁判所の管轄に振り分けたことが、EU 法の問題については行政裁判所という従来の振り分けを崩すこととなり、その意味でも問題のある処理ではなかったかと言われている[101]。つまり、オーストリアの憲法裁判所による、EU 基本権憲章の憲法規範としての取り込みは、オーストリア国内における最上級審である、憲法裁判所と行政裁判所の相互の関係にも、ある種の緊張や揺らぎをもたらすものだったのである[102]。

　もっとも、緊張の緩和や回避、調整のための仕組みも用意されていないわけではない。すなわち、EU 基本権憲章 51 条では、基本権憲章においても、補完性の原則が貫徹され、従来の EU 法の領域を拡大するようなものではないことが謳われているほか、52 条 3 項では、欧州人権条約上の権利に相当する権利の範囲ではあるが、権利の意味や範囲は同一であるとしている[103]。もっとも、一般論として、同一の条文をめぐっても裁判所間で解釈の対立が生じることは珍しくはなく、補完性の原則も、まさにその範囲をめぐって対立や緊張が生じることは避けがたい面があろう[104]。その意味では、多分に運用次第といったところが大きいだろう。

　オーストリアの側でも、調整のための仕組みが用意されている。EU 基本権憲章が憲法規範となることを認めた判決[105]において、憲法裁判所は、EU 一次法である EU 基本権憲章の最終的な解釈権限は、EU 司法裁判所にあるとの立場に立ち、EU 基本権憲章の解釈に疑義が生じた場合は、

---

101)　前掲注 40)　および対応する本文を参照。

102)　なお、通常裁判権の最上級審である最高裁判所（OGH）も、日本流にいわゆる私人間適用、あるいは、民刑事法の憲法（規範）適合的解釈を通じて憲法判断を行っている（*Schäffer*（Anm. 84）, S. 12）のであり、これは、通常裁判権とは切り離された憲法裁判所制度に一般的に伴う問題である（これについては、山田哲史「ドイツにおける憲法適合的解釈の位相」土井真一編著『憲法適合的解釈の比較研究』（有斐閣・2018）144～145 頁、特に註 188 を参照）が、OGH との権限の割り振りや、判断の対立等も視野に入れる必要がある。

103)　52 条 3 項について、二つの基本権保障システムの間の協力条項（Kooperations-klauseln）あるいは協力指令（Kooperationsdirektiven）として機能する可能性を指摘する、*M. Kotzur,* Koopeativer Grundrechtsschutz – eine Verfassungsperspektive für Europa, JöR Bd. 55, 2007, S. 352f. も参照。

104)　Siehe z. B. *Grabenwarter*（Anm. 43）, S. 302.　加えて、*ders*（Anm. 88）, S. 1135ff. は、具体的に問題となり得る点も示しつつ、権利の意味や範囲が同一という意味が必ずしも明確ではないとする。

105)　VfSlg. 19632/2012.

270 第 12 章 憲法規範として国際人権法を取り込むということ

EU 司法裁判所に先決裁定を求めることができるとしている。また、オーストリアの憲法裁判所は、従来、他国の最上級審と比較しても、先決裁定を比較的多く求めているとされるし、また、EU 司法裁判所の判決を明示的に引用することを躊躇せず、EU 司法裁判所との関係は良好であると指摘されている[106]。ただし、オーストリア憲法裁判所は同じ判決において、EU 基本権憲章 52 条 3 項を意識して、同憲章の解釈上の疑義が、欧州人権条約または、それを補完する欧州人権裁判所もしくは他の最上級審裁判所の判例によって解消されるような場合には、憲法裁判所は先決裁定の提起を見合わせる決定を行うことができるとも判示している[107]。もっとも、欧州人権条約については先決裁定のような仕組みが存在しなかった[108]し、欧州人権裁判所と憲法裁判所の判断が抵触・対立を完全に免れているわけではないことは、先に見た通りである[109]。そして、ここでも、欧州人権裁判所の判例等によって疑義が解消されるか、そもそも疑義が存在するのか自体の判断にも幅があり得るし、欧州人権裁判所と EU 司法裁判所との間に緊張関係が生じた場合にこの枠組みで処理が可能なのかはやはり疑問が残り、実際の運用次第ということになるだろう[110]。

　EU 基本権憲章が、オーストリアにおいて憲法規範として位置付けられてから、いまだ比較的日は浅く、指摘されるような問題がはたしてどの程

---

106) *Schäffer* (Anm. 84), S. 5.
107) *Pöschl* (Anm. 39), S. 597f. は、このような判示について、EU 法の統一的解釈を EU 司法裁判所が担保することに先決裁定の意義があり、一国内裁判所である憲法裁判所が、欧州人権裁判所の判例等の援用によって解釈に疑義がないと決定してしまえば、先決裁定手続の趣旨に反すると批判する。Siehe auch *Merli* (Anm. 39), S. 358.
108) なお、オーストリアは署名すらしていないが、アルバニア、アルメニア、エストニア、フィンランド、フランス、ジョージア、ギリシャ、リトアニア、オランダ、サン・マリノ、スロベニア、ウクライナの計 12 か国の批准を受けて 2018 年 8 月 1 日に発効した、欧州人権条約の第 16 議定書により、EU 司法裁判所の先決裁定同様、各国の最上級審裁判所から欧州人権裁判所に対して欧州人権条約の解釈に関する勧告的意見を要求できる仕組みが導入された。
109) 前掲注 85) ないし 90) および対応する本文を参照。
110) 関連して、EU 規則の EU 基本権憲章適合性について先決裁定手続を申し立て、欧州人権裁判所の判例も援用しつつ解釈論を展開した EU 司法裁判所の先決裁定を参照し、判断を下したオーストリアの憲法裁判所判決として、通信履歴保存義務（これをめぐっては、ドイツの連邦憲法裁判所も国内実施法について違憲判決を出すなど、大きな問題となっている）に関する Erkenntnis von VfGH am 27. 6. 2014, G47/2012 がある。

度の重要性を帯びて実際に生じるのか、上述した、調整の枠組みがどれほど機能するのかは、なお今後の展開を見守る必要はあろう[111]。そして、EU 基本権憲章が法的拘束力を獲得するのみならず、EU 一次法と位置付けられたことで、政治的なインパクトも考えれば、憲法裁判所が EU 基本権憲章の憲法規範としての性格を否定することは困難であったかもしれない。それでも、だからこそ、憲法裁判所が従来の国内外の枠組みとの整合性や、随伴する帰結について、十分に説明責任を果たしたうえでの決定であったのか、その論理構成の妥当性、憲法裁判所の判断者としての正当性は、今後、欧州人権保障体制が進展する過程で検証される必要があろう。

　⑷　**まとめ**　以上見てきたように、オーストリアにおいて、欧州人権条約の憲法規範としての取り込みは、国内における憲法裁判を実質化し、また、活性化する効果をもたらすとともに、国際社会、特に欧州における人権保障への積極的な接近をもたらした。また、一方で、憲法裁判所は周到にも、欧州人権裁判所を中心とする欧州の人権保障スキームの積極的な受容への限界も設定していることも見逃してはならない。

　他方、EU 基本権憲章の憲法規範としての取り込みは、憲法改正権者の承認を形式的に示すという形をとるのではなく、判例を通じて、実質面に着目することによって行われた。ただし、取り込みが認められてから日が浅いこともあって、なお実態が明らかでないところが多い。さらに、従来のオーストリア国内の裁判制度の構造や、（欧州人権条約以外の）国際人権

---

111)　憲法訴訟における EU 基本権憲章の用いられ方の現状調査として、RDB にて、「EU Grundrechte Charta」でキーワード検索をかけると、憲法裁判所の判例が 56 件（66 件から要旨と全文が二重にカウントされている 10 件を控除した）がヒットする。このうち、憲法規範性が承認された後の判例は 46 件である（2019 年 3 月 27 日時点）。この中には、当事者が EU 基本権憲章違反を主張したものの、当該事件が EU 法の適用範囲に該当しないため憲章の適用対象外とされた判例（例えば、Erkenntnis vom VfGH am 29. 9. 2017, G243/2017）も多く含まれる。また、憲章違反が直接問題になるのではなく、規制法の正当化根拠として憲章上の基本権保障が参照される、EU 基本権憲章適合解釈型のもの（例えば、Erkenntnis vom VfGH am 29. 6. 2017, E875/2017）もあり、欧州人権条約や国内憲法規定の違反が認定される以上、憲章上の基本権の違反の検討を不要とするもの（例えば、Erkenntnis vom VfGH am 3. 7. 2015, G118/2015）も多い。さらに、EU 基本権憲章の違反を認定する判例でも、一般に、踏み込んだ条文解釈を展開しておらず、欧州人権条約違反に併記されるだけのもの（例えば、Erkenntnis vom VfGH am 15. 6. 2015, UA2/2015）や、単に条文を挙げ、それに違反するとするようなもの（例えば、VfSlg. 19845/2014）が目立つ。このように、EU 基本権憲章を適用する憲法訴訟は盛んとは言いがたい。

272 第12章 憲法規範として国際人権法を取り込むということ

法の取扱いとの関係で矛盾をはらんでいることも見逃してはならない。加えて、EU 基本権憲章の憲法規範としての取り込みは、多層・多元化するヨーロッパの基本権保障システムの嵐の中に、オーストリアが身を投じることも意味している。その意味では、現在は、外来法への人権カタログ設定のアウトソーシングとして機能しているとも評し得た、欧州人権条約のみを憲法規範として取り込んでいた段階とは異なった局面に突入していると言えよう。

IV おわりに

以上、オーストリアにおいて、欧州人権条約と EU 基本権憲章が憲法規範として取り込まれているということがどのようなことを意味するかを素描した。拙いながらも、ここに描き出されたものは、国際人権法を憲法規範として取り込むと聞いたときに、我々が日本の文脈において想像するほど、国際的人権保障に積極的なオーストリアの像ではない。少なくとも出発点においては、権利章典を欠く憲法典の下、基本権保障の部分を外部発注したというのが実際のところであり、憲法規範とされる人権条約が限定されていることが、これを物語っている。確かに、欧州人権裁判所の判例の積極的な受容や、実質的な内容に着目した[112]EU 基本権憲章の取り込みなど、外部への開放性や、国際的な人権保障への志向は、特に近時、強く見受けられる。しかし、欧州のレベルを超えた、全世界的な人権条約への

---

112) これは、2008 年以降、形式的に国際条約を憲法規範とすることができなくなったことによるが、ある意味では、実質的な価値に即した外来法規範への国内法規範の開放という、ある立場からすれば、――怪我の功名かもしれないが――十全な人権保障の実現に向けての前進と評価される可能性がある。これに関連して、人間、あるいは、個人を中心に据える考え方を、憲法・国際人権法の双方を包括する基本原理として、多元的な法秩序に一定の統一性を見出そうとする見解（Y. Negishi, *The Pro Homine Principle's Role in Regulating the Relationship between Conventionality Control and Constitutionality Control,* 28 EUR. J. INT'L L. 457（2017））がある。これは、なぜ国際法など外来法を尊重しなければいけないのか、そういった原則が各国の憲法上存在するのかに、人権保障に関する限りでは一定の回答を与えてくれるものであり、注目に値する。しかし、論者もおそらく自覚しているように、人権以外の分野的にシステム化された法体系相互の関係を考えるとき、十分に機能するとは言いがたい。

眼差しは我が国にも似て冷淡であるし、憲法裁判所の判断による、実質面に即した取り込みの拡大はなお発展途上であり、今後の展開を待つ必要がある。加えて、取り込みの拡大は、法秩序の多元化・多層化の中で、複雑な問題を背負い込むことにつながるのもすでに見た通りであり、その前途は決して明るくはない[113]。

　また、欧州人権裁判所の判例の受容の限界を示した憲法裁判所の判例法理は、国内法秩序における国際法、国際人権法の序列上の位置付けの相違にかかわらず、ドイツのそれと相似形をなすものである[114]。特定の国法秩序において、外来法の持つ影響をどう捉えるのか、どう正当化するのかを考える上では、当該国法秩序における序列上の位置付けを考えて、細かな場合分けをすべきことは、従来、筆者が述べてきた通りであり、これを改める必要性は感じない。しかし、法秩序が多元化・多層化する時代にあって、基本的には外来法を尊重しつつも、当該法秩序にとって基本的な価値の保持をその限界とするスキームは、各々の法秩序における法規範の序列のありようとは無関係に、似たものになるのかもしれない[115]。

> 【附記】　本章は、JSPS 科研費若手研究（Ｂ）（課題番号 17K13607）の交付を受けて行った研究の成果の一部であり、2018 年 11 月 23 日の若手人権問題研究会第 6 回合同セミナーにおける報告をもとに、補充・修正を行ったものである。

---

113)　例えば、*Kotzur* (Anm. 103) のように——これは、個別の国家としてはドイツを念頭に置いたものではあるが——、こういった複雑な相互作用が、欧州レベルの基本権共同体の形成へと収斂していくという肯定的な見方（全世界での人権共同体を *pro homine* 原則を通じて構築するということになろうが、Negishi, *id.* の方向性も同様に解されよう）をすることも、もちろん可能であるが、それも一筋縄でいくものではないというのが本文の趣旨である。

114)　さらに、国際法上求められたとしても裁判所限りではどうすることもできず、憲法改正権者に委ねられるとする姿勢は、アメリカの Medellín v. Texas, 552 U. S. 491 (2008)（これは立法者に委ねられるとしたものであるが）を彷彿とさせるところもある。

115)　*See* KRISCH, *supra* note 90, at 113.

第**13**章　行政法から見た
国際行政法
——山本草二の論文を読む

・・ 興津征雄

　I　　はじめに
　II　　国際行政法とは何か
　III　「牴触法規範としての国際行政法」と「国際法規範としての国際行政法」
　IV　　国際法上の行政覊束と二重機能
　V　　国際行政法の体系
　VI　　国際行政法はいかなる意味で「行政法」か？
　VII　おわりに

I　はじめに

　国際法学の泰斗山本草二の提唱にかかる国際行政法の構想[1]は、その名
が示す通り、（国内）行政法のあり方にインパクトを与えてもおかしくな
かった。例えば、1990年の時点で「国際化と行政法の課題」を論じた成
田頼明は、山本の83年論文を引用して、「行政の行為規範が国際法の側面
から設定されつつある事実を国内の行政法学者はもっと直視する必要があ
ろう」[2]と指摘していた。

---

1)　山本草二「国際行政法の存立基盤」兼原敦子＝森田章夫編『国際行政法の存立基盤』（有
　斐閣・2016）3～60頁［初出：国際法外交雑誌67巻5号（1969）］（以下、「69年論文」とい
　う）および同「国際行政法」同書61～92頁［初出：雄川一郎ほか編『現代行政法大系I 現
　代行政法の課題』（有斐閣・1983）］（以下、「83年論文」という）において展開されたもの
　を指す。以下、この2論文を引用する際には、特に断らない限り、論文名（の略称）と『国
　際行政法の存立基盤』の頁数のみを示すものとする。
2)　成田頼明「国際化と行政法の課題」成田頼明ほか編『雄川一郎先生献呈 行政法の諸問題
　㊦』（有斐閣・1990）77～106頁、89頁。

I はじめに

しかし、その約20年後に「グローバル化と行政法」と題する論考を物した斎藤誠は、山本の69年および83年の2論文をその体系書[3]とともに引用して高く評価したうえで、「しかし、行政法学において、この［山本が発する］光線を受け止め、あるいは、グローバル化が行政法にもたらす問題群に内発的に取り組む作業は、今日に至るまで十分には行われていない」[4]と慨嘆せざるを得なかった。その後、グローバル化は、行政法学における研究課題としてにわかに脚光を浴びるようになり、少なくない論考の対象となったが[5]、その段階になると、ドイツやアメリカの最新の理論動向を参照する形で議論が行われるようになり、山本の所説が主題として取り上げられることはなかった。このことは、山本の国際行政法論が、国際法学においては精緻な学説分析の対象となっていたこと[6]とは、対照的である。

筆者の見るところ、このことには理由があったと考えられる。それは、山本の国際行政法論が、あくまでも国際法上の素材を元に、国際法の先行学説を参照しながら構想・提唱されており、（国内）行政法との接点を積極的に提示するものではなかったということである。例えば、このあと本論で指摘する通り、給付行政と調整行政の対置（V1⑵）や、国際行政行為の概念規定は（V2）、国内行政法の観点からすると違和感のある理論構成であるが、山本自身がそのことについて特に注意を払った形跡はなく、国内行政法との異同についての説明は見られない[7]。もちろん、これは独

---

3) 山本草二『国際法〔新版〕』（有斐閣・1994）。
4) 斎藤誠「グローバル化と行政法」磯部力ほか編『行政法の新構想Ⅰ 行政法の基礎理論』（有斐閣・2011）339〜374頁、346頁。なお、同論文は、「2008年5月に一旦稿を成したものである」（374頁）とのことである。
5) 日本における研究動向を概観するものとして、文献参照も含め、原田大樹「グローバル化の課題」行政法研究20号（2017）1〜15頁のみを挙げておく。
6) 奥脇直也「『国際公益』概念の理論的検討―国際交通法の類比の妥当と限界」広部和也＝田中忠編『山本草二先生還暦 国際法と国内法―国際公益の展開』（勁草書房・1991）173〜243頁。もっとも、国際法学においても、1990年代までは「注目は限定されていた」（森田章夫「あとがき」兼原＝森田編・前掲注1）673〜679頁、674頁）という。奥脇・同論文189頁も参照。
7) ただし、山本草二「国際行政法―行政的国際協力を国際法の一部として位置づける」内田久司＝山本草二編『国際法を学ぶ』（有斐閣・1977）194〜200頁、196頁は、「国内社会の行政の概念」とは異なることを明記している。

り山本の責めにのみ帰せられるべき事柄ではない。日本の行政法学界が国際的な事象にあまり関心を寄せていなかったために、山本の用いた行政や行政法というワーディングについて行政法学の観点から突っ込んだ検討や問題提起がされることがなく（前述の成田や斎藤もこうした観点からの検討をしているわけではない）、その結果として相互の関心や概念・理論構成のすり合わせがなされないままになってしまったという事情は、無視することができない。

　しかし、今や事情は異なっている。前述の通り、行政法学の側でも国際化やグローバル化への関心が高まっており、国際的な平面で生じる現象が行政法にも無関係ではないことが認識されつつある。法的にそれを捕捉して新たな適応枠組みを考え出すための理論的蓄積が必ずしも多くはない中で、過去の学説の在庫に目を向けること、そしてこのテーマの先達である国際法学との対話や協働を図ることは、行政法学として当然になすべき作業であるように思われる。山本の論文を読むことは、この二つの要請を同時に満たしてくれる。さらに、山本は、自己の学説を構築するにあたり、19 世紀後半以降に勃興した国際行政連合や、それを受けて体系構築を図った 20 世紀前半までの学説を参照しているが（Ⅳ・Ⅴ）、そうした歴史や学説は、現代のグローバル行政法でも参照されている[8]。そればかりか、グローバル行政法の論者は、山本の論文に直接言及してさえいる[9]。グロ

---

8)　Benedict Kingsbury/Nico Krisch/Richard B. Stewart, "The Emergence of Global Administrative Law", *Law & Contemporary Problems,* Summer/Autumn 2005, pp. 15-61, pp. 19-20; Benedict Kingsbury/Megan Donaldson, "Global Administrative Law", in *The Max Planck Encyclopedia of Public International Law,* OUP（2012）, pp. 468-482, pp. 469-470. See also Clémentine Bories, "Histoire de phénomènes administratifs au-delà de la sphère étatique: Tâtonnements et hésitations du droit et/ou de la doctrine", in Id.（dir.）, *Un droit administratif global? /A Global Administrative Law?,* Éd. Pedone（2012）, pp. 25-60.

9)　Kingsbury/Krisch/Stewart, *supra* note 8, p. 20 n. 12; Kingsbury/Donaldson, *supra* note 8, p. 470; Benedict Kingsbury, "The Concept of 'Law' in Global Administrative Law", *European Journal of International Law,* Vol. 20 No. 1（2009）, pp. 23-57, p. 24 n. 5. 山本は、69 年論文の初出時に掲載された英文要旨（国際法外交雑誌 67 巻 5 号 680 頁）のほかには、国際行政法に関して英語その他の外国語で論文を発表していないと思われるが、山本論文を繰り返し引用しているキングズベリー教授が 2017 年 11 月 24 日に来日した際（本章末【附記】参照）の説明によると、教授自身は日本語を解さないものの、日本人留学生に依頼して作成してもらった翻訳と、教授がそれ以前に来日した際に生前の山本草二教授と直接行ったやりとりから、情報を得たとのことであった。その際キングズベリー教授は、山本の国際行政法とグロ

ーバル行政法が行政法と国際法との協働の試みであることを考えれば、上で述べたことは一層妥当しよう。

本章は、このような関心から、山本の国際行政法論を行政法の観点から読み直すことを試みる。とはいえ、まずは山本が何を論じようとしたのかを虚心坦懐に理解することが先決であるため、69 年論文と 83 年論文をテクストに沿って分析することが中心的な作業となる（II〜V）。その分析結果を受けて、山本学説をより広い理論的視野に位置付け、最後に行政法から国際行政法への貢献可能性と限界を探ることにしたい（VI）。なお、山本の依拠する先行学説の分析それ自体は、本章の課題ではなく、その引照は山本のテクストをよりよく理解するのに必要な限りにとどめた。現代の学説とりわけグローバル行政法との比較も興味深い研究テーマではあるが、これについては他日を期したい[10]。

II 国際行政法とは何か

1 分 類

山本は、国際行政法の概念規定について、次の二つの立場を対置している[11]。一つが「牴触法規範としての国際行政法」をもって国際行政法とする立場（以下、「牴触法説」という）であり、もう一つが「国際法の一部としての国際行政法」をもって国際行政法とする立場（以下、「国際法説」という）である。前者は、「各国の国内行政法の適用・妥当範囲と国内行政機関の権限を定める法」を国際行政法と解し、それは国内法の一部であると説く。それに対し、後者の立場は、さらに次の二説に分かれる。第一が、国際行

ーバル行政法との関係に関する英語報告を行ったが、それを聞いた限り、筆者は、キングズベリー教授の山本理解はかなり正確であるという印象を持った。

10) 本章の初出論文公刊後、以下の論文を執筆した。興津征雄「国内法と国際法の境界における行政法の理論的課題」神戸法学年報 32 号（2018）251〜255 頁、Yukio Okitsu, "International Administrative Law, a Precursor of Global Administrative Law? The Case of Soji Yamamoto", in *Le futur du droit administratif*, LexisNexis (forthcoming 2019).

11) 以下は、83 年論文 61〜65 頁を要約したものであるが、同論文のその部分の内容は、基本的には 69 年論文で提示されたものをより図式的に整理し直したものである。なお、本文中の「○○説」の略称は、筆者が独自に付けたものであり、山本の用語ではない。

政法の存立を見るためには、国際的公共事務の処理があれば足り、公権力の行使を要素としない立場（以下、「国際的公共事務説」という）である。第二が、国際行政機構（国際行政共同体）による公権力の行使を要素とする立場（以下、「国際的公権力説」という）である。つまり、学説の分岐は次の図のようになる。

（図）　国際行政法の概念規定

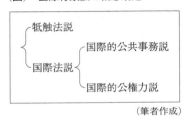

（筆者作成）

2　国際的公権力説の排除

(1)　**目的論的理由付け**　　山本は、これらのうち、国際的公権力説を排斥したうえで、牴触法説と国際的公共事務説との間に対抗関係を設定し、最終的に国際的公共事務説を支持する。そこで、まず、国際的公権力説に関する彼の評価を見ておこう。

　　「このような立場［＝国際的公権力説］に立てば、かつての国際行政連合はもとより、今日の国際組織が行う国際的公共事務（多数の構成国に共通な利益に関係する事務）の処理であっても、公権力をもつ国際機関が執行するものでない限り、単に国際行政法の「萌芽」をみるにすぎないことになる。したがって、この学説によれば、実定法としての国際行政法の対象は、きわめて限定されることになる。たとえば、ヨーロッパ共同体（EC）のような超国家組織による各国行政事項の統合、国際連盟によるザール地域やダンチッヒ自由市の行政、委任統治、信託統治など、国際機構が国内行政機関の行政作用の介在を排除して、独自に公権力的な行政を行うもの（直接行政）である。また、国際組織の内部で国際公務員の身分保障その他の法的地位に関する行政などである。しかし、このような立場からすれば、各種の国際行政共同体が各国の国内行政法に与える直接・間接の介入と影響をひろくとらえ、

その分類を試みることには、消極的とならざるをえず、国際行政法の機能もきわめて局限されることになろう。」（83 年論文 64 頁）12)

　この記述において山本が国際的公権力説を批判する理由は、きわめて目的論的である。つまり、国際的公権力説をとると、国際行政法の対象となるものが「直接行政」に限定されるところ、それ以外の事象でも（彼の言う）「国際行政法」の対象に含められるべきものがあるから、国際的公権力説はとれない、と言っているに過ぎない。ここでは、山本が自らの論文において検討の対象とする事象の範囲が記述されているだけであって、何らかの理論的視座に基づいて国際的公権力説と国際的公共事務説の優劣が比較検討されているわけではない。

　(2)　**実証主義的理由付け**　　しかし、69 年論文では、もう少し違った理由が示されていた。同論文では、冒頭（6〜7 頁）で両説の対比がされた後、国際行政法概念の歴史的な成立過程を分析する中で、フランス革命以後の自然法的な理論構成に関し次のような言及がなされている。

　　「以上にみたとおり、この立場［立憲制に基づく世界国家を構想する自然法的＝抽象的な理論構成を用いて国際行政法の概念を導こうとする立場］は、市民社会の利益が、国内的には立憲的代議制に基く法治国家により、国際的にはその発展としての世界市民国家により、国家が追求する利益と同質的なものとして担保されるとする。それは、18 世紀的な市民制原理と古典的経済自由主義の普遍化の中で、人類社会の法としての国際行政法を位置づけようとするものであることは、疑うべくもない。しかし、この立場によれば、行政権はつねに国家の統治権能の一面としてとらえられ、したがって国際社会における行政権も、その窮極の理念型である単一の世界市民国家の統治権に基き、その一側面を担うことになる。そして、このような立場に立てば、国際行政法は、論理必然的に、公権力［を］もつ国際機関による行政事務の処理として把えられる。また、国際行政事務は、固有の国家目的の実現・延長に他ならないものとなり、国際社会に固有の公共事務として峻別されないことになる。この立場は、当時の啓蒙主義哲学にねざす合理主義の立

---

　12)　引用に際して、脚注を省略した箇所があるが、いちいち注記していない。以下同じ。

場に立って立憲制原理の歴史的社会的基盤を捨象したことの帰結であって、われわれの採りえないところである。」(69年論文20頁)

つまり、国際行政に公権力を認めることは、超国家的な統治権(究極的には世界市民国家)を認めることにつながるが、それは「歴史的社会的基盤」を無視するものであって支持できないということであろう。なお、ここで山本が「歴史的社会的基盤」に依拠して自然法的立論を退けているのには、彼の実証主義的立場を見て取ることができる(上の引用に続く「歴史的=即物的な方法」に対する評価をも参照)。山本は、自らの方法論的立場をまとまった形では明らかにしていないが、「実証(的)」という言葉を好んで用いること[13]、69年論文の英文タイトルが"The Positive Basis of International Administrative Law"であること[14]からして、(法)実証主義の立場に立っていると推測される。山本の課題は、国際行政法概念の事実(ないし実定法規範)に即した分析およびその存在証明にあったと考えられる。

ここから、山本国際行政法が、あくまでも、国家が溶融したユートピア的世界における世界政府の行政活動を描くものではなく、諸主権国家の併存する国際社会を舞台とするものであることが読み取れる。そして、そのような国際社会において、諸国家に共通する国際的公共事務の存在を"実証"できるかが、山本理論の課題となっている。

3 牴触法説と国際的公共事務説

では、国際的公権力説は排斥し得たとして、牴触法説と国際的公共事務説との関係はどうか。69年論文においては、牴触法説の内実は、実定法規範に即した形では行われておらず、学説史の分析において言及されているにとどまり、実定法的分析は国際的公共事務説を中心になされている。それに対し、83年論文では、牴触法としての国際行政法の内容について、米国反トラスト法の域外適用をめぐる論争を素材としてかなり立ち入った実定国際法の解釈論が展開されている(それに比べると、国際的公共事務説に関する記述は簡潔で、多くの注で69年論文が参照されているにとどまる)。結論とし

---

13) 例えば、69年論文7頁、32頁。
14) 69年論文英文要旨・前掲注9)参照。

ては、いずれの論文においても、国際的公共事務説の存立が弁証されることになる。

　山本の思考の軌跡を時系列に即してたどるためには、まず 69 年論文を分析すべきであるが、先に 83 年論文で牴触法説と国際的公共事務説との関係を確認したほうがわかりやすいので、そこからさかのぼって 69 年論文を読み直す、という構成をとることにしたい。

III　「牴触法規範としての国際行政法」と 「国際法規範としての国際行政法」

1　制限的貿易慣行規制法令（米国反トラスト法）の域外適用をめぐる対立

　83 年論文において、牴触法説と国際法説[15]は、「II　牴触法規範としての国際行政法とその限界」（同論文 69 頁以下）において、米国の制限的貿易慣行規制法令（反トラスト法）の域外適用を素材として、詳しく扱われている。山本は、米国の領域外で、米国人でない者が行った行為について、米国の反トラスト法が域外適用されるかにつき、立法管轄権・司法管轄権・執行管轄権に分けて、米国の立場と、それ以外の国（ヨーロッパ諸国・日本等）の立場との対立点を分析する。簡単に言うと、米国が自国の利益に基づく域外適用を肯定する一方で、それ以外の国がそれに反発するという構図を描いている。その根拠付けとしては、次のような事情を挙げる。すなわち、米国の立場によれば、反トラスト法の域外適用については、実質的には、各国の国内行政法と管轄権の競合・牴触を調整するための「抵触法規範としての国際行政法」（国内法規）が問題となるだけであって、域外適用を禁止するような実定国際法規はいまだ存在しないのに対し、日本やヨーロッパ諸国の立場によれば、反トラスト法の域外適用は、国際法上、米国に権限が与えられていないのであって、認めるには国際法上の特別の許容法規が必要とされる（同論文 76 頁）[16]。

---

　15)　ここで念頭に置かれている国際法説は、国際的公共事務説であると思われるが、山本は「国際法上の国際行政法」などの表現を用いているため、本文でも単に国際法説と表記した。

　16)　さらに、1927 年のローチュス号事件に関する常設国際司法裁判所判決をめぐり、客観的

282　第 13 章　行政法から見た国際行政法

　これに対する山本の評価は、次の通りである。すなわち、どちらの立場
も客観性を欠いており、これらの争点を規律する多数国間条約が作成され
たときに、初めて問題の客観的解決を見るとともに、この分野に「国際法
上の国際行政法」が成立することになる（同論文 79 頁）。

2　牴触法説と国際法説

　以上の記述から、山本における牴触法説と国際法説の対抗は、次の図式
で整理できる。すなわち、牴触法としての国際行政法は、あくまでも各国
の国内法であって、各国の主権・裁量権を客観的に拘束する効果を持たな
い[17]。それに対し、国際法としての国際行政法は、各国の主権・裁量権
（管轄権の域外適用）を国際法に基づき客観的に拘束する効果を持つ。つま
り、山本が国際法説を支持するということは、国家主権の絶対性を克服し、
各国の主権に基づく権限行使を国際法の論理に基づいて制約し得る法理を
いかにして発見・論証できるかが課題となることを意味する[18]。

　現に、この課題は、二つの論文において次のようにパラフレーズされて
いる。83 年論文においては、国際行政法の概念が、国際的な関連性を持
つ行政事項について、それを全て各国の国内行政法秩序に還元できるもの
と見るか（牴触法説）、それとも多数国の共通利益を基盤とした国際社会に

　　属地主義の解釈の違いが示される（83 年論文 77〜78 頁）。

17)　同じ国内法上の牴触規範でありながら、国際私法は準拠法として他国の法の適用を義務
　　付ける場合があるのに対し、国際行政法はそれがないという相違も指摘されている（83 年
　　論文 80 頁：「(イ)一方的牴触法規範」参照）。しかし、今日では、身分証明・在学証明の取得
　　や社会保険金の給付などについて、外国の行政法と行政行為の適用・執行が行われるように
　　なっていること、さらに、司法共助に倣った行政庁間の相互協力が合意されれば、国内行政
　　機関は、外国行政法の適用と執行を国際法上義務付けられることとなり、「牴触法規範とし
　　ての国際行政法」が国際的な調整の機能を担う可能性についても、指摘されている（同論文
　　80 頁：「(ウ)外国行政法の適用と執行」）。外国行政行為の国内法上の位置付けにつき斎藤・前
　　掲注 4) 351〜354 頁、外国行政法の適用につき同 354〜357 頁、共助につき同 359〜361 頁を
　　それぞれ参照。また、公法牴触法論一般につき、原田・前掲注 5) 8〜10 頁も参照。

18)　山本は、国際刑法についても、各国の管轄権の行使を定める「牴触法規範としての国際
　　刑法」と、多数の国家の法益ないし国際社会の一般法益を侵害する犯罪についての「『実質』
　　（国際法としての）国際刑法」とを対比し、前者から後者への発展を好意的に描いている
　　（83 年論文 81〜82 頁：「(2)国際刑法の場合」）。「国内法規範としての国際刑事法」（狭義の国
　　際刑事法）と「国際法規範としての国際刑事法」（刑事国際法）との対比につき、山本草二
　　『国際刑事法』（三省堂・1991）123〜137 頁も参照。

固有の行政事務と見るか（国際法説）で、異なった構成をとることが指摘されている（同論文64頁）。69年論文においては、多数国に関係する、国際社会に固有の行政事項を見出す立場（国際法説）と、国内法秩序に全て帰属され埋没する行政事項のみを見る立場（牴触法説）とが対比されている（同論文8頁）。

　繰り返しになるが、山本の理論的課題は、諸主権国家が併存する国際社会（≠世界市民国家）において、各国がそれぞれ独自に対外的・国際的活動をする中で、それが各国の国内法に基づく主権の裁量的な行使なのではなく、「多数国間の共通利益を基盤とした国際社会に固有の行政事務」の処理としての国際行政なのだ、ということを実証することであった。それを規律する法としての国際行政法の存在を実証するために、彼は、学説史の検討から、「国際法上の行政覇束」と「二重機能」の対抗軸を見出して検討を加えた（69年論文33頁）。IV では、それぞれについて分析する。

IV　国際法上の行政覇束と二重機能

1　国際法上の行政覇束

　まず、「国際法上の行政覇束」について見る。これは、牴触法説に立つ論者であるカール・ノイマイヤー（Karl Neumeyer）[19]やオットー・マイヤー（Otto Mayer）が唱えたものである。簡単に言うと、多数国間条約により多数国の共通利益が設定され、その実現が締約国に義務付けられたとしても、その実施は締約国の国内行政機関が国内法に基づいて担うのであり、国際法説に言うような国際行政（法）が存在することにはならない、とする立場である。換言すれば、国際法は、締約国の行政活動を外側から覇束するにとどまり、国際法を根拠として行政活動が行われるわけではない、ということである。具体的な立論は以下の通りである。

　（1）　ノイマイヤー　　ノイマイヤー[20]によれば、国際行政法（Interna-

---

19)　69年論文では「カルル・ノイマイエル」と表記されている。

20)　Karl Neumeyer, "Les unions internatinales", *Revue de droit international de sciences diplomatiques et politiques,* t. 3 (1925), pp. 102–108; Id., "Le droit administratif international",

tionales Verwaltungsrecht）とは、「対外行政に関する行政法」（Verwaltungs-recht der auswärtigen Verwaltung）である。それは、「対外目的のために行政上の強制により実現される国内法規」を指し、「各国の多くの国内行政事務の中の一つとして、国家相互間の関係の実現と調整を規律するもの」であるとされる。その理由は、次の①～④にまとめられる。

①国際法上の行政法（行政国際法）が存在するには、国際行政が実在しなければならず、国際行政はそれを執行する固有の国際行政機構なしには成立しない。②19世紀後半から1920年代までに存在した国際行政連合は、国際行政の機関ではなく、各国の意思に基づいて創設されそれを活動の条件にするものであって、締約国の機関を構成するものにほかならない。③多数国間条約が共通利益のために締約国を拘束する国際法規範を設定したにしても、その執行・実現は各国の行政法に基づき国内行政機関に委ねられるのであって、国際社会自らの責任でこれを担当するのではない。④行政事項に関しては、各国の権能の配分の特別の基準を定める国際法は存在しない。各国は、他国の同種の活動との関係で自国の活動の範囲を確定する必要がある場合には、牴触法的な国際行政法による。ただし、行政法の分野では、各国が自ら処理する管轄権がない事項については、他国の事項を規律する義務を原則として負わない（以上、69年論文25～27頁）。

(2)　**マイヤー**　続いて、マイヤー[21]は次のように言う。国際間の交渉関係は、一国の法秩序の規制に服さず国際法に服して行われるものであるから、行政の分野から除外される国際的交渉関係も対外関係を担当する国の行政機関を通じて行われるので、行政法に関する牴触法またはその適用範囲を定める法（Verwaltungs Kollisions- oder Grenzrecht [*sic*]）としての国際行政法の存在は可能であるが、私法分野に見られる（国家間の）協力関

Revue générale de droit international public, 1911, pp. 492-499 が参照されている。

21)　Otto Mayer, *Deutsches Verwaltungsrecht* (1. Aufl.), Bd. 2 (1896), pp. 453-459 が引用されているが、原綴が付記された "Verwaltungskollisions- oder Grezrecht" および "Grenzrecht" の語は、マイヤーの原著には見られない。これらは、マイヤーとともに引用された Hartwig Bülck, "Zur Dogmengeschichte des europäischen Verwaltungsrechts", in *Recht im Dienste der Menschenwürde. Festschrift für Herbert Kraus* (1964), pp. 29-65, pp. 55-56 で用いられている語である。

係は行政分野では本来は存在しない。各国は固有の利益を追求しもっぱらそのために行動するのが普通だからである。したがって、国際行政法は、各国が他国の行政作用をその妥当する限界内でのみ尊重するにとどまり、その意味で牴触法としてよりも、各国行政法の妥当範囲の限界画定に関する法（Grenzrecht）としての性格が強い。さらに、マイヤーは行政条約を国際行政法の法源として認めない。条約は「国際法上の行政覊束」（die völkerrechtlich gebundene Verwaltung）をなすにとどまり、国民の権利義務を直接に設定するのは国内法だからである（以上、69年論文27〜28頁）。

2　二重機能

　それに対し、ケルゼン門下のアルフレッド・フェアドロス（Alfred Verdross）と、デュギー門下のジョルジュ・セル（Georges Scelle）が、山本の言う意味での国際行政法の存在を主張した（国際法説）。「二重機能」とは、このうちセルが提唱した概念を、山本が換骨奪胎したものであるが、先にフェアドロスの所説について見る。

　(1)　**フェアドロス**　　フェアドロス[22]は、国際組織の作用について、立法・司法のほかに行政（国際法上の行政）を観念し、これまでの国際行政法が国内法一元論の立場に立つのに対して、「国際法上の行政法」を、特定事項に関して国際社会の一元的な行政を規律する国際法規範として捉えた。もっとも、フェアドロスは、このような国際行政を間接行政と直接行政・超国家行政に分類しており[23]、当時の非政治的（特に技術的・商業的）国際組織の行政事務そのものの中に、国際行政法の存立基盤をどの程度積極的に見出しているのか、必ずしも明らかではない（以上、69年論文30頁）。

---

22)　Alfred Verdross, *Die Verfassung der Völkerrechtsgemeinschaft* (1926), p. 76; Id., *Völkerrecht,* 4. Aufl. (1959), pp. 465-478 が引用されている。

23)　「『直接行政』とは、国際機構が国内機関の行政作用の介在を排除して、独自に一種の公権力的な行政を行なうもの（1938年までのダニューブ河ヨーロッパ委員会、1919-35年の国際連盟によるザール地域の行政、国連の信託統治制度など）、または超国家的な機能をもつ国際機構（ヨーロッパ共同体）が行なう行政をいいます。これに対して『間接行政』とは、国際機構が、国内行政機関を指導したり監督したり、それらの相互の活動を調整したり助成するなど特定した任務を行ないますが、国内行政作用を排除したりこれに代替するものではありません」（山本・前掲注7) 196頁）。これは、ほぼ、Verdross, *supra* note 22, *Völkerrecht,* pp. 477-483 をなぞった説明である。

286 第13章 行政法から見た国際行政法

(2) セル　　セル[24]による「国際法上の行政法」の概念の体系化は、以下の通りである。①個人の結合関係・連帯性として捉えられる国際法社会は、より高度の法秩序として、国家に優位する。②国際社会における行政作用は、二つの異なった現れ方をする。第一に、超国家的な国際法社会においては、特別に指定された共通の機関の権能に委ねられる。第二に、国家相互間の関係から成る国際社会では、構成国の行政機関が担当する。③後者における行政は、「二重機能」（dédoublement fonctionnel）の構成をとる。これが、セルの言う国際法上の行政法の存在基盤であり、各国家の国内機関は、固有の国内法に基づく行政作用のほかに、右の国際社会の行政作用を履行する権能と責任を負う（国際法上の行政機関としての任務を持つ）。ただし、二重機能は過渡的な事実状態に過ぎず、国際行政法は、究極には、超国家組織の公権力により、単一・不可分かつ普遍的な国際法秩序が実現されるようなものでなければならない（以上、69年論文30～31頁）。

(3) 山本　　このように、セルの理論は、究極的には世界市民国家ないし世界連邦政府のような構想に行き着くのであるが、当然ながらそれは山本のとるところではない[25]。山本は、謂わばセルの理論を換骨奪胎して、セルが過渡期の状態と位置付けた二重機能をもって、国際行政法の存立の基礎付けとした。例えば、山本は、二重機能理論の特徴を次のように整理している。第一に、国際行政法の特徴を、超国家組織の特別に指定された機関による行政行為に限らず、原初的な形態の行政行為をも含めていること。第二に、二重機能を持つ各国行政機関を国際行政行為の担い手として位置付けていること（以上、69年論文31頁）。

　ところが、セルの理論は、まさにこの点において、マイヤー＝ノイマイヤー系のドイツの学者から、二重機能を事実問題としてのみならず、法規範的なものとして位置付けていることは独断であり、国家は「国際法上の行政羈束」により拘束されているに過ぎない、との批判を受けた（69年論文31～32頁）[26]。そこで、山本は、この批判に実証的に答えなければ、国際

---

24)　Georges Scelle, "Théorie du gouvernement international", *Annuaire de l'Institut international de droit public*, 1935, pp. 41-112 が引用されている。

25)　参照、奥脇・前掲注6) 185頁。

26)　V. Ganeff, "Zu der Theorie der völkerrechtlichen Verwaltung", *Niemeyers Zeitschrift für*

行政法の存立基盤を実証し得ないとし、「国際法上の行政覊束、または国際行政連合をはじめとする国際行政機構の具体的な作用の中で、国際行政法の存立基盤を探索することとする」のである（同論文 32 頁）[27]。

V　国際行政法の体系

　山本は、国際行政法の概念を次のように定義する。

　　「国際行政法とは、それぞれの国際的社会関係に<u>固有の国際的公共事務</u>を処理するため、多数国間条約に基き管轄の<u>国際行政機構</u>を創設し運営管理し改組し、これに伴う加盟国の権利義務関係を配分すること、ならびにこれらの機構が執行する<u>国際行政行為</u>に関する法規の総体をいう。」（69 年論文 10〜11 頁。下線引用者）

　以下、下線を付した三つの要素（国際的公共事務・国際行政行為・国際行政機構）について、順に検討する。ただし、山本の理論で中心的比重を占めているのは、一つ目の国際的公共事務である[28]。

Internationales Recht, Bd. 52（1937），pp. 36-65, pp. 46-56 が引用されている。

27)　山本は、別の箇所で、次のようにも述べている。「これらの学説［＝牴触法説］が、当時の行政条約（国際法上の行政覊束）または国際行政連合の扱った事項を、行政とは無関係であるか、国内行政事務と区別すべき固有の事務をもたないものと判断したことに注目しなければならない。われわれは、これらの国際行政に関する諸機関が多少とも固有の行政事務をもち、みずからの責任でこれを執行していたことを実証しえたときに、右の学説を克服しうるのであり、そのような方法を通じてのみ、われわれのいわゆる国際行政法の実在性の基礎を論証できるのである。」（69 年論文 29 頁）

28)　国際法説は「『国際的公共事務』（service public international）の概念をその立論の中核にすえている」（69 年論文 5 頁）。なお、ここに付記された原綴はフランス語であると思われるが、service public は、日本におけるフランス行政法研究において、「公役務」と訳すことが当時すでに一般化しつつあった（宮沢俊義「Service public の概念について」［1939］同『公法の原理』（有斐閣・1967）285〜310 頁、神谷昭「フランス行政法における公役務概念について」［1962〜1963］同『フランス行政法の研究』（有斐閣・1965）119〜270 頁など。奥脇・前掲注 6）180 頁も参照）。もっとも、国際法学においては、「（国際）公共事務」と訳す例が先行していたようである（安東義良「国際協力の発達と国際行政法の意義（2・完）」国際法外交雑誌 25 巻 8 号（1926）791〜803 頁、796 頁、横田喜三郎「國際行政法の理念」刑部荘編『野村教授還暦　公法政治論集』（有斐閣・1938）765〜812 頁、785 頁）。山本草二「国際共同企業と国内管轄権行使の抑制」国際法外交雑誌 63 巻 6 号（1965）497〜534 頁、500 頁は、国際的公共事務の概念を、権力作用をも含む概念として用いており、「国際『公

288 第13章 行政法から見た国際行政法

1 国際的公共事務

(1) **概 念** まず、山本による国際的公共事務の概念規定を見ておこう。以下のように述べた一節がある。

> 「それ［＝国際的公共事務］は、個人とその集団の生活関係が多数国の領域にまたがり国際的な交通を深めるにつれて、二国相互の対抗関係において保護・充足される利益（外交的利益、古典的国際法が対象としたもの）とは別個に、相互依存に基づいて多数国に関係する国際的利益（intérêts internationaux）が実在するようになり、このような実体的基盤を単位として、個々の行政事項に組みこみうる、新しい国際的社会関係（communauté internationale）が形成されてきたことに着目した結果に他ならない。いいかえれば国際的公共事務とは、このような国際社会の生活関係を基盤として生じた行政事項を多数国が一元的に処理し、これに介入するために行なう事務をいう。したがって、この国際的公共事務の概念にたいしてどのように具体的な内容を含めるかにより、国際行政法の実体と存在理由が変ってくるのである。」（69年論文5頁）

ここに出てくる「国際的利益」については、次のような説明がある。

> 「……国際的利益は、もはやかつてのように、各国がその固有の国家利益を充足するため他国との対抗関係において行なう活動をもってしては、保護・実現しえない。いいかえれば、国際的利益とは、単に国家が、相手国の領域内での自国民の待遇について外交保護権をもって対抗し、相手国の行政権の行使に修正・救済を求めることにより、確保されうるたぐいの利益ではなく、その受益者である私人の国籍・現在地のいかんにかかわりなく、統一的に保護・実現されるべきものである。国際的公共事務（または国際行政）とは、このような国際的利益を多数国の協力により統一的に充足し、そのために介入する事務をいうのである。」（69年論文9頁）

これらの引用から、次のことがわかる。まず、国際的利益の説明だけを

役務』の概念（「国内行政法の観念を借りれば」と注記されている）を、その下位概念として、公企業による非権力的作用に限定して用いているように見える。両概念のすり合わせも行政法の観点からは重要な課題であるが、ここでは問題の指摘にとどめざるを得ない。

見ると、この利益は、外交保護権により保護される利益のように「国家法益への吸収・同化を要件とする」[29]ものではなく、私人としての資格において、国際社会により統一的に保護されるべき利益であるように読める。しかし、このことから山本が、セルのように、個人を構成単位とする普遍的な国際法秩序を志向していると読むのは、性急である。それには二つの理由がある。一つは、このような国際的利益は、それを保護・実現する枠組みとしての国際的公共事務（国際行政）が存立するための「実体的社会学的基盤」（69年論文9頁）として措定されているに過ぎないことである。つまり、上の引用は、私人が享有する国際的利益が実在するようになったという事象・現象が記述されているにとどまるので、そこから私人（個人）の法主体性が当然に導かれるわけではない。もう一つは、国際的利益を基盤とする国際的公共事務が、あくまでも「多数国間の協力により」行われるとされていることである。山本において、国際的公共事務とは、あくまでも国家を単位とする枠組みである。

(2) 国際的公共事務の存在確定 **(a) 国家管轄権の機能的制限** 以上のような国際的利益を基盤とする国際的公共事務は、どのようにして法的に基礎付けられるか。山本によれば、「国際的公共事務が存立するためには、国家の伝統的な管轄権（属地的及び属人的な）が当該事項にストレートに適用されることを制限しまたは排除する必要が生じてくる」。その例として、交通通信が挙げられる。交通通信に関する国際的公共事務は、領域の「機能的な利用」を基盤とするものであるから、その前提として、領域の「通過の自由」が権利として保障される必要がある。「通過の自由」が確定すれば、当該国家の管轄権が変質し、専門・行政事項に関する共通利益を処理するための国際行政機構の構成単位としての国家の管轄権になる。つまり、国家は、二重機能に基づき国際行政法上の機関に転化する[30]（以上、69年論文36～37頁）。

このような国家管轄権の機能的な制限は、多数国間条約により国際行政

---

29) 山本・前掲注3）165頁。

30) なお、領域国家の管轄権の絶対性が、①地域的要素、②専門職能的要素、③時間的要素により、機能的に分化・変容していき、これが国際的公共事務を基礎付けるという認識も示されている（69年論文38～41頁）。

機構が設立された場合に、より顕著となる。山本は、国際行政機構の機能を次の二つに分ける。一つは、「調整行政」(service de coordination) であり、行政作用の終局的実施は各国の国内行政機関に委ねられるが、国際行政機構がその各国の行政作用の調整を担うものである。もう一つは、「給付行政」(service de prestation) であり、国際行政機構が直接給付事務または分配行政を行うものである（以上、69年論文41頁）。

　国内行政法の眼から見ると、「調整行政」と「給付行政」の対比は興味深い。なぜなら、後者は直感的に国内行政活動との対比がしやすいのに対し、前者はそうではないからである。「給付行政」の例として、山本は国際河川管理委員会を挙げるが、この委員会は「河川管理に関してとくべつの公権力 (pouvoir quasi-souverain) をもち、国内行政法上の公共組合 (une association syndicale) に類似する国際的公共事務を行な」い、河川管理作業を実施するほか、航行規則の制定、裁判権・警察権の行使、料金の徴収事務などを行う（69年論文48頁）。確かに、こうした作用は、法的根拠はともかく外形的には国内法上の行政作用とよく似ており、それを規律する法としての国際行政法を観念することに、それほどの違和感はない。それに対して、「調整行政」がいかなる意味で行政活動と言えるかは、国内法の類推では当然に明らかとは言えないので、敷衍してみる。

　(b)　調整行政　　山本が「調整行政」の例として挙げるのは、「調整行政を継続的機構的に維持するものとして設立された」国際行政連合の作用である。ここで言う調整行政は、交通通信・経済・保健衛生・科学・芸術等、本来国内法に基づき各国の国内行政事務として処理されてきた事項について、専門技術的な理由から運用を条約に基づいて国際的に標準化し、最終的には多様な関係国内法令を統一化していくことである。国際行政連合は、特定の行政目的を実現する必要上、多数国の領域を「同一ないし類似の立法・行政制度に服する単一の領域」として機能的に構成することに特徴がある。例えば、万国郵便連合では、加盟国が通常郵便物の相互交換の目的上、「単一の郵便境域」(a single postal territory) を構成するものとし、その全境域で「継越しの自由」が保障されると定められている（万国郵便連合憲章1条1項[31]）。もっとも、このような調整行政を通じての国際協力は、国家相互間の平等原則と相互主義を侵さない限りでの必要最小限の

範囲に限られ、国内行政事務と密着しこれと未分化の段階であるとされる（以上、69年論文42頁）。

牴触法説をとる論者が批判したのは、まさにこの点である。ノイマイヤー[32]は、国際行政連合の基本条約は、締約国の現行国内法令に何ら直接の影響をも与えず、締約国の立法および行政に関する主権は何ら害されていないとして、国際的公共事務の存在を否定する。連合の結成には国際法が関与するが、執行は国内法上の行政事務に全て委任されているというのである（以上、69年論文45〜46頁）。

これに対する山本の反論は以下の通りである。確かに、締約国は、行政条約に基づき国内立法措置さえ行えば、条約上の義務は果たし終えたことになり、不遵守・不履行の責任が問われるのは、実施にあたる私企業等である。しかし、国際行政連合が、関係国内法令の統一化と業務運営に関する行政上の監督の基準化を目指して条約で定める行政事務は、各国が国内法に基づいて個別になし得るものではなく、したがって国内法秩序に還元できない、国際社会に固有の事務と言える。これに加えて、各国の主管行政庁の代表から成る主管庁会議や、常設委員会などがその継続的な履行と実現の制度的な裏付けとなっている（以上、69年論文46〜47頁）。

2　国際行政行為

以上のような調整行政の理解は、国際行政行為の概念規定にも影響を与えているように思われる。山本は、国際行政行為を定義して、「この種の国際行政機構［多数国間条約により国際行政事務が配分されたもの］の創設・運営管理・改組に伴う加盟国の権利義務関係を配分し決定することと、かかる機構が国際的公共事務の処理のために行なう行為であって、法的効果を生ずる一切のものをいう」（69年論文10頁）とする。そして、「単に国内行政行為の促進・展開のために国際法が介在している場合とか、国家に固有

---

31)　「この憲章を採択する諸国は、郵便物の相互交換のため、万国郵便連合の名称で、単一の郵便境域を形成する。継越しの自由は、連合の全境域において保障される。」（1964年採択の原規定）

32)　Karl Neumeyer, "Les unions internationales", *Revue de droit international de sciences diplomatiques et politiques,* t. 2 (1924), pp. 343-362, pp. 344-345 が引用されている。

の行政目的を達成するために必要な機関を創設するについて条約が介在している場合とは、峻別されなければならない」（同頁）と言う。なお、山本の言う（国際）行政行為は、国内行政法上の法技術的概念である行政行為（行政処分）とは別物であり、必ずしも権力的行為に限定されないという点には注意が必要である[33]。

　国際行政行為は、次のように分類される。第一に、調整行政を通じての二重機能の国際化（国内行政事務に対する政策・規制の基準の標準化）であり、第二に、国際組織の常設機関による国内行政事務の修正であり、第三に、国際機関による行政事務の直接的実現である（69年論文52頁）。第二点については、例えば国際行政機構が行う以下のような作用も、国際行政行為の範疇に含まれる。一つは、国際行政連合の事務局による、行政条約に定める事項についての関係国内行政事務の資料・情報の蒐集公刊であり、もう一つは、国際機関が各国の提供した情報を審査し、必要とあれば関係国内行政事務の修正を求めるものである（同論文54頁）。これらの作用は、「国際管理」（le contrôle international）（同論文11～12頁）[34]の一形態として捉えることも可能であろう。

3　国際行政機構

　国際行政法の三つ目の構成要素である国際行政機構については、必ずしも体系的な叙述があるとは言えない。例えば、69年論文では、以下のような言及があるにとどまる。

　　　「上述した国際公共事務は、じっさいには国家が多数国間条約により同意する範囲内で、個々の国際行政機構（固有の執行機関をもたない国際行政制度を含む）に配分される。」（69年論文10頁）

　　　「そして第三に、国際行政機構の法的地位を確定することである。それは、国際行政行為を直接に行なう機関（たとえば、国際行政連合の事

---

33)　山本草二「国際行政法」小田滋ほか編『新版　現代国際法』（有斐閣・1986）251～266頁、254頁。

34)　国際管理は、国際コントロールとも訳され、「客観的義務・基準の名宛国による履行確保を目的とする、多辺的国際制度による監視・指導行為」（森田章夫『国際コントロールの理論と実行』（東京大学出版会・2000）12頁）と定義される。

務局）の法的地位と必らずしも同一ではない。条約で設定された国際的公共事務の処理が有効に行なわれるために、加盟諸国の合意またはそれに基く国際行政機構の存在そのものを対外部的にどこまで保障すべきか、の問題である。その態様は、国際的公共事務の性質または国際行政行為の範囲いかんにより、変りうるものである。」(同論文37頁)[35]

83年論文では、国際行政機構の概念が消え、代わりに「国際行政共同体」の概念が導入されている（同論文63頁ほか）。また、ほぼ同じ意味で、「多辺的国際制度」という概念も用いられている（同論文65頁ほか）[36]。これらはいずれも、多数国間条約によって設立された政府間国際組織と、そのような組織化はされていないが、多数国間条約を継続実施するための締約国による定期会議とを包含するものである。そして、「国際行政法の主体」として、これらの制度につき実定法的な解説がされている（同論文65～69頁）。

Ⅵ　国際行政法はいかなる意味で「行政法」か？

Ⅰで指摘した通り、山本の国際行政法（特に国際法説の意味でのそれ）は、（国内）行政法との接点がなく、行政法学者からすると、それがいかなる意味で行政法なのかがわかりにくい。そのことは、69年論文を締めくくる次の叙述にも表れている。

　　「行政条約の確定したこのような国際的公共事務が、国際行政機構の行政行為を通じて、加盟国の行政事務との関係で継続的に実現されてはじめて、国際行政法の存立が可能となる」（69年論文60頁）。

本章で分析した山本の概念構成をそのまま繰り返す言明であるが、この

---

35)　これは、国際行政法の機能についての説明であり、これに先立つ第一が国際公共事務の存在確定、第二が国際行政行為の範囲・程度の画定・分類であり、「以下それぞれについて、検討する」（37頁）とされているのであるが、それに続く部分では国際行政機構の検討はされていない。

36)　「多辺的」とは、multilateral の訳であり、「二国間交渉の処理に還元できない」という意味である（63頁）。

文章のみを率然と読むと、要するに条約に基づいて国家の権限が制約されることがあるという実定国際法の一般的な現象を記述しているだけと受け取ることもできる。つまり、そのような現象に「(国際) 行政法」という名称を付けることによって、どのような新しい視角がもたらされるのか、本章がこれまでに分析対象とした彼の叙述だけでは、今一つ明らかにならないのである。そこで、本章を閉じるにあたって、彼が明示的には述べていない理論的背景——特に、国際行政法の存立を可能にする、国際社会ないし国際法秩序の構造——を補いつつ、山本学説の奥行きを探ることにしたい。

1 国際法の行政法モデル

　このような観点から興味深いのは、西平等による国際法のモデル分析である。西は、国際法のモデルとして、「自己利益を追求する対等・独立の主体が合意によって形成する権利・義務関係としての『私法モデル』」と、「個別主体に優越する共同性によって根拠づけられる法秩序としての『公法モデル』」とを対比したうえで、後者をさらに「刑事法モデル」と「行政法モデル」とに分類する[37]。西の論文の本旨は、第三のモデルである「社会法モデル」の検討にあるのだが、ここでは、行政法モデルに関する西の叙述を引用しよう。

　　「もうひとつの型の公法モデルは、行政法 (国家法 Staatsrecht) の規範構造に依拠する。……このモデルの核心は、主権概念を権限 (管轄権) 概念に還元することである。古典的国際法が、あたかも国家の『自然権』のごとく把握された『固有の主権』を前提とし、主権国家間の相互的権利・義務関係として国際法秩序を構成したのに対し、行政法モデルは、国家の主権を、国際法によって国家に認められた諸権限の集積とみなし、権限 (管轄権) の内容確定や権限抵触の調整という観点から国際法を構成する。すなわち、本来の本源的権利 right を基礎とする主観法的秩序構成 (主観主義) から、法規によって法実現

---

37) 西平等「連盟期国際法学における社会法モデル」世界法年報 36 号 (2017) 33〜58 頁、34 頁。

機関に与えられた権限 competence を基礎とする客観法的秩序構成（客観主義）への転換が行われるのである。このような法秩序構造の転換を前提として、『国際的公共事務（公役務）』の実施が国際法を通じて国家に授権されるという『国際行政法』が観念される。

　行政法モデルの思想史的淵源の一つは、よく知られているように、国際法を社会連帯（社会的相互依存）に根拠づけた 20 世紀前半のフランス国際法思想である。デュギー L. Duguit およびセル G. Scelle の法理論によれば、国家統治者は、社会連帯によって結び付けられた集団の必要を満たすために権限を与えられた機関 agent に過ぎない。したがって、統治者には、国家という集団が必要とする法規範だけではなく、国際的相互依存によって結び付けられた国際社会という集団が必要とする法規範を実施してゆく義務があり、そのための権限が与えられる、という。このような『二重機能論』により、国家統治者は、主権的権力者ではなく、国際的公役務を実現する権限を付与された機関として再定義されることとなる。

　［中略］

　意思概念批判を徹底することによって、国家意思と法との関係を逆転させたケルゼンの思考を受け継いで、同じウィーン学派に属する国際法学者フェアドロスは、主権的意思が国際法の基礎であることを否定し、逆に『国際法に基づいて国家が保有する特別の諸権限 Kompetenz』として主権を再構成した。そして、権限として再構成された主権概念を前提としてフェアドロスが論じた国際行政法 das völkerrechtliche Verwaltungsrecht の概念が、山本草二の国際行政法論に影響を与えていることは周知であろう。」[38]

セルとフェアドロスが、ここで述べられた意味における客観主義を志向したこと、山本が両者の影響を受けて国家主権を管轄権に機能的に分解し、それを制限する法理としての国際行政法を構想し、後の国際法の体系化につなげたこと、はそれぞれ事実であろう。しかし、山本がセルやフェアドロスの言うような客観主義を志向したとは、必ずしも言えないように思わ

---

38)　西・前掲注 37) 34～36 頁。

296 第13章 行政法から見た国際行政法

れる（西もそのように述べているわけではない）。

　まず、山本が世界市民国家を峻拒し、個人を国際社会の構成単位とするセルの理論をこの点では受け継がなかったことは、すでに指摘した（II 2 (2)・IV 2 (3)）。

　また、山本は、国際行政法が成立するために、あるいはその基礎となる国際的公共事務が存在するために、（多数国間）条約が必要と考えている。例えば以下の記述である。

　　「国際的公共事務が国際社会に固有の行政事務としてその存在を確定するためには、多数国間条約で当該の行政事項に関する一般的基準を定めると共に、一定の国際行政機構を通じてその一般基準が継続的に実現されなければならない。」（69年論文41頁。圏点引用者）

　国際的公共事務のさらに基礎を成す国際的利益については、それが法概念ではなく社会学的事実概念であるとしており、法概念としての国際的公共事務に転化するためには、国家の地位の転換が必要だと説いているが、以下の引用に見る通り、それは国家が「みずからを」転換することである。これは、国家が自己の主観的意思に基づいてという意味に解される。

　　「もとより、国際的利益という実体的社会学的基盤がそのままで法概念としての国際的公共事務に転化しうるわけではない。国際法のもとで伝統的に『政治的領域的に区分された権力単位』（国際関係の最小の区分単位）としての地位を享受してきた国家が、このような国際的利益の出現にたいして『経済、交通通信、社会、文化など、それぞれの専門分野に内在する共通の利害関係を凝集し、国際的に組織化する共同体の構成単位』へと、みずからをいかに転換させうるかが問題であり、国際行政法の存立の可否は基本的にはこの点にかかっている、といえよう。」（69年論文9〜10頁。圏点引用者）

　そのほか、「加盟国の同意を得て国際社会の固有目的の直接的現実的な実現がなされる限り、それは国際行政作用であって」（同論文13頁。圏点引用者）という表現も見られる。

　むしろ、山本が論じたかったのは、その先の問題であるとも言える。すなわち、山本によれば、国家は自己の意思により多数国間条約を締結し（またはそれに加入し）、いったん国際行政共同体の「構成単位」となった

後は、当該共同体は、個々の構成国の意思から独立して決定を行い、構成国は、それに拘束される（83 年論文 66～69 頁）。共同体の活動および構成国への拘束には、時間的な継続性が必要とされる（69 年論文 40 頁）。こうした秩序構造を前提にすると、国家は、国際的利益の実現を目的とした国際行政共同体の機関として権限ないし管轄権を付与されて、その範囲内でのみ行動し得るにとどまり、絶対無制約の国家主権や国家意思というものは、もはや認められなくなるだろう。こうした秩序構造は、まさに国家法（行政法）モデルと呼ぶに相応しい。そもそも、国内法秩序の存立基盤についても、社会契約のような意思主義的前提を置くか、自然法のような客観主義的前提を置くかという理論的対立はあり得るが、どちらの前提に立っても、実定国内法の認識はあまり異ならないように、条約によっていったん出来上がった秩序をどのように認識し分析するかに、実証主義者山本の主たる関心があったと言えよう。

2　国際行政法と行政法との協働？

　最後に、以上のように理解された国際行政法について、（国内）行政法からの貢献の余地を探り、国際行政法と行政法との協働の可能性を示すとともに、その限界をも指摘することにしたい。可能性を二点、限界を一点述べる。

　第一に、山本の構想が行政法モデルにより説明できるとしても、国際法（多数国間条約）による国家管轄権の内容確定が、そのまま当然に国内行政機関の権限の内容確定に転化するわけではないことには注意を要する。現在の日本の理論[39]および実務[40]を前提とすると、法律による行政の原理に基づいて法律の根拠が必要とされる行政活動について、条約をもってそれに代えることはできないと解されている。山本自身もそのような主張を行っているわけではない。確かに山本は、調整行政に基づき関係国内法令の「統一化」が行われると述べてはいる（**Ⅵ1**(2)(b)、69 年論文 46 頁）。しかし、

---

39)　成田・前掲注 2) 87 頁、松田浩道「憲法秩序における国際規範─実施権限の比較法的考察(4)」国家学会雑誌 130 巻 1 = 2 号（2017）122～75 頁、79～77 頁。

40)　松田誠「実務としての条約締結手続」新世代法政策学研究 10 号（2011）301～330 頁、314～315 頁、318 頁。

それを国内において実施するためには、改めて国内法上の措置がとられる必要があると解しているようである（同論文37頁、53頁等）。そのような理解は、国際法と国内法との関係に関する彼の等位理論[41]にも整合的であろう。このとき、国内行政機関は、国内法を通じて国際法を実現する任務を負っており、国際行政法上の執行機関としての役割をも担う（二重機能）。だが、国際法と国内法とは、常に予定調和するとは限らず、両者の要請が衝突するという事態は、あり得る。国内行政法が国際法の実現の障害になっている場合、その原因がどこにあり、どうすればそれを取り除くことができるのか（さらに取り除くことのできない限界はどこにあるのか）を提示していくことは、行政法学が国際（行政）法に対してなし得る寄与の一つであろう[42]。

　もっとも、ここまでは国家が多数国間条約に基づいて「国際法上の行政羈束」を課されているにとどまる場合と、少なくとも外形上は区別できない（Ⅳ2(2)）。山本の言う意味での国際行政法が成立するには、国際行政機構で行われている調整作用それ自体に、国際的公共事務の処理が見出されなければならない[43]。これが国際行政行為であり、ここに行政法学が貢献し得る第二の可能性がある。

　その第二点は次の通りである。山本の理論は、多数国間条約で定められた事項を加盟国の国内機関が粛々と執行するという構図ではなく、国際行政機構が加盟国の意思から多かれ少なかれ独立して判断・決定を行うとこ

---

41)　山本・前掲注3) 85～86頁。ただし、この点を過度に重視すべきではないかもしれない。セルの二重機能論について、国際法優位の一元論の下でも同じ問題が生じることを指摘するものとして、森田・前掲注34) 38頁、66頁註64。

42)　そのような例として、原田大樹『行政法学と主要参照領域』（東京大学出版会・2015）89～94頁（税務行政執行共助条約の要請に基づく徴収共助〔租税条約実施特例法11条1項〕と法治主義との関係を検討）。

43)　西・前掲注37) 54頁註17は、「間接行政とは、国際社会における共通利益を実現するために定立された国際法を、各国が、その広範な裁量的権限において執行する、という形態の国際行政法である」とするが、そこで引用されたVerdross, *supra* note 22, *Die Verfassung*, pp. 75-76 は、国際法規範の間接実施（mittelbare Staatengemeinschaftsvollziehung）の説明であり、間接行政（mittelbare Verwaltung）とは区別すべきもののように思われる。山本は、間接行政を、国際機構による国内行政機関に対する指導・監督・調整・実施と定義しており、それはフェアドロスにおいても同様である（前掲注23）参照）。つまり、山本の国際行政法の対象は、あくまでも国際行政機構の行為であり、国内行政機関による実施・執行ではない。

ろに、国際行政の本質を見ることになる。つまり、国際行政行為の介在であり（Ⅴ2）、ここにおいてこそ単なる「国際法上の行政覊束」との違いが見られる。多数国間条約を立法行為に見立てれば、それを根拠として行政機関が二次的・個別的決定を積み上げていくという構造は、行政法の思考に適合的である。

　しかし、国際行政行為に国家意思からの独立性すなわち形成的・裁量的性質を認めるということは、根拠条約によっては実体的に規律され尽くされない余地を認めることでもある[44]。そうすると、根拠条約以外に、国際行政行為の恣意性を抑制するための法——国内行政法で言えば裁量統制や行政手続に相当する法——が国際行政法に見られないのかは、行政法学者としては気になるところである。山本のテクストを読む限り、そのような問題意識は感じられないが、逆に言えば、行政法学はこの点でも貢献の余地があると言えよう[45]。

　第三に、山本の国際行政法には、次の限界がある。それは、山本の言う国際的公共事務は、専門領域ごとに分化した国際行政機構に固有の事務であるに過ぎないことである。奥脇直也は、山本が「実体的社会学的基盤」として記述した国際的利益（Ⅴ1(1)）が法学的に転化した概念を「国際公益」と呼ぶが、国際的公共事務を通じて充足されるのは、国際社会全体に妥当する一般利益ではなく、専門領域ごとに成立する国際公益なのである[46][47]。あまりに専門分化が進むと、国際社会・国際法秩序の分断をもた

---

44)　国際行政機構は、とりわけ国際行政連合に顕著であるように、多くの場合各国の所管行政部門の集合体である。そうであるとすれば、本文で指摘した独立性は、根拠条約に対する独立性と同時に、各国の立法府に対する独立性をも意味し得る。伊藤一頼「国際条約体制に正統性はあるのか—民主的正統性を超えて」法学教室444号（2017）133〜139頁、136〜138頁は、多数国間条約の実施体制を権力分立の観点から分析しており興味深いが、そこで言う権力分立は、上に述べた二重の意味で理解し得るように思われる。

45)　グローバル行政法はそれを狙ったものだとも言える。さしあたり参照、興津征雄「グローバル行政法とアカウンタビリティ—国家なき行政法ははたして、またいかにして可能か」『グローバル化Ⅰ』47〜84頁。

46)　奥脇・前掲注6)179〜180頁。同223頁は、一般的国際組織を通じての「国際社会の一般的利益」の形成を説く。

47)　ただし、山本は次のように述べている。「たしかに、いずれの共同体も、特定利益の保護という目的の達成のために結成されるのであり、その実現のために行なわれるすべての活動は、『公的なもの』（pubbliche）とみなされる」（69年論文13頁）。そのような活動が、当該共同体にとって「公的なもの」であることは言うまでもないが、国際社会全体にとって

らしかねないし、異なる利益（国際公益）相互の衝突が生じる可能性もあるが、それに対する処方箋は、山本の国際行政法論には、用意されていない。

ところが、そのような処方箋は、（国内）行政法学にも、実は用意されていないのである。国内行政法においても、もちろん、異なる利益相互の調整が必要となることはある。しかし、国内法においては、それは第一次的には立法者の任務であり、行政機関は立法者の示した利益調整原理を具体的に適用するだけである。立法者が社会の中で併存する多種多様な利益の全てに目を配り、それに一義的な序列を付けるのは不可能であるから、行政機関に裁量判断の余地が与えられることが多く、利害関係者の参加により実質的な決定が行われることもある。だが、その場合でも、立法者が何らかの指針を示しているか、少なくとも決定のための場や制度を設けていることは前提となる[48]。立法者が何も決定を行っていないところで行政機関が利益や価値の序列付けを行うことには、限界がある[49]。

したがって、この点に関して行政法学から固有の貢献をする余地は、あまり大きくないと言わざるを得ない。しかし、これは行政法学の限界ではなく、新たな発展への好機と捉えるべきかもしれない。日本の行政法学は、国民の利益の一定程度の同質性を前提に、議会立法を中心とする民主的正統化の理論を組み立ててきたが、そのような前提が存在しない国際社会において、いかにして多くの人々を納得させ得る公共的決定の回路を確保し得るかが、行政決定過程の法的規律を重要な使命の一つとしてきた行政法学の次なる課題となろう[50]。これもまた、国際行政法と行政法との協働の

　「公的なもの」だとすると、なぜそのように言えるのかはよくわからない。

48)　参照、興津征雄「行政過程の正統性と民主主義—参加・責任・利益」『小早川古稀』325〜345頁、340〜344頁。

49)　伊藤・前掲注44) 138〜139頁は、この問題を指摘したうえで、「行政庁の決定におけるアカウンタビリティ（説明責任）の確保」（139頁）に活路を見出し、グローバル行政法に言及する。しかし、筆者の見るところ、グローバル行政法も、この問題を免れておらず、異なる構成母体ごとに成立する公共性相互の調整は、依然として課題である。キングズベリーの「公際法（inter-public law）」アプローチ、クリシュの多元主義アプローチは、この問題に対する処方箋として提示されたものであるが、いずれも決定打とは言えない。参照、興津・前掲注45) 72〜80頁。

50)　ごく簡単なスケッチとして、興津征雄「国際機関の民主的正統性」公法研究 79 号（2017）148〜158頁。

形であり得る。

VII おわりに

　最後にいま一度、国際行政法と行政法との関係をまとめておく。

　国際法秩序と国内法秩序との併存を認め[51]、かつ、国際法規範が国内行政活動の直接の根拠にならないとするならば（VI 2）、国内行政法の側からは、国際法上国家にどのような義務が課されているかさえ認識できればよい。その意味では、牴触法説に基づき国際法上の行政覊束のみを考えておけば足りる。しかし、山本草二の国際行政法論は、牴触法説を退けた時点で、あくまでも国際法の理論でしかあり得なかった。国際法学と国内法学との学問的二元論を前提とすれば、このことが行政法学の関心を遠ざける一因になったことは、否定できないと思われる。

　ただし、国際行政法は、解釈論上の問題に解決を与える道具概念というよりは、国際的な行政協力の枠組みを一定の国際法の体系から認識するための問題発見的概念としての性格を色濃く持っていた（VI 1）[52]。学問的二元論を克服することにより、この性格を、行政法学と国際法学とが知恵を出し合って取り組むべき共通の課題を発見することにも利用できるだろう。かくしてグローバル化時代における国際行政法には、謂わば学問的グローバル化を推し進めるための場を提供する役割も、期待されるのである。

【附記】　本研究は、JSPS 科研費基盤研究（A）（課題番号 15H01925）および基盤研究（B）（課題番号 17H02452; 16H03543; 15H03304）、公益財団法人野村財団社会科学助成、および神戸大学社会システムイノベーションセンター研究プロジェクトの助成を受けたものである。
　　本章は、興津征雄「行政法から見た国際行政法―山本草二の論文を読む」社会科学研究（東京大学）69 巻 1 号（2018）5 ～28 頁に若干の補正を加えたものである。また、その内容の全部または一部は、「グローバル化のもとで

---

51)　国際法・国内法二元論または等位理論をとるときはもとよりのこと、国際法優位の一元論をとる場合でも、このことは共通して置かれる前提である。前掲注 41) 参照。
52)　山本・前掲注 7) の副題も参照。

の政策決定・法形成の正統性」研究会（2017 年 8 月 19 日）、「グローバル化
に伴う領域横断的法学研究・教育の課題と可能性」2017 年夏季研究合宿
（2017 年 8 月 31 日）、国際法学会 2017 年度研究大会公募分科会「グローバル
時代の国際法における国際行政法アプローチの今日的意義」（2017 年 9 月 6
日）、"Global Administrative Law – Talking with Professor Benedict Kings-
bury"（2017 年 11 月 24 日）において報告またはコメントとして発表された。
とりわけ、後二者は、JSPS 科研費基盤研究（C）「グローバル化社会におけ
る国際行政法と国家―国際法学、行政法学、抵触法学の協働」（課題番号
16K03318）の招請に応じて行ったものである。同科研費の研究代表者であ
る柳赫秀教授（横浜国立大学）には、筆者に山本・国際行政法論と向き合う
きっかけを与えてくださったことについて、感謝申し上げる。

第**14**章 国際ネットワークの中の都市
——自治体の国際活動とその限界

.... 大西楠・テア

```
Ⅰ  はじめに
Ⅱ  越境的規範の形成・執行主体としての都市
Ⅲ  地方自治体の国際活動の限界
Ⅳ  結  語
```

Ⅰ はじめに

　グローバル化研究の泰斗サスキア・サッセンは、『グローバル・シティ』において、グローバル化が進行する場所としての都市、また、グローバル化を推進していく主体としてのグローバル都市の重要性を指摘した[1]。1990 年代以降の国際的な都市ネットワークの発展と国際社会における役割を見ると、実際に都市・地方自治体は、グローバルな主体としてグローバル秩序の形成を推進していると言えそうである。すなわち、都市・地方自治体は国際的なネットワークを形成して様々な政策領域において協働し、政策実現・執行の局面において国家の役割を補うだけでなく、時に国際機関と国家を介さずに直接の関係を結ぶことで、国際人権の保障や環境保護といったグローバルな価値を実現する。

　都市・地方自治体はグローバル空間を形成する重要な主体であり、グローバル化がもたらす自治体への影響は今後さらに強まっていくことが予想される。それにもかかわらず、これまで日本においては、自治体の国際活

---

　1)　サスキア・サッセン（伊豫谷登士翁監訳／大井由紀・高橋華生子訳）『グローバル・シティ—ニューヨーク・東京・ロンドンから世界を読む』（筑摩書房・2008）387 頁。

動についての法的考察は限定的なものにとどまってきた[2]。近年、公法学における国際化の影響は重要な論点となっているにもかかわらず[3]、地方公共団体の国境を越えた活動は注目されてこなかった。確かに、多くの場合、国際条約の対象領域は地方政府の権限外であるため、国際化は主として国家間の関係として認識される。しかしながら、WTO 協定のように国際条約が地方政府の行為を規律する場合には、地方自治体の国際法遵守が問題となるし、TPP のように投資家保護のために ISDS 条項を設ける経済連携協定において、地方自治体の行為は国際投資仲裁の対象となる。また、人権条約の順守義務は地方公共団体にも及ぶ[4]。

加えて、地方自治体は地方における行政を担う統治体として、国家の一部として理解されると同時に、国家内部の多元性をも表現する。国家外交と並行する「自治体外交」、人の国際移動によって生じる外国人住民の地方自治体への包摂、国家戦略特区を利用した独自の施策は、国家の下位レベルで国家の政策を補いながら、複線的に政策を実現する例と見ることができよう[5]。

グローバル化の進展により様々な政策分野において国家以外の主体、多様な空間レベルへのガバナンスの分散が生じる中で、様々な活動の準拠枠として新たな単位が台頭し、それぞれの政策分野ごとに、それぞれに適した空間を選択する状態へと移行している[6]。国民国家の優位性が低下する

---

2) 我が国において、地方自治体の国際化・地方自治の国際的局面を論じた先駆的業績としては以下のものがある。江橋崇「自治体国際活動と法構造」松下圭一編著『自治体の国際政策』（学陽書房・1988）、大津浩「国際人権保障における自治体の権能と義務」芹田健太郎ほか編集代表『講座 国際人権法 3 国際人権法の国内的実施』（信山社・2011）、同「地方自治における国際人権保障と私人間紛争」国際人権 20 号（2009）、同「自治体の国際活動と外交権」公法研究 55 号（1993）、斎藤誠『地方自治の法的基層』（有斐閣・2012）147 頁、同「グローバル化と行政法」磯部力ほか編『行政法の新構想 I 行政法の基礎理論』（有斐閣・2011）、原田大樹『公共制度設計の基礎理論』（弘文堂・2014）、同「グローバル化の課題」行政法研究 20 号（2017）1 頁以下。

3) 我が国における議論状況について参照、岡田正則「グローバル化と現代行政法」現代行政法講座編集委員会編『現代行政法講座 第 1 巻 現代行政法の基礎理論』（日本評論社・2016）351 頁。

4) 須網隆夫「WTO と地方自治体—政府調達協定をめぐって」ジュリスト 1254 号（2003）72 頁。

5) 斎藤・前掲注 2)『地方自治の法的基層』147 頁、斎藤誠「国際化と地方自治の法システム」塩川伸明＝中谷和弘編『法の再構成 [II] 国際化と法』（東京大学出版会・2007）。

中で、〈社会〉を規律する作用は国家に独占されるのではなく、地方レベルと国家レベルの協働や地方レベルと超国家レベルの協働が重要な役割を担うようになり、都市・地方自治体が独自の存在感を持つようになってきていると言えるのではないだろうか[7]。

　以上のような問題意識の下、本章では、グローバル化における地方自治体の役割を次の二つの局面から検討する。すなわち、越境的な規範形成・執行に関わる局面、そして国際活動を可能とする――あるいは限界付ける――法的根拠付けの局面である[8]。

II　越境的規範の形成・執行主体としての都市

　国境を越えた都市の連合・共通の政策形成は、1913年にまでさかのぼる。都市・地方自治体が構築する国際的ネットワークは、自治体が地域の事務にあたって蓄積する「グッドプラクティス」の情報共有を行うとともに、国境を超えた地方自治体間の協力体制をも構築する。こうした国際的な協力体制は、国際機関と連携して越境的な規範形成に関与するとともに、後に見るイクレイ[9]のように、越境的規範の執行主体としても重要な役割を担う。以下では、都市間の国際的ネットワークの代表的なものを取り上げて、その活動が持つ意義を検討する。

---

6)　若松邦彦「政策の領域化と調整―都市政策システムのヨーロッパ化」平島健司編『政治空間の変容と技術革新2 国境を超える政策実験・EU』（東京大学出版会・2008）143頁。

7)　Georg Nolte, Das Verfassungsrecht vor den Herausforderungen der Globalisierung VVDStRL 67 (2008), S. 129 ff.; Jan Obbecke, Selbstverwaltung angesichts von Europäisierung und Ökonomisierung, VVDStRL 62 (2002), S. 366 ff.

8)　もう一つの重要な局面である地方自治体内部の人的構成の変化による「内なる国際化」については、別稿（上智ヨーロッパ研究12号（2020）掲載予定）で扱う。参照、斎藤・前掲注2)『地方自治の法的基層』148頁以下、興津征雄「在留外国人の地方選挙権について―最高裁平成7年2月28日判決と地方自治」地方自治857号（2019）3頁以下。

9)　クリス・セモンセン「国際環境自治体会議（ICLEI）とその活動」地域開発359号（1994）42頁以下。

306　第14章　国際ネットワークの中の都市

1　都市間の国際的ネットワーク

　都市・地方自治体が構築するネットワークは、グローバル・ガバナンス論の登場に際して、国家の下位レベルでグローバル・ガバナンスに関与する主体として注目されるようになった。私的アクターと並んで、国家の下位レベルのアクターが形成する恒常的かつ非公式に組織されたネットワークによって、情報交換がなされ、公共財が形成され、共通の利益基盤が構築されることで、グローバル空間の秩序形成が図られる[10]。こうした国際的なネットワークは、各国国内で自治体の国際的連携を推進する、さらなるネットワークによって補強されている。例えば、フランスにおけるフランス都市連合（Cités Unies France）[11]、アメリカにおける全米国際姉妹都市連盟（Sister Cities International）[12]、日本における自治体国際化協会（Council of Local Authorities for International Relations）[13]である。

　日本の自治体も加盟する都市・地方自治体の国際的ネットワークの例としては、メトロポリス、CITYNET、北アジア地域自治体連合、アジア大都市ネットワーク21、行政に関するアジア・太平洋地域機関など、地域や分野によって様々なものが存在するが、以下では、国際都市・地方自治体連合（United Cities and Local Governments）、イクレイ（Local Governments for Sustainability）、市長誓約の三つを取り上げる。

（1）　国際都市・地方自治体連合（United Cities and Local Governments; UCLG）

　　国際都市・地方自治体連合の前身である国際都市連合（Union international des villes）は、1913年にベルギーのゲントで発足した[14]。国際都市連合は「世界的に共通する課題についての一つの都市における対処方法が

---

10)　国家の制御能力の低下に伴い台頭する非国家主体の一つが都市・地方自治体であり、〈社会〉の秩序形成主体が変化していると見ることもできる。サスキア・サッセン（伊豫谷登士翁監修／伊藤茂訳）『領土・権威・諸権利—グローバリゼーション・スタディーズの現在』（明石書店・2011）314頁。

11)　国際関係、特に地方分権型国際協力に関わるフランスの地方自治体および地方政府の連合体である国際協力の分野で情報提供や助言を行い、特定の問題に対してワーキンググループを形成するとともに、地方自治体が海外のパートナーとともに複雑な地方の課題に取り組むための「国際グループ」を形成している。

12)　補助金や国際交流プログラムの提供を通じた姉妹都市交流の強化、姉妹都市の提携を希望する団体に対する支援・情報提供、を行う非営利団体である。

13)　〈http://www.clair.or.jp/〉

14)　Premier congrès international et exposition comparée des villes, 1913.

他の都市にとっても参考になり得る」との理解の下、「グッドプラクティス」の情報共有を行うとともに、国境を越えた地方自治体間の協力体制をも構築した[15]。同組織は、後に国際地方自治体連合（International Union of Local Authorities）に引き継がれ、他の都市連合と合同した結果、現在では、UCLG として 127 か国から 2500 団体以上が参加する世界最大の地方自治体連合組織となっている。日本においては UCLG の認知度は低調であると指摘されてはいるものの[16]、すでに 1950 年代より日本の都市は会員となっており、旧自治省や総務省からの国際会議参加の実績も多数ある[17]。UCLG において、日本の地方公共団体は地方自治に関連する情報共有のための参加を行っており、特に静岡県浜松市が、会員都市としてグローバル化による課題解決に向けての都市間連携に積極的に参与している[18]。

　すでに UCLG の前身である国際都市連合の段階から国際組織との連携の端緒が見られ、戦間期に創設された国際連合に国際都市連合が団体として参加することが構想されていた[19]。国際連盟への参加は立ち消えるものの、1925 年頃より、国際都市連合と世界労働機関（ILO）との間には継続的なコンタクトが生じた[20]。第二次世界大戦後には、IULA が国連経済社会理事会（ECOSOC）、世界保健機構（WHO）および国連児童基金（UN-

---

15) 同組織は、地方自治体間での情報共有を行うのみならず、国際連合との連携も構想されたが、実現には至らなかった。他国の都市における都市計画や公衆衛生等の施策について情報共有することで、20 世紀に急速に進行した都市化に対応する役割を持った。Vgl. Helmut Fhilipp Aust, Das Recht der globalen Stadt. Grenzüberschreitende Dimensionen kommunaler Selbstverwaltung, 2017, S. 39.

16) 基田茂樹「Imagine Society, Build Democracy 第 4 回都市・自治体連合（UCLG）総会・第 2 回『地域リーダーサミット』報告」自治総研 429 号（2014）55 頁。

17) 東京施政調査会編「国際地方自治体連合—その歴史と活動」都市問題 44 巻 1 号（1953）159 頁以下、同編「国際地方自治体連合 1957 年会議議題関係報告書について」都市問題 47 巻 11 号（1956）1256 頁以下。神林章元「いま外国の地方公共団体関係者は何を考えているか—IULA（国際地方自治体連合）第 29 回総会に出席して(1)～(6・完)」自治研究 66 巻 4 号 3 頁・5 号 3 頁・6 号 52 頁・8 号 20 頁・9 号 43 頁・10 号 34 頁（1990）。

18) 静岡県浜松市企画部国際課「『第 3 回都市・自治体連合アジア太平洋支部コングレス 2010 浜松』の開催」自治体国際化フォーラム 256 号（2011）5 頁以下。

19) 1924 年には国際連盟加盟国の間で、UIV によって自国の主権が脅かされることへの懸念が示された。このため、UIV と国際連盟の関係が制度化されることはなかった（Aust, a. a. O., (Anm. 15) 40 f.）。

20) すなわち、住居、公衆衛生、失業対策といった地方レベルでの問題について、ILO と UIV との間に意見交換が行われるようになった（Aust, a. a. O., (Anm. 15) 42 ff.）。

308 第 14 章 国際ネットワークの中の都市

ICEF）において、国際 NGO としてオブザーバー参加の資格を得た。

（2）**イクレイ**　　国際環境自治体協議会（International Council for Local Environmental Initiatives; ICLEI）は、地球規模の環境破壊に対して自治体レベルから取り組む世界的なネットワークとして 1990 年に設立され、地域活動を積み重ねることによって、地球環境を守り持続的社会をつくるための諸条件を具体的に改善しようとする自治体をまとめ、世界的な運動として推進することを活動趣旨としている。2003 年に「イクレイ―持続可能な都市と地域を目指す自治体協議会」（Local Government for Sustainability）と名称を変更し、持続可能な都市と地域の実現に向けて、都市が抱える共通の課題やその解決策について、次のような活動を行っている。すなわち、ローカルアジェンダ 21 などの共通の活動枠組みを設定した国際キャンペーン、事例集・調査報告書・ウェブサイト等を通じた情報提供、研修事業、ワークショップや国際会議の開催などである[21]。以上に加えて、国連持続開発委員会、国連気候変動枠組条約（UNFCCC）や生物多様性条約（CBD）における締約国会議、国連諸機関の会議に対する意見書や調査報告書の提出、代表団の会議への参加による自治体のアドボカシー活動などがある[22]。

　イクレイもまた、国際 NGO として国際機関と連携しており、国連環境計画（UNEP）、国連ハビタット、国連国際防災戦略（UNISDR）、再生可能エネルギーとエネルギー効率に関するパートナーシップ（REEEP）、持続可能都市国際センター（ICSC）、国際自然保護連合（IUCN）と、正式なパートナー関係にある。

（3）**市長誓約**　　環境保護の領域では、EU が 2008 年から進めてきた「市長の誓約」において、国家の下位レベルで加盟国自治体のネットワーク化が促進されている[23]。ヨーロッパにおいては、1990 年代より環境問

21）　イクレイは会員組織で、地方自治体は正会員として加盟し、政府機関・非政府団体は準会員となる。自治体が加盟するにあたっては、職員の中にイクレイコンサルタントを任命することとしており、この職員を通じて環境自治体専門家ネットワークを作り、会員同士の情報交換や国際協力事業などを行っている（セモンセン・前掲注9）43 頁）。

22）　イクレイ本部ウェブサイト〈https://iclei.org/〉、岸上みち枝「持続可能な発展に向けて ― ICLEI の自治体ネットワーク活動」農村計画学会誌 Vol. 21 No. 3（2002）251 頁。

23）　杉山範子「欧州の地方自治体における気候政策・エネルギー政策の動向―『市長誓約

題解決のために地方自治体の国際ネットワークが組織されてきた[24]。「市長の誓約」は、欧州全域での CO_2 削減のため、都市に対して一定の環境保護基準を達成すべく目標を設定し[25]、また様々なプロジェクトへの助成を行うことによって[26]、国家法秩序とは別枠の環境保護レジームに地方自治体を組み込んでいる。市長の誓約は三つのステップから成る。第一に、自治体の首長が CO_2 の排出量削減目標を誓約・署名する。第二に、「市長誓約」に署名した首長は、自治体内に担当組織を立ち上げ、市民やステークホルダーの支援を得られるようにする。また、目標達成のための明確なビジョンを確立したうえで、1 年以内に「持続可能なエネルギー行動計画」を策定して、事務局に提出し、「市長誓約」事務局および EU の共同研究所によって審査・認定を受ける。第三に、4 年ごとに域内の CO_2 排出量を把握し、実施報告書を「市長誓約」事務所に提出する。

　この EU による「市長の誓約」には、EU 域外の自治体からの自主的な参加も進んだほか、2012 年に中国・欧州パートナーシップが構築されるなど、EU の枠を超えた国際的な自治体ネットワークへの発展が見られた。2016 年に、イクレイが進めてきた「気候変動政策に関する首長誓約」が合流し、世界気候エネルギー首長誓約（Global Covenant of Mayors for Climate and Energy）[27] を形成している。この「市長の誓約」の下では、EU 加盟国の地方自治体へ様々なプロジェクトへの助成が行われることによって、国家を介さずに、国家の下位レベルで加盟国自治体のネットワーク化が促進されている。他方において、コーディネーターとして各国のエネルギー関係省庁や州政府・県などが登録され、「市長誓約」への参加登録を

　（Covenant of Mayors)』を中心に」環境法研究 40 号（2015）139 頁以下。

　24)　1990 年に設立された自治体ネットワークとして「気候同盟」、「エナジー・シティーズ」。

　25)　EU は 2007 年に採択された「気候・エネルギーパッケージ」において 2020 年までに 1990 年比 20% の温室効果ガス排出量削減目標を掲げているところ、「市長誓約」は EU が掲げる温室効果ガス排出量削減目標 20% 以上の削減目標を地方自治体の主張が誓約・署名するものである。市長誓約に誓約した市長は 7700 を超し、誓約自治体の人口は EU の人口の 40% 以上をカバーしている。

　26)　市長誓約事務局が運営事務を担当し、共同研究所が科学的方法論的支援を行うほか、欧州議会や欧州委員会が組織的な支援をし、欧州地域開発銀行、欧州地域エネルギー支援機構などが資金支援をしている（杉山・前掲注 23) 142 頁）。

　27)　〈https://www.globalcovenantofmayors.org〉

コーディネートすることができるという点では国家との協働も予定されている。仕組み自体は EU の掲げた目標を基礎とするトップダウン型であるが、自主的な参加という執行の自主性の観点からはボトムアップ型の国際ネットワークである[28]。

なお、2017 年からは、「世界気候エネルギー首長誓約」の下、EU、ウクライナ等、ヨルダン等、北米、ラテンアメリカ・カリブ、サハラ以南のアフリカ、インド、中国・東南アジア、日本の各地域において地域事務局が設置され、地域の特性に応じた「地域首長誓約」が EU の「国際都市間協力プログラム」のプロジェクトとして進められている[29]。

2 越境的規範の名宛人・執行主体としての都市

都市・自治体の国際的ネットワークは、それぞれ多くの参加都市を持ち、国際機構と連携することで、国家の政策とは別次元での規範策定・執行に関与している。その際、地方自治体はそれぞれの課題に応じたネットワークに自主的に参加している点からも、国家レベルの政策課題とは異なる次元で情報や経験を共有していると言えるのではないだろうか。

様々な国際機関が都市・地方自治体を名宛人としているのも、大きな特徴である。国際連合人間居住計画（以下、「国連ハビタット」という）、世界銀行、世界保健機構（WHO）といった国際機関は地方政府や都市を名宛人とした規範形成を行っている[30]。例えば国連ハビタットは、都市問題を扱う国連機関として世界の自治体連合機関と連携し、都市が自律的に行う都市改善事業に協力するとともに、自治体に対する政策提言などを行っている[31]。

こうした都市・自治体を対象とする越境的規範の形成は、1990 年代以

---

28)　杉山・前掲注 23) 142 頁。

29)　「市長の誓約」に誓約した市長は、2019 年 8 月末現在で 9000 を超し、誓約自治体の人口は EU の人口の 42% をカバーしている。日本版「首長誓約」は、この EU の仕組みをモデルにして、首長のイニシアティブによって「気候エネルギー自治」を確立し、地域創生と地球環境への貢献を同時に実現することを目指している。参照、平成 28 年環境白書〈https://www.env.go.jp/policy/hakusyo/h28/html/hj1601030102.html〉。

30)　Helena Lindemann, Kommunale Governance. Die Stadt als Konzept im Völkerrecht, 2014.

31)　国連ハビタットは、UCLG のパートナー機関でもある。参照、国連ハビタット福岡支部「国際連合人間居住計画の取り組み」自治体国際化フォーラム 256 号（2011）16 頁。

Ⅱ　越境的規範の形成・執行主体としての都市　*311*

降の国際的都市・自治体ネットワーク自身の活動によるところが大きい。
そこでは、NGO としての国際的自治体ネットワークが国連諸機関に働き
かけて規範の形成に関わると同時に、自らが関与した越境的規範の名宛人
として執行にも関わっていくというプロセスを読み取ることができる。以
下では、主として環境政策におけるイクレイの活動を中心に、越境的規範
の形成・執行主体としての都市・自治体の活動を検討する。

　1992 年にブラジルのリオデジャネイロで開催された国連環境開発会議
（UNCED）で採択された「アジェンダ 21」には、第 28 章に「アジェンダ
21 の支持における地方公共団体のイニシアティブ」が盛り込まれており、
各国の地方公共団体が目標として策定すべき「ローカルアジェンダ 21」
についても定められている。この「ローカルアジェンダ 21」を盛り込む
よう提案して国連に働きかけたのが、イクレイ（当時 ICLEI）であった[32]。
こうしてイクレイは「アジェンダ 21」の内容形成に関わると同時に、そ
の実現主体としても積極的に活動している。すなわちイクレイは、「ロー
カルアジェンダ 21」の策定を支援するとともに[33]、他の自治体連合組織
や国連機関と共同で「アジェンダ 21」の実行促進をテーマとするヨハネ
スブルグ・サミット（2002 年）を主催し、持続的発展のための活動を一層
強化する「ローカルアクション 21」を決議している[34]。なお、「アジェン
ダ 21」の第 28 章では「国際社会は地方公共団体間の協力の増進を目的と
して協議を開始すべきである」ことも目標とされており、努力目標ではあ
るものの、グローバルな価値の実現主体としての地方公共団体の役割が重
視されていることが読み取れる。

　生物多様性条約の執行においても、イクレイの積極的な関わりを読み取
ることができる。2008 年にボンにおいて開かれた締約国会議では、条約
執行の際の地方政府の役割が強調された。議決においては、条約の執行は
原則的に締約国にあるとしつつ、都市や地方政府が執行に関与することを

32）　セモンセン・前掲注 9）43 頁。
33）　日本においては、環境庁がローカルアジェンダ 21 の策定ガイドラインをとりまとめるに
　　あたって、イクレイ日本事務所や加盟自治体が委員会に出席し、その内容形成に積極的に関
　　わっている（セモンセン・前掲注 9）44 頁）。
34）　岸上・前掲注 22）252 頁。

312 第14章 国際ネットワークの中の都市

促進することの重要性が指摘されている[35]。2010年の名古屋における締約国会議においては締約国が自国の地方政府の関与を促進すべきことが宣言されるとともに、条約の執行に際して国際的な都市ネットワークであるイクレイの担う役割が明記された[36]。2012年のハイデラバード締約国会議に提出された報告書では、地方レベルで行われている施策および生物多様性条約の執行にあたっての地方政府の役割が論じられるとともに[37]、イクレイが締約国会議事務局と連携して生物多様性条約の執行に貢献したことが強調されている。

　イクレイのような地方自治体の国際的ネットワークは、国家法とは別の次元で行動基準を示し、それを執行していく。他方、環境法や国際人権法の領域においては、国家があえて採択しなかった国際条約を先進的な地方自治体が実施する例が見られる。例えば、アメリカ合衆国が批准しなかった京都議定書について、合衆国内の地方レベルでは、「アメリカ市長会議（US Mayors Conference）」が京都議定書の実施を決定している[38]。加えて、アメリカ合衆国が批准を見送った国連男女差別撤廃条約（CEDAW）を、サンフランシスコ市が1998年制定の条例に反映させたことは有名である。「女子差別撤廃条例サンフランシスコ法」の制定を受けて、サンフランシスコ市は、あらゆる分野での女子差別を撤廃するための措置を講じ、男女平等を促進してきた。

　これらの例における自治体の取り組みは、あくまでも国際条約を端緒とした独自の施策であって、厳密に言えば国際条約を執行しているわけではない。しかしながら、少なくとも地方自治体の自己認識においては国家の政策とは別枠の普遍的価値へコミットする政策であり、また、地方自治体の行政において国際条約の基礎に置かれているグローバルな価値がより強く意識されるようになるということは言えるであろう[39]。実際に、サンフ

---

35)　UN Doc. UNEP/CBD/COP/DEC/IX 28 vom 9. 10. 2008.
36)　UN Doc. UNEP/CBD/COP/DEC/X 22 vom 29. 10. 2010.
37)　UN Doc. UNEP/CBD/COP/11/INF/32 vom 1. 10. 2012.
38)　〈http://www.Usmayors.org/climateprotetion/agreement.htm/〉
39)　日本においても東京弁護士会が、ヘイトスピーチ規制をめぐる国連の勧告を受けた形で「地方公共団体に人種差別撤廃条例の制定を求め、人種差別撤廃モデル条例案を提案することに関する意見書」をまとめている。〈https://www.toben.or.jp/message/ikensyo/post-506.

ランシスコ市における男女差別撤廃条約の条例化は、個別の人権保障を超える政策転換効果を持ったことが指摘されている[40]。アメリカ合衆国のように、連邦レベルで国際人権法の批准が抑制されている国であれば、男女差別撤廃条約や子どもの権利条約などを地方レベルで執行することで得られるシンボリックな効果には意義がある。他方において、地方レベルでの独自の条約執行は、法の断片化を進める要因にもなることが指摘できる[41]。

　最後に、国家の政策と衝突するような施策に乗り出す地方自治体もある。アメリカ合衆国における聖域都市がその典型であるほか、オランダでも、移民法制上の非正規滞在者への住居提供および統合政策といった施策を行っている自治体の存在が報告されている[42]。ヨーロッパにおいては、難民危機以後、難民政策をめぐって国家を批判し、国家の政策に対してアルタナティブを示す形で難民受け入れを進める方針を表明した都市が相次いだ。パリ市は、ロンドン市長およびニューヨーク市長と連盟で「聖域都市」声明を発表し、バルセロナ市長も、国家の政策を批判しつつ、他の都市と連携しながら難民受け入れを行うと主張した[43]。パリ市においては、「新規入国者受け入れセンター」が設置され、市民団体との協力の下に運営された。

---

　　html〉

40)　Aust, a. a. O. (Anm. 15), S. 378.

41)　サンフランシスコ市の例で言えば、自治体の独自施策は国連女子差別撤廃委員会への報告義務を欠いており、本来の条約解釈・履行の統一性は保証されない。Aust, a. a. O., (Anm. 15) S. 380.

42)　オランダに対しては、正規の滞在資格を持たない子どもに対してヨーロッパ社会権憲章31条の十分な居住空間が確保されていないとして、NGO によるヨーロッパ社会権委員会への申立てがなされている。委員会決定をオランダは管轄なしとして斥けたにもかかわらず、ユトレヒト市はこの決定に明示的に依拠して国家の移民政策を批判している。加えて、ユトレヒト区裁判所に提起された国内訴訟において、NGO は勝訴するに至っている。Aust, a. a. O. (Anm. 15), S. 380 f.

43)　森千香子「『難民危機』に直面する都市」法社会学85号（2019）84頁。とは言え、パリ市の取り組みは、「国家に対抗する都市」という単純な図式に還元できるものではない。パリ市における「人道キャンプ」は、その後の国家の介入によって、「庇護申請者の支援」をする場から、「不法移民の管理・取り締まり」の場に変わってしまったという（同85頁）。

III　地方自治体の国際活動の限界

　地方自治体は国際社会の構成員とは見られていないものの、都市がグローバルなネットワークに参与することで、グローバル・レベルの政策的な価値はすでに地方レベルに流入している。また、イクレイの活動や「市長誓約」のように自治体がグローバル・システムを動かす原動力となる例もある。

　他方において、地方自治体はあくまでも国家行政の一部であり、国家の民主的正統性との紐帯によりその活動の正統性が確保されるのも、確かなことである。しかし、地方自治体が国家の地方自治制度の枠内で行う活動が国際的な側面を持つとき、その活動の根拠と限界はどこにあるのか。「地域の事務」や「住民の福祉向上」を目的とする自治体の固有事務は、必ずしもその自治体の領域内で完結する必要がないのは自明であるものの[44]、どのような国際活動であれば地方自治体の権限の範囲内と言えるのか、どのような活動が国家の外交権と抵触するのかについては、いまだ十分に考察が深められていない。

1　自治体の権限範囲と「地域性」

　日本について見ると、自治体の国際活動について、旧地方自治法には明確な定めがなく、姉妹都市協定の締結などの国際交流は、地方住民の福祉増進という自治事務に含まれるものとみなされていた。地方自治体の国際活動に初めて明確な法的根拠が与えられるのは、1988 年の「地方公務員海外派遣法」によってである[45]。同法によって、日本国外で自治体職員が活動するための法的根拠が与えられ、海外自治体ないし国際組織への専門的技術知識の提供、情報やデータの収集、地域の貿易や観光旅行の促進、

---

　44)　隣接する自治体と共同して行う施策や広域連携のような形での自治体間協力は、すでに
　　　存在している。
　45)　「外国の地方公共団体の機関等に派遣される一般職の地方公務員の処遇等に関する法律」
　　　（昭和 62 年法律 78 号）。

Ⅲ　地方自治体の国際活動の限界　　*315*

自然災害時の援助、さらには自治体職員の海外の政府組織等への派遣、国連等の国際組織への参加が可能となった。加えて同法は、地方自治体が中央政府機関と共同で海外事務所を設立することを可能にした。これにより、日本の地方自治体に対し国際的活動を行う基盤形成のための法的根拠が与えられたのである[46]。

　その後、1999年の地方分権一括法が地方自治体の行政上の自律性を高めたことで、固有事務の下での国際的活動の幅も広がったと考えられるものの、新地方自治法において外交はもっぱら国の権限に属するとされ、地方自治体の国際的役割についても明記されなかったことから[47]、地方自治体の国際活動に法的基礎が与えられたとは言いがたい。よって、現行の地方自治法においても自治体はその固有事務の範囲で、すなわち、地域の事務および地域住民の福祉増進に関わる限りでのみ、国際活動の法的根拠を有すると考えられる。

　とは言え、1980年代後半以降の自治体の国際活動の活発化は、事実上、国家の外交権に抵触する要素を伴っており、また、「地域の事務」の範囲を超える活動と評価され得るようなケースも存在する。例えば、アメリカ軍の原子力潜水艦の入港を拒否する市長は、地域住民の福祉増進という観点からまさしく自治事務の範囲内で行為しているものの、入港拒否という帰結は日本の外交および安全保障政策に抵触する。また、先進自治体が環境部門での技術協力を行うとき、それを地域性や地域住民の福祉向上という観点から正当化するのは迂遠な構成となる。このため、一方においては、「地域の事務（自治事務）」に属するように見えるものの国家の外交権と抵触する可能性がある活動を法的にどう評価するのか、他方においては、一見した限りでは「地域の事務」や「地域住民の福祉向上」には属さないものの、地方自治体にとって重要と思われる活動にどのような法的位置付けを与えるのかが問題となる。

───────────────

46)　江橋・前掲注2) 181頁。
47)　1999年の地方自治法改正にあたって、旧自治省は、地方自治体の国際的役割を明記することを目指したとされる。参照、プルネンドラ・ジェイン（今村都南監訳・土屋耕平ほか訳）『日本の自治体外交―日本外交と中央地方関係へのインパクト』（敬文堂・2009) 94頁。

316　第14章　国際ネットワークの中の都市

2　自治体外交

　自治体が行う国際活動について、諸外国の例を見ると、ドイツでは冷戦下において「自治体外交」をめぐる諸問題として、国家の外交権と自治体活動の権限問題が争われた[48]。近年では、自治体の国際協力について国際法や、ヨーロッパ法上の制度的枠組みが発達したため、自治体の国際活動をめぐる法的権限の問題が大きく争われることはなくなったが、環境保護政策をめぐってなされる国家の決定が地方レベルの利害と衝突することなどについて議論されている[49]。以下では、こうしたドイツにおける議論を参照することで、国際活動に伴う「地域性」という視点を提示したい。

　ドイツ基本法上の地方自治体への権限付与規定は、基本法28条2項1文である。同条は、「ゲマインデ（Gemeinde）には、法律の範囲において、地域的共同体の全ての事項を、自己の責任において規律する権利が保障される」と規定する。この規定により、地方自治体であるゲマインデの事務の普遍性が措定され、他の行政権の管轄を侵害しない限りで、あらゆる事務がゲマインデ事務に包括される。この規定は同時に、ゲマインデ事務を「法律の範囲内」にあること、そして「地域の事務」であることによって制限する。

　では、ここに言う「地域的共同体の事項」に国境を越えた活動は含まれ得るのであろうか。結論から述べると、ある国際活動がそのゲマインデに対して特別の関係を持つ場合（地方自治体が他国との国境線に位置する場合や、特定の外交政策上の問題がゲマインデに対して具体的な反射効を持つ場合）[50]には、その活動はゲマインデの事務に含まれると解されている。ゲマインデの「地域共同体の事項」と関連する活動であれば、国家の外交政策に関わる問題であっても、国境を越えて行われる活動であっても、ゲマインデ事務

---

48)　とは言え、自治体外交をめぐって論じられた国家外交と自治体外交の対抗は、現代ではさほど大きくないことが指摘されている。冷戦下でも対立が生じたのは個別の事例であったし、全体として見れば、姉妹都市協定に付随する様々な活動は、連邦レベルからの明示または黙示の同意の下にあったと見ることができるという。Vgl. Aust, a. a. O., (Anm. 15) S. 66.

49)　Wolfgang Kahl/Jemes Bews, Das Recht der Energiewende – Rechtspolitische Perspektiven für mehr Effektivität und Kohärenz, JZ 2015, S. 232 ff.

50)　Vgl. Jörg Menzel, Internationales öffentliches Recht. Verfassungs- und Verwaltungsgrenzrecht in Zeiten offener Staatlichkeit, 2011, S. 484 f.

に含まれるとする構成は、自治体の国際活動を、少なくとも潜在的には広く認めるものであると言えよう。とは言え、個別の事例においては、「地域共同体の事項」の核心に関わる事項であっても自治体の活動は国家の外交政策によって広範な制限を受けていることがわかる。以下に見る連邦行政裁判所判決は、核兵器廃絶に向けた都市間の連帯を宣言したフュルス市については、地方自治の範囲内であるとするのに対して、核兵器廃絶ゾーンを宣言したミュンヘン市については、ゲマインデ領域内における核兵器の保有についての共同意思決定権の主張であり、他の国家機関の権限を侵害するとした[51]。

3 連邦行政裁判所判決

連邦行政裁判所第七法廷は、1990年12月14日付で自治体外交について相互に関連する二つの判決を下した[52]。

第一の判決は、ミッテルフランケン行政管区がフュルス市に対して行った監督権行使を違法であるとした[53]。1984年9月19日にフュルス市は、広島市と長崎市の提唱する「核兵器廃絶に向けての都市連帯推進計画」(以下、「核廃絶連帯計画」という)を市議会で採択した。加えて1985年に、広島と長崎で開催された平和市長会議への参加を決定した。ミッテルフランケン行政管区は、これらの決定は基本法28条2項1文のゲマインデの権限に属さない一般政治的委任であるとして、異議を申し立てた。この異議の取消しを求めて、フュルス市は行政裁判所に提訴した。第一審および控訴審が、フュルス市の訴えに理由がないとしたのに対して、連邦行政裁判所は、ミッテルフランケン行政管区の処分を違法であるとして取り消した。

連邦行政裁判所は、基本法28条2項1文により、ゲマインデには「地域の事務」を「法律の範囲内で」自ら処理する権限が与えられているとしつつ、核廃絶連帯計画に基づく都市間連帯は「地域の事務」に属するとした。その論理は次の通りである。

---

51) Horst Heberlein, Die Rechtsprechung des BVerfG und des BVerwG zur „kommunalen Außenpolitik", NVwZ 1992, S. 543 ff.

52) Heberlein, a. a. O. (Anm. 51).

53) BVerwGE 87, 237.

318　第14章　国際ネットワークの中の都市

　国境を越えた都市交流は事柄の性質上ゲマインデの地理的領域を越える
ものではあるが、「地域の事務」であることに変わりない。ゲマインデ間
での協働によって「地域の事務」が処理されたとしても、それによって
「地域の事務」の範囲を超えるわけではない。それどころか、都市間の国
際交流は、地方レベルでゲマインデの住民が他国の人間と触れる制度的枠
組みを創出し、他国との市民レベルでの交流を促進する。都市間の国際交
流に必然的に付随するトランスナショナルで、領域的に「地域」を越え出
る性質は許容されるものであり、国家政治的にも価値が高い。都市の国際
交流の中心には市民の活動が置かれるのであり、これは、様々な生活領域
において共通の利益や生活上の必要をケアすることに資する。こうした都
市の国際交流は、ゲマインデが自治によって処理すべき新たな活動領域を
創出する。そして、フュルス市の採択した核廃絶連帯計画は、地方自治の
範囲を超える一般政治的委任ではない。同計画は平和についての国際理解
を目指すものであり、基本法24条2項にも合致する。また、世界的な兵
器廃絶を目指す連帯であって、ドイツ連邦共和国の防衛政策に抵触するも
のでもない。さらに、姉妹都市交流による「自治体外交」は、基本法31
条2項に言う連邦の管轄事項としての「外交」には含まれない。

　これと対照的なのは、同日に同法廷が下した、ミュンヘンの核兵器廃絶
ゾーン宣言をゲマインデ事務の範囲を超えるものとして違法とする判決で
ある[54]。この事件においては、ミュンヘン市の行った生物兵器や核兵器等
の大量破壊兵器の敷設に反対する議決の適法性が争われた。この宣言は、
将来的にドイツ連邦軍やアメリカ軍によってミュンヘンに大量破壊兵器の
敷設が要請されたとき、またミュンヘンを経路として大量破壊兵器を移動
させる計画が持ち上がったときには、これを排除する意向を強調するもの
であった。この点で、フュルス市の事案とは異なり、ドイツ連邦共和国の
防衛政策への具体的な影響を持ち得る議決であったと評価できる。

　同判決は、第一に、先行判例に従い、基本法28条2項1文に言う「地
域の事務」とは、地域共同体に根差す、または特別の関係にあるような必
要や利益に関わる事項であり、ゲマインデ住民の共同生活・共同居住に関

---

54)　Urteil des BVerwG vom 14. 12. 1990, NVwZ 1991, 684 f.

わることによって、まさに住民に共通する事項であるとした。しかしながら、ゲマインデによる宣言は、他の行政権の権限および管轄領域に抵触する限りにおいて、「特定された形」で地域性を持たなければならない。ゲマインデ議会が当該ゲマインデについてのみ宣言することによっては、この「特定された形での地域性」を満たさないのであり、そうでなければ、ゲマインデの全権能性によって、地方政治を超えた一般政治的事項についてまで権限を拡張することができてしまうとした。第二に、同判決は、ゲマインデ議会の宣言はそれが象徴的な宣言であったとしても、法律に拘束された公権力の行使であるため基本法28条2項1文から導出される法的権限を必要とするとした。そのうえで、法律に拘束された行政の一部としての地方自治およびゲマインデ議会の法的権限は、この議会が民主的な代表機関であることによって相対化されることはないとした。第三に、ゲマインデは、連邦および州が憲法上の権限に基づいて行う、国家意思の形成からは排除されるとした。結論として連邦行政裁判所は、本件の議決は「特定された形での地域性」を満たさず、ドイツの再軍備に関わる一般政治的問題についての立場表明であるため、基本法28条2項1文のゲマインデ権限の範囲を超えるとした。

4 「地域の事項」と自治体の国際活動の限界

　以上の連邦行政裁判所の判示においては、第一の判決が、ゲマインデの事務を画する「地域の事務」に国境を越えた次元での取り組みが含まれることを肯定し、自治体レベルでの国際交流を積極的に評価する一方で、第二の判決は、自治体の国際活動の限界が示されている点が特徴的である。第一の判決は、地方自治体もまた世界に開かれた存在であり、市民間での国際交流を促進する施策は、国際化の時代における「新たな事務」[55]であるとする。そして、都市間の国際交流の枠内で行われる自治体外交は、連

---

55)　地方共同体に関するあらゆる課題について、ゲマインデは、他の高権保持者によって行使されたり、その権限に属するものとされていない限り、自らの事務とすることができるとしたラシュテーデ判決においても、ゲマインデの事務について固定したメルクマールや確定可能な課題のカタログが存在するわけではないとされており、時代に応じて必要な事務は変化し得ると言える。Vgl. BVerfGE 79, 127.

邦の外交政策とは別次元であるとして、積極的に評価している。これに対して、第二の判決は、地方自治体の活動が国家の政策と重なる場合には、「特定された形での地域性」が要求されること、また、地方自治体の議会はあくまでも地域の代表であり、国政レベルでの議会が国民から与えられる「一般政治的委任」を持たないため、防衛政策など国家外交に関わるような一般政治的事項についての立場表明を行うことはできないことを判示している。

　核兵器廃絶に向けた都市間の連帯を宣言するのみであったフュルス市に比べて、実際に核兵器の運搬や配備を拒絶するミュンヘン市の宣言は、ゲマインデ領域や地域住民の福祉との関連性という点では、より強い「地域性」を肯定し得るが、国家の外交権と抵触する限りで必要とされる「特定された形での地域性」を持たない点でゲマインデ事務の範囲を超えると評価されている。こうした地方自治体の国際活動を阻止するものとして、一般政治的委任の不在[56]は、ヘッセン州における国民アンケートについての連邦憲法裁判所判決でも強調されている[57]。とは言え、地域の事務における一般政治的事項というのは一義的に決まるものではなく[58]、また、一般政治的事項の全てが問題視されるわけでもないことから[59]、一般政治的委任があるか否かを基準とするのには慎重にならざるを得ない[60]。加えて、都市間の国境を越えた協力は、技術的で非政治的な事象と考えられるものの、その帰結が大事になることもある。それゆえ、どこまでがゲマインデ

---

56)　Klaus Lange, Kommunalrecht, 2013, S. 25 f.

57)　この国民アンケート判決において、地方自治体の事務の範囲は「地域団体に根差しており、地域団体に特殊な関係を持ち、この団体の責任において自主的に運営され得るもの」である一方で、ゲマインデが「一般的な、地域を越えた、高度に政治的な事項について議決をするとき」または「そのゲマインデにとって固有のものではなく、一般的な政策について賛成ないし否定の立場をとるとき」、その法律上の限界を超えるとされた。Vgl. BVerfGE 8, 122.

58)　Klaus Meßerschmidt, Der Grundsatz der Bundestreue und die Gemeinden-untersucht am Beispiel der „kommunalen Außenpolitik", DV 23 1990, S. 425 ff.

59)　地方自治体の行為が国家によって制限されるか、甘受されるかは、中央政府の政策にとってそれが望ましいか否かに依存する。Heberlein, NVwZ 1992, S. 545.

60)　地方自治体の事務の範囲と「地域性」についてより詳細な考察として、Hans Christian Röhl, Kommunalrecht, in: Friedrich Schoch u. a.(Hrsg.), Besonderes Verwaltungsrecht, 2018, Rn. 33-39.

に許される活動なのかという問いは、あくまで、個別事案に即した価値考量によって決定せざるを得ない[61]。何が「高権的」手段による政策領域なのか、どの段階での国際活動が「外交」に抵触するものとなるのか、地方自治レベルでは、国際活動について法的不安定が生じているとの指摘もある[62]。

IV 結　語

　グローバル化が進む中で、地方自治体の国際活動は、今後ますます重要になっていくことが予想される。地方自治体レベルは国際的な経済交流にとって中央政府よりも機動力が高く、また、国際交流・活動の蓄積は地域におけるイノベーションの基礎を提供する。加えて、地方自治体の国際活動のうち国際援助や国際協力分野については、地方自治体と中央政府の利害が一致しやすい。地方自治体が環境問題や都市問題について保有している技術や人材、そして、実務に根差したグッドプラクティスは、中央政府のみならず国際機関にとって有用なものであるとみなされており、実際に多くの国家は、国際協力プログラムにおいて地方自治体の補助能力を活用している。地方自治体もまた、中央政府による資金配分が見込まれる場合や、JICA などの政府機関の支援を受ける場合には、国の政策を補助する形での協働に利点がある。地方自治体は国の外交政策に貴重な貢献を行い、また、能力のある国際アクターとしてのアイデンティティを形成していくのである。

　諸外国においては、こうした都市・地方自治体の国際活動やグローバル空間における規範形成・執行を捉える法的考察も徐々に蓄積され、「国際地方自治法」を構想する論者も登場している[63]。グローバル化によって政

---

61)　Aust, a. a. O.（Anm. 15）, S. 120.

62)　Aust, a. a. O.（Anm. 15）, S. 105.

63)　Helena Lindemann, Kommunale Governance‐Die Stadt als Konzept im Völkerrecht, 2014; Helmut Fhilipp Aust, Das Recht der globalen Stadt‐Grenzüberschreitende Dimensionen kommunaler Selbstverwaltung, 2017.

策形成・執行が多層化・複線化する一方で、そうした変化は国民国家の構造を再編する。グローバル化が進行する場であり、グローバル空間における主体でもある都市や地方自治体を主題化することの必要性が意識され始めていると言えるのではないだろうか。

　地方自治体の行う国際活動には、「地域の行政」であることや「住民に身近な行政」であるといった自治体の役割に根差した基礎があると考えられる。この点、東南アジアにおける都市政策支援や開発協力、環境国際協力は、地域における具体的な利益と直ちに結びつくものではないものの、国際的アクターとしての地方自治にとって重要な活動である。とりわけ環境保護の領域において国家を介さずに形成される自治体レベルでの国際ネットワークは、それ自体としては歓迎されるべきである。しかし、「地域住民の福祉」や「地域性」という点での法的基礎付けはやや迂遠なものにならざるを得ない。本章においては、一つの視点として地方自治体の活動の基礎にある「地域性」を提示したが、地方自治体の国際活動をどのように構成し、その限界をいかに確定するかについては、さらなる考察が必要である。

【附記】　本章は「グローバル化における地方自治体の役割」社会科学研究（東京大学）65 巻 2 号（2018）29～38 頁および「グローバル化時代における地方自治体」地方自治 849 号（2018）2～15 頁を加筆修正したものである。本章は、JSPS 科研費若手研究（B）（課題番号 16K21367）および基盤研究（B）（課題番号 16H03543; 17H02452）に基づく研究成果の一部である。

第15章 グローバル化における「指標とランキング」の役割

内記香子

Ⅰ　はじめに——「指標とランキング」による政策実現
Ⅱ　ガバナンス手法としての「指標とランキング」
Ⅲ　「情報」によるガバナンスのメカニズム
Ⅳ　指標・ランキングの「正統性」をめぐる問題
Ⅴ　おわりに

Ⅰ　はじめに——「指標とランキング」による政策実現

　数年前、あるビジネス関係のセミナーで、次のような話を聞いた。世界の大手製薬会社が途上国における医薬品アクセスの向上にどれくらい貢献しているかを評価するインデックス（Access to Medicine Index）があり、日本の製薬会社も順位をめぐって、対応に苦慮しているという。この話を聞いた当時（2016～2017 年）、新聞記事では、「医療制度の整備が遅れる途上国での製薬会社の活動を透明にするため」の企業ランキングと紹介されていた[1]。そして当時の日本の製薬会社の順位は、11 位にエーザイ、15 位に武田薬品工業、18 位に第一三共、そして 20 位にアステラス製薬となっていた[2]。これは、オランダに本部を置く Access to Medicine 財団が、世界の大手製薬会社 20 社を調査対象にして、2008 年から 2 年ごとにランク付けを行い、公表しているものである。また、このランキングは、医薬

---

1)　日経産業新聞「医薬品、途上国で入手しやすさ、英グラクソが 5 回連続首位」2016 年 11 月 17 日 5 頁。

2)　Access to Medicine Index 2016, 〈https://accesstomedicinefoundation.org/publications/2016-access-to-medicine-index〉(last visited 25 August 2019).

品アクセスに関する企業の政策をマネージメント・研究開発・価格・特許等、七つの分野に分けて評価する指標（インデックス）に基づいて作成されている。このプライベートなインデックスによる評価に、日本の製薬会社も影響を受けているというのである。

　医薬品アクセスとは、世界貿易機関（WTO）の「知的所有権の貿易関連の側面に関する協定」（TRIPS協定）の問題に対応するためにとられたドーハ閣僚会議（2001年）の「TRIPS協定と公衆の健康に関する宣言」に基づくシステムの文脈でよく知られている、グローバルな政策課題である。日本の外務省のホームページでは、「アフリカ等途上国を中心とした感染症（特にHIV/AIDS、マラリア及び結核）の蔓延を背景に、特許制度により医薬品が高価になったり、コピー薬の生産・使用・輸入等が制限される結果、医薬品へのアクセスを阻害しているとの指摘がなされてきている」と解説され、「途上国関連問題の中でも一つの象徴的な問題」とされている[3]。WTOにおける対応だけでは十分でないことは認識されており、課題の解決に向けて、国際組織、国家、製薬会社が多様なアプローチを模索しているのが現状である[4]。そのような中、この政策課題に対応するために、上記のようなインデックスの作成とランキングの公表というアプローチがとられていることは興味深い。

　「指標とランキング（indicators and rankings）」という手法は、現在、多様なアクターが様々な政策課題で活用しているアプローチであり、その利用が拡大している。医薬品アクセス問題などのグローバルな政策課題の解決に、「指標とランキング」というアプローチはどのように貢献しているだろうか。本章では、指標とランキングに関する先行研究のレビューを行い、指標とランキングという手法が持つ利点と課題について考察することとする。

　3）　外務省、経済・用語解説「1. 医薬品アクセス」〈https://www.mofa.go.jp/mofaj/gaiko/wto/yogo.html〉（2019年8月25日最終アクセス）。
　4）　医薬品アクセスという課題へのアプローチは多様であり、様々な議論がある。例えば、医薬品アクセス問題を、その背景にある国際知的財産権制度の強化と拡大がもたらした不公正な財の分配という観点から議論する論稿として、浅野有紀「国際知的財産法制に関する分配的正義および人権の観点からの考察」『グローバル化I』188頁以下を参照。

Ⅱ　ガバナンス手法としての「指標とランキング」

　国際社会における政策実現の手法として、これまで主流とされてきたのは、国家間の合意に基づく国際条約であった。しかし、条約の合意が難しくなったり、条約の実施の問題が出てきたりすると、国家間におけるソフト・ローに関心が移り、拘束力のない国家間の合意にどのような効果があるのか、そうした合意は遵守されているのか等のテーマが研究されるようになっていった。

　そして近年は、グローバルな課題解決に、国家や国際組織ではない非国家アクター（企業、非政府組織〔NGO〕、都市、専門家等）が関わっていることに注目が集まるようになった。「グローバル・ガバナンス」という概念が使われるようになった背景の一つとして、グローバルな課題を解決する上でアクターが多様化したことが指摘されるが[5]、「指標とランキング」も、非国家アクターが利用するガバナンス手法の一つとして理解されている。

　非国家アクターは今、多様な手法を用いてグローバル・ガバナンスに関わっている。グローバル・ガバナンスの中でも、非国家アクターによるガバナンスは「プライベート・ガバナンス」と呼ばれ[6]、次のような手法が用いられていることが注目されてきた。すなわち、非国家アクターよる「プライベート・スタンダード」の形成、そのスタンダードの遵守を証明するための「認証（certification）システム」の存在、さらに、消費者にそ

---

　5)　山本吉宣『国際レジームとガバナンス』（有斐閣・2008）172～173頁。

　6)　本章で「グローバル・ガバナンス」とは、「国境を越えた諸課題に対処するための国際機関・国家・企業・自治体・非政府組織（NGO）・個人等の諸主体の相互作用の過程ないし枠組み」と理解することとする。興津征雄「グローバル行政法とアカウンタビリティ―国家なき行政法ははたして、またいかにして可能か」『グローバル化Ⅰ』52頁。アクターの多様化の視点から、グローバル・ガバナンスを次の三つに分けると理解しやすい。すなわち、①国家による国際レジームを通じたガバナンス、②非国家アクターによるプライベート・ガバナンス、さらに近年は、③国家・国際レジーム・非国家アクターが共にガバナンスに関わる「パブリック・プライベート・パートナーシップ」の存在も注目されている。三浦聡「持続可能な開発のトランスナショナル・ガバナンス―権威の多元化と新たなガバナンス・モード」国際法外交雑誌116巻2号（2017）47頁。

れを知らせる「エコラベル」の活用等である[7]。こうした手法は、とりわけ持続可能な開発（より具体的には「持続可能な開発目標（SDGs）」）に関連して普及しており、企業活動が、持続可能性に配慮して行われることを誘導するために活用されている。NGO・業界団体・企業によるプライベート・ガバナンスの代表例として、フェアトレード、森林管理協議会（FSC）あるいは海洋管理協議会（MSC）等がある。

　こうしたガバナンス手法に加えて、近年、利用数が飛躍的に伸びているガバナンス手法として「指標とランキング」が注目される。まず、「指標とランキング」というガバナンス手法を使っているアクターは、非国家アクターに限られないことを確認しておきたい。「指標とランキング」という手法は、実は、国家や国際組織が以前から使用しているガバナンス手法の一つである[8]。しかし、この手法の新規の利用アクターとして非国家アクターが増えているのは事実で、本章の冒頭で紹介した Access to Medicine 財団もその一つの例である。つまり、指標化とランク付けの作業は、非国家アクターにグローバル・ガバナンスへ関与する機会を与えていて、非国家アクターのグローバルなレベルでの活動の拡大が指標とランキングを増加させている要因、と説明される[9]。

　それでは、「指標とランキング」の手法とはどのような手法だろうか。本章では「指標とランキング」とまとめて呼んでいるが、具体的には、インデックス・格付け（rating）・等級付け（grading）・ベンチマークと呼ばれるものが存在している。先行研究で取り上げられている代表的な事例と

---

7)　山田高敬「公共空間におけるプライベート・ガバナンスの可能性―多様化する国際秩序形成」国際問題586号（2009）49頁以下、阪口功「市民社会―プライベート・ソーシャル・レジームにおける NGO と企業の協働」大矢根聡編『コンストラクティヴィズムの国際関係論』（有斐閣・2013）147頁以下。

8)　指標・ランキングの作成者を、国家・国際組織・利益追求型の組織・市民社会組織の四つに分け、各事例を挙げてまとめたものとして、André Broome and Joel Quirk, *Governing the World at a Distance: The Practice of Global Benchmarking*, 41 REVIEW OF INTERNATIONAL STUDIES 819, 834 (2015) を参照。

9)　Alexander Cooley, *The Emerging Politics of International Ranking and Ratings: A Framework for Analysis, in* RANKING THE WORLD: GRADING STATES AS A TOOL OF GLOBAL GOVERNANCE 1, 11-12 (Alexander Cooley and Jack Snyder eds., 2015) [hereinafter, RANKING THE WORLD]. なお、RANKING THE WORLD の附録1に掲載されている95のインデックスのうち、83が1990年以降、66が2001年以降に作成されたものだという。

しては、世界銀行グループが作成するビジネス環境（Doing Business）ランキング[10]、格付け機関による信用格付（credit ratings）、NGOトランスペアレンシー・インターナショナルによる腐敗認識指数（Corruption Perceptions Index)[11]、NGOフリーダム・ハウスの民主化指標[12]等がある。

　前述の通り、指標化の作業自体は新しいものではない。例えば、「国内総生産（GDP)」は1950年代から存在するよく知られた経済指標で、国際連合が作成した基準に従って国内の景気を測り、国家間の比較が可能な国際統計である[13]。他方、国連開発計画が1990年から発表している「人間開発指数（HDI)」も、よく知られた指標であろう。HDIは、「保健、教育、所得という人間開発の3つの側面」に着目した指標で、（GDPのような）「所得水準や経済成長率など、国の開発の度合いを測るためにそれまで用いられていた指標にとって代わるものとして」導入された、と説明される[14]。

　この点においてHDIのような指標には、規範的な目的があるとされ、すなわち、ある概念（例えば「人間開発」）を数値化するということは、その概念をより重要なものとして可視化するという意味を持つとされる[15]。より広い視点で言うと、指標化とは、単に、定量的に何かを測定するだけではなく、現在ある課題を指摘し、関心を高め、新たな理解を構築する、強

---

10)　The World Bank, Rakings & Ease of Doing Business Score, 〈http://www.doingbusiness. org/en/rankings〉(last visited 25 August 2019).

11)　Transparency International, Corruption Perceptions Index, overview, 〈https://www. transparency.org/research/cpi/overview〉(last visited 25 August 2019).

12)　Freedom House, Freedom in the World 2018, 〈https://freedomhouse.org/report/freedom-world/freedom-world-2018〉(last visited 25 August 2019).

13)　William Davies, *Spirits of Neoliberalism: 'Competitiveness' and 'Wellbeing' Indicators as Rival Orders of Worth, in* THE WORLD OF INDICATORS: THE MAKING OF GOVERNMENTAL KNOWLEDGE THROUGH QUANTIFICATIONS 283, 286 (Richard Rottenburg et al., eds., 2015) [hereinafter, THE WORLD OF INDICATORS].

14)　国連開発計画（UNDP）駐日代表事務所、「よくあるご質問：人間開発指標（HDI）とは」〈http://www.jp.undp.org/content/tokyo/ja/home/library/human_development/human _development1/hdr_2011/QA_HDR1.html〉(2019年8月25日最終アクセス）。

15)　Nehal Bhuta, Debora Valentina Malito, and Gaby Umbach, *Introduction: Of Numbers and Narratives: Indicators in Global Governance and the Rise of a Reflective Indicator Culture, in* THE PALGRAVE HANDBOOK OF INDICATORS IN GLOBAL GOVERNANCE 1, 7 (Debora Valentina Malito et al., eds., 2018) [hereinafter, THE PALGRAVE HANDBOOK OF INDICATORS].

力なアドヴォカシー・ツールとしての役割、すなわち、「知識 (know-ledge)」の生成と普及という意味があるとされる[16]。

また「指標とランキング」は、概念や知識を形成するという規範的な意義のほか、前述の通り、ガバナンスの手法としても注目されている[17]。「指標とランキング」は、なぜガバナンスの手法になり得るのだろうか。先行研究で、しばしば引用されている「指標」の定義は次の通りである。

　　　「指標とは、格付けされ秩序化されたデータの集合体である。データは、複雑な社会の現象を簡素化する過程によって生成される。データは、（国家、組織あるいは企業等）特定の分析対象を比較したり、一または複数の基準 (standards) によって対象のパフォーマンスを評価したりすることを可能にする。」[18]

他の論稿でも、「全ての指標は、測定に使われるための、基準あるいはルールを体現している」という類似の記述がある[19]。指標が、評価のための基準やルールの要素を持つとすれば、そこにはアクターの行動を規律する側面が含まれる。その意味で、指標化という作業は、条約、ソフト・ローあるいはプライベート・スタンダードと同様、アクターの行動を規律する機能を有しており、ガバナンスの手法としての性質を持つ。

　加えて先行研究において強調されていることは、単なる比較によって違

---

16) Richard Rottenburg and Sally Engle Merry, *The World of Indicators: The Making of Governmental Knowledge through Quantifications, in* THE WORLD OF INDICATORS (*supra* note 13) 1, 4-5; Cooley, *supra* note 9, at 20; Kevin Davis, Benedict Kingsbury, and Sally Engle Merry, *Introduction The Local-Global Life of Indicators: Law, Power, and Resistance, in* THE QUIET POWER OF INDICATORS: MEASURING GOVERNANCE, CORRUPTION, AND RULE OF LAW 1, 21 (Sally Engle Merry et al., eds., 2015) [hereinafter, THE QUIET POWER OF INDICATORS].

17) Davis, Kingsbury & Merry, *id.* at 1 ("Indicators are both a form of knowledge and a technology for governance.").

18) Kevin Davis, Benedict Kingsbury and Sally Engle Merry, *Introduction: Global Governance by Indicators, in* GOVERNANCE BY INDICATORS: GLOBAL POWER THROUGH QUANTIFICA-TION AND RANKINGS 1, 6 (Kevin Davis et al., eds., 2012) [hereinafter, GOVERNANCE BY INDICATORS] ("An indicator is a named collection of rank-ordered data...... The data are generated through a process that simplifies raw data about a complex social phenomenon. The data......are capable of being used to compare particular units of analysis (such as countries or institutions or corporations) and to evaluate their performance by reference to one or more standards.").

19) Cooley, *supra* note 9, at 15 (All indicators embody a standard or rule that is used for measurement. Thus, evaluation cannot be removed from the standards and assumptions that allow measurement to take place......").

いを示すものではなく、何らかの順位付けをする構造（rank-ordered structure）を有しているものが、「指標とランキング」と呼ばれる範囲に含まれるとされている点である[20]。つまり、ランキングという形で情報を公開するというところに、ガバナンス手法としてのパワーがあるのである。情報開示によるアクターの行動の改善・是正については既存の研究があるが、現在の指標とランキングの研究は、それと比べてどのような新しさがあるだろうか。この点について、次に検討する。

III 「情報」によるガバナンスのメカニズム

　ここでは、「指標とランキング」が「情報」を用いたガバナンスであり、どのようなメカニズムでガバナンスに影響を与える可能性があるのかを考察するが、実は、前述したプライベート・スタンダードや認証システムの手法も、情報によるガバナンスに基づいている。プライベート・スタンダードを遵守した製品に認証が与えられエコラベルが貼付されることで、持続可能性に配慮された製品であるという情報を公表しているのである。この手法によって、持続可能性に配慮した製品とそうでない製品とが区別されるという意味がある。しかし問題点としては、認証を取得できる生産者のほうが少ない現状を考えると[21]、認証を取得できる限られた生産者しか認証システムを積極的に利用しないわけであり、この情報公開の方法では、認証を取得できない多くの生産者の生産活動を底上げするという効果は小

---

20)　Davis, Kingsbury & Merry, *supra* note 18, at 8 ("Some listings with most of the attributes of indicators may merely divide units into categories described nominally, identifying difference without ranking the categories. These do not fall within our definition of an indicator."). See also, Bhuta, Malito & Umbach, *supra* note 15, at 7.

21)　認証を取得した生産物の割合は年々増加しているが、農産物の分野では、認証を取得している生産物の割合が最も多いのはコーヒー豆40％、次にカカオが22％、パーム油が15％、茶12％と続く（2012年時点）。State of Sustainability Initiatives Reviews, Standards and the Green Economy, ⟨https://www.iisd.org/ssi/standards-and-the-green-economy/⟩ (last visited 25 August 2019). また水産物の分野では、認証を取得している養殖魚は全体の14％、天然魚は6％だとされる（2015年時点）。State of Sustainability Initiatives Reviews, Standards and the Blue Economy, ⟨https://www.iisd.org/ssi/standards-and-the-blue-economy/⟩ (last visited 25 August 2019).

さいことが指摘されている[22]。それに比べると、「指標とランキング」の
手法は、少なくともランキングの対象となったアクターについては、順位
が下位のアクターの状況まで情報公開にさらされるので、順位を上げよう
とするモチベーションが期待できる可能性がある（ただし、ランキングの対象
外のアクターに対しては、上述の認証システムのケースと同じように、行動に変化を及
ぼす効果は小さいだろう）。

　それでは、アクターに順位を上げようというインセンティブを持たせる
情報公開の効果とは、どのようなプロセスで生じるのだろうか。

　「情報」によるガバナンスの先行研究としては、現在の「指標とランキ
ング」の研究よりも少し前のよく知られた研究として、2007年に刊行さ
れた、アーカン・ファングらによる『完全なる開示—透明性の課題と可能
性』[23]がある。本書は、自動車の横転事故や飲用水の水質といった安全や
健康に関わる事項や、学校・病院・外食産業等によるサービス提供に関す
る「情報開示」を事例として取り上げている。第1章のタイトルは、まさ
に「透明性によるガバナンス」となっており、情報公開を受けてアクター
の行動がどのように改善されていくか（あるいは是正に至らず失敗したの
か）を分析したものである[24]。この『完全なる開示』が取り上げるのは、
一般的な情報開示や透明性の政策ではなく、「ターゲットとされる透明性
（targeted transparency）」とファングらが呼ぶもので、特定の問題につい
て、特定の企業や公的機関に対して求められる（製品や提供されるサービス
に関する）特定の情報開示である。

　開示された情報が関連アクターの行動を是正・改善するメカニズムは、
情報開示者（disclosures）とその情報のユーザー（users）という、鍵とな
るアクター間[25]の「シグナルとコミュニケーション」にポイントがあり、
「透明性のアクション・サイクル（transparency action cycle）」と呼ばれる

---

22)　Marc Schneiberg and Tim Bartley, *Organizations, Regulation, and Economic Behavior: Regulatory Dynamics and Forms from the Nineteenth to Twenty-First Century*, 4 ANNUAL REVIEW OF LAW AND SOCIAL SCIENCE 31, 45（2008）.

23)　ARCHON FUNG, MARY GRAHAM and DAVID WEIL, FULL DISCLOSURE: THE PERILS AND PROMISE OF TRANSPARENCY（2007）.

24)　*Id.* at 2, 6.

25)　*Id.* at 53.

次のような四段階のプロセスに基づくとされる。すなわち、①情報開示者（製品の製造・販売業者・サービス提供者等）によって情報開示がされる→②情報の受け手・ユーザー（市民・消費者・投資家等）が情報を評価し、（購買パターン等の形で）反応する→③ユーザーの評価・反応が情報開示者に伝わる→④情報開示者がそれに積極的に（安全性を考慮してビジネス活動を改善する等）対応する、というプロセスである[26]。この「シグナルとコミュニケーション」をめぐるプロセスで特に重要なのは、情報のユーザーによる「コミュニティ・プレッシャー」である[27]。しかし、情報のユーザーがどのような評価・反応を示すか、また、そうしたシグナルに情報開示者がどれくらい敏感なのかは、ケース・バイ・ケースで、シグナルとコミュニケーションのプロセスは複雑で不確かさを伴うともされる[28]。

「指標・ランキング」の手法も、上述の情報によるアクション・サイクルと同じようなメカニズムを前提としており[29]、特に情報のユーザーの役割が重要とされる点は同じである[30]。では、2007 年の『完全なる開示』の研究と、近時の指標・ランキングの研究とはどのような違いがあるだろうか。また、どのような新しい研究展開があるだろうか。

第一に、『完全なる開示』が取り上げた主たる事例は、米国法に基づいて情報開示が求められる点に特徴があった。つまり、「政府に要求された情報開示（government-mandated disclosure）」が主たる検討対象となっていたが、それは、「政府だけが、公的・私的機関に対して情報の開示を要求

---

26) オリジナルは FUNG, GRAHAM & WEIL, *supra* note 23, at 6 にあるが、ここではわかりやすく解説されている Philip Schleifer, Matteo Fiorini and Graeme Auld, *Transparency in Transnational Governance: The Determinants of Information Disclosure of Voluntary Sustainability Programs*, REGULATION & GOVERNANCE 3 (first view, 2019) も参考にした。

27) FUNG, GRAHAM & WEIL, *supra* note 23, at 47.

28) *Id.* at 48-49.

29) 指標・ランキングの効果については、米国国務省による人身取引に関する年次報告書という事例の文脈で Judith G. Kelley and Beth A. Simmons, *Politics by Number: Indicators as Social Pressure in International Relations*, 59 AMERICAN JOURNAL OF POLITICAL SCIENCE 55, 58-59 (2015) が詳述しており、①国内アクター（NGO や企業）の動員、②官僚による学習や政策変更のインセンティブ、③トランスナショナルなプレッシャーの活性化、の三つのメカニズムが政府の行動変化につながるとしている。

30) Broome & Quirk, *supra* note 8, 839-840.

できる」ので「政府による介入」が必要だからである、と説明されていた[31]。これに対して、近年研究されている指標・ランキングの作業では、法律による強制が前提にはなっていない。NGO 等が自発的に行っているグローバル・ガバナンスに関する指標化作業に[32]、指標のターゲット（国家や企業）が情報開示に協力する義務はない。

　第二の違いは、法律で強制された情報開示か否かという第一の点にも関連するが、どのように指標が作成されるか、という策定過程が、近年の指標・ランキングの研究ではより重要になってきている、という点である。前述のように、法律で強制された情報開示であっても、情報のユーザーがどのような反応を示すのか、また、その反応によって情報の開示者の行動が是正されるかは不確かであった。ましてや、指標化が法律によって求められている作業でないとすると、情報が当然に受け手に評価してもらえるわけではない。したがって、情報がユーザーに理解されて評価されるために、より使い勝手が良いように工夫される必要がある。つまり、情報を「知識」として構築する専門性と技術が求められる。指標・ランキングの先行研究では、指標化の作業の出発点としてのフレーミングと概念化（framing research agenda and conceptualization）[33]の段階と、データの収集と作成（data collection and creation）という次の段階の重要性が指摘されている。より具体的には、この二つの段階において、どのアクターが関わり、どのような専門性やリソースを持っているかという点が鍵となる[34]。また、データが情報として受け入れられ、さらに知識として普及するためには、データの解釈・分類・比較の作業が重要であるとされている[35]。

　そして第三の違いとしては、近時の指標・ランキングの研究では情報や知識が影響するメカニズムが、より多様化・複雑化したものとして捉えら

31）　FUNG, GRAHAM & WEIL, *supra* note 23, at 6.

32）　もっとも、NGO 等が自発的に行っている指標化の作業に、背景として何らかのグローバルな価値や規範が存在し、それを体現する条約が存在することはある。I で話題にした、医薬品アクセス・インデックスについては、一連の TRIPS 協定をめぐる議論と改正の動きが指標化作りを後押ししたと考えられる。

33）　Davis, Kingsbury & Merry, *supra note* 16, at 10; Cooley, *supra* note 9, at 6.

34）　Davis, Kingsbury & Merry, *supra note* 16, at 14.

35）　Rottenburg & Merry, *supra* note 16, at 12-17.

Ⅲ　「情報」によるガバナンスのメカニズム　　333

れている点である。この点は『完全なる開示』においても、前述の通り、
情報開示の効果が現れるメカニズムは「シグナルとコミュニケーション」
にあるとされ、効果が発揮されるプロセスが議論されていた[36]。近年の指
標・ランキングの研究でも、この手法がいかなる効果をもたらすかについ
て関心が示されているが、筆者の印象では、効果の次元の検証はまだ発展
段階にある。

　繰り返しになるが、『完全なる開示』のケースは米国法に基づいて情報
開示が義務化された米国内の政策課題を扱っていた。これ対し、近年の指
標・ランキングが扱うのはグローバルな政策課題であり、関連アクターも
グローバル化し、公的アクターと私的アクターとが入り混じる。ランキン
グの公表によって行動を是正・改善する（可能性のある）「ターゲット」と
呼ばれるアクターは、一つの国家や地域にとどまらない。また、情報開示
の要求に法的な拘束力はないので、このターゲットが必ず情報開示すると
は限らない。ターゲットによる協力が得られない場合、指標・ランキング
の「作成者」が情報を収集することになる。情報の「ユーザー」である
NGO やメディアもグローバル化し、グローバルなユーザーが作成者と共
に、名指しと非難（naming and shaming）の手法を使い、ターゲットに行
動の是正・改善のプレッシャーを与えることもある[37]。つまり、アクター
がグローバル化すると、指標・ランキングの効果のメカニズムはより複雑
になり、その効果も多様化する。順位や評価を上げるために、アクターが
制度変更等の具体的な改革を行うといったケースのほか、指標策定によっ
て新しい理解が広まったり意見交換がされたり等の反応が見られることも
あるという[38]。こうした反応も、指標化による新しい知識の普及として重
視されており[39]、興味深いのは、そうした効果は、例えば、指標を作成し
た NGO の信用や評判を上げるという効果にもつながり、それによってさ

---

36)　効果が発揮される重要な要素として、情報が情報の受け手（例えば消費者等）の必要性
　　や関心に適合したものであること、また、情報が継続的にアップデートされること、の二点
　　が指摘されている。FUNG, GRAHAM & WEIL, *supra* note 23, p. 11.

37)　Cooley, *supra* note 9, at 20-21.

38)　*Id.* at 32-34.

39)　Davis, Kingsbury & Merry, *supra* note 16, at 16.

334　第 15 章　グローバル化における「指標とランキング」の役割

らに指標の実効性が上がるという点も指摘されている[40]。このように、指標・ランキングにはグローバルで多様な効果が期待されるが、その分析と検証にはさらなる事例分析が求められるだろう。

IV　指標・ランキングの「正統性」をめぐる問題

　指標・ランキングの流行にも問題がないわけではない。先行研究で早くから指摘されてきた課題としては、増加する指標をどう規律するのか、すなわち、策定プロセスの正統性を問う「手続的正統性」の確保の問題がある。グローバル・ガバナンスにおける正統性の問題は、これまでもたびたび指摘されてきた。グローバル・ガバナンスを担う国際連合や WTO といった国際組織の正統性の問題は、長らく議論されてきたし[41]、近年はプライベートな認証システムについても、グローバル・ガバナンスに対する影響力を勘案するならば正統性が求められるべきであるという議論がある[42]。それと同様、グローバルに行動を規律する機能を持つ指標・ランキングについても、その策定プロセスについて、透明性・参加・アカウンタビリティの確保が求められるようになるのは自然の流れであろう[43]。とりわけ、公表された指標・ランキングが、何かを決定したり是正したりするという形で使用されるのであれば、その指標の正統性が問われるのは当然である[44]。また、「手続的正統性」の確保は、指標・ランキングの策定が

---

40)　Cooley, *supra* note 9, at 21-23.

41)　Allen Buchanan and Robert O. Keohane, *The Legitimacy of Global Governance Institutions,* 20 ETHICS & INT'L AFFAIRS 405 (2006); Joanne Scott, *European Regulation of GMOs: Thinking About Judicial Review in the WTO,* 57 CURRENT LEGAL PROBLEMS 117, 130-131 (2004).

42)　Doris Fuchs, Agni Kalfagianni, and Tetty Havinga, *Actors in Private Food Governance: The Legitimacy of Retail Standards and Multistakeholder Initiatives with Civil Society Participation,* 28 AGRICULTURE AND HUMAN VALUES 353, 354 (2011); Julia Black, *Constructing and Contesting Legitimacy and Accountability in Polycentric Regulatory Regimes,* 2 REGULATION & GOVERNANCE 137, 145 (2008).

43)　Davis, Kingsbury & Merry, *supra* note 18, at 15 ("……indicator design and production are likely to become increasingly subject to demands made of other standard-setting processes, including demands for transparency, participation, reason-giving, and review.").

IV　指標・ランキングの「正統性」をめぐる問題　*335*

「専門家」主導の知識の生成であって、先進国をベースに活動する大手の
NGO によるものであるという批判に対応する点においても有効であろ
う[45]。

　しかし、こうした「手続的正統性」が確保できたとしても、「実質的正
統性」（あるいはアウトプット正統性）の確保が、さらに問題となる。「実質
的正統性」とは、ガバナンスの結果への関心、つまり課題を有効に解決し
ているか、という問題関心である[46]。この点は、前述の指標・ランキング
の効果の議論にも関係しているが、先行研究における見解は様々である。
すなわち、指標・ランキングの効果は小さいとする研究もあれば、意図さ
れていなかった意外な効果があると指摘する研究もある[47]。

　この点に関連する重要な課題としては、影響力のあった指標・ランキン
グとそうでない指標・ランキングにはどのような違いがあるか、という点
の分析である[48]。影響力の違いについては、いくつかの要因が考えられる
が、ここでは二つの要因を挙げる。

　一つ目の要因として指摘されるのが、指標化の作業の出発点としての概
念化やデータ作成の「質」の問題である。つまり、どのような指標を作る
のかという出発点が、指標化の効果に影響する、との見解である。指標・
ランキングが扱う概念や価値は、（例えば、良いガバナンスや腐敗といった）
論争を伴う難解なものが多く、それをどのような下部の指標で測るのか、
測定のためにどのような情報を収集するのか等は、ある種ユニバーサルな

---

44)　David Nelken, *Conclusion: Contesting Global Indicators, in* THE QUIET POWER OF INDICATORS
　　（*supra* note 16）317, 328; Sabino Cassese and Lorenzo Casini, *Public Regulation of Global
　　Indicators, in* GOVERNANCE BY INDICATORS（*supra* note 18）465, 466.　なお、金融指標や格付会社
　　に対して法的規制が導入されていることについて、有吉尚哉「格付会社の規制」法学教室
　　377 号（2012）40 頁以下、シンポジウム I「金融指標に関する法律問題」金融法研究 31 号
　　（2015）4 頁以下を参照。

45)　Kevin E. Davis, *Legal Indicators: The Power of Quantitative Measures of Law*, 10 ANNUAL
　　REVIEW OF LAW AND SOCIAL SCIENCE 10, 46（2014）; Bhuta, Malito & Umbach, *supra* note 15, at 9.

46)　Daniel Bodansky, *Legitimacy in International Law and International Relations, in*
　　INTERDISCIPLINARY PERSPECTIVES ON INTERNATIONAL LAW AND INTERNATIONAL RELATIONS: THE STATE
　　OF THE ART 321, 330（Jeffrey L. Dunoff et al., eds., 2012）.

47)　Debora Valentina Malito, Nehal Bhuta, and Gaby Umbach, *Conclusions: Knowing and
　　Governing, in* THE PALGRAVE HANDBOOK OF INDICATORS（*supra* note 15）503, 510.

48)　Davis, Kingsbury & Merry, *supra* note 16, at 16.

物差しや枠組みを使うことが想定される。そうでないと、結果としての格付けやランク付けが公正でないという評価を受けることになり、影響力が小さくなることが考えられる。その一方で、ユニバーサルな物差しの採用が逆に、ローカルな事情を反映していない、情報に対する異なる場所での異なる解釈が理解されていない、という指摘もあり[49]、定量化・簡素化による情報の損失（loss of information）に対する懸念も指摘される[50]。

　もう一点、指標・ランキングの影響力を左右するかもしれない要因としては、一つの分野における指標の「過密化現象」が指摘できる。グローバル・ガバナンスを分析する上で、「レジーム・コンプレックス（regime complex）」という概念が用いられてきた。すなわち、一つの分野に複数の関連した国際条約が策定されたり、条約・国内法・プライベートな基準のように、多元的にルールが策定されていたりする現象を表す概念である[51]。また、プライベート・ガバナンスの研究においても、プライベート・スタンダードの断片化現象が見られる分野とそうでない分野を比較したり、スタンダード間の競争がスタンダードのレベルを下げる危険性があるのかについて議論されたりしてきた[52]。

　同様の現象が、指標の世界でも生じていることが指摘されている。例えば、腐敗の分野においては、トランスペアレンシー・インターナショナルによる腐敗認識指数が中心的であるのに対して、民主化や報道の自由度に関する分野では、複数の知られた指標が混在している状況にあるとされる[53]。複数の指標の存在は、指標の効果を弱めると予想されるが、「対抗」

---

49)　Malito, Bhuta & Umbach, *supra* note 47, at 505; Nelken, *supra* note 44, at 325.

50)　Davis, *supra* note 45, at 42. See also, Jack Snyder and Alexander Cooley, *Conclusion: Rating the Rating Craze: From Consumer Choice to Public Policy Concern, in* RANKING THE WORLD（*supra* note 9）178-179.

51)　「レジーム・コンプレックス」についての近時の研究動向につき、Yoshiko Naiki, *Trade and Bioenergy: Explaining and Assessing the Regime Complex for Sustainable Bioenergy*, 27 EUR. J. INT'L L. 129-159（2016）を参照。

52)　Luc Fransen and Thomas Conzelmann, *Fragmented or Cohesive Transnational Private Regulation of Sustainability Standards? A Comparative Study*, 9 REGULATION & GOVERNANCE 259-275（2015）; Burkard Eberlein, Kenneth W. Abbott, Julia Black, Errol Meidinger and Stepan Wood, *Transnational Business Governance Interactions: Conceptualization and Framework for Analysis*, 8 REGULATION & GOVERNANCE 1-21（2014）.

53)　Cooley, *supra* note 9, at 26.

的に作られる指標によって、新しい概念や異なる理解が促進されるのであれば、それも指標の効果の一つとして分析対象になり得る。この点において、指標・ランキングの公表後の、批判・反論・抵抗（contestation）という動きに注目する重要性が指摘されている[54]。指標・ランキングのターゲットから批判の声が上がった場合、反論や意見聴取の機会は確保されているのか、あるいは指標の概念化やデータ作成は批判を反映して修正されるのか、といった点も、指標の将来的な実効性を左右する一つの要因となろう。おそらく、影響力のある指標というのは、指標が継続的に改善される仕組みを何らかの形で有していると考えられ、「対抗」指標が登場するような場合には、そうしたプロセスが確保されてない可能性が考えられる。

V　おわりに

　Ⅰで取り上げた、医薬品アクセスに関する企業ランキングの話に戻ろう。2018 年の秋に最新の順位表が発表され、20 社の中で日本企業の順位は、5 位に武田薬品工業、8 位にエーザイ、18 位に第一三共、19 位にアステラス製薬と公表された[55]。トップ 10 に日本の製薬会社が 2 社入ったのは、この企業ランキングが 2008 年に開始されてから初めてのことである。

　本章で検討してきた、ガバナンス手法としての指標・ランキングの特性や課題の観点から、この企業ランキングは、途上国における医薬品アクセスというグローバルな政策課題の解決に貢献していると言えるだろうか。Ⅳで見たように、指標・ランキングの効果は測るのが難しい。トップ 10 に日本の製薬会社が 2 社入ったことは評価できるにしても、それは、この企業ランキングの効果として企業行動が変わって順位が上がったのか、ランキングの評価とは直接関わりのない別の要因で順位が上がったのか、区別をするのは難しい。他方で、この企業ランキングが製薬会社にどれくら

---

54)　Bhuta, Malito & Umbach, *supra* note 15, at 14; Davis, Kingsbury & Merry, *supra* note 16, at 16-17.

55)　Access to Medicine Index 2018, 2018 Ranking, 〈https://accesstomedicinefoundation.org/access-to-medicine-index/2018-ranking〉(last visited 25 August 2019).

338　第 15 章　グローバル化における「指標とランキング」の役割

い直接的な影響を与えたかを示すことは難しくとも、この企業ランキングが投資家に影響を与え、投資家の行動が製薬会社に影響を与えるというプロセスは考えられる。近年、注目されている ESG 投資の視点である[56]。ESG とは環境（Environment）・社会（Social）・企業統治（Governance）を指し、この観点を重視した経営をする企業に投資する傾向が広がっている。こうした投資方針が進めば、途上国への医薬品アクセスというグローバルな課題に取り組むインセンティブを製薬会社に与えることになろう。

　指標・ランキングを使ったガバナンスは、あらゆる分野に広がっている。指標の研究には、環境・人権・通商・安全保障等の多方面の分野の研究者が貢献できる。指標はどれくらいターゲットに影響を与えるのか、影響を与えているとすればその指標の権威や信頼性は何に裏付けされているのか、また、影響力ある指標にはその策定過程にどのような特徴があるのか、さらに、指標をめぐりどのような相互作用が生じているか（政治的利用や対抗的指標の策定）等、日本の学界でも研究が深まることを期待したい[57]。

【附記】　本章は、「（書評論文）増加する『指標』とグローバル・ガバナンス」国際政治 188 号（2017）118〜128 頁に加筆修正したものである。本章は、JSPS 科研費国際共同研究強化（課題番号 16KK0080）の助成に基づく在外研究（2018 年 10 月〜2019 年 6 月）の研究成果の一部である。

---

56)　「途上国での取り組みに注目　ESG 投資の判断に　ATM 財団、製薬をランキング」日経ヴェリタス 569 号（2019）47 頁。またランキングの持つ投資家への影響について、Marta Infantino, *Global Indicators, in* RESEARCH HANDBOOK ON GLOBAL ADMINISTRATIVE LAW 347, 357 (Sabino Cassese ed., 2016) 参照。

57)　私的な指標・ランキングの「権威」に関して、内記香子＝加藤暁子「指標とランキングによるグローバル・ガバナンス―製薬企業の医薬品アクセス貢献度ランキングを事例として」国際法外交雑誌 118 巻 4 号（2020）掲載予定を参照。

第16章 グローバル法多元主義の下での抵触法

横溝　大

I　はじめに
II　グローバル法多元主義の下での抵触法の位置付け
III　抵触法が対象とすべき法秩序
IV　抵触法の有用性と課題
V　結　語

I　はじめに

　本章の目的は、グローバル化の進展の下で生じたいわゆるグローバル法多元主義（global legal pluralism）という状況において、抵触法の位置付けや担うべき役割、またそのための課題について考察することにある。

　グローバル化の進展の下で生じた、国家以外の主体が形成するトランスナショナルな規範と国家法とが共存している状況は、しばしばグローバル法多元主義と称される[1]。そこでは、トランスナショナルな地平において、国家法を含め異なる出自を持つ規範（以下、「非国家法」という[2]）が多様で複雑な関係を築いている。そのような非国家法として、例えば、スポーツ法（lex sportiva）、商人法（lex mercatoria）[3]、インターネット法、業界団体の作成する国際標準やガイドライン、EU や国際機関の形成する様々な規範が挙げられる。

---

1)　グローバル法多元主義につき、参照、R. Michaels, "Global Legal Pluralism", *Annual Review of Law & Social Science*, No. 5 (2009), p. 243; P. S. Berman, "Global Legal Pluralism", *Southern California Law Review*, Vol. 80 (2007), p. 1155.
2)　ここで「非国家法」と呼称するのは便宜のためであり、以下に挙げる規範を全て「法」とみなすべきであると筆者が主張しているわけではない。
3)　西谷祐子「レークス・メルカトーリアと自主規制」法学論叢 180 巻 5・6 号（2017）341 頁。

抵触法[4]は、従来、私人の国境を越えた活動に関し異なる法秩序の法規範の抵触を調整する役割を果たしてきた[5]。しかし、抵触法は、現状では国家法のみを調整の対象としており、また、EUといった地域レヴェルでの立法や国際条約も次第に増えつつあるものの、基本的には、国ごとに異なる国家法として存在している。そこで、様々な規範が共存するグローバル法多元主義にという状況において、抵触法が規範間の関係を調整する方法としてどこまで有用なのか、その可能性と課題が問われなければならない[6]。

以下では、まず、グローバル法多元主義の下で、抵触法がどのような法として位置付けられるのかを明確にし（II）、次に、抵触法が対象とすべき法について考察する（III）。そのうえで、グローバル法多元主義における法規範の抵触を調整する技術としての抵触法の有用性と課題について述べ（IV）、最後に、留意点と今後の課題に触れる（V）[7]。

II　グローバル法多元主義の下での抵触法の位置付け

国家法と多様な非国家法とが共存すると、世界を把握するグローバル法多元主義の下では、抵触法はどのような法として位置付けられるのだろうか。

この点に関し参考になるのは、法多元主義的状況においては各法秩序に他の法秩序との関係を規律するルールが不可欠な構成要素として存在する

---

4)　以下では、広義の国際私法の意味で「抵触法（conflict of laws）」の語を用いる。

5)　抵触法の主たる任務が、国際的な私法的法律関係に関する他の法秩序との調整にあるとするものとして、P. Mayer, "Le phénomène de la coordination des ordres juridiques étatiques en droit privé", *Recueil des cours de l'académie de droit international*, tome 327 (2007), p. 9, p. 23.

6)　抵触法が有する様々な技術が、現在の法多元主義的状況の整序に資することを主張するものとして、H. Muir Watt, "Conflict of laws unbounded: the case for a legal-pluralist revival", *Transnational Legal Theory*, 2016, p. 1, p. 9.

7)　本章と同様の問題意識に基づく筆者のこれまでの研究として、「抵触法の対象となる『法』に関する若干の考察―序説的検討」筑波ロー・ジャーナル6号（2009）3頁、「グローバル化時代の抵触法」『グローバル化 I』109頁等がある。

という指摘である。例えば、von Daniels は、法の概念に関する Hart の理論[8]を発展させつつ、法体系間の相互関係に関するルールを連携ルール（linkage rules）と呼び、これを考察している[9]。von Daniels によれば、全ての組織化された法体系は（極端な場合にはいかなる妥当化や承認も認めないという形でではあれ）連携ルールを有しており、連携ルールには、他の法体系を妥当化し（validate）、またはこれに委任し、あるいはこれに影響を与えようとするものと、他の法体系による妥当化を承認し、または同法体系からの要求を受け容れ、あるいは完遂しようとするものとがある[10]。そして、抵触法も連携ルールの一例であるとされる[11]。

また、Michaels は、グローバル法多元主義の下では、ある法秩序は他の法秩序との相互作用以前に存在するという前提をとることはできず、法秩序は相互承認を通じて相互に構成し合っていると考えるべきであると主張する[12]。そのうえで、やはり Hart の理論を基礎にしつつ、ある法秩序による他の法秩序の承認（外的承認〔external recognition〕）に関するルールを、官吏による法秩序内部の法の承認（内的承認〔internal recognition〕）に関する第二次ルールと区別して第三次ルール（tertiary rules）と呼び、法多元主義的状況の下で各法秩序はこのような第三次ルールを有しなければ完全とは言えないとする[13]。そして、抵触法は全てこの第三次ルールに含まれるとする[14]。

法秩序をどのように捉えるか（Ⅲ 1）、また、Hart の理論に基本的に依

---

8) H. L. A. Hart, *The Concept of Law* (2nd ed., Oxford, 1994).

9) D. von Daniels, *The Concept of Law from a Transnational Perspective* (Ashgate, 2010). von Daniels の理論について考察する邦語文献として、浅野有紀「法多元主義と私法」平野仁彦ほか編『現代法の変容』（有斐閣・2013）127 頁。

10) von Daniels, *ibid.*, p. 161.

11) *Ibid.*, p. 166.

12) R. Michaels, "Law and Recognititon‒Towards a Relational Concept of Law", in N. Roughan/A. Halpin (eds.), *In Pursuit of Pluralist Jurisprudence* (Cambridge University Press, 2017), p. 90, pp. 90-95.

13) *Ibid.*, p. 2. なお、Hart における第一次ルールは義務賦課ルールであり、第二次ルールは承認・変更・裁定ルールから成る権能付与ルールである。詳細につき、近藤圭介「法体系の境界をめぐって―H・L・A・ハートの法理論・再考(1)～（3・完）」法学論叢 172 巻 2 号 38 頁・173 巻 1 号 26 頁・2 号 44 頁（2012～2013）。

14) *Ibid.*, p. 18. これらの見解については、浅野有紀『法多元主義―交錯する国家法と非国家法』（弘文堂・2018）49 頁以下も参照。

拠するとしても、他の法秩序との関係に関するルールを第三次ルールと考えるかどうかには争いがあるが[15]、興味深いのは、これらの見解が、グローバル法多元主義の下で他の法秩序との関係に関するルールを法秩序の不可欠な構成要素としており、抵触法をそのようなルールの一部とみなしている点である。前述のように、現在の抵触法は、その対象を国家法に限定しているが、抵触法がこのように国家法を基礎としたパラダイムに依拠するようになったのは19世紀後半のことであり[16]、それ以前の抵触法は、教会や都市等国家以外の様々な形態の法秩序をも対象としていた[17]。そこで、国家法を基礎とするパラダイムが相対化されたグローバル法多元主義の下では、国家法に限らず非国家法も含めた他の法秩序一般と各法秩序との関係に関するルールとして、抵触法を位置付けることが適切だろう[18]。

III　抵触法が対象とすべき法秩序

　それでは、グローバル法多元主義の下で、連携ルールないし第三次ルールとしての抵触法が対象とすべき法秩序とはどのようなものだろうか。以下に見る通り、法秩序の概念については様々な見解があるが（1）、それ

15）　例えば、抵触法を第二次ルールとみなすものとして、B. Ancel, *Éléments d'histoire du droit international privé* (Éditions Panthéon-Assas, 2017), p. 19; A. Mills, "Variable Geometry, Peer Governance, and the Public International Perspective on Private International Law", in H. Muir Watt/D. P. Fernández Arroyo (eds.), *Private International Law and Global Governance* (Oxford, 2014), pp. 245-246.

16）　A. Mills, *The Confluence of Public and Private International Law* (Cambridge, 2009), p. 71; R. Michaels, "Globalizing Savigny? The State in Savigny's Private International Law, and the Challenge of Europeanization and Globalization", *Duke Law School Legal Studies Research Paper,* No. 74 (2005), available at 〈http://ssrn.com/abstract=796228〉, pp. 10-12.

17）　Ancel, *supra* note (15), pp. 12-13.

18）　そのうえで、抵触法をそのようなルールの一部と見るか総体と見るかが問題となる。国家法と非国家法との関係は多様であり（例えば、M. Forsyth, "A Typology of Relationships Between State and Non-State Justice Systems", *Journal of Legal Pluralism,* No. 56 (2007), p. 67; R. Michaels, "The Re-State-Ment of Non-State Law: The State, Choice of Law, and the Challenge from Global Legal Pluralism", *Wayne Law Review* Vol. 51 (2005), p. 1209, pp. 1227-1235)、現在の抵触法がその全てをカヴァーしていると言うことは確かにできないが、抵触法を法秩序間の関係一般に関する法と位置付ける以上、今後は、その全ての関係を研究対象とすることが望ましいように思われる。

だけではなく、グローバル化の文脈においては、法秩序から独立した法の存在も主張されている（2）。以下、これらの見解を確認したうえで、若干の考察を行う（3）。

1　法秩序について

　現在に連なる法秩序の概念は、その根源を 18 世紀のドイツに求めることができると言われているが[19]、抵触法の文脈においては、今日フランスにおいて、次のように論じられることが少なくない。すなわち、法規範の妥当性が全て同一の基礎を有するという事実にその統一性が依拠する規範体系として法秩序を把握する Kelsen の規範的法秩序概念[20]と、規範の前提となる現実的で具体的な社会的一体（unité）として法秩序を把握する Romano の制度的法秩序概念[21]とが対比され、そのうえで、法秩序は制度であって、団体として組織された社会であり、規範体系はその一部であるという後者の見解が支持されるのである[22]。法秩序に関するこのような見解は、国家以外の法秩序を認める余地を開くものであるが[23]、制度化を要求する度合いに応じて、具体的にどのような集団・共同体を法秩序と認めるかという点は、論者によって異なっている[24]。

　これに対し、これらの見解が採用している、法秩序が他の法との相互作

---

19)　F. Grisel, *L'arbitrage international ou le droit contre l'ordre juridique* (LGDJ, 2011), p. 155;
J. -L. Halperin, "L'apparition et la portée de la notion d'ordre juridique dans la doctrine internationaliste du XIXe siècle", *Droit*, No. 33/1 (2001), p. 41, p. 44.

20)　H. Kelsen, *Reine Rechtslehre* (Franz Deuticke, 1934).

21)　S. Romano, *L'ordre juridique* (2ᵉ éd. 1945, traduit par L. François/P. Gothot, Réédition, Dalloz, 2002). 邦訳として、サンティ・ロマーノ（井口文男訳）「『法秩序』(1)〜（4・完）」岡山大学法学会雑誌 62 巻 1 号 98 頁・2 号 314 頁・3 号 532 頁・4 号 782 頁（2012〜2013）。Romano の法秩序概念については、横溝・前掲注 7）筑波ロー・ジャーナル 6 号 19 頁以下参照。

22)　これは Mayer, *supra* note (5), pp. 36-44 の影響である。例として、D. Sindres, *La distinction des orders et des systèmes juridiques dans les conflits de lois* (LGDJ, 2008), pp. 19-38; J. Guillaumé, *L'affaiblissement de l'État-Nation et le droit international privé* (L. G. D. J., 2011), pp. 37-38.

23)　横溝・前掲注 7）筑波ロー・ジャーナル 6 号 24 頁。

24)　例えば、抵触法上の法秩序たり得る条件として、準則・裁判所・執行機関を掲げる Mayer においては、抵触法上の法秩序は国家法秩序だけに限定される。Mayer, *supra* note (5), p. 79. これに対し、法多元主義の観点から、国家法秩序以外に、トランスナショナルな、国際的な、また地域的な法秩序を広く認めるのは、Guillaumé, *supra* note (22), pp. 51-94.

用以前に存在するという前提を問題視し、法秩序の不可欠な構成要素として第一次・第二次ルールに加え第三次ルールを要求する前述の Michaels は、それぞれの法秩序が第三次ルールにより、他の秩序にとって何が法かを決定するという見解を近時示しており、注目される[25]。その結果、ある秩序が法秩序であるか否かは特定の他の法秩序との関係において、当該法秩序による承認を通じて決定され、法秩序の概念は相対化されることになる[26]。このような見解については、現実についての納得のいく描写であるとして一定の評価がなされているが[27]、他方で、法概念の抑制の利かない拡張、また、それにより法概念の完全な空洞化（Aushöhlung）を導くものとして批判されている[28]。

　最後に、近時、グローバル化における法多元主義的状況を念頭に法秩序を論じた Lindahl は、法秩序の境界が法により規制される行動を行う者の視点から具体的に画定されると主張する[29]。すなわち、法は、主体的・事項的・空間的・時間的境界を設定することにより個人の行動を規律するのであり[30]、法秩序は、法により規制される各々の行動ごとにその規範的次元に関して統一体として立ち現れる[31]。そして、そのような法秩序の境界は、同一の期待を抱き自分達をある集団とみなす「我々」[32]という一人称複数形の視点から、規制の対象となる行為ごとに論じられるべきであるとする[33]。そこでは、法秩序の重なり合い（overlapping）に関して、個々の規範的ポイント[34]に従い、ある人または事項が他の法秩序に入ることなくこれらの法秩序の一つに入る可能性が示唆されており[35]、法秩序間の調整

25）　Michaels, *supra* note（12）, p. 18.

26）　*Ibid.*, pp. 17-18. R. Michaels, "What is Non-State Law? A Premier", in M. A. Helfand（ed.）, *Negotiating State and Non-State Law*（Cambridge, 2015）, p. 41, pp. 55-58 も参照。

27）　G.-P. Calliess／A. Maurer, "Transnationales Recht-eine Einleitung", in G.-P. Calliess（ed.）, *Transnationales Recht*（Mohr Siebeck, 2014）, p. 1, p. 16.

28）　*Ibid.*, p. 33.

29）　H. Lindahl, *Fault Lines of Globalization*（Oxford, 2013）.

30）　*Ibid.*, p. 3.

31）　*Ibid.*, p. 16.

32）　*Ibid.*, p. 82, p. 30.

33）　*Ibid.*, p. 16.

34）　「ポイント（point）」とは、行為主体の視点から実行行為（practice）を説明又は正当化するために与えられ得る動機、価値ないし理由を意味する。*Ibid.*, p. 30.

という抵触法的観点からは興味深い[36]。

2　秩序から独立して存在する法について

一方、グローバル化の文脈においては、UNIDROIT 契約法原則や国際仲裁等を念頭に、法秩序から独立した法の存在も主張されてきた。それらの見解においては、国際仲裁といった近時急速に進展する現象を理解するために法秩序に先行する法の概念を主張し、規範的主張を含まないものもあるが[37]、一定の非国家的規範を法とみなしたうえで、これを承認・適用すべきであると主張するものもある。

例えば、システム理論への抵触法的アプローチの導入を目指すTeubner は、抵触法が、ICANN と国家的裁判所、WTO と WIPO といった機能ごとのレジーム間の抵触の調整をも対象とすることを主張しているが[38]、そこでは、言説やコミュニケーションによる法の自己組成が重視されており[39]、法秩序という視点は必ずしも前面に出されてはいない[40]。

また、UNIDROIT 契約法原則が抵触法の対象である法であり法廷地において適用可能であることを論証しようとする Sindres は、国家的法秩序

---

35)　*Ibid.,* p. 72.

36)　なお、Lindahl は、近時、グローバル化を正面から取り扱った単著を公刊している。H. Lindahl, Authority and the Globalisation of Inclusion and Exclusion (Combridge, 2018). 本章では検討できないが、抵触法からの批評として、R. Michaels, "A Symmetry of Asymmetries? A Private‐International‐Law Reconstruction of Lindahl's Work on Boundaries", *Duke Journal of Compavative & International Law,* Vol. 29 (2019), p. 405 参照。

37)　Grisel, *supra* note (19); A. S. Sweet, "Judicialization and the Construction of Governance", *Comparative Political Studies,* Vol. 32, No. 2 (1999), p. 147; *id.,* "The new *Lex Mercatoria* and transnational governance", *Journal of European Public Policy,* Vol. 13, No. 5 (2006), p. 627. また、UNIDROIT 契約法原則やヨーロッパ契約法原則等の国家的立法手続によらない法典のインフォーマルな権威について論じる N. Jansen, "Informalle Autoritäten in der Entwicklung des transnationalen Privatrechts", in G.‐P. Calliess (ed.), *Transnationales Recht* (Mohr Siebeck, 2014), p. 115 も参照。

38)　Teubner の見解については、横溝・前掲注 7) 筑波ロー・ジャーナル 6 号 13 頁以下。

39)　G. Teubner, "'Global Bukowina': Legal Pluralism in the World Society", in G. Teubner (ed.), *Global Law Without a State* (Darmouth, 1997), p. 3, p. 13.

40)　ただし、Teubner が法秩序の形成にまったく言及しないわけではない。Lex mercatoria の文脈において、契約が、その内部に含まれている仲裁合意や当該合意に基づく仲裁判断により自ら法秩序を形成すると Teubner が主張している点につき、横溝大「紛争処理における私的自治」国際私法年報 15 号 (2014) 111 頁、118 頁以下。

の準則（règles）を、国家的制度から生じ自国機関（organe）の機能を規律するものに限定しつつ[41]、契約や不法行為に関する準則等の国家機関に向けられず個人を対象にする準則は、当該法秩序が直接干渉しない状況を規律する準則であり、個々の法秩序の外部で法体系（système juridique）を形成している、と述べ、UNIDROIT 契約法原則等の非国家法も準拠法選択の対象になり得ると主張する[42]。

　さらに、Helfand は、Hart の理論の下でも、第二次ルールを備えた法システムとは別に、社会的慣行への共有されたコミットメントという内的視点から第一次ルールのみによる法の存在が認められるという理解に基づき、そのようにして成立している宗教法や慣習法も、個人に対して社会的圧力・批判・制裁を加えており、個人を脆弱な立場にしている以上、国家法と非国家法との抵触について、国家はこれを無視するのではなく、様々な選択肢を考慮すべきであると主張する[43]。

　このように、理由付けは様々であるが、グローバル化の文脈においては、法秩序から独立した法の存在が主張され、それらの非国家法と他の法との抵触の解決が論じられることもある。

3　考　察

　上述のように、グローバル化の文脈においては、法秩序の定義についても様々見解があるうえに、法秩序から独立した法の存在も主張されている。だが、後者の見解においても、その多数は、一定の人的・事項的・時間的・空間的範囲を対象に法が成立していると論じており、定義いかんにより法秩序を想定することも可能であるように思われ、前者の見解との差異がそれほど大きいとは思われない。真に問題なのは、法秩序かそれを前提としない法かという点よりも、むしろ以下に述べるように、法ないし法秩序として認められるためには、どの程度の制度化・実効性・正統性が必

---

41)　D. Sindres, *La distinction des orders et des systèmes juridiques dans les conflits de lois* (LGDJ, 2008), p. 44.

42)　*Ibid.,* pp. 59-102.

43)　M. A. Helfand, "The Persistence of Sovereignty and the Rise of the Legal Subject", in M. A. Helfand (ed.), *Negotiating State and Non-State Law* (Cambridge, 2015), p. 307.

要かという点にあるのではないだろうか。そこで以下では、「法」か「法秩序」かに関わらず、グローバル法多元主義の下での法秩序とは何かという問題として考察を進める。

ところで、グローバル法多元主義という状況において何が法秩序かを論じるべき場合とは、他の法秩序との関係を論じる場合に限定されるように思われる。ある規範秩序の構成員が当該秩序の規範を法とみなしている場合に、当該秩序に属さない者がそれを法ではないと否定したからと言って、当該規範秩序の規範と構成員との関係について何の影響もないだろう。そのような否定が意味を持つのは、否定する者が属している別の法秩序が、当該秩序を法秩序と承認しその規範を法として考慮・適用・承認する可能性を否定する限りにおいてであるだろう。このように、ある規範ないし規範秩序が法ないし法秩序であるかどうかは、どの観点からそれを語るかによって異なり得るのではないだろうか。言い換えれば、ある法秩序との関係において何が法秩序かは、当該法秩序の抵触法的観点から決定されることになるだろう[44]。

その決定の際の指針を一般的に示すとすれば、対象となる規範秩序が、一定の人的・事項的・空間的・時間的範囲において成立しているという実効性の観点がまずは挙げられるであろう。ただし、当該規範秩序に属さない者の外的視点からその実効性が確認できるためには、規範形成機関または適用機関といった一定以上の制度化がなされていることが前提となるだろう[45]。

このような実効性の観点からは、Sindres が取り上げていた UNIDROIT 契約法原則のような法学者が作成したいわゆるモデル法は、実効性を有する他の規範秩序と同列に論じることはできないのではないだろうか。このようなモデル法は、作成されただけで直ちに法秩序と認めることはできず、他の法秩序がすでにこれを法として認めている限りにおいて、かろうじて実効性を肯定し得ることになろう。

また、ある法秩序において他の規範秩序を法秩序と認めることが、当該

---

44) この点において、筆者は前述した Michaels の見解を基本的に支持する。
45) 規範秩序の成立範囲が一定の柔軟性を有することは許されるだろうが、同様の視点からは、一定の安定性もまた要求されよう。

規範秩序の権威を対外的に高めることにつながる以上[46]、当該規範秩序が
カヴァーする集団・事項・空間・時間との関係で、規範の形成主体や過程
が正統であるかどうかという正統性の観点も重要であろう。その際、専門
知や公的参加等いかなる正統性が要求されるべきであるかは、具体的に対
象となる規範秩序との関係で個別に検討されるべきであろうが[47]、少なく
とも、グローバル法多元主義の下では民主主義的正統性に代わる正統性基
準が志向されることになろう[48]。

IV　抵触法の有用性と課題

　上述の観点から承認された法秩序間の重複は、どのように調整すればよ
いのだろうか。この点に関しては、抵触法学のこれまでの知見が生きるは
ずであり[49]、国際裁判管轄と準拠法選択との区別、準拠法選択の過程で扱
われる様々な手法や概念、他の法秩序における公的行為の承認の際の考え
方や要件等が、国家法秩序以外の法秩序間の調整においても有益な示唆を
もたらし得るだろう。
　ただし、この場合抵触法の対象は、国家法間の抵触から非国家的法秩序

---

46)　バンジャマン・レミィ（横溝大訳）「効率性と国際私法」吉田克己＝ムスタファ・メキ編
　　『効率性と法　損害概念の変容─多元分散型統御を目指してフランスと対話する』（有斐閣・
　　2010）113 頁、140 頁。

47)　Cf. R. Michaels, "The Mirage of Non-State Governance", *Utah Law Review*, No. 1 (2010),
　　p. 31, p. 43; R. Michaels/N. Jansen, "Private Law Beyond the State? Europeanization,
　　Globalization, Privatization", *American Journal of Comparative Law*, Vol. 54 (2006), p. 843,
　　p. 881.

48)　なお、いわゆる「民主主義の赤字」に対する批判として、近藤圭介「グローバル化した
　　世界で、法秩序をいかにして語るか─あるイタリアからの眺め」法学論叢 176 号 5・6 号
　　（2015）380 頁、393 頁参照。また、他の法秩序から抵触法上の法秩序として認められるため
　　の最低基準という観点から「法の支配」を論ずる意義を指摘するものとして、横溝大『『法
　　の支配』の確立と法整備支援─抵触法的観点から」国際法外交雑誌 111 巻 3 号（2012）26 頁、
　　37 頁。

49)　Muir Watt, *supra* note (6), p. 9; R. Michaels, "Public and Private International Law:
　　German Views on Global Issues", *Journal of Private International Law*, Vol. 4, No. 1 (2008),
　　p. 121, p. 136; 西谷祐子「グローバルな秩序形成のための課題─国際法と国際私法の協働をめ
　　ざして」論究ジュリスト 23 号（2017）43〜44 頁。

をも含んだ法秩序間抵触に拡張される[50]。また、扱われる法規範の範囲についても、私法的規範に限定されることなく、規制的法規範も含め、あらゆる法規範の抵触に拡張されることになる[51]。このような対象の拡大に伴い、法秩序間の調整において目指すべき抵触法の目標も、従来とは異なってくるだろう。別稿で論じたように、ここでは「グローバル・ガヴァナンスのための抵触法」という考え方が有益であろう[52]。

また、抵触調整の方法についても、従来の方法に加え様々な方法を見出す必要があるだろう。法秩序の規範形成・適用・執行機関間の協力という方法はその一つであるが、他の方法についても検討するために、まずは現状において国家法秩序・非国家法秩序間、あるいは非国家法秩序間において、いかなる方法により法の抵触調整が図られているのかを観察・分析する必要があろう[53]。

さらに、抵触法が前提としてきた世界観の変容に伴い、これまでの方法が見直される必要もあろう[54]。とりわけ準拠法選択の方法は、土地に着目し法的問題を場所的に位置付けてきたこれまでの手法を見直し、機能的に洗練させる必要があろう[55]。その際には、対象となる法規範が持つ法的度合いの相対性や[56]、選択の対象となる法秩序が単位法律関係ごとに異なる

---

50) R. Michaels, "Private Lawyer in Disguise? On the Absence of Private Law and Private International Law in Martti Koskenniemi's Work", *Temple International and Comparative Law Journal*, Vol. 27, No. 2 (2013), p. 499, p. 513.

51) R. Michaels, "Towards a Private International Law for Regulatory Conflicts?", *Japanese Yearbook of International Law*, Vol. 59 (2017), p. 175, p. 191.

52) 横溝・前掲注 7)「グローバル化時代の抵触法」122 頁以下。そこでは、抵触法のさらなる目標設定として、規整的権威の適切な調整といった手続的目標の実現を提唱しておいた。だが、何をもって適切とするのか、今後さらに検討を進めねばならない。なお、より実質的な観点から、対立する政治道徳の正しさにより規範衝突の解決を図るべきとする見解として、長谷川晃「規範衝突の解釈学―道徳と法の衝突の実相をめぐって」法学 69 巻 6 号 (2006) 979 頁。

53) Calliess/Maurer, *supra* note (27), pp. 17-18.

54) R. Michaels, "Globalizing Savigny? The State in Savigny's Private International Law, and the Challenge of Europeanization and Globalization", *Duke Law School Legal Studies Research Paper*, No. 74 (2005), available at 〈http://ssrn.com/abstract=796228〉.

55) R. Michaels/J. Pauwelyn, "Conflict of Norms or Conflict of Laws? Different Techniques in the Fragmentation of International Law", *Duke Journal of Comparative & International Law*, Vol. 22 (2012), p. 349, p. 353.

56) Cf. R. Cotterrell, "International Economic Law and Transnational Law: A Socio-Legal

可能性、さらに、一方主義的な方法による非国家法規範の考慮といった手法[57]の拡張可能性が検討されねばならないだろう。

Ⅴ　結　語

　以上、グローバル法多元主義という状況において抵触法の位置付けや担うべき役割、また、そのための課題について考察した。最後に、留意点と今後の課題について触れる。

　まず、グローバル法多元主義における法秩序間の調整について日本の視点から検討する場合、その調整のための法である抵触法が日本の文脈に埋め込まれているという点を忘れてはならないだろう。すなわち、日本にはすでに実定法として抵触法が存在しており、一定の制度的前提・歴史的制約の下に機能してきている。グローバル法多元主義に対応すべく抵触法を拡張・変容させていく必要があるのは上述した通りであるが、より具体的な対応は、現行法との連続性を考慮しつつ漸進的になされるべきであろう。

　また、上述のように、抵触法上の新たな方法を今後検討するためには、比較法的手法が重要となる。その際には、とりわけ宗教法秩序といった非国家法秩序における抵触法に着目し、これを分析することが有益であろう[58]。

　【附記】　本章は、「グローバル法多元主義の下での抵触法」論究ジュリスト23号（2017）79頁に若干の修正を加えたものである。また、本章は、JSPS科研費基盤研究（B）（平成28～令和元年度）「トランスナショナル・ローの法理論―多元的法とガバナンス」（課題番号16H03539）および（平成28～30年度）「政策実現過程のグローバル化に対応した法執行過程・紛争解決過程の理論構築」（課題番号16H03543）の研究成果の一部である。

　　Perspective", *Kobe University Law Review* (*International Edition*), No. 49 (2015), p. 19, p. 25.

57)　横溝・前掲注7)「グローバル化時代の抵触法」119頁、C. Camus, *La distinction du droit public et du droit privé et le conflit de lois* (LGDJ, 2015), p. 194.

58)　R. Michaels, "Religiöse Rechte und Postsäkulare Rechtsvergleichung", in R. Zimmermann (ed.), *Zukunftsperpektiven der Rechtsvergleichung* (Mohr Siebeck, 2016), p. 39.

結論 政策実現過程のグローバル化と日本法の将来

原田大樹

- I はじめに
- II 議論の背景とグローバル化の類型論
- III 法規範間の効力調整
- IV フォーラム間の判断調整
- V おわりに

I はじめに

　現代の法学は、明示的にも黙示的にも、国家を単位とする思考枠組みに規定されている。国家そのものや国家と私人の法関係を規律の対象とする公法学はもちろん、私的自治を基調とする私法学においても、私人間の権利義務関係を最終的に現実化するには、国家による裁判制度が不可欠である。こうした法学と国家の不即不離の関係に動揺をもたらしつつあるのが、グローバル化である。かつて、一国の単位で解決可能であった社会問題が国境を越えるようになり、法規範の定立とその実現（エンフォースメント）や紛争解決が国家の枠を越えて展開することが、もはや珍しくない。このような政策実現過程のグローバル化は、国家の自律的な法規範定立・政策形成に影響を与えるのみならず、法執行や裁判といった、従来であれば国家しかその担い手を観念できなかった局面にまで拡張してきている。そして、それらの一部はすでに日本法において具体的な法的紛争として顕在化し、その解決のための解釈論や立法論の提示が法学に求められてきている。

　そこで本章では、法学の様々な分野にまたがる本書のこれまでの分析の成果を踏まえ、日本法における具体的な法解釈問題として立ち現れつつあるグローバル化をめぐる論点をいくつか取り上げ、現時点における議論を

整理するとともに、課題の解決に向けた今後の方向性を模索することとしたい。まず、グローバル化をめぐる法学の議論の展開を簡単に振り返ったうえで、本章の分析に用いる政策実現過程のグローバル化の類型論（国際レジーム、国際ネットワーク、国際民事ルール）を提示する（II）。次に、グローバル化をめぐる法解釈論上の問題を幅広く「調整」の問題と捉え、これを法規範間の効力調整（III）とフォーラム間の判断調整（IV）に分けて論じる。法規範間の効力調整とは、複数の法秩序・法規範が一つの紛争に重畳的に存在しているケースで、ある判断機関（典型的には国内裁判所）がどの法規範を選択するかという問題であり、抵触法（国際私法）で準拠法選択と呼ばれる内容とほぼ重なり合う。具体的には、条約の国内法上の効力、行政法令の域外適用、国際民事ルールの規律可能範囲を取り上げる。これに対して、フォーラム間の判断調整とは、一つの紛争に関する法的な判断が複数の機関（国内行政機関・国内裁判所、外国行政機関・外国裁判所、国際的な裁判所等）によって示された場合に、それらの判断内容を相互にどのように取り扱い、あるいは調整するかという問題であり、抵触法で外国判決の承認執行と呼ばれる内容に類似する。具体的には、条約二次法の司法審査可能性、情報提供要請の司法審査可能性、投資協定仲裁の合憲性を取り上げる。こうした本章の性格上、比較法的な分析は必要最小限にとどまり、グローバル化という言葉がタイトルに含まれるにもかかわらず、その関心の主軸は国内法上の法解釈論に置かれる。こうした切り口から捉えてもグローバル化がもたらす様々な法的課題が避けがたく立ち現れ、日本法の解釈論からの対応が喫緊の課題であることを示すことにより、グローバル化の議論の喫緊性を裏付けることとしたい（V）。

II　議論の背景とグローバル化の類型論

1　グローバル化をめぐる議論の展開

（1）**グローバル化のコンテクスト**　　日本の行政法学においてグローバル化をめぐる議論が本格化したのは、ここ 10 年ほどのことである。もっとも、世界的に見た場合、グローバル化論の起源は国民国家の誕生にさかの

ぽるはずである。国民国家が成立する以前には、例えばヨーロッパでは、古代から連綿と続くローマ法[1]や、ドイツから東欧・ロシアにかけて広がっていたマクデブルク法[2]のような広域的な法圏が存在していたし、それはかつての lex mercatoria のように、領域というよりも一定の社会階層と結びついたものとしても存在していた。これに対して、いわゆる国民国家の成立は、法規範の定立あるいは形成が国家単位でなされるという今日まで続く構造を規定することになった。しかしこのことは同時に、国家の枠組みを超えた「調整」の必要性も生じさせることになった。いわゆるウェストファリア体制は、国民国家体制の起源であると同時に、近代国際法の成立の前提であるとも言われる[3]。また、国民国家の活動形態が現在の形に近づく 19 世紀後半以降になると、郵便・運輸・通信分野を中心に、国境を越えた行政連携である国際行政連合への関心が高まった。さらに、私法分野では、商取引法や手形・小切手法を中心に、いわゆる法統一運動が起こり、世界法の構想も第二次世界大戦中から戦後に至るまで日本に大きな影響を与えたことが、よく知られている。

　国民国家の経済発展のためには、国家＝市場の規模を拡大する必要があった。市場獲得競争は領土・植民地獲得競争として現れ、それが二度にわたる凄惨な世界大戦を引き起こし、人類全体に甚大な被害をもたらした。その反省から、第二次世界大戦後のいわゆるブレトン＝ウッズ体制は、自由貿易を基調とする世界秩序の構想を実現すべく、政治的には国民国家であっても経済的には国家間の相互依存を目指すものであった。こうした国家間の相互関係は当初、国際的（international）と呼称され、全地球的（global）という表現が用いられるようになるのは、1990 年頃以降のことであった。この時期には東西冷戦がヨーロッパで終結し、地球全体が一つ

---

1)　ローマ法と現代日本公法との様々な接合点を示す業績として参照、木庭顕『新版 ローマ法案内』（勁草書房・2017）。

2)　佐藤団「EU 拡大とヨーロッパ都市法研究」法制史研究 59 巻（2009）191～221（191～199）頁。

3)　もっとも、ウェストファリア条約は神聖ローマ帝国の国制の問題と対外的問題の双方を扱っており、必ずしも近代国家間関係を設定としようとしたわけではないことにも注意が必要である。同条約に関する緻密な実証的研究として参照、明石欽司『ウェストファリア条約』（慶應義塾大学出版会・2009）。

のブロックとして認識される契機となった。また同時期には、フロンガスや地球温暖化等の地球環境問題への関心も強まり、運命共同体としての人類社会という観念が急速に広がった。

(2) **日本におけるグローバル化に関する法学的研究**　こうしたグローバル化への関心は、国際法学では当然ながら以前から高く、例えば国際公法学では、GATT/WTO を中心とする国際経済法や、フロン対策・地球温暖化対策等を中心とする国際環境法の研究業績が数多く出されてきた。また国内法学においても、民事法では、以前からの法統一の問題に加えて、契約法に関する国際的なルール形成に強い関心が寄せられてきた。公法学においても、憲法学では、国際人権規約等を中心とする国際人権法の分野に多くの研究者が取り組んでおり、国際人権規範の国内における実現の問題や、個人通報制度をめぐる議論がその中心となってきた。

では、行政法学についてはどうだろうか。第二次世界大戦終わりまでの行政法学は、内地と外地の法制度に違いがあったことから、現在よりも法秩序の多元性に対する感受性は高かったように思われる[4]。また、終戦直後はポツダム勅令等が存在し、日本の国内法を超越する法秩序に直面していたし、国際法を無視したことが日本の破局的な状況につながったという反省から、自然法的な意味で国際法を捉える考え方も強く示されていた[5]。もっとも、こうした多元的・多層的な法秩序への関心という要素は、サンフランシスコ講和条約発効後には次第に弱くなってきた。グローバルな法に対する再注目の契機になったのが、1980 年代までの日本の経済成長に対抗するために海外から提起された非関税貿易障壁をめぐる問題であった[6]。中でも行政指導をめぐる議論は、当初の日本の法文化・法意識という枠組みから離れ、より普遍的な「インフォーマルな行政活動」分析につながるとともに、日本の行政スタイルを国際標準との関係で評価するという見方ももたらした。グローバル化をめぐる議論には当初、日本法の透明

---

4)　例えば、美濃部達吉『日本行政法(下)』(有斐閣・1940) 1125〜1128 頁 (租税法律主義の例外としての関税、殖民地、地方税)。

5)　田中二郎「新憲法における條約と國内法の關係」同『法律による行政の原理』(酒井書店・1954) 99〜122 (105, 119〜120) 頁 [初出 1948]。

6)　成田頼明「国際化と行政法の課題」成田頼明ほか編『雄川一郎先生献呈 行政法の諸問題(下)』(有斐閣・1990) 77〜106 (97) 頁。

性を高めるための「ものさし」[7]としての役割が期待されていた。その後、例えば地球環境条約やバーゼル銀行監督委員会による自己資本比率規制のようなグローバルな規範形成の具体例が増加し、それらが日本国内の規制制度に強い影響を与えていることが認識されるに至った。そこで、行政法学から見たグローバル化の当初の問題意識は、規範定立と法治主義の緊張関係、あるいは民主的正統性に集中した[8]。さらに、近時では法執行や紛争解決におけるグローバル化の事例が、例えば租税分野・競争法分野における執行共助[9]や投資協定仲裁の問題として立ち現れ、グローバル化論の射程が法規範の定立とエンフォースメントの双方に拡張されつつある。こうした分析は、法規範の形成やその実現における国家法中心主義を相対化する法多元主義[10]やグローバル行政法論（国際的行政法論の再評価）の研究[11]、あるいはグローバルな法秩序とローカルな法秩序との連続的な把握の試み（例：グローバル地方自治論[12]）へと発展しつつある。

　グローバル化に関する問題関心のこうした拡張の背景には、法学の各分野を越えた共同研究の進展がある[13]。国内法から見たグローバル化に関する研究の最前線に立つ抵触法（国際私法）学では、国際裁判管轄権・準拠法選択・外国判決の承認執行の議論を通じて、紛争解決を中心とする広義のエンフォースメントの観点からこの問題を捉えてきた。これに対して、国内公法学の側では、国内議会による自律的な決定がグローバルな規範によってどの程度制限されているかという規範定立の局面での問題状況に関心が向けられていた。しかし、例えば、準拠法選択の際に非国家法をどの

---

7)　原田大樹「政策実現過程のグローバル化とEU法の意義」EU法研究2号（2016）29～62（31）頁。

8)　原田大樹「多層化への理論的対応」同『公共制度設計の基礎理論』（弘文堂・2014）143～176（174）頁［初出2008］。

9)　林秀弥「競争法分野における国際協力」名古屋大学法政論集（名古屋大学）250号（2013）217～266頁、中川晶比兒「グローバル化時代の独占禁止法」本書第1章。

10)　浅野有紀「私法理論から法多元主義へ」『グローバル化Ⅰ』303～332頁［初出2014］、同『法多元主義』（弘文堂・2018）、清水真希子「規範の形成とエンフォースメント」河上正二＝大澤彩編『廣瀬久和先生古稀　人間の尊厳と法の役割』（信山社・2018）489～511頁。

11)　興津征雄「行政法から見た国際行政法」本書第13章。

12)　大西楠・テア「国際ネットワークの中の都市」本書第14章。

13)　代表的な成果として参照、『グローバル化Ⅰ』、山元一ほか編『グローバル化と法の変容』（日本評論社・2018）。

程度取り込むことができるかという問題を考える上では、公法学が注目してきた民主的正統性をめぐる議論[14]が有用であるし、行政機関による法執行活動の越境を整序するための理論構築には抵触法学における蓄積が多くの示唆を与える[15]。このような相互交流は、外国公法不適用の原則という形で残存していた公法・私法の峻別という考え方をグローバルレベルでも相対化させ[16]、「グローバル・ガバナンスを実現する抵触法」[17]と「政策実現過程のグローバル化」という見方とを私法学・公法学の双方に提示することとなった。また、規範定立と広義のエンフォースメントを同時に考察の対象とすることで、グローバルな法規範形成の形態は必ずしもグローバルな規範が国内法規範に継続的に影響を与えるものばかりではなく、個別的な執行における協力関係や国際的紛争解決における事例の蓄積がグローバルな規範と国内法との相互参照・相互反省を促し、言わばボトムアップ的にグローバルな法規範が形成されていくものもあることがわかってきた[18]。そこで、グローバル化をめぐる様々な法現象を分析するにあたっては、政策分野ごとの研究だけでなく、法規範形成やその実現過程の特色に留意したグルーピングを行ったうえでの検討も不可欠と思われる[19]。

---

14) 藤谷武史「ガバナンス(論)における正統性問題」大沢真理＝佐藤岩夫編『ガバナンスを問い直すⅠ 越境する理論のゆくえ』(東京大学出版会・2016) 217〜245頁、山本隆司「ガバナンスと正統化─『ガバナンスを問い直す』を導きの糸にして」社会科学研究(東京大学) 69巻2号 (2018) 51〜69頁。

15) 横溝大「グローバル法多元主義の下での抵触法」本書第16章。

16) 早川吉尚「準拠法の選択と『公法』の適用」国際私法年報5号 (2003) 206〜228 (219)頁、宗田貴行「外国競争法違反に基づく内国消費者訴訟」日本国際経済法学会年報25号 (2016) 111〜130 (120)頁。

17) 横溝大「グローバル化時代の抵触法」『グローバル化Ⅰ』109〜128頁［初出2014］。

18) 原田大樹「特集『政策実現過程のグローバル化と法理論改革』序」社会科学研究(東京大学) 69巻1号 (2018) 1〜4 (3)頁。

19) 公共部門から見た国内法・国際法の関係については、山本草二「国際行政法」山本草二著・兼原敦子＝森田章夫編『国際行政法の存立基盤』(有斐閣・2016) 61〜92 (61〜65)頁［初出1983］が示す、「牴触法規範としての国際行政法」「国際法の一部としての国際行政法」の二分法が知られている(この枠組みでの議論の整序を図るものとして参照、斎藤誠「グローバル化と行政法」磯部力ほか編『行政法の新構想Ⅰ 行政法の基礎理論』(有斐閣・2011) 339〜374頁、興津征雄「国内法と国際法の境界における行政法の理論的課題」神戸法学年報(神戸大学) 32号 (2018) 251〜255 (252)頁)。しかし、こうした見方では、「牴触法」的に解決される二国間の管轄の調整の問題が次第に条約の形式で多国間の「国際法の一部」に発展していく過程の適切な把握や、こうした動態的な発展過程における行政法と民事

2 グローバルな政策実現過程の類型論

グローバル化の進行の程度や問題状況は、法分野によってかなり異なっている。ここでは、共通の法的課題を抽出するため、グローバルな政策実現過程を三つの類型論に整理することとしたい。

(1) 国際レジーム　第一の類型は「国際レジーム」である。これは、ある特定の分野における問題解決を目的として国際レベルで成立する規範群を意味している。典型例は、WTO を中心とする自由貿易レジームや地球環境保護法あるいは原子力安全規制法である。もともと「レジーム」は、国際政治学で用いられている概念であり、国際レベルでの制度化が進んだ公共管理システムをイメージして用いられている。法学的に見た国際レジームの大きな特色は、グローバルな規範形成が動態的に行われていることである。古典的な条約と国内法の関係は、条約上の義務が国際法上定められ、それを履行するために国内法が制定されるという静態的なものであった。これに対して国際レジームの多くは、条約で詳細な義務を決めずにその大枠や義務の決定手続・組織を決め、詳細を附属書や締約国会議等の議定書などの二次法に委ねる方式を採る。この場合には、国内法における国際的規範の実施と法治主義との緊張関係が表面化しやすい。

(2) 国際ネットワーク　第二の類型は「国際ネットワーク」である。これは、ある特定の分野における共通の問題の解決を目指して国際法上のアクターではない諸主体（典型的には国家の行政機関）が取り結ぶ諸関係群であり、相互の調整を図るために設定される組織をも含む概念である。例えば、バーゼル銀行監督委員会、IOSCO、国際競争ネットワーク、民間国際組織の自主規制が挙げられ、こうした国際的なネットワークが形成される前提である水平的な適用調整問題（域外適用）も、ここに含まれる。国際ネットワークの特色の一つは、規範定立におけるインフォーマル性にある[20]。グローバルな規範が国際機構ではなく、各国行政機関の代表者等で

法（牴触法）の協力関係の分析が難しい。そこで本章では、問題状況の切り取りの際にはこうした見方をとらず、政策実現過程の類型論の中でこれら二つの要素を個別に検討することとしたい。

20)　渕圭吾「国際租税法における OECD の役割とその位置づけ」日本国際経済法学会年報 24 号（2015）15～36 (24) 頁。

構成される組織で作られることから、その国内における実現の際には行政
基準や裁量論での処理が目立つことになり、それが法治主義との緊張関係
をもたらす。国際ネットワークのもう一つの特色は、執行における分散性
である。国際レジームと異なり、国際ネットワークでは規範のエンフォース
メントが完全に各国に任されており、越境事例の場合の調整の問題が生
じやすい。

(3) **国際民事ルール**　　第三の類型は「国際民事ルール」である。これ
は、一定の政策目的の実現のために国際法的な民事ルール（例：契約法・不
法行為法）を設定し、そのエンフォースメントを裁判所に担わせるもので、
典型的には原子力損害賠償条約や適合性評価に関する国際的な契約がその
例に含まれる。ここで、国際的なレベルにおける裁判所をも想定すれば、
そこには国内法的な意味での裁判所よりも広く、仲裁判断を行う仲裁廷の
ようなものも含まれるから、国際投資仲裁の問題もこの類型に入ってく
る[21]。国際民事ルールの特色の一つは、裁判所による法規範の実現が図ら
れることにある。そこで法的には、憲法レベルにおける司法権の裁判所独
占との関係が意識されることになる。国際民事ルールの特色のもう一つは、
規範形成が判例法の積み重ねやその相互参照によってなされることにある。
特に後者は「裁判官対話」と呼ばれており、近時では国際法だけでなく国
内公法でもその重要性が認識され始めている。

　これら三つの類型は、グローバル化をめぐる法現象を共通課題の観点か
ら整理したものであるとともに、国家作用のうち「立法」（→国際レジー
ム）、「行政」（→国際ネットワーク）、「司法」（→国際民事ルール）の部分が、
それぞれグローバルに展開するようになったという要素に注目したもので
もある。以下では、これらの類型に区切って、グローバル化の法律問題に
関する解釈論を中心に、国内法の観点から議論の現状を紹介する。グロー
バル化の問題は、極めて大雑把に言えば「調整」の問題に収斂する。具体
的には、ある判断主体が併存する複数の法規範の効力をどのように調整す
るかという問題（Ⅲ）と、複数の判断主体が併存する複数の法規範に基づ

---

21)　原田大樹「多元的システムにおける行政法学」同・前掲注8) 8～48 (23～25) 頁［初出
2012］では、投資協定仲裁をこの類型に含めていなかった。

く判断を行おうとする場合に、その判断者や判断内容をどのように調整するかという問題（IV）に分けられる。

III　法規範間の効力調整

1　国際レジーム──条約の国内法上の効力

　国際レジームに限定されず、条約が国内法上どのような効力を持つのかは、大きな法的課題である。国際レジームではとりわけ、国内で実施すべき義務の内容が条約で確定し、その義務遂行の多くは国内行政機関によってなされるから、この問題が表面化しやすい。

　国際法と国内法の関係は、国際公法学では二元論的な考え方に近い[22]とされる等位理論[23]が一般的であるのに対して、国内公法学では憲法が条約に優位し、条約が法律に優位するという一元論的な序列理解が通説である[24]。国際公法の一般的理解によれば、条約の国内法上の法的効力はもっぱら国内法の問題であり、我が国は憲法98条2項がいわゆる一般的受容方式を採用していることから、条約締結手続が終われば、それを国内法化する手続をとらなくても国内法としての通用力を有するとされる[25]。これと区別される問題が「直接適用可能性」[26]をめぐる議論である。これは、条約が他の機関（主として立法機関）の介在なしに適用できることを意味している。そして、その条件として主観的基準と客観的基準が立てられており、国際法と国内法の問題に分けて考えると、条約の規定が明確で直接適用可能性を排除する当事国・立法者の意思がないという条約それ自体の問題と、憲法上議会が独占する権限と関係しないという国内の権力分立上の問題とが含まれている。もっとも、前者の条約の規定の明確性は実際にはあまり問題にならず、直接適用可能性の議論のほとんどは国内の権力分立、

---

22)　この点については議論がある。詳細につき参照、多喜寛「国際法と調整理論」法学新報（中央大学）124巻5・6号（2017）1～49頁。

23)　山本草二『国際法〔新版〕』（有斐閣・1994）85～86頁。

24)　例えば、芦部信喜（高橋和之補訂）『憲法〔第7版〕』（岩波書店・2019）13頁。

25)　岩沢雄司『条約の国内適用可能性』（有斐閣・1985）284～286頁。

26)　岩沢・前掲注25）297～321頁。

中でも議会が独占すべき権限の問題に収斂する。その意味で、直接適用可能性の議論も国内法の問題であり[27]、行政法の領域では法律による行政の原理の問題とほぼ重なり合うはずである。

その内容のうち、あらゆる行政活動に対して法律が優先するという法律の優位との関係では、条約が法律に優越するという通説を維持するとすれば、条約の規定に反する法律を無効とし得ることになる。例えば、二国間租税条約において、国内の納税義務を軽減する定めを置いたとすれば、その限りで国内の課税根拠を定める法律が無効になるから、国内法の要件規定に基づく課税処分も違法となる[28]。もっとも、条約が法律よりも衆議院の優越を強く認めている憲法の規定を前提とすれば、少なくとも手続の丁寧さという観点からは、条約が法律に優位すると説明するのは困難であり、国際法の尊重義務を定めた憲法 98 条 2 項が規範の優劣までも決定したと考えるのも難しいという見解も有力化しつつある。

また、特定の行政活動を実施する前には法律の根拠が要求されるとする法律の留保との関係では、かつては条約もここで言う法律の根拠に当たると素朴に考える見解が一般的であった。しかし、先に述べた理由や外交関係の処理が内閣の権限とされていることを前提とすれば、条約と法律の民主的正統性の程度がまったく同じと考えることには難があり、近時は条約が根拠規範に当たらないとする見解が有力化している[29]。そうであるとすれば、例えば二国間租税条約においては課税根拠を定めることはできず、租税条約は課税要件を減免する方向にのみ働き得ることになる[30]。ただし、法律が条約に対して包括的な委任規定（例：関税法 3 条、所得税法 162 条 1 項）を置けば、言わば「委任条約」として条約が課税根拠を定めることは可能であろう。条約にも国会承認という形で、法律には及ばないものの一定の

---

27)　「条約が国内において直接適用可能かを決定するのは国内法である」（岩沢・前掲注 25）321 頁）。さらに参照、岩沢雄司「国際法の国内適用可能性」岩沢雄司ほか編『小寺彰先生追悼　国際法のダイナミズム』（有斐閣・2019）3 〜23（12〜13）頁。

28)　プリザベーションの原則につき参照、井上康一＝仲谷栄一郎『租税条約と国内税法の交錯〔第 2 版〕』（商事法務・2011）42 頁。

29)　原田大樹「政策実現過程の多層化」同・前掲注 8）319〜350（323）頁［初出 2007］、中川丈久「行政法からみた自由権規約の国内実施」国際人権 23 号（2012）65〜75（66）頁。

30)　谷口勢津夫「移転価格課税に関する租税条約と国内法との関係」甲南法学（甲南大学）37 巻 3 号（1997）153〜238（172〜173）頁、同『租税条約論』（清文社・1999）32〜34 頁。

民主的正統性はあるから、条約への法律の委任の規律密度は、行政基準と比較して低いものでもよいことになる[31]。このように考えると、国会承認が必要な条約の範囲を定めるいわゆる大平三原則と、法律の留保の考え方、中でも本質性理論とは密接な関係があることになる[32]。

しかしこのことは、条約に国内法的な意義がまったくないことを意味しない。条約の国内法上の意義は、担保法[33]による国内実施のための立法指針となることと、いわゆる間接適用によって国内法の解釈や適用に影響を与えることにある。後者の間接適用については、近時、直接適用と呼ばれた事例も視野に含めたうえで「条約適合的解釈」（ないし裁判規範としての条約）と「説得的根拠としての条約」とに区分する見解が提示されている[34]。条約と法律の効力に関する通説的な見解[35]に従うと、条約に違反する法律が違法無効となることを回避するために、法律の条約適合的解釈が要請される。また、法律と条約が同等の効力を持つとした場合でも、国内法体系の整合性あるいは一体性を維持する観点から、両者を解釈によって調整することが必要となる[36]。その手法としては、条約に適合させるため

31）　もっとも、法律の留保をめぐる議論は規律の根拠や形式の問題であって、それが充足されるから議会による内容形成やコントロール機会が十分に確保されるとは言い切れない。議会と行政の関係をめぐる一般論と同様に、ここでも議会による（法律の授権という形式以外の）実質的な決定権・コントロール権の確保が課題となる。参照、藤谷武史「国際租税法の法源と規範構造」金子宏監修・中里実ほか編集代表・渕圭吾ほか編集担当『現代租税法講座第4巻 国際課税』（日本評論社・2017）29〜56（52）頁。

32）　大橋洋一「グローバル行政法の一般理論」同『対話型行政法の開拓線』（有斐閣・2019）74〜97（80）頁［初出2012］、原田大樹「議会留保理論の発展可能性」法学論叢（京都大学）176巻2=3号（2014）328〜347（341〜342）頁。

33）　松田誠「実務としての条約締結手続」新世代法政策学研究（北海道大学）10号（2011）301〜330（318）頁。

34）　直接適用・間接適用の二分論自体を見直し、「個人の請求権を基礎付ける効力（狭義の直接適用）」「裁判規範としての効力」「説得的根拠としての効力」に三分する見解として参照、松田浩道「憲法秩序における国際規範（5・完）」国家学会雑誌（東京大学）130巻7=8号（2017）674〜632（673）頁。「裁判規範としての効力」は直接適用と間接適用の中間的な存在であり、前者の問題として扱う裁判例もある（東京高判平成28年8月26日判時2349号120頁〔WTO農業協定の直接適用可能性〕）。

35）　このことを前提にしていると見られる判示として、最判平成21年10月29日民集63巻8号1881頁〔グラクソ事件〕がある。参照、斎藤誠「行政法関連判例における国際取極めの位置づけ」『小早川古稀』151〜178（154）頁。

36）　岩沢・前掲注27）22頁は、国際法違反により国家責任を負う事態を避けるべきことを、国内法の国際法的解釈の理由として挙げている。

に法律の広漠な文言を限定して解釈する狭義の条約適合的解釈[37]が用いられることもあり、あるいは、多くの行政事件では行政裁量の考慮事項を導出する手がかりとして条約が用いられ得る[38]。

2　国際ネットワーク──行政法令の域外適用可能性

　国際ネットワークの場合には、執行が各国の行政機関に分散しており、その調整のためにネットワークが形成される[39]。ただし、ネットワークが形成されていない場合はもとより、形成されているとしても、具体的にある事象をどちらの国が管轄するかという問題は常に生じる。国家管轄権をめぐる議論のうち、立法管轄権については、民事法では原則として無制限であり、刑事法では国内法の共通原則に依拠していることが必要という一定の共通理解が存在する[40]。これに対して行政法の場合には、これまでほとんど議論がなされてこなかった[41]。おそらくその理由は、執行管轄権が国家主権との関係で国内に限定される[42]ため、立法管轄権についても属地主義がとられることを暗黙の前提としてきた点にあるように思われる。

　もっとも、行政法規が保護しようとする法益と密接に関係する国外での事象を規制する必要性は残されており、国内行政法規で規制する必要がある保護法益の存在と、その適用を日本と結びつける密接な関連性がある場

---

37)　東京地判平成 23 年 12 月 16 日 LEX/DB 25490632。同判決につき参照、堀口健夫「海洋汚染物質に関する国際条約の国内実施」論究ジュリスト 7 号（2013）20〜27（25）頁、原田大樹「政策実現過程の多層化」同・前掲注 8）319〜350（325）頁〔初出 2007・2010〕。

38)　代表的（かつその理論上の位置付けについて論争が多い）裁判例として、札幌地判平成 9 年 3 月 27 日判時 1598 号 33 頁〔二風谷ダム事件〕がある。

39)　行政組織とネットワーク概念をめぐる分析として参照、安田理恵「情報共有に基づく公共調達契約からの排除のネットワーク」名古屋大学法政論集（名古屋大学）263 号（2015）81〜116 頁、同「日本における政府出資株式会社の資材調達に関する法的コントロール」法政論集（名古屋大学）277 号（2018）73〜95 頁、稲葉一将「ネットワークに依存する国家行政と国家行政のネットワーク化」法政論集（名古屋大学）277 号（2018）31〜53 頁、人見剛「公私協働からネットワークへ」野呂充ほか編『現代行政とネットワーク理論』（法律文化社・2019）37〜55 頁。

40)　小寺彰「独禁法の域外適用・域外執行をめぐる最近の動向」ジュリスト 1254 号（2003）64〜71（64〜65）頁。

41)　松尾直彦『金融商品取引法〔第 5 版〕』（商事法務・2018）88 頁。

42)　松尾直彦「金融商品取引法の国際的適用範囲」東京大学法科大学院ローレビュー（東京大学）6 号（2011）276〜286（285）頁。

合には、立法管轄権について固い属地主義の理解（＝規制対象となる行為地や行為の結果が発生する地が全て国内であることを立法管轄権の前提とする理解）を維持する必要はないように思われる[43]。すでにクラシックな判例となった漁業法事件[44]はもとより、近時のブラウン管カルテル事件[45]や貸金業法事件[46]でも、判決が注目している要素はこの二点であり[47]、その発想は国際私法（抵触法）の準拠法選択の考え方とも強い親近性を持つ[48]。その意味では、少なくとも国内公法の適用範囲の解釈論として、国際公法上の立法管轄権の理論が与える影響は大きくない[49]。

　域外適用の問題をより広く捉えた場合、給付行政法令の国境を越えた適用も考え得る[50]。もっとも、給付行政活動の中でも金銭やサービスを国外所在者に給付する側面のみを捉えれば、居住国の国家主権との抵触関係はさほど表面化しないから、その域外適用は主として立法者による再分配過程の創設の趣旨目的に依存することになる。その際に最も重視されるのは給付要件に関する文言[51]であり、文言では判明しない場合には給付の目的

43)　横溝大「判批」ジュリスト 1177 号（2000）208〜210（209）頁、西岡和晃「判批」ジュリスト 1526 号（2018）142〜145（145）頁。
44)　最決昭和 45 年 9 月 30 日刑集 24 巻 10 号 1435 頁。
45)　最判平成 29 年 12 月 12 日民集 71 巻 10 号 1958 頁。
46)　東京高判平成 28 年 12 月 12 日判時 2349 号 18 頁。
47)　ブラウン管カルテル事件につき、池原桃子「判解」ジュリスト 1526 号（2018）111〜117（116）頁は、経済活動の実質・実態に即した判断とする。貸金業法の適用範囲につき、国外所在の貸主が日本の貸金需用者に対して業として貸付を行う場合も保護の対象とすべきかをめぐる議論として参照、嶋拓哉「判批」ジュリスト 1520 号（2018）146〜149（149）頁、太田匡彦「判批」自治研究 94 巻 11 号（2018）130〜148（146）頁。
48)　横溝大「国際私法の範囲」櫻田嘉章＝道垣内正人編『注釈 国際私法 第 1 巻』（有斐閣・2011）26〜45（44）頁、西谷祐子「グローバルな秩序形成のための課題」論究ジュリスト 23 号（2017）43〜50 頁。
49)　独占禁止法についてこのような見解を正面から打ち出す立場として参照、白石忠志『独占禁止法〔第 3 版〕』（有斐閣・2016）180 頁。また、村上政博「ブラウン管国際カルテル事件と域外適用」同『独占禁止法の新たな地平』（弘文堂・2019）221〜253（251）頁は、ブラウン管カルテル事件最高裁判決が、立法管轄権としての効果主義を作用するよりももっと簡明な形で、独占禁止法の域外適用について効果主義を適用する場合と同等のルールを確立したものと評価する。日本法における域外適用に関するこれまでの事例は、他国の内政に干渉する程度が（例えばアメリカ法における諸事例と比較しても）低いことに特色があり、この点もまた国際公法の参照需要を小さくしている要因かもしれない。
50)　太田匡彦「地方公共団体による『国外と関連を持つ事務』の処理の一断面」『地方自治法施行七十周年記念 自治論文集』（総務省・2018）255〜269（257〜259）頁。
51)　最判平成 27 年 9 月 8 日民集 69 巻 6 号 1607 頁（被爆者援護法）。文脈はやや異なるもの

が考慮されることになる。一般に社会保障給付は一国単位での連帯を想定しており、またサービス給付の場合には給付提供者に対する規律も必要になるから、国境を越えて給付システムが展開することは例外に属する。そうした観点からも、域外に給付を実施する旨の明文規定が、通常は域外給付の前提となると思われる。

　行政法における執行管轄権は、原則として属地主義に基づいて考えられている。もちろん、相手国の同意があれば執行管轄権の拡張は可能であるし、私人に対する介入を非強制的なものとして法定化していれば、執行管轄権の抵触の問題は避けられる[52]。しかし、根本的な解決のためには所管する各国の行政機関相互での調整が必要であり、国際ネットワークが形成される理由の多くはこの点に求められる。よく知られている具体的法分野として、租税法・競争法・金融市場法がある。これらの分野では、情報交換に関する協力の仕組みが発展しつつあり[53]、それが国内法における個人情報保護制度や、行政手続と刑事手続の峻別の考え方と緊張関係を持ちつつある[54]。また、執行管轄権と立法管轄権は必ずしも別々の問題とは言えず、執行共助の進展によって執行管轄権が事実上拡張すれば、それが立法の地理的適用範囲に対しても中長期的に影響を与え得る[55]。

の、外国人に対する生活保護法の適用を否定した最判平成 26 年 7 月 18 日訟月 61 巻 2 号 356 頁もアプローチは類似している。社会保障法における文理解釈の意義につき、原田大樹「行政法解釈と社会保障制度」社会保障法研究 8 号（2018）43〜66（49）頁。もっとも、難民条約批准時における国会審議の経緯を前提に、生活保護法 2 条の「国民」に難民条約上の難民を含める条約適合的解釈の可能性につき参照、原田大樹「グローバル社会保障法？」同『行政法学と主要参照領域』（東京大学出版会・2015）185〜212（199）頁、山下慎一「社会保障法と国際法規」社会保障法研究 9 号（2019）57〜119（113〜116）頁。

52)　例えば、消費生活用製品安全法の外国登録検査機関に関する規定においては、国内登録検査機関に対する適合命令・改善命令の規定が「請求する」と読み替えられている（同法 30 条 2 項）。もっとも、道垣内正人「法適用関係理論における域外適用の位置づけ」松井芳郎ほか編『国際取引と法』（名古屋大学出版会・1988）213〜241（222）頁は、本来であれば日本法を域外適用しても差し支えないはずと指摘する。

53)　田中良「税務執行における情報交換」法律時報 86 巻 2 号（2014）20〜23 頁、藤谷武史「グローバル化と『社会保障』」『グローバル化 I』206〜240（231〜236）頁。

54)　上野善晴「外国証券規制当局の要請に基づく調査(下)」商事法務 1224 号（1990）87〜99（97）頁、長谷川紘之「クロスボーダーの不公正取引に対する当局間の国際協調」法律時報 86 巻 2 号（2014）16〜19（18）頁。

55)　所得課税につき参照、増井良啓「非居住者に係る金融口座情報の自動的交換」論究ジュリスト 14 号（2015）218〜223（223）頁、同「国際課税の制度設計」金子監修・前掲注 31) 3〜27（10）頁。

3 国際民事ルール──国際民事ルールの規律可能領域

　グローバル化をめぐる議論において、民事法は独自の地位を有している。行政法や刑事法では権利保護や民主的正統性が活発に議論されるのに対して、民事法ではそうした傾向が見られない。その理由として考えられるのは、（国内）民事法の正統性の根拠が、民主的正統性の連鎖構造を内包する国家（の議会）が制定したことに求められるというより、伝統的な紛争解決の蓄積やその法律家集団における受容を支える法的議論そのものにあることである。契約締結の場面では当事者の合意によって権利義務の内容が形成されるところに力点が置かれるから、多層的・多元的な法規範における国家法の位置付けは相対化されやすい。不法行為法においても、裁判官が権利義務の存否や内容を確定することが賠償等の成否の不可欠の要素であり、その作業の考慮要素として多層的・多元的な規範が、不法行為に係る法的評価規範の内容を形成するものとして取り込まれるから、ここでもやはり国家法と非国家法との対立が生まれにくい[56]。こうした国家法中心主義と民事法との距離感を背景に、民事法に関する立法管轄権が無限定であるとの理解がこれまで成立してきたのであろうし、グローバル化の類型論としての国際民事ルールにおいても、民事実体ルールの規律可能範囲を内在的に制約する要素は、それほど見当たらない。もちろん、各国の公序に反する実体民事法規律（例：懲罰的損害賠償）は存在するものの、これらは条約を締結する際に留保等で対応すれば足りる。

　規律可能範囲を限定する可能性があるのは、むしろ各国の裁判制度と関係が深い部分（とりわけ手続法）である。例えば立証責任の問題は、法律要件分類説の理解を前提とすれば実体法規範の問題であるものの、各国の裁判所が民事手続法としてどのような証拠調べの方法を認めているかという問題とも深く関係している。そのため、契約ルールを国際的に統一しようとした場合に、その中に立証責任の分配の問題が含まれるかは、容易には結論の出ない課題である[57]。また、子の奪取のように家族法に関わる問題であっても、各国の家族法の考え方が異なることを理由に規律可能範囲が

56）　以上の点につき、京都大学の吉政知広教授のご教示を得た。
57）　吉政知広「ウィーン売買条約（CISG）における証明責任の規律をめぐって」本章第4章。

366 結論 政策実現過程のグローバル化と日本法の将来

制約されることには直ちにはならず、むしろどこまで共通の執行手続を定め得るかがその範囲を画することになる[58]。子の奪取に関するハーグ条約は、各加盟国でほぼ同等の「子の利益」の配慮がなされるとの信頼を前提に[59]、返還手続の際に子の利益の実体面に踏み込んだ審理を行わず、迅速に子の常居所国に返還する手続を予定している[60]。もっとも、そうした共通の手続ルールが設けられる[61]ことにより、実体法レベルでの不整合が顕在化し（例：離婚後の共同親権制度[62]）、それが国内法の改正機運を高める可能性はある。

IV　フォーラム間の判断調整

1　国際レジーム──二次法の司法審査可能性

　国際レジームにおいては、条約上の義務が附属書や議定書等の条約派生法（二次法）で形成されることが多い。条約に基づく法行為である二次法の定立について、国内裁判所は憲法をはじめとする自国法との適合性を審

---

58) 岡野正敬「国境を越える子の奪取をめぐる問題の現状と課題」国際法外交雑誌 109 巻 1 号（2010）27〜53（44）頁。

59) 早川眞一郎「子の奪い合い紛争解決のためのわが国の課題」法学（東北大学）65 巻 6 号（2001）755〜788（775）頁。

60) 織田有基子「『子の奪取に関するハーグ条約』の実際の適用と日本による批准の可能性」国際法外交雑誌 95 巻 2 号（1996）171〜206（199）頁、渡辺惺之「国際的な子の奪取の民事面に関する条約の批准をめぐる検討問題(上)」戸籍時報 674 号（2011）24〜47（29）頁、大谷美紀子「国際的な子の奪取に関するハーグ条約と国際人権法」国際人権 23 号（2012）16〜23（17〜18）頁、竹田聡「『国際的な子の奪取の民事上の側面に関する条約』（ハーグ条約）における外務省の業務」ケース研究 327 号（2016）5〜37（7）頁、垣内秀介「ハーグ条約承認」法学教室 463 号（2019）別冊付録 58〜59 頁。実際の運用状況につき参照、依田吉人「ハーグ条約実施法に基づく子の返還申立事件の終局決定例の傾向について」家庭の法と裁判 12 号（2018）27〜38 頁、澤村智子「家庭裁判所による『国際的な子の奪取の民事上の側面に関する条約の実施に関する法律』の運用状況について」法の支配 191 号（2018）87〜97 頁。常居所地法への移行傾向の背景につき参照、西谷祐子「グローバル化の中での本国法主義の変容と課題」法学セミナー 64 巻 7 号（2019）40〜45（41）頁。

61) 共通の手続ルールの存在を重視した判断として参照、最判平成 30 年 3 月 15 日民集 72 巻 1 号 17 頁。

62) 渡辺惺之「国際的な子の奪取の民事面に関する条約の批准をめぐる検討問題(下)」戸籍時報 676 号（2011）28〜42（39）頁。

査することができるのだろうか。

　この点について我が国では、高度の政治性がある事項について、それが法律上の争訟に該当する場合でも裁判所が判断を差し控えるべきとする統治行為論[63]が以前から存在し、その最高裁における実例の一つは条約締結をめぐる砂川事件[64]であった。砂川事件では、行政協定は条約の委任の範囲とされ、条約それ自体は統治行為論を理由に裁判所の審査が控えられた。こうした発想がグローバルレベルでの意思決定（法規範の形成・個別の決定の双方を含む）にも及ぶとすると、条約に基づく二次法の定立も条約本体と同様に高度の政治性がある、あるいは二次法に政治性がなくても条約本体の委任の範囲内でありかつ条約締結に高度の政治性があるという理由により、国内裁判所は条約二次法に対する合憲性・国内法適合性判断を控えることになるかもしれない。

　これに対して、同様の問題状況において、国家の統治構造や基本権に深刻な影響がある場合には、国内裁判所のグローバルレベルでの意思決定に対する裁判権を行使し得るとする考え方が、ドイツの連邦憲法裁判所の、いわゆる Solange アプローチである。これは、EC/EU の行為（特に規則・指令のような二次法）に対するドイツの国内裁判所の審査権に関する一連の連邦憲法裁判所判決・決定で形成されてきた考え方である[65]。日本国憲法が定める国家の統治構造の根幹や重要な人権が、グローバルな法行為によって侵害されるおそれがある場合に、「伝家の宝刀」として裁判所が審査権を留保する理論構成は、今後の日本法においても検討の余地があるように思われる。

---

63)　最大判昭和 35 年 6 月 8 日民集 14 巻 7 号 1206 頁〔苫米地事件〕。

64)　最大判昭和 34 年 12 月 16 日刑集 13 巻 13 号 3225 頁〔砂川事件〕。法多元主義的な分析として参照、浅野有紀「法多元主義的法的推論」本書第 11 章。

65)　Solange I 決定（BVerfGE 37, 271）では、EC 二次法の適用可能性をドイツ基本法上の基本権との関係で審査する権限を留保していたドイツ連邦憲法裁判所は、Solange II 決定（BVerfGE 73, 339）では EC 法（EC 裁判所の裁判）が基本権を実効的に保障している限りで国内裁判所は裁判権を行使しないとした。さらに、マーストリヒト判決（BVerfGE 89, 155）においては、EC 裁判所と国内裁判所の協力関係に基づく基本権保障を強調した。もっとも、リスボン判決（BVerfGE 123, 267）では権限付与の原則を重視し、例外的な位置付けとは言え、連邦憲法裁判所の権限踰越審査やアイデンティティー審査の留保を明示した。参照、中西優美子「権限付与の原則」同『EU 権限の法構造』（信山社・2013）27～53 頁〔初出 2010〕。

368 結論　政策実現過程のグローバル化と日本法の将来

　注意を要するのは、ドイツにおいてグローバルレベルの規範やフォーラムとして意識されているものは EU 法であり、日本の議論状況と対照させる場合には、超国家組織としての独自性を持つ EU という機構の特殊性を差し引いて考える必要があることである。その典型の一つが、EU 裁判所とドイツの国内裁判所の関係である。EU 法では、国内裁判所との制度的な結合が EU 条約・EU 運営条約で予定されており、EU 司法裁判所が EU 法の解釈・運用に関する最終的な判断者として明確に位置付けられている。それを制度的に担保するのが先決裁定手続であり、各国裁判所が EU 法との整合性を問題にする場合には、先決裁定手続によってその判断が EU 司法裁判所に集中する構造になっている。こうした EU 法の整合性・統一性を重視する考え方が、2018 年 3 月に出された EU 司法裁判所の Achmea 判決[66]において示された、EU 域内の投資協定仲裁が EU 法に違反するとの判断の底流を形成している。

　これに対して、こうした裁判所間の制度的な結合関係を持たない日本法でも近時その具体例が観察されるのが、裁判所間の緩やかな結合である裁判官対話である[67]。これは、裁判所間の法的拘束力を伴わない相互参照関係のことであり、判例・裁判例はそれゆえ説得的根拠として位置付けられている[68]。こうした調整関係は裁判所間の連携制度に依存しないから、狭義の「裁判所」の判断に限定されない広がりを持っており、例えば国際投資仲裁の仲裁判断が相互に参照されて、投資協定でしばしば用いられる「公正衡平待遇」や「収用」の概念が一定の方向性に収斂していく過程が、現在も展開中である[69]。

　我が国の判例との関係でこうした具体例を探すと、例えば国籍法違憲判決では、国際人権規約（B 規約）や児童の権利条約への言及が認められ[70]、再婚禁止期間違憲判決では国際人権に関する履行状況を確認する国際的な

---

66)　EuGH, 06. 03. 2018-C-284/16, EuZW 2018, 239. EU 法の自律性概念の展開につき参照、須網隆夫「リスボン条約後の『EU 法の優位』」EU 法研究 6 号（2019）45〜93（64〜80）頁。

67)　伊藤洋一「国際人権保障をめぐる裁判官の対話」国際人権 25 号（2014）34〜38 頁。

68)　須網隆夫「『裁判官対話』とは何か」法律時報 89 巻 2 号（2017）57〜62（61）頁。

69)　濱本正太郎「投資条約仲裁ネットワークの国際(世界)法秩序像」法律時報 85 巻 11 号（2013）37〜42（38）頁。

70)　最大判平成 20 年 6 月 4 日民集 62 巻 6 号 1367 頁。

委員会組織の勧告が状況の変化を支える事実として考慮されていると言う[71]。他方で、難民認定とUNHCRのマンデート難民認定の関係のように、我が国の法制度と趣旨がやや異なる国際機関の認定判断を必ずしもストレートに裁判上の判断に結合させない考え方も確認できる[72]。

　裁判官対話はどのような理由から正統化されるだろうか。そもそも、この調整は法的拘束力を伴ったものではないから、正統化の必要はないとも言い得る。もっとも、通常は国内において規範や議論の手がかりとなる素材を求めている裁判官が、グローバルな規範やグローバルレベルでの判断に手を伸ばすことについて、それが国内法秩序と無縁ではないことに関する一定の「正当化」は必要かもしれない。その一つは、法律専門家としての専門性であり、グローバルな法律家共同体の中での説得的な素材の確保にある[73]。そしてもう一つは、議論を通じた合理性の担保にある。グローバルレベルの判断だから尊重すべきなのではなく、その内容に合理性があり、国内法に持ち込んだとしても説得的であることが重要な要素と考えられる[74]。さらに、Solangeアプローチと比較すると、裁判官対話は最終的な決定者・決定権が管轄裁判所にあることを明確にしたうえで、そうした決定権者の共同体の中での相互学習を志向するものであるから、責任や権限の所在の不明確さをある程度解消できるメリットをも有する。

2　国際ネットワーク──情報提供要請の司法審査可能性

　国際ネットワークの場合には、各国行政機関による分散的な執行構造を

---

71)　最大判平成27年12月16日民集69巻8号2427頁。加本牧子「判解」最高裁判所判例解説民事篇　平成27年度（2018）642〜707（684）頁は、女子差別撤廃条約、国際人権規約（B規約）に基づき設置された委員会により、平成10年以降、再婚禁止期間の廃止の勧告が繰り返し行われているものの、本判決では「諸外国の状況自体は社会状況及び経済状況の変化等の一つとして考慮していることから、違憲判断の根拠として説示しなかったものと推測される」と指摘している。

72)　東京高判平成17年1月20日LEX/DB28101882。マンデート難民認定の資料が守秘義務を理由に開示されないことが、国家がUNHCRの認定を尊重しにくくなる要因であることを指摘するものとして参照、興津征雄「グローバル行政行為？」横浜法学（横浜国立大学）27巻3号（2019）291〜342（337）頁。

73)　棟居快行「国際人権条約と国内法ネットワークの自己組織化」国際人権25号（2014）45〜52（51）頁。

74)　寺谷広司「国際法における『裁判官対話』」法律時報89巻2号（2017）63〜69（69）頁。

前提に、各国間の制度間調整と、執行の際の協力関係の構築が大きな課題
となる。その結果、日本の行政機関・裁判所と相手国の行政機関・裁判所
との判断の調整の必要性も生じることになる。ここでは、執行共助の要請
に対する権利救済可能性の例として、具体的な紛争事例に関する判決[75]も
示された、課税情報に関する情報提供要請[76]に対する行政訴訟の問題を取
り上げる。

　二国間の租税条約に基づく情報提供を日本の課税当局が要請した場合に、
その要請の適法性を裁判によって争うことができるか。この場合には、情
報提供要請を処分として構成する方法と、非処分として当事者訴訟として
の確認訴訟を用いる方法の二つが考えられる。前述の東京地裁判決では、
処分性について、要請の二つの法的効果が検討対象とされた。一つは、要
請が被要請国に対する情報提供義務を課すものと見て、それがあたかも行
政内部関係と同視できるから、国民の権利義務を変動させない（＝外部性
の否定）とするロジックである。そしてもう一つは、被要請国の中で情報
の関係者に情報提供義務が課されるという点に着目したものであり、しか
し、実際に義務が課されるかは被要請国の法制度や法的手続に依存するか
ら、成熟性がないとして、処分性が否定されている[77]。また、確認の利益
については、そもそも国内法令で行政調査を許容する規定があり、これは
調査の受忍義務を納税者に課すものであることが、プライバシー侵害の観
点からの確認の利益の存在を否定する主要な理由になっている。このうち
後者については、処分性の中でも成熟性がいまだ不十分な時点での紛争解
決手段として当事者訴訟（確認訴訟）の活用が 2004 年の行政事件訴訟法
改正で企図されていたことを重視すれば、プライバシー侵害に絞って確認
の利益の存否を検討するアプローチは適切でないように思われる[78]。他方

---

75) 東京地判平成 29 年 2 月 17 日裁判所ウェブサイト（LEX/DB 25448798）。
76) 情報交換制度に関する重要文献として参照、増井良啓「租税条約に基づく情報交換」金
　融研究 30 巻 4 号（2011）253〜311 頁。
77) 浅妻章如「判批」平成 29 年度重判解 203〜204（204）頁は、処分性否定の実質的な理由
　は切迫性の問題にあるとする。
78) もっとも、こうした傾向はこの事件に限られず、2004 年の行政事件訴訟法改正以降の下
　級審裁判例に共通するものと言えるかもしれない。処分性論における成熟性と確認の利益に
　おける即時確定の利益の判断を連動させたと見られる近時の他の例として参照、名古屋高判
　平成 29 年 8 月 9 日判タ 1146 号 70 頁。

で前者については、とりわけ成熟性を欠くという判断には説得力があり、情報提供の要請を処分と見て抗告訴訟に持ち込むのは一般的に言えば困難であろう。この場面でも抗告訴訟による救済可能性を確保しようとするならば、近時の最高裁判例が示している法的効果を柔軟に把握する考え方[79]をここでも用いたうえで、被要請国の権利保護水準が低い場合[80]には日本国内における要請段階に成熟性を前倒しするという考え方が採られるべきである。

　執行共助のよりハードな形態は、義務の強制執行における協力である。2011 年に日本も加入した租税に関する相互行政支援に関する条約を受けて、外国租税債権を日本の国税滞納処分の手続で強制的に徴収する規定が、「租税条約等の実施に伴う所得税法、法人税法及び地方税法の特例等に関する法律」（特例法）に設けられた[81]。それによると、日本の課税当局が外国租税債権の徴収共助実施決定を行ったうえで行政上の強制徴収を行うこと、外国租税債権の優先権が否定されることが定められている。同法は、共助実施決定を処分と考えている一方で、外国租税の存否やその外国法令適合性を違法理由として主張できないこととしている。そこで、共助実施決定の取消訴訟で原告が主張できるのは、要請国における争訟可能性、我が国の利益を害するおそれ（ただし、行政事件訴訟法 10 条 1 項の主張制限に該当する可能性がある）、要請国の不正手段利用等の該当性のみであり、課税要

---

79)　原田大樹「行政訴訟と民事訴訟」自治研究 93 巻 11 号（2017）44〜63（56）頁、同「取消訴訟の訴訟要件」法学教室 456 号（2018）82〜91（89〜90）頁、同「じん肺管理区分決定の法的性格」行政法研究 24 号（2018）139〜151（144〜147）頁。

80)　大野雅人「判批」筑波ロー・ジャーナル（筑波大学）24 号（2018）133〜165（140）頁によれば、シンガポール最高裁は、シンガポール高裁の明細書引渡し命令の一部違法を認定し、一部取消判決を下したという。より一般的に、漆さき「国際的情報交換において被要請国での情報収集過程が日本の課税に与える影響」論究ジュリスト 27 号（2018）210〜214（213）頁は、国際捜査共助に関する刑事訴訟法の議論（笹倉宏紀「手続間情報交換」金子監修・前掲注 31）325〜362（352）頁）を参照し、日本の租税法全体の精神に反するような場合でない限り、外国当局が入手した情報を日本の課税処分で用いても問題は生じないとする。しかし、笹倉・前掲論文 358 頁が指摘するように、刑事手続では具体的な犯罪の疑いがあって初めて捜査できるのに対して、課税処分をはじめとする行政手続ではそのような絞り込みなしに行政調査することができるから、相手国の権利保護水準が日本国内と同程度にあることの要請がより強く働くと考えるべきと思われる。

81)　原田大樹「行政執行国際ネットワークと国内公法」同『行政法学と主要参照領域』（東京大学出版会・2015）73〜104（89〜94）頁。

件の存否に係る実体法上の核心的な違法主張は排除される。これは、要請国の判断権の尊重、要請国との相互信頼、あるいは日本の裁判所の調査・判断能力の限界の観点から確かに正当化し得る[82]。しかし、要請国における権利保護水準が低い場合には、要請国における争訟可能性の要件を拡張解釈し、前述の Solange アプローチに類似する方法で国内裁判所の審査権を確保することを考慮すべきと思われる[83]。もっとも、要請国の課税要件の我が国における公序良俗違反の有無の問題は、条約の趣旨から考えても、国内裁判所の審査可能事項からは除外されていると考えられる。そうすると、外国租税債権の徴収共助を日本の国家機関（行政機関・裁判所）による外国法令の適用の一例と考えるのは難しいだろう。

　国際租税法では、BEPS の問題に代表されるように、各国行政機関の信頼関係に基づいて迅速・大量に課税情報の交換を行ったり、租税債務の執行を行ったりする方向性の制度改革が急速に進展しており[84]、私人の権利保護や裁判における救済可能性への配慮が弱くなりがちである[85]。グローバルな規範形成を健全化させる意味でも、個別事例における紛争解決やモニタリングの法制度を整え、その集積を規範形成に反映させるルートの確立が不可欠である[86]。

---

82)　漆さき「国際的情報交換における納税者の権利保護」論究ジュリスト 26 号（2018）83～90（89）頁。

83)　同様の方向性の議論として参照、吉村政穂「国際課税における金融口座情報の共有体制の確立」金子宏ほか編『租税法と市場』（有斐閣・2014）532～550（545）頁。租税に関する相互行政支援に関する条約 11 条 2 項は、「争われていない」租税債権のみを執行共助の対象としており、この要件を拡張解釈することで国内裁判所の審査権を確保することが考えられる。

84)　その大きな契機となったアメリカ合衆国の外国口座税務コンプライアンス法（FATCA）につき参照、伊藤剛志「国家間の課税目的の情報交換の発展」中里実ほか編著『クロスボーダー取引課税のフロンティア』（有斐閣・2014）58～75（64～70）頁。

85)　増井良啓「租税手続法の国際的側面」『小早川古稀』199～214（205～208）頁は、自動的情報交換以外の場面で、情報提供を納税者に通知する一切の規定がないことを、不服申立て可能性との関係で問題視する。

86)　谷口勢津夫「国際的租税救済序説」租税法研究 42 号（2014）1～17（10）頁、増井良啓「租税条約の締結に対する国会の関与」フィナンシャル・レビュー 129 号（2017）44～65（59～61）頁、同「課税情報の交換と欧州人権条約」法学新報（中央大学）123 巻 11・12 号（2017）333～356（354）頁。双方可罰性要件の撤廃と国内における民主主義との緊張関係につき参照、髙山佳奈子「国際的一事不再理」三井誠ほか編『鈴木茂嗣先生古稀〔下〕』（成文堂・2007）591～614（610）頁。藤谷武史「国際的租税情報交換制度と国内裁判所の役割」本

3 国際民事ルール──投資協定仲裁の合憲性

最後に、国際民事ルールのフォーラム間の判断調整を取り上げる。その中心的な課題は、投資協定仲裁の取扱いである。投資協定仲裁は、その実態に着目すれば、国内行政救済法と重なり合う。そこで、投資協定仲裁を認めることが憲法上の司法権を裁判所から奪うことにならないかが問題となり得る。この点についてドイツでは、司法権の委譲と制限を区別して論じている。司法権の委譲と制限の区別基準としてしばしば指摘されるのが、直接支配効の有無、すなわち国際機構の機関によって定立される二次法（裁判判決を含む）が加盟国国民の権利義務を直接的に基礎付け、あるいは国内機関に直接的な指示を与えるかという点である。EU 司法裁判所は制度化された先決裁定手続を持っており、その判決に直接支配効が認められるから司法権の「委譲」に当たるのに対して、欧州人権裁判所の判決は欧州人権条約違反を確認する意味を持つに過ぎず、その是正は国内での措置に委ねられているから「制限」に当たるとされる。こうした二分法を前提とすると、ドイツにおいて投資協定仲裁は、仲裁判断には形成効がないため直接支配効がなく「制限」に当たるとされている。確かに仲裁一般についてはそのように言えるものの、ICSID 条約に基づく仲裁手続の場合には、条約上、仲裁判断の承認執行義務が加盟国にあるから、直接支配効があるとも言える[87]。

日本法で考えてみると、日本が締結した近時の投資協定・EPA 投資章では、仲裁廷が紛争対象となっている国家行為の差止めを命じることをはじめから排除しているものがある（例：日・モンゴル EPA10・13 条 16 項）。この場合には、仲裁でなし得る判断は金銭的な賠償・補償に実質的に限られるから、仲裁判断と国内行政訴訟における取消判決の効力との関係を考慮する必要はないことになる[88]。

書第 2 章は、納税者の手続的権利に関する議論の回路を維持・活性化する端緒として、裁判所が判決によって意図的に国際的な摩擦を生じさせる役割も、国内裁判所の建設的機能の一つであると指摘する。

87) 村西良太「投資条約仲裁と〈司法権の国外委譲〉」本書第 6 章。

88) もっとも、仲裁判断で示される賠償額がきわめて巨額なものとなれば、我が国の同種の行政活動に対する強い萎縮効果が働き、それがある種の差止効果を伴うこともある。これに対しては、行政事件訴訟法 44 条の仮処分の排除の考え方を類推し、賠償に関する仲裁判断

374　結論　政策実現過程のグローバル化と日本法の将来

　仲裁廷が国家行為の差止めを命じる可能性を排除していない場合（例：環太平洋パートナーシップに関する包括的及び先進的な協定〔TPP11 協定〕）でも、例えば日本の行政機関の一定の行為の取消判断あるいは執行差止めを認める仲裁判断が出たとしても、それが国内の取消判決の形成力と同じように機能するわけではないと思われる。すなわち、仲裁判断の効力として問題となる処分が過去にさかのぼって無効になるのではなく、仲裁判断を受けて国内行政機関が当該処分の職権取消し[89]あるいは撤回を行うかを検討するにとどまるのではないか。もしそれがなされなかった場合には、原告側が再度、直接型義務付け訴訟の形で国内裁判所に紛争を持ち込み、裁判所が仲裁判断の内容を尊重しつつ、しかしあくまで国内法令を基準に処分の違法性（裁量権の逸脱・濫用審査がその中心となる[90]）を審査する機会が存在する。国内裁判所による仲裁判断の再審査可能性を確保している根拠の一つは、処分の法的効果を否定する争訟ルートを取消訴訟に限定している国内法の構造（取消訴訟の排他性[91]）である。そしてもう一つは、違法とされる措置の取消し・差止めを求める仲裁判断が金銭支払義務を内容とせず、それゆえ仮に ICSID 条約に基づく仲裁であっても執行義務はない[92]ことである。そのため、国内裁判所は我が国の仲裁法の規定に従って公序良俗違反の有無を審査できる。なお、ニューヨーク条約でも承認・執行拒絶事由の中に公序良俗違反が含まれているから（5 条 2 項）、ICSID 仲裁以外の仲

　　でもその内容が「行政庁の処分によって生ずべき法律関係の規律と衝突し、その意味で行政庁の公権力行使を妨げることになる」（小早川光郎『行政法講義 下 III』（弘文堂・2007）293 頁）と言えるような場合には、取消判決と仲裁判断との調整と同様に考えるというアプローチがあり得るかもしれない。

89)　通常の場合、取消訴訟の排他性や出訴期間制限との関係を念頭に置いて、職権取消しの直接型義務付け訴訟はその補充性を充足しないとされる。しかし、仲裁判断で処分の投資協定違反が認定されてその是正が求められると、過去にさかのぼって当該処分が国際法上違法であったことになり、国際法の尊重義務（ないし投資協定における協定遵守義務）を媒介することで行政機関にその是正が求められることになる。行政機関がその義務を果たさない場合には、原告による取消訴訟の提起に対して出訴期間経過の正当事由があると整理するか、または直接型義務付け訴訟の提起に対してその補充性要件を充足すると整理するかのいずれかがあり得る。

90)　原田大樹「行政行為の取消と撤回」法学教室 448 号（2018）70〜79（77）頁。

91)　原田大樹「行政行為の効力」法学教室 446 号（2017）72〜81（78）頁。

92)　仲裁判断の承認執行につき参照、井口直樹「投資協定・投資仲裁」法律時報 86 巻 2 号（2014）34〜39 頁。

裁についても、基本的には同様に考えることができる。国内裁判所はその際に、問題となっている処分が国内法令に照らして適法なものかを審査することができる。加えて、仮に裁判所が仲裁判断の承認・執行を認めたとしても、そもそも日本の国内法上、義務付け・差止判決を強制執行する手段は用意されていない。逆に、こうした構造が保たれているとすれば、投資協定仲裁が日本の行政裁判における司法権の行使を侵害し、それゆえ、憲法改正によって司法権の「委譲」が正面から認められていなければ許容されないことにはならないものと思われる。

V　おわりに

　本章では、グローバル化をめぐって現に表面化している、あるいは、近い将来問題として切迫することが予想される法的課題について、裁判所がどう判断するかという観点を中心に、実定法解釈上の問題状況を素描してきた。グローバル化は現代社会が直面する大きな課題であり、社会問題に対する法的解決策を提示する学問としての行政法学には、その問題状況が克明に映し出されている。多数の参照領域を抱える行政法学は、言わば「時代を映す鏡」[93]であり、問題に直接的に直面してその解決を志向する参照領域と、体系的で整合的な解決を模索する行政法総論との二層構造[94]の中で、時代への対応力と理論としての説得力の双方を維持しようとする学問的営為が続いている。

　グローバル化の問題はしかし、数ある社会問題の一つという意味を超え、行政法学の存立そのものにも深く関係している。行政法学は伝統的に、「国家」を考察の中心としてきた。グローバル化がその国家による社会統御手段の多様化・高度化として把握できるならば、グローバル化をめぐる議論は行政法学の蓄積を増やしてくれる福音である。しかし、グローバル化が近代の法概念や「国家」という構造で把握できない要素を多く含んで

---

93)　原田大樹「行政法各論と参照領域論」法学教室 462 号（2019）82〜90（90）頁。
94)　原田大樹「行政法総論と参照領域理論」同・前掲注81) 1〜20（15）頁［初出 2013］。

いるとすれば、行政法学それ自体の存在が吹き飛ばされるおそれがある。その意味でもグローバル化の問題は、学界が総力を結集して取り組むべき喫緊の課題である。

　グローバル化をめぐって生じる個々の社会問題は、技術・構造変化が加速度的に進行することで、問題解決の必要性が急激に増大し、理論的な熟慮の機会を圧倒する傾向にある。そこで、こうした課題に法学として取り組むためには、問題が生じてから後追い的に考えるのではなく、問題が生じる前に理論的なフォーメーションを考えておく「理論先行」を目指す学説[95]と、問題解決の最前線に立ってその問題のベストな解決を模索しつつも、その解決策の波及効果にも目配りする実務との相互協力と、その経験の国際交流とが不可欠である。

　【附記】　本章は、JSPS 科研費基盤研究(B)「政策実現過程のグローバル化に対応した法執行過程・紛争解決過程の理論構築」(課題番号 16H03543) および基盤研究(A)「グローバル法・国家法・ローカル法秩序の多層的構造とその調整法理の分析」(課題番号 19H00568) の研究成果の一部でもある。

---

95)　斎藤・前掲注 19)、原田大樹「国際消費者法への展望」『グローバル化Ⅰ』282〜300 頁。

事項索引

あ

アームズレングスルール……………………61
ISDS 条項（投資国家間紛争解決条項）…112
ICANN (Internet Corporation for Assigned
　Names and Numbers)………………345
ICN (International Competition Network)
　…………………………………………15
IT スタートアップ…………………………62
Achmea 判決……………………146, 368
アジェンダ 21………………………………311
悪化防止要請………………………………137
アメリカ法律協会（ALI）…………………73
UNCTAD（国際連合貿易開発会議）………14
UNCITRAL（国際連合国際商取引法委員会）
　………………………………71, 129, 146
アンバンドリング……………………………62

い

eBizcuss 事件………………………………181
EU 基本権憲章………………………………255
EU 司法裁判所………………119, 254, 368
EU 法適合性…………………………………120
域外給付……………………………………364
域外適用………………………………28, 357
ICSID 条約（国際投資紛争解決センター
　条約）………………………………129, 373
委譲…………………………………………116
一応の証明……………………………………80
一次法………………………………………116
委任条約……………………………………360
イマジネーション的法的推論………………228
internal gap…………………………………74
インターネット法……………………………339
インデックス……………………323, 326
インフォーマルな行政活動…………………354

う

ヴァッテンフォール（Vattenfall）………135
ウィーン売買条約（CISG）…………………69
ウェストファリア体制………………………353

え

疫学的証明…………………………………231
external gap…………………………………74
エネルギー憲章条約…………………………136
FATF（金融活動作業部会）…………32, 64
FATCA（外務口座税務コンプライアンス法）
　………………………………………………34
エンフォースメント…………………………… 3

お

オイルショック………………………………60
欧州社会憲章………………………………258
欧州人権裁判所………………………………122
欧州人権条約…………………………………42
欧州人権保障体制……………………………271
OECD（経済開発協力機構）………………14
OECD モデル租税条約………………………34
大口信用供与規制……………………………52
大平三原則…………………………………361

か

外国租税債権………………………………371
海洋管理協議会（MSC）……………………326
格付け………………………………………326
確認判決……………………………………123
核燃料税法…………………………………145
核兵器廃絶ゾーン宣言………………………318
課税管轄権……………………………………33
仮想通貨………………………………………61
仮想的な議論………………………………228
課徴金…………………………………………22
合併ガイドライン……………………………16
関係的多元主義……………………………226
慣習法………………………………………346
間接収用……………………………………158
間接適用……………………………………361
完全なる開示………………………………331
環太平洋経済連携協定（TPP）……………113
環太平洋パートナーシップに関する包括的
　及び先進的な協定（TPP11）………134, 374

き

紀伊長島町事件	159
機械化	61
規制収用	158
規範形成単位	226
基本権享有主体性	141
君が代事件	234
給付行政	290, 363
強行的適用法規	24, 162, 196
共振	233
業態別子会社方式	52, 60
銀行法	52
近代公法学	50
金融安定化フォーラム（FSF）	32
金融活動作業部会（FATF）	32, 64
金融監督庁	53
金融再生委員会	53
金融情報技術（FinTech）	51
金融庁	53

く

組み入れ	240
雲右衛門事件	233
クラウドファンディング	61
Crédit suisse 事件	181
グローバル化	31
グローバル・ガバナンス	325
グローバル行政法論	355
グローバル市場	68
グローバルスタンダード	50
グローバル戦略	11
グローバル法多元主義	339

け

形式的行政行為	101
形成判決	123
形成力	374
契約自由	68
契約法	67
兼業規制	55
原子力安全規制法	357
原則・例外準則	75

こ

合義務的裁量	90
公共性	53
抗告訴訟	371
公序法	204
公序良俗違反	374
公正かつ衡平な待遇	112
構造原理留保	266
公法契約	91
衡量	105
国際化	31
国際合併	21
国際環境自治体協議会（ICLEI）	308
国際行政機構	293
国際行政共同体	293
国際行政行為	291
国際行政法	274
国際協調主義	248
国際商事仲裁	162
国際人権規約	354, 368
国際地方自治法	321
国際的管轄合意	195
国際的公共事務	278, 288
国際的租税情報交換	32
国際投資紛争解決センター条約 （ICSID 条約）	129, 373
国際都市間協力プログラム	310
国際ネットワーク	13, 65, 357
国際平準化圧力	38
国際法親和性の原則	127
国際法適合的解釈	249
国際民事訴訟	164
国際民事訴訟原則	73
国際民事ルール	13, 358
国際レジーム	13, 31, 357
国際連合難民高等弁務官事務所（UNCHR）	259
国際連合人間居住計画（国連ハビタット）	310
告示	58
国籍法違憲判決	368
国民国家	50
国立銀行	52
国立銀行条例	51

個人資産管理（PFM）············62	自治体国際化協会····················306
個人通報事件·······················260	市長誓約····························308
個人申立て·························122	執行管轄権··························362
護送船団方式························57	執行共助····························371
国家管轄権······················25, 297	質問検査権···························35
国家賠償···························156	私的自治··························68, 92
国家賠償訴訟の脱国家化·············112	指標とランキング····················324
国家法····························224	司法権··························111, 149
国家法中心主義·······················2	——の国外委譲····················113
子の利益···························366	社会権規約··························258
固有の寄与·························142	社会的関連性·························142
顧慮義務···························124	州間競争·····························86
	宗教法····························346
さ	自由権規約··························258
	収用···························112, 142
最恵国待遇·························112	事実上の——······················144
再婚禁止期間違憲判決················368	主張制限····························371
財産獲得···························142	出訴期間制限·························153
財産権の内容・限界規定·············142	受忍義務····························370
財産権保障·························141	準拠法······························155
裁判官対話······················358, 368	準拠法選択規則·······················164
裁判制度···························365	証拠契約····························100
裁判を受ける権利···················149	証拠への近接性························75
sovereignty costs ···················29	商人法······························339
Sabou 事件···························41	情報公開····························330
参照領域···························375	情報提供要請·························370
残存発電量·························140	証明責任·····························69
	条約違反手続·························138
し	条約承認法律·························117
	条約適合的解釈·······················361
事案処理過程························89	条約の欠缺···························74
CISG（ウィーン売買条約）············69	昭和金融恐慌··························52
GF（税の透明性と情報交換に関するグロー	職務行為基準説·······················157
バル・フォーラム）··············33	女子差別撤廃条約··················257, 312
GF Standard ·······················36	職権探知原則··························97
シグナルとコミュニケーション·········330	職権取消し··························374
自己資本比率規制·················50, 55	事実上の和解·························103
資産運用相談························62	事実に関する合意····················105
事実の過剰な記述····················228	処分権限····························101
市場·······························67	処分権主義···························92
システム理論························345	処分性··························47, 370
自然生息地指令······················137	信義則·····························105
持続可能な開発目標（SDGs）··········326	人工知能（AI）·······················61
自治事務···························315	人種差別撤廃条約····················257
自治体外交·························304	信頼保護···························142
	森林管理協議会（FSC）················326

す

推奨慣行……………………………16
砂川事件……………………236, 367
スポーツ法………………………339

せ

聖域都市…………………………313
政策………………………………1
政策実現過程のグローバル化…… 1, 31, 50, 356
成熟性……………………………370
税制の適正執行…………………48
正統性……………………………38
正当な補償………………………112
税の透明性………………………33
税の透明性と情報交換に関するグローバル・
　フォーラム（GF）……………33
生物多様性条約…………………311
税務調査…………………………35
世界貿易機関（WTO）…………324
絶対的強行法規…………………24
説得の根拠としての条約………361
先決裁定…………………………119
先決裁定手続……………………368
専属的管轄合意…………168, 177, 195
選択的管轄合意…………………177
全米国際姉妹都市連盟…………306

そ

早期警戒制度……………………59
早期是正措置……………………58
相互信頼……………………48, 372
ソーシャルレンディング………61
属地主義…………………………363
租税に関する相互行政支援に関する条約
　（マルチ税務行政執行共助条約）……33, 371
Solange I 決定………………116, 230
Solange アプローチ……………367, 372

た

第三次ルール……………………341
脱原発協定………………………140
脱原発事件………………………140
多辺的国際制度…………………293
担保法……………………………361

ち

地域共同体の事項………………316
地域の事務………………………316
地球環境保護法…………………357
チサダネ号事件…………185, 197
秩禄処分…………………………52
知的所有権の貿易関連の側面に関する協定
　（TRIPS協定）………………324
地方公務員海外派遣法…………314
地方自治体………………………303
地方分権一括法…………………315
仲裁付託可能性…………………172
仲裁法……………………………151
調査義務…………………………98
徴収共助実施決定………………371
調整行政…………………………290
直接型義務付け訴訟……………374
直接支配効………………………117
直接適用可能性…………………359
著作権法…………………………233

て

抵触法……………………………340
ディスカバリー…………………76
TPP（環太平洋経済連携協定）…………113
TPP11（環太平洋パートナーシップに関する
　包括的及び先進的な協定）………134, 374
撤回………………………………374
Tecmed事件……………………158
手続的正統性……………………334
電子決済等代行事業者…………63

と

等位理論…………………………359
等価性原則………………………256
投資協定仲裁……………134, 373
当事者自治…………167, 190, 216
当事者訴訟………………………370
投資条約…………………………111
統治権（Hoheitsrechte）………114
統治行為論………………236, 367
透明性……………………………330
特許………………………………55
ドラフティング…………………83

事項索引　*381*

取消訴訟の排他性···················· 374
トレードオフ·························· 83

な

内国民待遇···························· 112
難民条約······························ 259

に

二国間租税条約······················ 360
ニコラウス決定······················ 141
二次法···························· 116, 366
二重機能······························ 286
日 EU 経済連携協定·················· 134
日銀考査····························· 53
日本銀行····························· 52
ニューヨーク条約（外国仲裁判断の承認及び
　執行に関する条約）······· 129, 148, 174, 374
人間開発指数（HDI）················ 327
認証································ 325

の

ノンリケット······················ 97

は

バーゼル銀行監督委員会··············· 50
バーゼル合意························· 56
媒介者····························· 65
排除的法実証主義···················· 241
back-end ·························· 83
バブル経済························· 60
反トラスト法························ 281

ひ

ピア・レビュー······················ 31
P2P ····························· 61
東日本大震災························ 141
非関税貿易障壁······················ 354
非国家法······················ 2, 68, 224, 339
ビッグデータ························ 62
ビットコイン······················ 61
標準化団体························· 23
比例原則··························· 102

ふ

ファイアウォール規制················· 60

FinTech（金融情報技術）··············· 51
FinTech サポートデスク··············· 63
フェアトレード······················ 326
フォーラム間の判断調整··············· 352
フォーラムショッピング··············· 72
不確定性··························· 90
附款······························ 105
福島第一原発事故···················· 141
プライベート・ガバナンス············· 325
フランス都市連合···················· 306
プリンシプル・ベース················ 59
フレーミングと概念化················ 332
ブレトン＝ウッズ体制················ 353
front-end ·························· 83
分散型台帳技術····················· 61
BUND ···························· 137

へ

BEPS（Base Eroison and Profit Shifting）
································· 372
Berlioz 事件························· 41
ベンチマーク······················· 326
弁論主義··························· 97

ほ

法規（Rechtssatz）··················· 99
法規範間の効力調整·················· 352
法継受期··························· 233
法執行···························· 3
包摂的法実証主義···················· 241
法多元主義························· 224
法多元主義的法的推論················ 225
法秩序····························· 343
法的擬制··························· 229
法的推論··························· 224
法統一運動························· 353
法の競争···························· 86
法律上の争訟······················· 111
法律による行政の原理··············· 99, 360
法律の優位······················ 101, 360
法律の留保························· 360
ホスト国··························· 134
ポリス・パワー····················· 158
本質性理論························· 361

ま

マクデブルク法····················353
マネーロンダリング規制···············63
マルチ税務行政執行共助条約（租税に関する
　相互行政支援に関する条約）·········33, 371
マンデート難民認定··················369

み

水枠組指令·······················137
民事上の紛争······················151
民主政的正統化·······················2
民主的正統性·············2, 18, 314, 355

め

Metalclad 事件····················159
免許制···························54

も

Moorburg 石炭火力発電所事件··········135
持株会社··························60
モラトリアム······················141
問題解消措置·······················21

ゆ

UCC（アメリカ統一商事法典）··········79
UNIDROIT 契約法原則···············345
UNIDROIT 国際商事契約原則·······73, 165

よ

ヨーロッパ契約法原則·················73

り

リスボン条約······················267
立証責任·························365
立法管轄権························362

る

ルール・ベース······················59

れ

レジーム・コンプレックス··············336
RegTech··························65
連携ルール·······················341
連結禁止·························102

ろ

ローマ法·························353
ローマ法源························75
Rothschild 事件····················179
ロボアドバイザー····················62

わ

和解····························89
　事実上の――····················103
和解契約·························100

●編著者紹介●

浅野有紀（あさの　ゆき）

　1969 年生まれ。1991 年京都大学法学部卒業、1994 年同大学大学院法学研究科修士課程修了（博士（法学））。金沢大学法学部助教授、近畿大学助教授、教授、学習院大学大学院法務研究科教授を経て、現在、同志社大学大学院司法研究科教授。

　『法と社会的権力』（岩波書店・2002）、「権利と法秩序―自己決定権論の一側面」民商法雑誌 134 巻 4 号（2006）、『グローバル化と公法・私法関係の再編』（共編著、弘文堂・2015）、「社会保障制度の再構築」井上達夫編『現代法哲学講義〔第 2 版〕』（信山社・2018）、『法多元主義―交錯する国家法と非国家法』（弘文堂・2018）

原田大樹（はらだ　ひろき）

　1977 年生まれ。2005 年九州大学大学院法学府博士後期課程修了（博士（法学））。九州大学法学研究院講師、助（准）教授、京都大学大学院法学研究科准教授、コンスタンツ大学客員研究者を経て、現在、京都大学法学系（大学院法学研究科）教授。

　『自主規制の公法学的研究』（有斐閣・2007）、『例解 行政法』（東京大学出版会・2013）、『演習 行政法』（東京大学出版会・2014）、『公共制度設計の基礎理論』（弘文堂・2014）、『グローバル化と公法・私法関係の再編』（共編著、弘文堂・2015）、『行政法学と主要参照領域』（東京大学出版会・2015）

藤谷武史（ふじたに　たけし）

　1976 年生まれ。1999 年東京大学法学部卒業。同年より同大学大学院法学政治学研究科助手（租税法専攻）。2009 年ハーバード大学 S.J.D. 課程修了（S.J.D.）。北海道大学大学院法学研究科助（准）教授、シカゴ大学客員准教授等を経て、現在、東京大学社会科学研究所教授。

　「非営利公益団体課税の機能的分析―政策税制の租税法学的考察(1)～（4・完）」国家学会雑誌 117 巻 11・12 号～118 巻 5・6 号（2004～2005）、『グローバル化と公法・私法関係の再編』（共編著、弘文堂・2015）、「租税法と財政法」中里実ほか編『現代租税法講座 1』（日本評論社・2017）

横溝　大（よこみぞ　だい）

　1970 年生まれ。1993 年東京大学法学部卒業、1997 年同大学大学院法学政治学研究科博士課程中退。金沢大学法学部助教授、北海道大学大学院法学研究科助教授、名古屋大学大学院法学研究科准教授を経て、現在、名古屋大学大学院法学研究科教授。

　『国際私法（Legal Quest）〔第 2 版〕』（共著、有斐閣・2018）、『グローバル化と公法・私法関係の再編』（共編著、弘文堂・2015）、「国境を越えるリテール決済について―抵触法的考察」千葉恵美子編『キャッシュレス決済と法規整』（民事法研究会・2019）

●著者紹介●

大西楠・テア（おおにし　なみてあ）

　1982 年生まれ。2005 年東京大学法学部卒業、2007 年同大学院法学政治学研究科修士課程修了。東京大学大学院法学政治学研究科助教、駒澤大学法学部講師を経て、現在、専修大学法学部准教授。

　「ドイツにおける外国人の地方参政権」国家学会雑誌 121 巻 5・6 号（2008）、「『帝国監督』と公法学における利益法学―トリーペルによる連邦国家の動態的分析(1)(2)」法学協会雑誌 131 巻 3 号・132 巻 1 号（2014～2015）、「グローバル化時代の移民法制―多元的システムから見たドイツの移民法制」『グローバル化と公法・私法関係の再編』（共著、弘文堂・2015）

興津征雄（おきつ　ゆきお）

1977 年生まれ。2000 年東京大学法学部卒業、2002 年同大学大学院法学政治学研究科修士課程修了、2005 年パリ第 2 大学 DEA 課程修了。パリ第 13 大学招聘教授、ニューヨーク大学グローバル・リサーチ・フェローなどを経て、現在、神戸大学大学院法学研究科教授。
『違法是正と判決効―行政訴訟の機能と構造』（弘文堂・2010）、『ヨーロッパという秩序』（共編著、勁草書房・2013）、「グローバル行政法とアカウンタビリティ―国家なき行政法ははたして、またいかにして可能か」『グローバル化と公法・私法関係の再編』（弘文堂・2015）

加藤紫帆（かとう　しほ）

1990 年生まれ。2013 年名古屋大学法学部卒業。2018 年名古屋大学大学院法学研究科総合法政専攻博士後期課程修了（博士（法学））。現在、広島大学大学院社会科学研究科准教授。
「国際的な身分関係の継続に向けた抵触法的対応(1)～（4・完）」名古屋大学法政論集 262～264 号・266 号（2015～2016）。「国境を越えた文化財の不正取引に対する抵触法的対応(1)～（6・未完）」名古屋大学法政論集 278～283 号（2018～2019）

須田　守（すだ　まもる）

1987 年生まれ。2010 年京都大学法学部卒業、2012 年同大学大学院法学研究科法曹養成専攻修了、2015 年同研究科法政理論専攻博士後期課程修了。現在、京都大学法学系（大学院法学研究科）准教授。
「全自動発布処分を追試する」法律時報 91 巻 9 号（2019）、「理由提示と処分理由(1)～（4・完）」法学論叢 179 巻 1 ～ 4 号（2016）、「取消訴訟における『完全な審査』(1)～（5・完）」法学論叢 178 巻 1 ～ 3 号・5 号・6 号（2015～2016）

内記香子（ないき　よしこ）

1973 年生まれ。1996 年国際基督教大学教養学部卒業、1999 年大阪大学国際公共政策研究科博士後期課程中退（2006 年、博士（国際公共政策））。経済産業省通商機構部参事官補佐、大阪大学国際公共政策研究科准教授等を経て、現在、名古屋大学環境学研究科教授。
『WTO 法と国内規制措置』（日本評論社・2008）、"Bioenergy and Trade: Explaining and Assessing the Regime Complex for Sustainable Bioenergy," 27(1) *European Journal of International Law* 129 (2016)

中川晶比兒（なかがわ　あきひこ）

1974 年生まれ。2008 年京都大学大学院法学研究科博士後期課程修了（博士（法学））。京都大学法学研究科助手、知的財産研究所特別研究員、立教大学教育プログラム・コーディネーター、北海道大学大学院法学研究科准教授を経て、現在、北海道大学大学院法学研究科教授。
"Toward a Dialogistic Competition Policy" 20 Hokkaido Journal of New Global Law & Policy (2013)、「独占禁止法における法的推論と経済分析」日本経済法学会年報 57 号（2014）、「再販売価格維持と小売マージン」北大法学論集 67 巻 3 号（2016）

村西良太（むらにし　りょうた）

1980 年生まれ。2002 年九州大学法学部卒業、2007 年九州大学大学院法学府博士後期課程単位取得退学。博士（法学）。九州大学大学院法学研究院助教・准教授を経て、現在、大阪大学大学院高等司法研究科准教授。
『執政機関としての議会』（有斐閣・2011）、「多国間の政策決定と議会留保」法政研究 80 巻 1 号（2013）、「財政・金融のグローバル化と議会留保―ドイツ公法学から見た欧州債務危機の諸相」『グローバル化と公法・私法関係の再編』（共著、弘文堂・2015）「司法権の国外委譲と憲法」社会科学研究 69 巻 1 号（2018）、「『独立命令』全面違憲論の批判的考察」行政法研究 26 号（2018）

山田哲史（やまだ　さとし）

1984 年生まれ。2012 年京都大学大学院法学研究科法政理論専攻博士後期課程修了（博士（法学））。京都大学大学院法学研究科助教、帝京大学法学部助教を経て、現在、岡山大学大学院社会文化科学研究科准教授（法学部兼担）、ハイデルベルク大学客員研究員。

『グローバル化と憲法』（弘文堂・2017）、『憲法適合的解釈の比較研究』（共著、有斐閣・2018）、「強制処分法定主義の憲法的意義」公法研究 77 号（2015）、「本質性理論再考」行政法研究 26 号（2018）、「グローバル化時代における『憲法』の概念」神戸法学年報 32 号（2019）

吉政知広（よしまさ　ともひろ）

1977 年生まれ。2000 年京都大学法学部卒業。名古屋大学大学院法学研究科准教授、同教授を経て、現在、京都大学法学系（大学院法学研究科）教授。博士（法学）。

『事情変更法理と契約規範』（有斐閣・2014）、「信頼関係破壊法理の機能と展望」NBL983 号（2012）、「FRAND 宣言のされた特許権の侵害を理由とする損害賠償請求─交渉促進規範の観点からの検証」名古屋大学法政論集 270 号（2017）

【編著者】

浅野　有紀	同志社大学大学院司法研究科教授
原田　大樹	京都大学法学系（大学院法学研究科）教授
藤谷　武史	東京大学社会科学研究所教授
横溝　　大	名古屋大学大学院法学研究科教授

【著　者】

大西楠・テア	専修大学法学部准教授
興津　征雄	神戸大学大学院法学研究科教授
加藤　紫帆	広島大学大学院社会科学研究科准教授
須田　　守	京都大学法学系（大学院法学研究科）准教授
内記　香子	名古屋大学大学院環境学研究科教授
中川晶比兒	北海道大学大学院法学研究科教授
村西　良太	大阪大学大学院高等司法研究科准教授
山田　哲史	岡山大学大学院社会文化科学研究科准教授
吉政　知広	京都大学法学系（大学院法学研究科）教授

政策実現過程のグローバル化

2019（令和元）年10月15日　初版1刷発行

編著者	浅野有紀・原田大樹・藤谷武史・横溝大
発行者	鯉渕　友南
発行所	株式会社　弘文堂　101-0062 東京都千代田区神田駿河台1の7

TEL 03(3294)4801　振替 00120-6-53909
https://www.koubundou.co.jp

装　丁	後藤トシノブ
印　刷	三陽社
製　本	牧製本印刷

© 2019 Yuki Asano, Hiroki Harada, Takeshi Fujitani & Dai Yokomizo et al. Printed in Japan

JCOPY〈(社)出版者著作権管理機構　委託出版物〉

本書の無断複写は著作権法上での例外を除き禁じられています。複写される場合は、そのつど事前に、出版者著作権管理機構（電話 03-5244-5088、FAX 03-5244-5089、e-mail: info@jcopy.or.jp）の許諾を得てください。

また、本書を代行業者等の第三者に依頼してスキャンやデジタル化することは、たとえ個人や家庭内での利用であっても一切認められておりません。

ISBN 978-4-335-35800-5

―――――― 好評発売中 ――――――
グローバル化と
公法・私法関係の再編

浅野有紀・原田大樹・藤谷武史・横溝大=編著
大西楠・テア・興津征雄・小畑郁・村西良太=著

学問の垣根を越えた若手・中堅の研究者が、公法・私法間で共通の理論的
プラットフォームの形成をめざした共同研究の成果、第1弾。経済や社会
のグローバル化によって生じた公法・私法関係の変容に焦点をあて、グロー
バル化に対応する法理論の現状、法制度や法実務の変化を具体的な素材を
もとに実証分析したうえで、グローバル化時代の公法・私法関係を整序す
る法理論を提示した果敢な試み。　　A5判　上製　384頁　本体4600円

序　論　グローバル化と法学の課題
第1部　グローバル化理論の現状分析
　第1章　グローバル化時代の公法・私法関係論
　　　　　―ドイツ「国際的行政法」論を手がかりとして
　第2章　グローバル行政法とアカウンタビリティ
　　　　　―国家なき行政法ははたして、またいかにして可能か
　第3章　法理論におけるグローバル法多元主義の位置付け
　第4章　グローバル化時代の抵触法
　第5章　グローバル化による近代的国際／国内法秩序枠組みの再編成
　　　　　―カディ事件を契機とした試論的考察
第2部　グローバル化の実証分析
　第6章　財政・金融のグローバル化と議会留保
　　　　　―ドイツ公法学から見た欧州債務危機の諸相
　第7章　国際知的財産法制に関する分配的正義および人権の観点からの考察
　第8章　グローバル化と「社会保障」
　　　　　―グローバル化による法的カテゴリー再編の一事例として
　第9章　グローバル化時代の移民法制
　　　　　―多元的システムから見たドイツの移民法制
　第10章　インターネットにおける非国家的秩序の様相
　　　　　―ICANNと国家との関係を中心に
　第11章　国際消費者法への展望
第3部　グローバル化と公法・私法関係論の展望
　第12章　私法理論から法多元主義へ
　　　　　―法のグローバル化における公法・私法の区分の再編成
　第13章　グローバル化と公法・私法の再編
　　　　　―グローバル化の下での法と統治の新たな関係

＊定価(税抜)は、2019年10月現在のものです。